普通高等教育法学核心课教材

徐祥民　总主编

民　法　学

（第三版）

胡家强　苑　敏　主　编
李海峰　杨垠红　副主编

中国海洋大学教材建设基金赞助

科　学　出　版　社
北　京

内 容 简 介

本书为《中华人民共和国民法总则》颁布后的修订版，内容涉及民法学的基本原理和基本民事法律制度。本书以阐述我国民法学研究中的成熟理论为主，同时注重吸收、借鉴国外民法学研究的最新成果。在结构上，本书以制定中的我国民法典的体系结构为基础，力求体例完整，充分满足法学本科民法学教学的需求；在内容上，努力结合我国现行民事法律、法规与司法解释，重在系统阐述民法学的基本概念、基础理论和基本制度，同时注重分析民事法律规范背后的价值取向。

本书适用于普通高等教育法学专业本科生、研究生，同时也可供参加司法考试及对民事法律知识感兴趣的社会人士参考阅读。

图书在版编目（CIP）数据

民法学 / 胡家强，苑敏主编. —3 版. —北京：科学出版社，2019.3
普通高等教育法学核心课教材 / 徐祥民总主编
ISBN 978-7-03-059805-9

Ⅰ. ①民… Ⅱ. ①胡… ②苑… Ⅲ. ①民法-法的理论-中国-高等学校-教材 Ⅳ. ①D923.01

中国版本图书馆 CIP 数据核字（2018）第 269828 号

责任编辑：王京苏 / 责任校对：王丹妮
责任印制：徐晓晨 / 封面设计：蓝正设计

科学出版社 出版
北京东黄城根北街 16 号
邮政编码：100717
http://www.sciencep.com
北京凌奇印刷有限责任公司 印刷
科学出版社发行 各地新华书店经销
*
2008 年 9 月第 一 版 开本：787×1092 1/16
2015 年 3 月第 二 版 印张：22 3/4
2019 年 3 月第 三 版 字数：539 000
2021 年 5 月第十二次印刷
定价：65.00 元
（如有印装质量问题，我社负责调换）

目　录

第一章 民法概述

民法是调整平等主体之间财产关系和人身关系的法律规范的总称。民法学是研究民法规范及其有关法理的一门法律科学。民法学以民法为主要研究对象。民法概述是整个民法学的基础部分，学习民法学，首先需要把握民法的概念、民法的调整对象、民法与相邻法律部门的关系、民法的渊源、民法的适用范围以及民法解释的目标与方法等基本问题。

第一节 民法的界定

一、民法的含义

“民法”一词来源于罗马法的市民法（jus civile）。在罗马法中，市民法是相对于万民法（jus gentium）而言的，它是调整罗马市民间关系的法律，而万民法是调整罗马市民与外国人之间以及外国人之间关系的法律[①]。但在查士丁尼制定《国法大全》时，两法已经合并。同其他古代法一样，罗马法也是诸法合一，不过其主要部分是调整私人之间的财产关系和人身关系的所谓“私法”。罗马私法的精华在于明确规定了人格权、个人财产所有权和签订契约的自由权，这三种权利构成了后世民法的基本内容。近代在一些大陆法系国家的立法中所使用的“民法”一词是由市民法转译而来的。日本民法典使用的“民法”一词由《法国民法典》的“droit civil”翻译而来[②]。“民法”一词在清朝末年传入我国，当时，清政府委任沈家本等为修订大臣，并聘请日本学者松冈义正等起草民法，于1911年完成《大清民律草案》，“民法”一词遂传入我国，但当时不称“民法”，而称“民律”。我国法律上使用“民法”一词始自南京国民政府于1929年5月23日公布的《民法总则》（民法典的第一编）[③]。

有学者认为，我国古代就已有“民法”一词，如《尚书·孔传》有“咎单，臣名，主土地之官，作《明居民法》一篇，亡”的记载。然而，我国古代“民法”一词的基本含义与现代意义上的“民法”相去甚远。

纵观各国民事立法，民法概念有多种含义，应加以区别。

---

① 王利明：《民法》，中国人民大学出版社2000年版，第4页。

② 梅仲协：《民法要义》，中国政法大学出版社1998年版，第14页。

③ 魏振瀛：《民法》，北京大学出版社、高等教育出版社2000年版，第1页。

（一）形式意义民法与实质意义民法

根据民法的形式与内容的关系将民法分为形式意义民法和实质意义民法。

形式意义民法是指按照一定体系编纂，依法典方式命名的民法典，如《法国民法典》《德国民法典》等。形式意义民法以其体系化和系统化为基本特点，体现了民法的形式理性的要求。由于民法典是大陆法系国家在自然法的影响下编纂的①，故一般存在于大陆法系国家，英美法系国家一般没有直接以“民法”或“民法典”命名的法律。这里还应指出的是，以法国1804年颁布的《法国民法典》为肇始，形式意义民法才在大陆法系或受大陆法系影响的国家相继出现。

实质意义民法是指所有调整财产关系和人身关系的民事法律规范的总称，它既包括直接以“民法”或“民法典”命名的法律、法规，也包括其他法律、法规中有关调整民事关系的法律规范。由于实质意义民法是以法律规范的内容来定义民法的，故与形式意义民法相比，其形成则要早得多。即使在法律出现的初期，也有着大量的调整民事关系的民事法律规范。在民法理论上，一般以实质意义民法为研究对象，本书所称的民法如无特别说明，均指实质意义民法。

在现代社会，一个国家可以没有形式意义民法，但绝不能没有实质意义民法。如英美法系国家虽无形式意义民法，但同样有着内容广泛、形式多样的实质意义民法（如单行法律、判例、习惯、学说等），并以之调整纷繁复杂的民事关系。一个国家有无形式民法，既不取决于其政治、经济制度，也不取决于其社会发展水平，而在于本国的法律传统以及对本国法律传统的扬弃。一般而言，大陆法系国家或受大陆法系传统影响的国家，多采用形式意义民法；英美法系国家或受英美法系传统影响的国家，多没有形式意义民法。

在我国，作为民事基本法的《中华人民共和国民法通则》（以下简称《民法通则》）以及一系列单行民事法律和法规都属于实质意义民法；作为形式意义的民法的民法典正在制定中，其中《中华人民共和国民法总则》（以下简称《民法总则》）已经于2017年3月颁布，同年10月实施，各分编也将陆续问世。

（二）广义民法与狭义民法

根据各国调整民事关系的法律体制（主要指私法体制）不同将民法分为广义民法与狭义民法。

广义民法是指所有调整民事关系的法律规范。在实行私法一元体制的国家，其民法典内容广泛，调整所有的民事关系。如《意大利民法典》调整的范围包括了物质资料占有关系、智慧财产占有关系、商品交换关系、劳动关系、继承关系、婚姻家庭关系等各种民事社会生活关系，此种民法便为广义的民法②。从调整社会关系的范围来看，广义民法与实质意义民法并无不同。

狭义民法仅指私法的一部分。在实行私法多元体制的国家，其民法典除以总则形式对民事关系作出一般规定外，法典的分则部分只规定了对部分民事关系的调整，其他民

---

① 郑云端：《民法总论》，北京大学出版社2011年版，第43页。

② 江平：《民法学》，中国政法大学出版社2000年版，第3、4页。

事关系则另行制定法典或单行法律（如商法、劳动法、专利法、商标法、著作权法、婚姻家庭法等）加以规范和调整，此种民法即为狭义民法。

（三）一般民法与特别民法

根据民法规范表现形式的不同将民法分为一般民法与特别民法。

一般民法是指经过编纂，以民法或民法典的形式集中表现出来的民法规范，如《法国民法典》《德国民法典》。特别民法是指没有收入民法或民法典之中，散见于其他法律、法规、司法解释、习惯之中的民法规范，如公司法、专利法、商标法、婚姻法等。区分一般民法与特别民法对于民法规范的适用具有重要的意义。

我国 1986 年颁行的《中华人民共和国民法通则》（以下简称《民法通则》）概括了民法典应当具有的一些基本内容，是关于民事活动应遵循的基本行为规则的法律规定，为一般民法；而其他调整某些民事关系的单行法，如《中华人民共和国合同法》（以下简称《合同法》）、《中华人民共和国著作权法》（以下简称《著作权法》）、《中华人民共和国继承法》（以下简称《继承法》）等，属于特别民法。2017 年 3 月颁布的《民法总则》是我国民法典的总则部分，它以《民法通则》为基础，就民法基本原则、民事主体、民事权利、民事法律行为、民事责任和诉讼时效等基本民事法律制度作出规定，也是一般民法。

二、民法的性质

民法的性质是指民法的基本属性和民法所体现的基本理念。对民法性质的认识关系到对民法的价值、原则、制度等诸多问题的认识和设计，直接影响着民事立法精神的确定，决定着民法为何种经济体制服务的问题，也涉及民法能否正确适用的问题。我们认为，在社会主义市场经济条件下，对民法的性质应有以下几点认识。

（一）民法是调整市场经济关系的基本法

民法本质上是商品经济的法律形式。从民法的历史沿革上看，民法始终是与商品经济或市场经济的发展紧密联系在一起的，民法伴随商品经济的产生而产生，伴随商品经济的发展而发展。罗马时期，正是由于出现了较为发达的简单商品经济，罗马法才得以孕育、产生和完善。欧洲中世纪后期，由于资本主义商品生产和交换在封建的自然经济的空隙中产生与发展，导致了罗马法的复兴。1804 年的《法国民法典》以罗马法为蓝本，巧妙地运用法律形式把刚刚形成的资本主义社会的经济规则直接翻译成法的语言，从而成为世界各地编纂法典时纷纷效仿的典范。19 世纪末期，由于市场经济的发展，资本主义成熟时期的法典代表《德国民法典》产生了。

现代民法作为现代市民社会的法律准则，其调整的民事关系虽然不限于市场商品经济关系，但是市场商品经济关系作为现代市民社会的经济基础，始终是现代民法调整的主要对象和核心部分。民法作为市场经济基本法，对市场经济的健康运行发挥着重要作用。民法的私权神圣、意思自治、平等、公平、诚实信用和禁止权利滥用等项原则最适应市场经济发展的要求，是规范市场活动的基本法律准则；民法的民事主体制度包括对自然人、法人和非法人组织的法律规范，是规范市场经济主体的基本法律制度；民法所确立的物权制度，是对财产的一种法律定位，进而发挥出财产在市场经济中的效用；民法的债和合同制度是规范市场交易行为的基本法律制度，使财产在市场主体间的流转得以有序进行；民法所确立的知识产权制度，使人类通过智力劳动取得的知识产品得到肯定和促进，并使其造福于人类；民法的民事责任制度和债的担保制度是维护市场交易安全的基本法律制度。总之，市场经济的许多制度都能在民法中找到它的法律体现，民法作为市场经济基本法的性质也就由此而表现出来。

（二）民法是权利法

从历史上看，民法就是为了对抗公权力的干预，保障公民权利不受侵犯而产生的。无论是在所谓的义务本位时期还是权利本位、社会本位时期，民法都强调对私权的充分保护。尽管不同历史时期，不同所有制背景下的民法所保障的权利在性质上存在差别，但各个社会的民法都坚持了一个最基本的共性：民法以权利为核心。

民法是一部权利宣言书，民法以授予和保护民事主体的民事权利为己任，将“私权神圣”作为其基本原则之一。民法体系是一个以权利为中心的规范体系，民法不仅普遍授予各种民事主体取得民事权利的主体资格，还庄严宣告民事主体可以依法取得的各种民事权利。民法为保护民事主体依法取得各种民事权利，还建立了完善的权利救济制度。在现代国家的法律体系中，除宪法对公民基本权利的规定外，没有其他任何法律像民法这样一一宣告民众受法律保护的种种权利。

民法之所以为权利法，还在于它的规范多为授权性规范。这类法律规范规定具有肯定内容的权利，如物权、债权、人身权等，被授权者有完成这样或那样的积极行为的权利。以授权性规范为主体的民法，重在鼓励民事主体积极进行活动并对这种活动加以引导。

在处理权利与义务的相互关系上，民法以权利为本位。权利与义务是一对矛盾，它们并存于民事法律关系中，一方为权利者，则另一方为义务者，确实具有统一性和一致性。但是，并不能据此否定民法的权利本位主义观点。在民事权利与民事义务这对矛盾中，民事权利显然居于主导地位。民事义务的设置是为实现民事权利服务的，只有在一方主体享有权利的前提条件下，他方主体承担义务才是必要的；权利主体可以通过抛弃权利的方式来免除义务主体的义务，而义务主体则绝不可能通过免除自己的义务来消灭权利主体的权利。这说明，在权利与义务这个统一体内，是权利决定义务，而不是义务决定权利，由此也就决定了民法必然以权利为本位，将规范的重心放在权利的取得、权利的行使、权利的保护等问题上。

确认民法的权利法性质，不仅有助于当前的民事立法中贯彻以民事权利为中心构建私法体系的思想，而且对唤起民众的权利意识，使民众懂得如何运用法律手段维护自己的权利，提高民众为权利而斗争的勇气，从而有效地制约公权力的滥用，促成市民社会和政治国家的良性互动，形成新型的人际关系和社会秩序，都具有重要意义。

（三）民法是私法

公法和私法的划分是西方法律史上源远流长的法律分类传统。公法和私法的区分最初由罗马法学家乌尔比安提出，并为《查士丁尼学说汇纂》所采纳。关于公法和私法的划分标准极不统一，理论界至少有以下七种标准：一是利益说，即法律保护的利益是共同利益还是私人利益；二是权利说，即权利是否可以抛弃；三是主体说，即主体是国家还是私人；四是关系说，即规定关系是否平等；五是行为说，即行为者是公主体还是私主体；六是渊源说，即法律的渊源是由国家创制还是由私人创制；七是合意说，即法律的规定是否可以由当事人的合意加以变更。公法和私法的划分标准直到现代仍然是一个争论的话题，特别是 20 世纪以来，由于国家干预经济的加强，传统的私法中渗进了公法的因素，出现了私法公法化的现象，公法中的义务介入私法领域中，对民事权利构成了一定的限制。据此，很多学者认为，公法和私法发生了部分的融合，不应当再区分所谓的公法和私法，民法即私法的观点已难成立。

本书认为，各种划分标准都是相对合理的，不可能存在一种绝对的划分标准。本书主张将社会关系的性质和主体的性质结合起来，作为区分公法和私法的标准。凡是平等主体之间的财产关系和人身关系都属于私法关系，而具有等级和隶属性质的关系属于公法关系；私法关系的参与主体都是平等主体，国家介入也是作为特殊的民事主体来参与的，而公法关系中必然有一方是公权主体，其参与社会关系也仍然要行使公权力。采取这样一种分类方法基本上可以区分公法与私法的关系。在宪政国家，每个公民都依法享有政治权利和民事权利，政治权利主要由宪法及有关公法加以规定，民事权利则主要由民法规定，民法完全是一个以私权为中心的体系。

区分公法和私法，有助于在私法领域提倡当事人意思自治，尽可能地减少国家的干预。私法自治原则是市场经济本质需要在法律上的表现。在市场经济条件下，尽可能地赋予当事人行为自由是市场经济和意思自治的共同要求。民事关系特别是合同关系越发达越普遍，则意味着交易越活跃，市场经济越具有活力，社会财富才能在不断增加的交易中得到增长。对于私人之间的关系，只要不涉及国家利益、公共利益，国家原则上不进行干预。只有在当事人出现纠纷之后，国家才以裁判者的身份行使国家权力解决纠纷，所以，私法不仅给每个人提供了必要的发展其人格的可能性，而且由私法赋予的决策自由往往对主体而言更为有利。公法和私法的区分，还可以合理界定国家干预与意思自治的界限，为实现建立有限政府的行政体制改革奠定坚实的法律基础。

将民法归入私法的范畴，对于培育和发展公民的权利意识与平等观念是十分必要的。如果每个公民真正理解和遵循民法，也就意味着每个公民懂得自己享有何种民事权利，懂得捍卫自己和尊重他人的财产权益、人身自由与人格尊严；也就意味着每个公民都会平等地对待他人，并要求他人平等地对待自己。这些无疑是社会主义法治所需要的人与人之间的关系形态。

（四）民法是市民社会的基本法

通过对民法一词的语意与渊源考察我们已经得知，民法是市民法的简称。在所有的西方语言中，“民法”都是市民法，我国称“民法”是沿用了日本学者的不确切翻译。“民法”作为市民法的意义，首先在于“民法”中的“民”不是公民，而是市民。市民与公民，是两个不同的概念。公民是公法上的概念，具有较强的公法色彩；而市民是私法上的概念，具有自利性。把民法中的“民”界定为市民，除了继承长期的民法思想传统的原因外，还由于民法的各项规定在通常情况下不要求民事主体遵循过高的道德标准。民法规范的要求低于政治、宗教、道德要求，民法是凡人的法律，不是圣人的法律，不是要求“爱你的邻人”，而是要求“毋害他人”。

市民社会是对私人活动领域的抽象，政治国家是对公共活动领域的抽象。个人也因此而具有双重身份：市民与公民。作为市民，个人在市民社会中按私人利益行事，并在平等的交往中形成一些共同的规则，这种平等者之间的关系，发展成为私法关系；作为公民，个人通过一定的民主形式参与国家的管理，享有公民权，并在公共利益领域服从行政权力的介入、管理，这是公法关系①。

民法的内容符合市民社会的内在要求，鲜明地展现了市民社会的基本价值理念，如人格平等、契约自由等。强调民法是市民社会基本法，其意义在于完善的市民社会的建立，需要通过确立完善的民法制度来加以推动，需要通过民法来弘扬市民社会的基本价值理念，加大对个人自由权利的保障力度。还应当看到，民法调整的主要对象也是市民社会中最主要的社会关系，即平等主体之间的财产关系和人身关系，实质上就是市民社会一般生活关系的基本形态。因为主体平等正是市民社会的固有特征，而财产关系和人身关系不过是市民社会一般生活的两个基本方面②，所以，从这个意义上说，民法是市民社会的基本法。

（五）民法为实体法

法律按其内容可分为实体法和程序法。实体法主要是规定主体权利义务的法律，程序法则是主要规定保障实体权利得以实现的程序的法律。民法规定主体的行为准则，确认主体的权利义务，因此，民法为实体法。

三、民法的由来与发展

民法是一个有着悠久历史的法律部门，自人类进入阶级社会，出现商品生产和商品交换后，就有了相应的民事法律规范。当然，最初的民事法律规范并不成体系，也不能用今天的标准来对其进行衡量。

学者一般认为，现代民法渊源于罗马法。所谓罗马法，一般是指古罗马奴隶制国家从形成到衰亡整个历史时期的法律制度的总称。罗马法的内容十分庞杂，既有调整政治国家的法律，也有调整市民社会的法律，但最为完备、对后世影响最大的是罗马私法，以至于后来提到罗马法时，往往仅指罗马私法。罗马私法有人法、物法与诉讼法之分，其中，前二者为实体法，后者为程序法。人法部分主要包括人格、家和家属、家长权、婚姻和夫权、家主权和恩主权、准奴隶等；物法主要内容是物权、继承、债和准契约（不当得利、无因管理）、私犯（侵权行为）等。罗马私法不仅体系较为完备，而且立法技术也很高超，其反映商品生产和商品交换的法律规范非常完备、精辟。

---

① 董保华等：《社会法原论》，中国政法大学出版社 2001 年版，第 18 页。

② 李双元，温世扬：《比较民法学》，武汉大学出版社 1998 年版，第 10 页。

早期罗马法的代表是《十二铜表法》。《十二铜表法》内容广泛，包括传唤、审理、索债、家长权、继承和监护、所有权和占有、房屋和土地、私法、公法、宗教法等内容。

集罗马法之大成的是查士丁尼时期的法典编纂活动。公元6世纪，罗马皇帝查士丁尼即位。从公元529年至534年，历时6年编纂了3部法典，即《查士丁尼法典》、《查士丁尼法学总论》（又称《法学阶梯》）和《查士丁尼学说汇纂》（以下简称《学说汇纂》）。公元565年，又出版了《查士丁尼新律》。中世纪时，上述4部法律汇编合称《查士丁尼民法大全》或《罗马法大全》。

罗马法由于适应了商品经济的发展，不仅在当时发挥了重要作用，而且对后世也有着广泛的影响。自12世纪罗马法复兴以来，学者对罗马法的研究、传播一直不断，《法国民法典》和《德国民法典》的制定都深受罗马法的影响。

1804年颁布施行的《法国民法典》是世界上最早的一部资产阶级民法典。《法国民法典》的体系以罗马法的《法学阶梯》为基础，并开创了实体与程序分别立法的先例。该法包括序言和人、财产和所有权、取得财产的各种方法3编，共2281条。第一编：人。包括民事权利的享有和丧失，住所、结婚离婚、收养、亲权、监护等。第二编：财产权。包括财产的分类、所有权、用益权、使用权及居住权、地役权等。第三编：取得财产的方法。包括继承、赠与、契约式合同之债的一般规定，非因合意而发生的债、债务的担保、时效和占有等。

《法国民法典》总结了法国革命时期的民事立法经验，吸收了罗马法、法国习惯法、王室敕令以及著名法学家著作中的有关内容。法典确立了私有财产神圣不可侵犯、契约自由、过失责任三大原则，对商品生产者的利益作了极为详尽的规定，因而适应了资本主义自由竞争时期商品经济的需要，极大地促进了资本主义的发展。同时，《法国民法典》还以其语言精练、概念清晰、通俗易懂、立法技巧高超闻名于世。

1896年制定的《德国民法典》则是垄断资本主义时期民法典的杰出代表。《德国民法典》设总则、债的关系法、物权法、亲属法、继承法5编，计2385条。该法在体系和内容上均有创新。在体系上，如将总则独立成编，对整部法典的基本制度和原则进行概括性的规定，后面各编则是对总则的扩充和具体化。这一立法思路极具特色，为后世各国立法所效仿。在内容上，《德国民法典》全面吸收了罗马法，其中受《学说汇纂》的影响最大。法典在肯定了私有财产神圣不可侵犯、契约自由、过失责任三大原则的同时，也对其作了相应修改并加了一些限制，反映出立法思想上的发展和变化。如规定了法人制度和法律行为；扩大了债的内涵和外延，对所有权进行必要限制和干预；增设了无过失责任等。

苏联1922年制定的《俄罗斯联邦民法典》是世界上第一部社会主义性质的民法典。该法典分总则、物权、债、继承4编。从其基本原则和内容来看，主要是调整流通领域中的商品经济关系。《俄罗斯联邦民法典》颁布后，各加盟共和国相继以该法典为蓝本制定了本国的民法典，有的则直接援用《俄罗斯联邦民法典》。1961年12月，苏联通过了《苏联和各加盟共和国民事立法纲要》。根据该纲要，各加盟共和国于1963年到1965年相继修订了民法典。苏联的民事立法不仅在其本国发挥了作用，而且由于其特殊的政治地位，也对第二次世界大战后的东欧各社会主义国家的民事立法产生了巨大的影响。

我国是一个有着悠久历史的文明古国，中华民族在创造了辉煌灿烂的古代文明的同时，也创造了辉煌灿烂的法律文化。从《周礼》到历代《刑法志》和明清档案，从皇帝诏旨到乡规民约等，都包含着丰富的法律史料，其数量浩如烟海、内容博大精深。但是由于中国古代社会的专制政体，立法的重点主要放在维护专制统治上，统治者更习惯于运用刑法或行政法手段来调整各种社会关系；加之古代社会“重农抑商”的经济观念根深蒂固，实行“以农立国”的基本国策，致使商品交换极为贫乏和简单；同时，受儒家思想的影响，人们的权利观念极为淡薄，中国古代民法观念不发达，民法中的平等、自由、权利等观念一直没有形成。中国古代没有成文的民法典，只是形成了刑民不分、重刑轻民、诸法合体的法律结构。

直到清朝末年，民法才正式出现在我国的法律文献中。1907 年，清政府决定制定《大清民律》，并着手起草。至 1911 年，晚清法学家沈家本聘用日本法学家主编的《大清民律草案》编纂完成。该草案仿《德国民法典》拟定，分总则、债权、物权、亲属、继承 5 编，共 33 章 1569 条。虽然由于清政府的灭亡，《大清民律草案》没能颁行，但这是中国历史上第一部民法典草案，是中国近代民法法典化的开端。

1925 年，北洋军阀政府在《大清民律草案》的基础上，编纂完成了《中华民国民律草案》，该草案的内容与《大清民律草案》大致相同。这部民法草案，北洋政府司法部曾经通令各级法院在司法中作为法理加以引用，但终因没有完成立法程序而未成为正式民法典。

南京国民政府于 1927 年成立后不久，即在立法院设立民法起草委员会着手民法典的起草工作。从 1929 年至 1930 年，立法院先后通过民法典的总则（1929 年 5 月）、债（1929 年 11 月）、物权（1929 年 11 月）、亲属和继承（1930 年 12 月）等。该法共计 29 章 1225 条，于 1931 年 5 月起施行。南京国民政府颁布的《中华民国民法》，是我国历史上第一部正式颁布施行的民法典，该法的内容主要来自德国、瑞士、日本等国的民法典，同时也保留了不少封建传统。

中华人民共和国成立初期，为解放农村生产力、彻底消灭封建土地所有制，实行耕者有其田，党和政府在总结各个革命根据地土地改革经验的基础上，于 1950 年 6 月 30 日公布了《中华人民共和国土地改革法》。之后，政务院于 1950 年 10 月又通过了《新区农村债务纠纷处理办法》，该办法废除了 1949 年前农民及其他劳动人民欠地主的一切债务。为破除封建婚姻家庭制度，中央人民政府于 1950 年 5 月 1 日公布实施了《中华人民共和国婚姻法》（以下简称《婚姻法》），开始实行男女婚姻自由、一夫一妻、男女权利平等、保护妇女和子女合法利益的新民主主义婚姻制度。

编纂一部中华人民共和国的民法典是几代中国人的夙愿。我国曾于 1954 年、1962 年、1979 年和 2001 年先后 4 次启动民法制定和民法典编撰工作。第一次和第二次，由于各种原因没有取得实际效果。1979 年第三次启动，但是基于当时改革开放初期，尚不具备制定一部完备民法典的条件，因此，按照“成熟一个通过一个”的思路，确定先制定民事单行法。法制工作委员会组织人员，在民法草案第四稿的基础上，起草了《民法通则（草案）》，于 1985 年 11 月提请全国人民代表大会常务委员会第十三次会议进行初步审议。1986 年，《民法通则》颁布。《民法通则》是中华人民共和国颁布的第一部调整民事法律关系的基本法律，它的颁布实施是中华人民共和国民事立法史上新的里程碑，它的诞生标志着我国民事立法进入完善化、系统化阶段，为我国社会主义民法典的制定奠定了基础。

《民法通则》颁布后，为适应我国社会主义经济体制改革的迅速发展，立法机关根据我国 1982 年宪法及其修正案，结合《民法通则》的基本精神和基本原则制定颁布与修改了一大批民事单行法、民事特别法及民事法规、条例。这些有关的民事法律法规，加上最高法院原有的司法解释，构建了我国以《民法通则》为核心的民事立法的基本框架。

1999 年 3 月 15 日第九届全国人民代表大会第二次会议通过了《合同法》，将《中华人民共和国经济合同法》（以下简称《经济合同法》）、《中华人民共和国涉外经济合同法》（以下简称《涉外经济合同法》）、《中华人民共和国技术合同法》（以下简称《技术合同法》）三部合同法变为统一的一部合同法，改变了合同法“三足鼎立”的局面。2007 年 3 月 16 日，历经八次审议的保护公民私有财产的基本法律《中华人民共和国物权法（草案）》（以下简称《物权法》）于第十届全国人民代表大会第五次会议闭幕会上高票通过，并自 2007 年 10 月 1 日起施行。2009 年 12 月 26 日，中华人民共和国第十一届全国人民代表大会常务委员会第十二次会议通过了《中华人民共和国侵权责任法》（以下简称《侵权责任法》），并自 2010 年 7 月 1 日起施行。2010 年 10 月 28 日，中华人民共和国第十一届全国人民代表大会常务委员会第十七次会议通过了《中华人民共和国涉外民事关系法律适用法》（以下简称《涉外民事关系法律适用法》），并自 2011 年 4 月 1 日起施行。

党的十八届四中全会提出编纂民法典的重大立法任务。2016 年 6 月 14 日，习近平总书记主持召开中央政治局党委会会议，听取并原则同意全国人大常委会党组关于民法典编纂工作和民法总则草案几个主要问题的汇报，并作出重要指示。民法典将由总则编和各分则编组成，目前考虑分为物权编、合同编、侵权责任编、婚姻家庭编和继承编等。编纂工作按照“两步走”的思路，采用分步编纂的方式进行。2017 年 3 月《民法总则》获全国人大审议通过，同年 10 月正式施行。计划 2020 年民法典各分编全部提交全国人民代表大会审议通过，从而形成统一的民法典。“中华人民共和国民法典”指日可待。

第二节 民法的调整对象

一、民法调整对象的含义及其意义

任何一个法律部门都是以特定的社会关系为其调整对象的。从法理学的角度考察，一个法律部门的存在理由主要在于其有独立的调整对象。因此，要进一步了解民法的实质，有必要研究民法的调整对象。所谓民法的调整对象，是指由民法规范所调整的特定社会关系。

关于我国民法调整对象的界定，历年来都是理论界和实践领域中争论最为激烈的焦点问题之一。通过讨论将对该问题的研究逐渐引向深入，对《民法通则》和《民法总则》

的制定起到了一定的指导作用。

我国《民法通则》第 2 条规定："中华人民共和国民法调整平等主体的公民之间、法人之间、公民和法人之间的财产关系和人身关系。"根据这一规定，我国民法的调整对象就是平等主体的公民之间、法人之间、公民与法人之间的财产关系和人身关系。但是，随着我国新的民事主体的出现以及立法的发展，这种概括方式显现出局限性，因为我国的民事主体除了公民、法人之外，还有合伙以及其他非法人组织。同时，"公民"一词主要在公法上使用，在私法上使用"自然人"一词更为贴切。2017 年颁布的《民法总则》对调整对象作了修正，第 2 条规定，"民法调整平等主体的自然人、法人和非法人组织之间的人身关系和财产关系"。

自然人、法人和非法人组织之间的社会关系多种多样，但民法仅调整它们之间的民事关系，即作为平等主体的自然人、法人和非法人组织之间发生的社会关系。根据权利义务所涉及的不同内容，民法的调整对象可分为平等主体之间的人身关系和平等主体之间的财产关系两大类。

二、平等主体之间的人身关系

人身关系是指与主体人身不可分离、不具有直接财产内容的社会关系。人身关系是基于一定的人格和身份产生的，体现的是人们的精神利益和身份利益。人身关系主要由民法调整，但其他部门法也从不同的角度对人身关系进行调整。与其他部门法调整的人身关系相比，民法调整的人身关系具有以下特点。

1. 当事人法律地位平等

民法所调整人身关系的主体地位是平等的，相互之间不存在隶属关系。在现代社会，任何民事主体都有其独立的人格利益，对于这种人格利益均应予以平等的保护和尊重。在自然人的身份关系中，虽然有长幼之别、夫妻之别，但其民事地位都是平等的，同样享有独立的人格。

2. 与特定主体的人身不可分离

民法所调整的人身关系与一定的人身密不可分，因为无论是人格还是身份，都是说明民事主体的地位和资格的，是民事主体在社会经济生活中赖以生存的前提。离开了特定的、具体的人身，人身关系或人身利益就失去了其存在的物质基础。根据法律的规定，民事主体的人身权利除法律另有规定外，不能转让、不能放弃，也不能被剥夺。

3. 没有直接的财产内容

人身关系不能用金钱直接来衡量，不能作为商品来转让。需要说明的是，民法调整的人身关系不直接体现财产内容并不意味着人身关系与财产没有任何联系，事实上，对人身权的合理行使可使人身权转化为财产利益。如企业有偿转让其名称时，就可取得财产利益；自然人有偿转让其肖像使用权时，也可获得财产利益；自然人基于一定的身份行使继承权时，也同样可以取得财产利益。

一般认为，民法调整的人身关系包括人格关系和身份关系。人格关系是指因民事主体的人格利益而发生的社会关系。人格利益是指人的生命、身体、健康、姓名、名称、肖像、名誉、荣誉、隐私、婚姻自主等方面的利益。人格关系在法律上表现为人格权关系，包括生命权、身体权、健康权、姓名（名称）权、肖像权、名誉权、荣誉权、隐私权、婚姻自主权等。身份关系是指基于一定的身份而产生的社会关系，它包括亲属、监护等关系，这些关系表现在法律上则为身份权。在知识产权中也有身份权的内容，如作者和发明者的署名权、发表权等人身权，均属于身份权。

在现代社会，民法调整人身关系的重要性日益突出，人身权在民法中的地位日益增强。民法对人身关系的调整、对人身权的保护、对维护个人的人权和尊严、培养个人的独立人格意识具有重要意义，也是建立社会主义民主政治、促进市场经济发展、形成和谐稳定的社会秩序所不可缺少的。

三、平等主体之间的财产关系

财产关系是指人们在产品的生产、分配、交换和消费过程中形成的具有经济内容的社会关系。这里所指的财产，是指具有经济价值的有体物、智力成果和利益①。财产关系可分为非平等主体间的财产关系和平等主体间的财产关系。前者为纵向经济关系，指国家在对自然人、法人和其他组织的管理行为中发生的财产关系，也就是基于行政管理而发生和存在的财产关系，是领导与服从的关系，如财政税收关系，当事人双方不具有平等的地位，此类关系不为民法所调整。后者为横向经济关系，主体之间法律地位平等，相互间无隶属性，这种财产关系由民法调整。

民法调整的财产关系一般具有下列特征。

1. 当事人的法律地位平等

在民法调整的财产关系中，当事人是享有财产所有权或经营管理权的独立的民事主体，相互间并无经济利益上的隶属性，当其财产权益受到损害时，应得到同样的保护。

2. 当事人的意思表示自愿

民法调整的财产关系必须建立在自愿的基础上，这是由民事主体地位平等的特点所决定的。不论当事人双方的经济实力如何，也不论双方在行政管理关系中处于何种地位，都不允许将自己的意志强加于对方，非经双方自愿协商，都不能缔结协议。

3. 通常情况下，民法调整的财产关系都是在等价有偿的基础上建立起来的

民法调整的财产关系大都是商品经济关系，在商品经济关系中，民事主体通过市场实现商品价值和自身经济利益，受市场价值规律的支配，因此应贯彻等价有偿的原则，除基于当事人意思依法形成的赠与、借用、无息贷款、无偿保管等民事关系外，不允许无偿调拨或搞不等价交换。

民法所调整的财产关系包括财产所有关系和财产流转关系。财产所有关系是指因占有、使用、收益、处分财产而发生的社会关系；财产流转关系是指因转移财产而发生的社

① 魏振瀛：《民法》，北京大学出版社、高等教育出版社2000年版，第3页。

会关系。这两类财产关系相互之间是紧密联系的，财产所有关系是发生财产流转关系的前提条件，通常只有财产的所有人才能对财产实施法律上的处分，与对方发生债的关系；而财产流转关系通常又是实现财产所有关系的方法，即财产所有人通过债的关系取得或行使财产的所有权。这两种财产关系，只要是发生在平等主体之间，都应该由民法调整。

第三节　民法的渊源

一、民法渊源的含义

民法的渊源这一概念可以从不同的角度理解。可以说民法的渊源是指民法产生的根源，这是从民法与它所调整的社会关系的关系来讲的；也可以说民法的渊源是法官裁决民事案件的法源，即法官判案的法律根据。这里所说的民法的渊源，是通常所说的民事法律规范的表现形式——形式渊源，即法律规范借以表现的各种具体形式。换言之，民法是由何种国家机关，通过何种方式创立的，表现为何种形式的法律文件，或者是被国家认可的习惯。

众所周知，法典化是大陆法系的显著特征。制定法是大陆法系民法的主要渊源，其他部门法也是如此。除制定法外，习惯、判例和法理也被认为是大陆法系民法的渊源。其中，制定法被认为是民法的直接渊源，习惯、判例和法理被认为是间接渊源。直接渊源与间接渊源的区别在于前者具有适用上的直接性和优先性。对于诉讼事件，有制定法的明文规定的，必须先直接适用制定法；习惯、判例和法理具有适用上的补充性和间接性。补充性表现为无制定法规定时方可适用；间接性表现为只有经法院选择、认可后，才可作为法律适用。

二、制定法

制定法指以文字形式表述并于生效前公布的法律。以文字形式表述使其具有确定性，于生效前公布使其对于当事人具有可预见性。制定法的特点和优点在于，它是由执法者与守法者所共知的法律，守法者在作为执法行为的相对人之同时，也是监督执法者的主体。因此，制定法的形式即意味着执法者在人民的监督下司法，防止司法者的任性和专横，有利于保障人民权利的安全。民法典是制定法民法的最高形式，以条文众多、体系完备、逻辑严密、便于当事人和法官寻法为特征。

制定法的双重约束性使其成为法治的象征和运作的前提条件。在现代法治国家，制定法是民法的第一渊源。在英美法系国家，民法渊源的发展趋势也使制定法的数量及作用日益加强。

三、习惯法

习惯法是独立于国家制定法之外，发生于某种社会权威和社会组织，具有一定强制力的行为规范。它并非由国家立法机关制定，而是在社会全体或某一社会领域内以约定俗成的方式形成，由一定的强制力加以保障的法律渊源。一般认为，构成习惯法有三个核心要素：一是虽未成文，但已具有规范的形态（或习惯、或惯例、或通行的做法）；二是在一部分地区长期反复适用，并被人们所公认；三是具有国家强制力。

习惯法是法律的最早渊源形式，是最自然的最自发的法的渊源。法学家认为，在制定法产生以前，人类社会曾在很长的一个时期处于习惯法时代。大陆法系在 18 世纪以前，各国多以习惯法为主要法源。习惯法更直接回应社会生活，而制定法却往往反映着立法者的法律政策因素，从这一角度而言，习惯法更具有客观性，制定法则更有主观性。同时，习惯法还具有不明示性、不易观察的缺点。因此，随着文字的出现和国家权力的增长，特别是 19 世纪各国纷纷制定民法典，习惯法很快被制定法吸收而逐渐失去法律渊源的主要地位。但是，20 世纪以来，社会关系日益复杂，且变化甚巨，成文法不能适应实际需要，习惯法地位又日趋重要。

同制定法相比较，各国都把习惯法看作一种补充法律规范，即当法律缺乏相应规定或者规定不完备时，对法律作补充的规范。

四、判例

判例在大陆法系国家的地位不如英美法系国家那样重要。要解决判例能否作为民法渊源，首先需要回答一个问题：立法权与司法权是否要进行严格的划分。因为判例就是法官立法之产物。在传统大陆法系国家，法官被定位为按照立法者所设计和建造的机器进行操作的工匠。《法国民法典》奉行严格的三权分立理论，不许可司法者僭越立法权，因而设计了一元的法律渊源体制，明文禁止法官立法。而能否禁止法官立法，取决于制定法能否做到完美无缺。由于对法律局限性认识上的突破，近代各国立法逐步舍弃了严格的三权分立观念，认为议会是一般的立法者，法官为个别的立法者①。前者制定法律之大纲，后者制定法律之细则。由此淡化了立法与司法两大权力之间的严格划分，模糊了二者之间的界限，判例被普遍承认是民法的补充渊源。

判例即法院作出的对本院以及下级法院有拘束力的生效判决。判例一经确立，便具有先例拘束力，作出判例的法院以及适用判例的法院一般不得作出相反判决，以保障判例法作为成文法所具有的确定性，发挥其双重约束功能。

以判例法为主要法律渊源的英美法系国家至今未创立一套撰修判例汇编的有章可循的制度，导致对其批评的声音久久不绝。但是也应看到，由于遵循先例，法律规则就成为判例制度的“副产品”，从而使立法成本接近于零，这正是英美判例制度魅力之所在。面对迅猛变化的社会现实，烦琐的立法程序和缓慢无声息的议会使大陆法系国家对立法成本不堪重负。在经过社会成本效益分析之后，大陆法系开始了借鉴判例制度的改革。在当今的大陆法系，判例无疑已构成法律渊源的组成部分。

由于历史的原因，当代中国不存在判例法，判例也不被认为是民法的渊源之一②。近年来，就应否确立判例法制度，法学界颇有争议。因为我国法律所涉及的领域极其广

① [法] 勒内·达维德：《当代主要法律体系》，漆竹生译，上海译文出版社 1984 年版，第 49 页。
② 李双元，温世扬：《比较民法学》，武汉大学出版社 1998 年版，第 25 页。

泛而复杂，并且极容易受到政治事件和经济活动的影响，立法者根本不可能预见并规定一切可能发生的情况，所以仅仅依靠成文法无法满足我国司法实践的需要。在必要时，不完全依靠对成文法的有权解释而以判例适当补充，既可以体现出我国法律渊源的多元化，也有益于我国改革开放和法制的发展，为成文法的发展完善提供经验。考虑到中国司法的大背景、法官的整体素质以及法院裁判文书的质量，本书认为，我们不必建立像英美法系那样的判例制度，赋予判例严格的拘束力，而应汲取历史经验并借鉴大陆法系的做法，认同判例的说服力价值，将其作为民法的补充渊源。近年来，中国最高司法机关推出了案例指导制度，它不同于英美法系的判例制度，但是值得引起学界关注。

五、法理

法理指依据民法之基本原则所应有的原理①。也有学者认为法理指的是民法的学说、理论②。无论在哪个国家，由学说构成的法理在法律的发展史上均居重要地位。在制定法诞生之前，学说所确立的原则，成为法院办案的基本依据。在古希腊、古罗马时代，法学家的著作中所阐发的法理成为具有法律效力的法的渊源之一。随着民主思想与法典编纂的胜利，法律的优先地位才取代学说的优先地位。“现代各国一般不承认学说是具有直接的法的效力的法的渊源，但却是具有推理意义上的法的渊源。”③

学说作为补充渊源应具备一定的条件。由于学说并非民法的直接渊源，仅为间接渊源，须经法院采用才可作为法律适用。法院采用学说时，应依据如下的标准：第一，就某一法律问题存在多种学说时，采通说；第二，就某一法律问题存在旧说与新说时，尽量考虑采用新说；第三，在持论者具有不同的权威性程度时，尽量采用权威学者的学说。当然，法院在选择学说时，有充分的自由裁量权，要考虑拟采用的学说适用于具体案件时能获得最公正之处理④。

在判例为民法渊源的情况下，法理自然也是民法的渊源，判例的作出，不是法官的凭空臆造，而应以法理为基础。我国实务界已意识到这一问题，最高人民法院前院长任建新曾指出：在法律无规定的情况下，法院可依据法理办案。应当注意的是，法理作为民法的渊源，只能处于补充渊源的地位，并且只有在制定法、习惯和判例均无规定时才能适用。

六、我国民法的渊源

一般认为，我国民法的渊源包括以下形式。

---

① 梁慧星：《民法总论》，法律出版社2007年版，第29页。

② 王利明：《民法总则研究》，中国人民大学出版社2003年版，第63页。

③ 张文显：《法理学》，法律出版社1997年版，第78页。

④ 徐国栋：《论民法的渊源》，《法商研究》1994年第6期。

（一）宪法中的民法规范

《中华人民共和国宪法》（以下简称《宪法》）是国家的根本法，具有最高的法律效力，是民事法律的立法依据。宪法中关于财产所有制和所有权的规定，关于公民基本权利和义务的规定等，都是调整民事关系的重要法律规范，是民法必须遵循的法律依据。例如，《宪法》第 13 条规定："公民的合法的私有财产不受侵犯。国家依照法律规定保护公民的私有财产权和继承权。国家为了公共利益的需要，可以依照法律规定对公民的私有财产实行征收或者征用并给予补偿。"第 37 条规定："中华人民共和国公民的人身自由不受侵犯。任何公民，非经人民检察院批准或者决定或者人民法院决定，并由公安机关执行，不受逮捕。禁止非法拘禁和以其他方法非法剥夺或者限制公民的人身自由，禁止非法搜查公民的身体。"这些都是重要的民法法源。在处理民事案件时，民事法律规范有规定的，当然应适用民事法律规范。在民事法律规范没有规定的情况下，可否直接援引《宪法》裁判民事案件，实践中存有争议。

（二）民事基本法

民事基本法是民法的主要法源。在大陆法系国家，民法典是民事基本法，其地位仅次于宪法。我国 1986 年制定的《民法通则》虽然不是民法典，但是它具有特别重要的地位和作用，应当视为民事基本法。2017 年 3 月全国人民代表大会审议通过的《民法总则》是我国民法典的开篇之作，它属于民法典的总则部分，是我国最重要的民事基本法。《民法总则》规定了民事活动必须遵循的基本原则和一般性规则，统领民法典各分编；各分编将在总则的基础上对各项民事制度作出具体规定。

（三）民事单行法

民事单行法是由全国人民代表大会及其常务委员会制定颁布的民事立法文件，包括民事单行法和其他法律中的民事法律规范。目前主要有《物权法》、《合同法》、《侵权责任法》、《中华人民共和国专利法》（以下简称《专利法》）、《中华人民共和国商标法》（以下简称《商标法》）、《著作权法》、《婚姻法》、《继承法》《中华人民共和国公司法》（以下简称《公司法》）、《中华人民共和国担保法》（以下简称《担保法》）、《中华人民共和国海商法》（以下简称《海商法》）、《中华人民共和国票据法》（以下简称《票据法》）、《中华人民共和国证券法》（以下简称《证券法》）和《中华人民共和国保险法》（以下简称《保险法》）等，这些都是非常重要的民事单行法律。此外，许多单行的经济行政法律规范中，也包含有不少民法性质的条文。如《中华人民共和国产品质量法》（以下简称《产品质量法》）、《中华人民共和国消费者权益保护法》（以下简称《消费者权益保护法》）、《中华人民共和国反不正当竞争法》（以下简称《反不正当竞争法》）、《中华人民共和国土地管理法》（以下简称《土地管理法》）、《中华人民共和国森林法》（以下简称《森林法》）和《中华人民共和国环境保护法》（以下简称《环境保护法》）等。

（四）国务院发布的民事法规、决议和命令

国务院是最高国家行政机关，可以根据宪法、法律和全国人大常务委员会的授权，制定和发布法规、决议和命令。其中有关民事的部分是民法的重要表现形式。如国务院制定的《计算机软件保护条例》《城市私有房屋管理条例》等。

（五）国务院所属各部委发布的规章、命令和指示

国务院所属各部委根据宪法、法律和国务院发布的法规、决议与命令，在本部门的权限内，可以发布规章、命令和指示，其中有关的民事规范也是民法的渊源。如国家工商行政管理总局发布的《个人独资企业登记管理办法》、原交通部发布的《汽车货物运输规则》等。需要注意的是，国务院所属各部委发布的规章、命令和指示，在处理民事案件中仅具有参照的作用，其内容不得与法律和行政法规相抵触。

（六）地方性法规、自治法规、经济特区法规中的民事规范

地方各级人民代表大会、地方各级人民政府、民族自治区的自治机关在宪法、法律规定的权限内所制定、发布的决议、命令、地方性法规、自治条例以及各种单行条例中有关民事的法律规范，也是民法渊源。当然，这些民事法规不能和法律、行政法规相抵触，而且只在颁布机关所辖区域内有效，对其他地区不发生法律效力。

（七）国家机关对民法规范的解释

有关国家机关在职权内所作的民事立法的解释，其本身不是民事法律规范，但具有约束力，可视为广义的民事规范。最高人民法院是我国的最高审判机关，有权依法监督地方各级人民法院和各专门人民法院的审判工作。为了在审判工作中正确地贯彻执行法律，它可以在总结审判实践经验的基础上发布司法解释性文件，包括发布在审判工作中适用某个法律的意见以及对具体案件如何适用法律的批复。如《最高人民法院关于贯彻执行〈中华人民共和国民法通则〉若干问题的意见（试行）》《最高人民法院关于超过诉讼时效期间当事人达成的还款协议是否应当受法律保护问题的批复》等。最高人民法院所作的民事司法解释对各级人民法院处理民事案件具有约束力。

（八）国际条约和国际惯例

《民法总则》第 11 条规定："其他法律对民事关系有特别规定的，依照其规定。"在涉外民事关系中，我国缔结或参加的国际条约可作为法律渊源，国际条约没有规定的，可适用国际惯例。由此确立了国际条约和国际惯例在涉外民事关系中的法律渊源地位。国际条约是两个或两个以上的国家就政治、经济、贸易、军事、法律、文化等方面的问题确定其相互权利义务的协议①。国际条约适用的条件有：第一，只在涉外民事关系中适用；第二，只适用我国缔结或参加的；第三，只适用我国未声明保留的条款的部分。国际惯例也叫国际习惯，是国际条约的补充渊源。将国际条约和国际惯例作为民法的渊源，是我国对外开放的标志。随着我国加入世界贸易组织，在我国民事审判中，国际条约和国际惯例将更为频繁地作为民法渊源适用。

① 杨立新：《民法总论》，高等教育出版社 2007 年版，第 16 页。

（九）国家认可的习惯

习惯是指在一定地域或行业范围内长期为人们确信并普遍遵守的民间习惯或者商业惯例①，其中大量的习惯或惯例与人们的生活密切相关，如婚丧、继承、财产取得、债务履行、损害赔偿等②。在我国，习惯也可以作为民法的渊源。《民法总则》第 10 条规定：“处理民事纠纷，应当依照法律；法律没有规定的，可以适用习惯，但是不得违背公序良俗。”依此规定，人民法院、仲裁机构等在处理民事纠纷时，在法律没有规定的前提下，可以适用不违背公序良俗的习惯。所谓法律没有规定，是指相关的法律、行政法规、地方性法规对此民事纠纷没有规定；所谓不得违背公序良俗，是说并非所有的习惯都可以采用，所适用的习惯必须不得违背公序良俗。这是适用习惯作为解决民事纠纷的两个必不可少的前提条件。《民法总则》把习惯确认为民事法律的渊源，出于两个原因：一是我国现行的合同法、物权法等法律已明确规定习惯可以作为判断当事人权利义务的根据；二是习惯可以在一定程度上弥补法律的不足，同时也更贴近社会生活③。

第四节 民法的适用范围

一、民法适用范围的含义

民法的适用范围也就是民法的效力范围，是指民法在何时何地对何人发生法律效力。正确了解民事法律规范的效力范围，是正确适用民事法律规范的重要条件。民法的适用范围具体包括空间适用范围、时间适用范围、对人适用范围三个方面。

二、民法的空间适用范围

民法在空间上的适用范围是指民法在什么地域内适用或发生效力。《民法总则》和《民法通则》都规定，在中华人民共和国领域内的民事活动，适用中华人民共和国法律。由此可以看出，我国民法的适用范围以属地法为原则，凡在中国领域内发生的民事活动，原则上都适用中国法，只有法律另有规定的，才依照其规定。

民法的空间适用范围一般是民事法律规范的效力及于制定该民事法律的机关所管辖的地域。这大体上有以下两种情况。

（1）凡属全国人民代表大会及其常务委员会，国务院及其所属各部委等中央机关制定并颁布的民事规范，适用于全国领域，即我国领土、领海、领空以及根据国际法、国际惯例视为我国领土的一切领域。但全国性的法规若仅就某一特定地区而制定，则该法规仅适用于该特定地区。法律允许某区域制定变通或补充规定的，在许可的区域内适用变通或补充规定。

① 李适时：《中华人民共和国民法总则释义》，法律出版社 2017 年版，第 35 页。

② 刘凯相：《民法总论》，北京大学出版社 2007 年版，第 33 页。

③ 李适时：《中华人民共和国民法总则释义》，法律出版社 2017 年版，第 36 页。

（2）凡属地方各级政权机关根据各自的权限所颁布的民事法规，仅适用于该地区，在其他地区不发生效力。地方性法规与全国性法规相抵触的，适用全国性法规。

三、民法的时间适用范围

民法在时间上的适用范围是指民事法律规范在时间上所具有的法律效力，包括民法的生效时间和失效时间，以及民事法律规范对其生效前发生的民事法律关系有无溯及力。

一般来说，民法的效力自实施之日发生，至废止之日停止。民法规范何时开始实施，可以由法律规范本身规定，也可以由制定法律的机关以命令或决议予以规定。有的法律规范从公布之日起实施，如《中华人民共和国城镇国有土地使用权出让和转让暂行条例》。有的法律规范虽然已经公布，但对开始实施的日期另有规定，在这种情况下，法律规范在规定的日期到来时才开始生效，如 1986 年 4 月 12 日通过的《民法通则》第 156 条规定，本法自 1987 年 1 月 1 日起施行。法律规范的废止时间即失效时间，多数立法不加规定。民法的失效时间主要有以下几种情况：①新法直接规定废除旧法。如《合同法》规定，本法自 1999 年 10 月 1 日起施行，同时，原《经济合同法》《涉外经济合同法》《技术合同法》废止。②旧法规定与新法相抵触的部分失效。③由国家机关颁布专门的规定宣布某些法律失效。在司法实践中，如果新法与旧法发生冲突，应适用新法优于旧法、后法优于前法的原则，以新法、后法为准。

在一般情况下，民法没有溯及既往的效力，除非法律有特别规定，新公布实施的民事法律只适用于该民事法律生效后所发生的民事法律关系。

四、民法对人的适用范围

民法对人的适用范围，是指民法对哪些人发生效力。根据民法的有关规定，通常有以下几种情况。

（1）我国民法适用于居住在我国境内的中国公民，以及设立在我国境内的中国法人及其他组织。

（2）我国民法也适用于居留在我国境内的外国人和无国籍人以及经我国政府准许设立在我国境内的外国法人和其他组织。但是，有两种例外情况：第一，根据我国缔结或参加的国际条约、双边协定的规定，或者经我国认可的国际惯例享有司法豁免权的外国公民，除了他们自愿适用我国民法外，我国民法对他们没有法律效力。第二，我国民法中某些专门由我国公民、法人或其他组织享有的权利能力，外国人、无国籍人或外国法人和其他组织不得享有。

（3）居留在外国的我国公民，原则上应适用住在国的民法，而不适用我国民法。但是，依照我国民法及依据我国缔结或参加的国际条约、双边协定以及我国认可的国际惯例，应当适用我国民法的，仍然适用我国民法。

第二章　民法的基本原则

民法基本原则，是对各项民法制度和民法规范起统帅与指导作用的基本准则。它是民法的本质和特征的集中体现，是民法的灵魂之所在。理解并掌握民法基本原则，领悟其中蕴含的民法价值取向和精神理念，对学习民法、理解民法、运用民法都具有极其重要的意义。我国现行民法中，主要确认了平等原则、自愿原则、公平原则、诚实信用原则、公序良俗原则和生态环境保护原则。

第一节　民法基本原则概述

一、民法基本原则的概念与特征

民法基本原则是体现市民社会和商品经济根本要求，贯穿于全部民事法律制度，对民事立法、民事司法以及民事活动守法具有普遍适用效力和平衡作用的指导思想与基本行为准则。民法基本原则是民法的精神实质之所在，它集中体现了民法的本质和特征，表达了民法的基本价值取向，是高度抽象的、最一般的民事行为规范和价值判断准则。

现代民法基本原则的形成同样经历了罗马法、近代民法和现代民法三个发展阶段。在承继罗马私法传统价值观和接受欧洲启蒙思潮影响的基础上，近代欧洲民法形成了较为稳定的法律价值观，并主要体现为四项法律原则：人格平等原则、私权神圣原则、契约自由原则和过失责任原则。近代民法在保障个人平等、维护个人财产、刺激自由竞争等方面发挥了重要作用，对社会生产力和法治文明的发展作出了突出贡献。但随着资本主义社会日益发达，以传统原则为基础的近代民法所存在的弊端就暴露出来。于是各国民法典都对民法的基本原则进行了适应社会需要的修正，最主要的表现就是从极端尊重个人自由转向兼顾社会公共福利或社会公正。因此，限制私权和个人自由的一些基本原则就应运而生，如诚实信用原则、公序良俗原则、禁止权利滥用原则和生态环境保护原则等。

综观世界各国尤其是大陆法系国家的现行民法，民法基本原则具有以下主要特征。

（一）民法基本原则是最高度概括和抽象的民法规范

民事法律规范包括原则和规则。民法基本原则是最高度概括的民法规范，浓缩了全部民事法律规范所包含的法律价值，其内涵极为丰富且具有其他民事法律规范所无法比拟的伸缩性，可以随着社会的发展进步对其意蕴作出不同的解释；民法基本原则是最抽象的民法规范，它只在宏观上和整体上对民法规则的制定、解释以及适用进行思想指导，从而间接影响民事主体的权利义务，并不直接涉及具体的权利义务。而规则是具体的，一般都是直接规定不同民事法律关系的权利义务内容，便于民事主体理解和运用。

（二）民法基本原则贯穿于全部民事法律制度，具有普遍的适用效力

民法基本原则是民法中最高层次的价值准则，是全部民法的主导性思想所在，是民法的理念基础，是超越一切民法制度的具有最高位阶的民法规范，在所有的民事法律领域都有其价值。它贯穿于民事立法、司法、守法全过程，其效力覆盖所有的民事关系和民事行为。而具体民法制度的原则和具体民法规范的价值则局限于具体的某一民法领域、某一民事关系或者民事行为，对其他的民事领域、民事关系和民事行为则不具有法律效力。

（三）民法基本原则是强行性规范

民法的基本精神中最重要的就是意思自治，因而整部民事法律中几乎都是任意性法律规范，民事主体享有以自己的意思排除法律规范适用的最充分的权利。而民法基本原则所确定的是基本的伦理价值和特定社会的基本的社会生活秩序，全体民事主体必须遵守，不得以个人意思排除其适用，因而属于强行性规范。

二、民法基本原则的功能

民法基本原则具有以下功能。

（一）民法基本原则是民事立法准则

民法基本原则是民法的性质和特征的最集中体现，是民法精神实质之所在，当然要贯穿于整个民事立法活动，对各项民事法律制度的建立和各项民事法律规范的设计起统帅与指导的作用。民法基本原则是民事立法的指导方针。无论是民事法律制度还是民事法律规范的设计，都必须以民法基本原则的精神作为统一的价值取向，保证民事基本法和单行法在价值目标追求上的一致性与民事法律规范的整体和谐性。这就要求立法者在制定民事立法的过程中，遵循体系强制的要求，将民法的各项基本原则贯彻落实到具体的民法制度和规范中。立法机关制定的民事单行法和行政机关制定的法规或规章与民法基本原则相违背的无效。

（二）民法基本原则是民事主体的行为准则

民事主体进行民事活动，不仅要遵循具体的民法规范，还必须遵循民法基本原则。民法基本原则对民事主体进行民事活动作出了最基本的法律要求，民事主体即使不掌握具体的法律规范的权利义务要求，只要按照简单明了的平等观念、自由观念、公平观念、诚实信用观念等基本原则精神处理民事法律关系的设立、变更和消灭，其行为一般也可以基本符合民事法律规范的要求。在现行法上缺乏具体民法规则或者规定不明时，民事主体更应当自觉地以民法基本原则为指导进行民事活动。民法基本原则是

强行性法律规范，民事主体不得在民事活动中排除其适用，违反民法基本原则的民事行为一律无效。

（三）民法基本原则是民事审判活动的准则

在审判实践中，民法基本原则的作用主要有：第一，裁判者应当以民法基本原则为准绳评价当事人的民事行为。有时适用具体民事法律规范难以准确判断民事主体行为的适法性，裁判者就必须援引民法基本原则对民事行为进行评价，确定行为效力，判明民事责任。在司法审判实践中，特别是平等原则和诚实信用原则，常常是评判民事主体之间是非曲直的准据。第二，在司法审判实践中，对缺乏具体民法规定的案件，裁判者进行创造性司法活动时必须以民法基本原则为准则。大陆法系的法官缺乏造法权利，但在适用法律处理具体案件过程中，特别是遇到缺乏具体法律规范依据的特殊情况下，可以在基本原则的精神要求范围内，进行创造性司法活动。第三，以民法基本原则为准则，审查判断案件裁判结果。法官适用民法具体法律规范对案件作出裁判，还必须以民法基本原则的精神为准绳进行审视，保证案件的处理结果符合民法基本原则的要求。易言之，当适用民法具体法律规范作出的裁判违背民法基本原则的基本精神，偏离民法基本原则所追求的价值目标时，就必须舍弃具体法律规范的适用，而以民法基本原则为依据作出裁判，“从而保证充分发挥民法基本原则的衡平作用，实现法的最高价值——公平与正义”①。

（四）民法基本原则是解释民事法律、法规的依据

民事法律制度和民事法律规范的设立都以民法基本原则为指导方针，因此，在民事法律的立法和司法活动中，需要进行法律解释的时候，必须以基本原则为准据，否则解释无效。裁判者在审理民事案件时，需对所适用的法律条文进行解释，如果裁判者在对法律规范进行解释时，出现两种相反的含义，应当采用其中符合民法基本原则的含义。无论采用何种解释方法，其解释结果均不能违反民法基本原则。

（五）民法基本原则能补充现行法律的漏洞

“由于立法者认识的有限性与社会生活的无限性的矛盾，成文法典的相对稳定性与社会生活的易变性的矛盾，法律的正义性与法律具体规定在特殊情况下适用的非正义性的矛盾，使成文法典的局限与漏洞始终难于避免”②，而具有普遍适用性和极富伸缩性的民法基本原则，就是解决上述矛盾、克服成文法典局限性和弥补法律漏洞的最好手段。通过民法基本原则的指导，裁判者进行自由裁量，同时自由裁量的结果又不得突破基本原则要求的范围。于是，“基本原则也就通过法官自由裁量权的授予与限制发挥着克服成文法局限性和弥补成文法漏洞的功能”③。我国民法中的诚实信用原则、公序良俗原则、禁止权利滥用原则属于授权性条款性质，可以直接作为裁判依据，其他基本原则不

① 江平：《民法学》，中国政法大学出版社2000年版，第64页。

② 江平：《民法学》，中国政法大学出版社2000年版，第64-65页。

③ 江平：《民法学》，中国政法大学出版社2000年版，第65页。

能直接作为裁判依据[①]。在这个问题上，学者间有不同见解。拉伦茨认为："法律原则通常具有主导性法律思想的特质，其不能直接适用于裁判个案，毋宁只能借助法律或司法裁判的具体化才能获得裁判基准……。"[②]国内也有学者认为，到目前为止，没有一个国家判例确认原则条款具有独立援引裁判的功能。在法律有漏洞或者存在法的续造必要时，允许法官援引原则条款创制具体规范，进行法律补充[③]。

第二节　平 等 原 则

一、平等原则的含义

平等原则，也称法律地位平等原则，是指在民事活动中所有当事人的法律地位一律平等，相互间应平等对待，任何一方不得把自己的意志强加给对方当事人。平等原则是民法的基础原则，并构成了自愿原则的逻辑前提。离开了民事主体之间平等的假定，民法就丧失了存在的根基，也就无从谈起民法的其他基本原则。我国《民法通则》第 2 条规定："中华人民共和国民法调整平等主体的公民之间、法人之间、公民和法人之间的财产关系和人身关系。"第 3 条规定："当事人在民事活动中的地位平等。"这两条规定确立了我国民法的第一个也是最重要的基本原则即平等原则，奠定了我国市场经济和新型人身关系的法治基础。此后，我国《婚姻法》《继承法》《物权法》《合同法》《侵权责任法》等全部民事法律都贯彻执行着平等原则的精神内涵。我国 2017 年 10 月 1 日生效实施的《民法总则》第 4 条规定："民事主体在民事活动中的法律地位一律平等。"我国《民法总则》把平等原则作为第一个基本原则加以规定，凸显了平等原则在民法基本原则中的首要地位。确立平等原则，是因为：第一，平等原则最直接地反映了民法调整对象和方法的特征。民法将平等主体之间的人身关系和财产关系作为调整对象，平等原则集中反映了民法所调整的社会关系的本质特征，也是全部民事法律制度的基础。第二，平等原则划分了民法与公法的基本界限。平等主体之间的法律关系归民法调整，非平等主体之间的法律关系归行政法、刑法等公法调整。民法确认、保障和救济民事权利，限制公权力对民事权利的不当干预和侵害。第三，平等原则充分反映了民事活动中财产关系和人身关系的本质要求。市场经济下财产关系的本质就是平等，主体平等、权利平等、机会平等、交易平等、保护平等。平等也是民事活动中人身关系的本质要求，人格独立和平等，人格自由和人格尊严，是人权发展的必然要求和现代法治的基本精神[④]。

平等原则是民法的核心和灵魂，它是商品经济的产物，而商品经济天然要求平等的人格。平等原则的思想萌芽出现于古希腊。公元前 5 世纪的希腊政治家伯里克利说："解决私人争执的时候，每个人在法律上都是平等的。"[⑤]恩格斯在评价古罗马法时说："至

① 梁慧星：《民法总论》，法律出版社 2007 年版，第 45 页。

② [德] 卡尔·拉伦茨：《法学方法论》，陈爱娥译，台湾五南图书出版公司 1996 年版，第 394 页。

③ 龙卫球：《民法总论》，中国法制出版社 2002 年第 2 版，第 64 页。

④ 沈德咏：《〈中华人民共和国民法总则〉条文理解与适用》，人民法院出版社 2017 年版，第 106-108 页。

⑤ 徐国栋：《民法基本原则解释》，中国政法大学出版社 1992 年版，第 60 页。

少对自由民来说，产生了私人的平等。在这种平等基础上罗马法发展起来了，它是我们所知道的以私有制为基础的法律的最完备形式。"①中世纪的封建特权和等级制度窒息了古罗马的平等思想，直到近代资产阶级适应社会生产力的发展要求夺取政权，在启蒙思想家“天赋人权理论”的影响下，1804 年的《法国民法典》第 8 条明确规定：所有法国人均享有民事权利。1907 年的《瑞士民法典》第 11 条更全面宣示了人格平等原则：①人都有权利能力；②在法律范围内，人都有平等的权利能力和义务能力。《俄罗斯联邦民法典》第 1 条规定，民事立法的基本原则是确认民事立法所调整的关系的参加者一律平等，财产不受侵犯，合同自由，不允许任何人随意干涉私人事务，必须无阻碍地行使民事权利，保障恢复被侵害的权利及其司法保护。《日本民法典》第一条之 2 规定，解释本法，应以个人尊严及两性实质性平等为宗旨，等等。

二、平等原则的法理

平等原则在许多国家如法国、德国等未设有明文规定，原因是学者们认为这是无须明文规定的公理性原则，但都承认平等原则应当是民法的基本原则。由于我国经历了漫长的不平等的封建等级制度历史进程，又没有经过彰显平等自由的资本主义发展阶段，社会主义初期的计划经济同样是以不平等的隶属关系组织生产和供应，所以我国民法明文规定这一原则，意在突出强调社会主义市场经济和民主政治关于人格平等的本质要求，提升民事主体在民事活动中所有当事人法律地位平等的主观意识。

平等原则的精神实质主要体现为以下方面。

（一）任何民事主体在民法上都具有独立、平等的法律人格

人格平等就是在法律上不分尊卑贵贱、财富多寡、种族差异、性别差异，一律认为人与人的抽象人格是平等的②。从古代法到现代法的历史演进过程，就是“从身份到契约”的发展过程。19 世纪英国历史法学派的奠基人和主要代表梅因精辟地总结道：“我们可以说，所有社会进步的运动，到此处为止，是一个‘从身份到契约’的运动。”③在这个过程中，依附关系逐渐消灭，“个人”成为社会的基本构成，成为民事法律所考虑的基本单位，主要的民事法律关系就是个人与个人之间的契约关系。从身份到契约的发展过程，就是人格平等原则发展进步的过程④。

（二）民事主体享有平等的法律地位

平等的法律地位是独立法律人格的必然要求。我国《民法总则》把我国《民法通则》中的“地位平等”修改为“法律地位平等”，更能准确表达平等原则的含义。若法律地位有区别，就一定会出现民事主体之间的依附关系，就会出现民事活动中的领导与被领导、支配与被支配的关系，人格平等就变成没有实际意义的画饼。

---

① 《马克思恩格斯选集》（第三卷），人民出版社 1972 年版，第 143 页。

② 王利明：《民法总论》（第二版），中国人民大学出版社 2012 年版，第 113 页。

③ ［英］梅因：《古代法》，沈景一译，商务印书馆 1959 年版，第 97 页。

④ 何勤华，魏琼：《西方民法史》，北京大学出版社 2006 年版，第 266 页。

民事主体，不论是国家机关、各类企业，还是其他社会组织和自然人个人，在民事活动中没有大小、高低、贵贱之分，任何民事主体都不能凭借其行政上的权力或经济上的优势取得优越于其他民事主体的地位，所有参与民事法律关系的民事主体在民事法律关系的产生、变更和消灭上，都只能互相尊重、平等协商，任何一方都不得将自己的意志强加给对方。

平等的法律地位还体现在民事立法和民事司法对各类民事主体给予平等对待，这是分配正义的要求。我国《民法通则》第 10 条规定，“公民的民事权利能力一律平等”。我国《民法总则》第 14 条规定，“自然人的民事权利能力一律平等”，将“公民”修改为“自然人”，从而将民事权利能力平等的政治限定和差别意味完全消除，真正实现了人的平等。我国《民法总则》第16条规定，“涉及遗产继承、接受赠与等胎儿利益保护的，胎儿视为具有民事权利能力”，从而赋予胎儿在特别情形下的民事权利能力，解决了我国长期存在的胎儿权益保护不足的问题。虽然列举的保护情形仍显不足，但有一个“等”字兜底，应当可以较好地保护胎儿这个“特殊的”民事主体。我国《民法总则》对其他的民事主体也都作了相应的规定。民法是通过对民事主体间冲突的利益关系进行协调，来实现自身调控功能的。“而在分配利益和负担的语境中可以有两种意义上的平等对待。一种是强式意义上的平等对待，它要求尽可能地避免对人群加以分类，从而使每一个人都被视为‘同样的人’，使每一个参与分配的人都能够在利益或负担方面分得平等的‘份额’。另一种是弱式意义上的平等对待，它要求按照一定的标准对人群进行分类，被归入同一类别或范畴的人才应当得到平等的‘份额’，因此，弱式意义上的平等对待既意味着平等对待，也意味着差别对待。同样的情况同样对待，不同的情况不同对待。”①

（三）任何民事主体依法取得的民事利益受同等的法律保护

民法规定的民事权利保护方法和民事责任形式，平等地适用于一切民事主体。当民事权利受到侵犯时，无论权利人在社会地位、政治地位、经济实力上具有何种差异，法律都应当一视同仁、平等保护。

三、平等原则的运用

平等原则所强调的平等，只是民事主体的抽象人格的平等。在实际运用平等原则过程中，需要注意以下几点。

（1）民事主体人格平等，是对民事活动当事人的基本要求，应当贯彻民事活动始终，并作为判断民事行为法律效力的基本准则。民事主体的任何实际差异，都不应当影响法律追求的“应然”的平等。

（2）民事主体人格平等不意味着人格以外的实际平等。在商品经济社会中，人与人之间绝不可能实现真正的平等。抽象掉“人”以外的所有东西，人们在人格上也只有在人格上才是没有区别、完全平等的。在不同的民事法律关系中，当事人根据法律或者合

① 郑成良：《法律之内的正义》，法律出版社 2002 年版，第 40 页。

意，可能享有更多的权利或者负担更多的义务，甚至单方享有权利和单方承担义务（如赠与合同）。因为民事主体间经济地位、经济实力或者其他差异等，也会导致民事主体实际享有的民事权利存在差别。

（3）民事主体平等是指机会平等，而非结果平等。民法通过提供平等的法律条件和规定同等的行为规则，为所有民事主体平等地提供参与民事活动、追求民事利益的机会，保证民事主体在民事活动的起点上享有平等的法律条件，但绝不意味着民法追求或者保证民事主体进行民事活动的结果是均等的。结果平等是平均主义错误思想的要求，是违背市场经济基本规则的，也是市场经济社会中无法实现的。

第三节 自 愿 原 则

一、自愿原则的含义

自愿原则也称为私法自治原则或者意思自治原则，是指民事主体在法定的范围内享有充分的行为自由，包括按照自己的意志设立、变更、消灭民事法律关系。我国《民法通则》第4条规定，民事活动应当遵循自愿的原则。该条规定就是对自愿原则的确认[①]。我国《合同法》第4条规定，“当事人依法享有自愿订立合同的权利，任何单位和个人不得非法干预”。我国《民法总则》第5条规定：“民事主体从事民事活动，应当遵循自愿原则，按照自己的意思设立、变更、终止民事法律关系。”

自愿原则是传统民法私法精神的最高体现。正如《德国民法典》的基本观念是自由主义和个人主义的，它认为单个的人，即“理智的、自我负责和有判断力的市民”，能够自由地决定自己的私人生活关系而无须国家帮助和介入。自由和平等最有利于社会共同生活秩序，最有利于追求利益最大化的竞争各方。因此，法律赋予个人自主决定其生活关系的自由[②]。我国民法的自愿原则，实质上承担起了“意思自治”民法核心价值的重任，是民法其他基本原则以及民法价值体系和规则体系的历史元点与逻辑起点。

自愿原则赋予民事主体广泛的权利，民事主体在法律强行性规定的范围和限度内，为了自身的目的实施各种民事行为，从而为自己创设一定的民事权利或者民事义务，任何他人（尤其是国家公权力）对此都只能予以消极的保护和尊重，而不能积极地予以干涉和妨碍。依此原则，“在私法自治范围内，法律对于民事主体的意思表示，即依其意思而赋予法律效果；依其表示而赋予拘束力；其意思表示之内容，遂成为规律民事主体

① 学者们普遍认为《民法通则》以“自愿”表述意思自治原则，仅能体现民事主体意思和行为不受他人强迫的含义，难以概括“私法自治”或“意思自治”的丰富内涵，例如，无法涵盖意思自治原则最重要的核心思想即当事人的意志自由是权利义务的创设依据、私法秩序优于任意性法律规范、公权力不得不当干预民事活动等。长期以来，根据我国国情和传统，学者们多建议未来的民法典直接使用“意思自治”表述，但我国《民法总则》（未来的民法典的第一部分）仍选择了继承《民法通则》“自愿原则”的概念。虽然本书保持了和《民法总则》相一致，但笔者仍认为“意思自治原则”在含义的丰富和表述的顺畅上更好。

② 陈卫佐：《德国民法总论》，法律出版社2007年版，第27页。

行为之规范，相当于法律授权民事主体为自己制定的法律”[①]。这是商品经济发展的必然要求，“自主决定是调节经济过程的一种高效手段。特别是在一种竞争性经济制度中，自主决定能够将劳动和资本配置到能产生最大效益的地方去”[②]。

二、自愿原则的法理

自愿原则主要包括以下内容。

（一）赋予民事主体广泛的行为自由

自愿原则强调尊重民事主体的独立人格与理性能力，赋予民事主体决策与行动自由，即民事主体的意志自由，由“理智的、自我负责和有判断力的市民”在广泛的民事领域自主地追求并实现利益的最大化，从而带动实现社会整体利益的最大化。民事主体的自由首先表现为意思表示的自由，意思自治的前提就是自由地表达真实的内心意思，虚假的意思表示或者受欺诈、胁迫情形下的意思表示都是与自愿原则相悖的，因而其后的行为也不是真正自由的，行为效力则或者是无效或者是可撤销的。民事主体的自由在内容上主要体现为契约法领域的契约自由、物权法领域的所有权自由、亲属法领域的婚姻自由和遗嘱自由、人格权利自由等，在具体表现形式上包括双方行为自由（契约行为）、单方行为自由、多方行为自由（如章程自由）、作为不作为的自由、选择行为方式的自由、选择行为对象的自由、确定具体权利义务内容的自由等。

（二）当事人意思优先于任意性法律规范

自愿原则是市民社会自治在私法领域的体现。民事主体根据自己的意志自主形成法律关系，其权利义务内容具有法律效力。不仅如此，即使民事主体之间权利义务的设定内容与任意性民事法律规范并不一致，也以当事人意思优先。我国《合同法》中有 31 个条文规定了“当事人另有约定的除外”，或者依其约定。《民法总则》中有 6 个条文明确规定“当事人另有约定的除外”。自愿原则的主要任务就是赋予这种私法秩序以合法性。

（三）民事主体的法律行为不受国家公权力干预

自愿原则划清了国家公权力与私域的关系。首先，自愿原则必须体现对民事主体财产权利的尊重，无论是物权、债权还是消费者权利、企业权利，都应当得到公权力的尊重。其次，民事主体在以私人利益为中心的私人生活领域享有充分的自由，有权实行自治。当事人可以在债法领域、物权法领域、亲属法领域自由进行契约行为，设立、变更和消灭民事法律关系。民事主体的行为只要没有超出法律强行性规定的范围和限度，而且不违背公序良俗的要求，国家公权力就不得限制和干预。

---

① 梁慧星：《民法总论》，法律出版社 2001 年版，第 156 页。

② [德] 迪特尔·梅迪库斯：《德国民法总论》，邵建东译，法律出版社 2000 年版，第 143 页。

三、自愿原则的运用

民法的私法性质决定了私法领域拒绝外力的强行介入，意思自治成为私法最重要的精神体现。因此，自愿原则不仅应当在民法中得到确认，而且应当成为民法最重要、最有代表性的原则。

自愿原则的运用和实现，还需要和平等、公平、诚信信用、公序良俗等原则相调和。平等原则是自愿原则的逻辑前提，公平原则是自愿原则的补充，诚实信用原则和公序良俗原则是自愿原则的必要限制。但“自由以及私法自治是私法的出发点”①，自愿原则是处于核心地位的民法基本原则。

自愿原则也不是绝对的、无限制的。资本主义发展到垄断阶段，自由放任经济政策被国家干预调控主义所取代。在从“身份”到“契约”的过程中，同时又出现了从“契约”到“身份”的回归，处于社会弱者地位的群体受到法律的特别关照和特殊保护。与此相适应，曾经被绝对化的自愿原则开始受到一定的限制。各国都在民法中加强了对合同自由的限制，如对格式条款的规制、强制缔约、对消费者的特殊保护等。婚姻家庭法领域中的身份关系及其变动的社会效应也越来越受到法律的关注。

能够限制民事主体自由的足够充分且正当的理由就是国家利益和社会公共利益。所谓国家利益，就是国家在整体上的政治利益、经济利益和安全利益。所谓社会公共利益，主要就是指由不特定第三人的私人利益所构成的社会大多数人的利益。为此各国民法相继确定了诚实信用原则和公序良俗原则，把最低限度的道德要求确认为法律要求，以此作为对民事主体行为自由限制的依据和方法。

第四节　公 平 原 则

一、公平原则的含义

公平是法律追求的最高价值目标。公平原则，是指在民事立法、民事司法和民事活动中民事权利义务的配置应当符合一般社会观念的均衡状态。我国《民法通则》第 4 条规定：民事活动应当遵循公平原则。我国《合同法》第 5 条规定，“当事人应当遵循公平原则确定各方的权利和义务”。我国《民法总则》第 6 条规定，“民事主体从事民事活动，应当遵循公平原则，合理确定各方的权利和义务”。

平等的最理想状态就是公平。但何为公平？不同的国家，不同的社会制度，不同的历史时期，不同的民族，不同的阶层，都会对公平给出不同的答案。但是，公平作为一种主观价值判断同时也具有客观性，在一定历史时期、一定社会环境中，其内涵仍是相对确定的（例如，在封建社会人们按等级身份行为就是公平，在当代社会则是人人平等自由发展就是公平）。因此，形式上的主观性和内容上的客观性是公平的突出特点。

① ［德］迪特尔·梅迪库斯：《德国民法总论》，邵建东译，法律出版社 2000 年版，第 144 页。

二、公平原则的法理

公平原则以协调和平衡民事主体之间利益关系为目标，在具体民事法律制度和规范中表现为合理的、恰当地配置民事权利与义务。正确理解公平原则，应当注意以下问题。

（一）公平，是对民事主体在民事活动中的主观心态的要求

公平原则要求民事主体对利益和损害的分配在主观心理上应当持公平的态度，即“于利益不自取过多，而与人过少，于损害亦不自取过少而与人太多”。民事主体在民事活动中，应当建立并实践均衡的民事法律关系，使权利义务基本相一致，机会均等、互利互惠，从而实现双赢的结果。只要民事主体保持这样一种理性的心态，自然就不会以强凌弱、巧取豪夺，不会以损害他人的手段追求自身利益的最大化。只要民事主体保持公平的心态进行民事活动，社会就可以出现“人人为我，我为人人”的和谐状态。而受到不公平对待的民事主体则应当依据法律规定积极寻求救济，维护追求公平的权利。只有这样，才能实现明确宣示公平原则的立法宗旨。

（二）公平，要求民事立法和司法活动恰当配置权利义务

贯彻公平原则，要求民事立法符合公平正义的要求。公平的法律是公平的结果的基本保证。民事法律制度和法律规范的设计，都应当公平地安排民事主体之间的利益关系，从而保证在民事主体没有进行自治约定或者约定违背公平精神的方面发挥作用。

从我国立法上看，公平原则主要体现在《合同法》当中。

1. 确立公平原则为合同法的基本原则

《合同法》第 5 条规定：当事人应当遵循公平原则确定各方的权利和义务。

2. 设立各项公平规则

在《合同法》当中，为保障公平而设立的特别规定主要有：第一，情势变更原则。依据该原则，在合同有效成立后，由于不可归责于双方当事人的原因导致作为交易之基础的客观情势发生异常变动，继续履行合同债务对一方当事人明显有失公平，面临不合理损失的当事人可以请求变更或解除合同。情势变更原则是对合同严守原则的调整，一般情形下仍然遵循“契约必须严守”的要求，情势变更的特殊情形下，允许对丧失公平的合同予以矫正。第二，显失公平制度。依据该制度的规定，合同在订立时显失公平的，当事人可以请求法院或者仲裁机构变更或撤销合同。第三，违约金的增减规则。在当事人约定的违约金与实际损失的差距悬殊的情形下，当事人可以请求法院或者仲裁机构予以增加或者减少，从而保证损害与赔偿之间的公平。第四，损益相抵规则。如果非违约当事人基于损害发生的同一原因获得一定利益，应当在确定损害赔偿额时从所受损害额中扣除所得利益。第五，规制格式条款。《合同法》第 39 条规定：“采用格式条款订立合同的，提供格式条款的一方应当遵循公平原则确定当事人之间的权利和义务”。这就意味着如果格式条款有违公平原则，当事人可以请求法院或者仲裁机构直接依据公平原则认定该条款无效或者变更该条款。我国《合同法》第 41 条规定：“对格式条款有两种以上解释的，应当作出不利于提供格式条款一方的解释。格式条款和非格式条款不一致

的，应当采用非格式条款。”该条规定同样是为了保证格式合同中处于弱势的一方当事人的利益，追求实质上的公平正义。第六，等价有偿原则。等价有偿原则是公平原则的重要组成部分，该原则虽没有在合同法中直接规定，但《民法通则》中有明确规定，并且除赠与合同等个别情况外，绝大多数具体合同法律规范中都体现了等价有偿精神。

在其他民事法律中，公平原则也发挥着重要作用。①物权法中关于相邻关系制度和添附制度的规定。《民法通则》第 83 条规定：“不动产的相邻各方，应当按照有利生产、方便生活、团结互助、公平合理的精神，正确处理截水、排水、通行、通风、采光等方面的相邻关系。给相邻方造成妨碍或者损失的，应当停止侵害，排除妨碍，赔偿损失。”《物权法》第 84 条规定：“不动产的相邻权利人应当按照有利生产、方便生活、团结互助、公平合理的原则，正确处理相邻关系。”在添附制度中，取得添附物所有权的人应当对丧失所有权的当事人给予相应的补偿。②侵权行为法中关于公平责任的规定。《民法通则》第 132 条规定：“当事人对造成损害都没有过错的，可以根据实际情况，由当事人分担民事责任。”当事人对损害的发生都没有过错，适用过错责任原则而由受害人单独承担损害后果显然不公。因此，侵权行为法设立了公平责任制度，让均无过错的当事人合理分担损失。并且这种分担也不是绝对的平均分担，而是要“根据实际情况”即当事人实际承担损失的能力，对损害结果进行分配。③《继承法》关于公平分配遗产的规定。《继承法》第 13 条规定，“同一顺序继承人继承遗产的份额，一般应当均等。对生活有特殊困难的缺乏劳动能力的继承人，分配遗产时，应当予以照顾。对被继承人尽了主要扶养义务或者与被继承人共同生活的继承人，分配遗产时，可以多分……”依据该条规定，一般情况下遗产分配以平均分配维护形式上的公平；特殊情形下以对同一顺序继承中的个别继承人适当倾向性照顾保证实质上的公平。

在司法上，要求裁判者依据公平原则调整当事人非自愿失衡的利益关系，保证裁判结果的公平正义。西方法谚说：“对心甘情愿者，不存在不公正。”拉伦茨说：“如果法律允许法官仅仅因为交换合同中约定的给付互相不等值而宣布合同为无效或对合同进行修正，那么会产生一种合同当事人无法忍受的受监护状态，最终会使私法自治虚有其表。”[①]因此，裁判者在调整当事人之间失衡的利益关系时，首先要考察导致利益失衡的原因。在排除利益失衡源自双方自愿的情形下，才可以根据公平原则进行调整。司法裁判的结果必须符合公平正义的要求，否则，就意味着事实认定、责任分配或法律适用上存在问题，必须加以矫正。实践中争议较大的是依据特别法作出的裁判结果违背公平正义精神实质，能否放弃特别法而直接适用普通法的基本原则？（如四川泸州“二奶”索要遗产案）我们认为不是能否放弃，而是必须放弃，从而保证裁判结果符合法律最高价值目标的要求[②]。

---

①［德］卡尔·拉伦茨：《德国民法通论》（上册），王晓晔、邵建东、程建英等译，法律出版社 2003 年版，第 61 页。

② 四川泸州市黄永彬和蒋伦芳 1963 年结婚，蒋不生育。1994 年，黄认识张学英。1996 年底，黄和张租房公开同居，以“夫妻”名义生活。2001 年 2 月，黄晚期肝癌遗嘱将个人部分财产遗赠给“朋友”张学英。4 月 20 日遗嘱在泸州市纳溪区公证处得到公证。4 月 22 日，黄去世，张根据遗嘱向蒋索要财产但遭拒绝。张遂起诉。法院宣判：尽管继承法中有明确的法律条文，而且本案中的遗赠也是真实的，但是黄永彬将遗产赠送给“第三者”的这种民事行为违反了《民法通则》第 7 条“民事活动应当尊重社会公德”的规定，因此驳回原告张学英的诉讼请求。

三、公平原则的运用

公平原则是自愿原则的有益补充，用以调整违背私法自治精神的利益失衡的民事关系。适用公平原则是对民事主体之间利益重新平衡的必备条件，原因有二：一是当事人确定的权利和义务不合理，而这种不合理是明显的和重大的；二是当事人意思表示实质上是不真实或不自由的，存在表意不清或者对产生的严重不公平后果预见不足等情形。因为公平原则是民法中最具弹性的原则，其内涵和外延相对不确定，所以在司法实践中应谨慎适用。在公平原则的运用上应注意以下几点。首先，判断当事人互相之间的对待给付是否具有等值性，不能单纯地从市场价格等客观角度判定，而一般应当采用主观等值原则，兼顾对客观因素的考量。原因之一是客观等值的难以确定性，“在最理想的情况下，也只能给出几个近似值；而就是在确定近似值时人们对哪些因素作为评价的标准也往往会产生分歧”①。其次，公平原则的运用不能违背自愿原则，自愿原则是公平原则运用的前提和基础，如果当时人之间利益关系的失衡是当事人真实意思表示的结果，就不存在不公平的问题。再次，在不同类型的公平的保护上，遵循以下规则：第一，在形式公平和实质公平中，首先保护形式公平，兼顾实质公平；第二，在个人公平、群体公平和社会公平中，优先保护社会公平，兼顾群体公平和个人公平；第三，在法律公平和群众朴素的公平观中，优先保护法律公平，兼顾群众朴素的公平观②。最后还需注意的是，在司法审判中，公平原则不具有授权性条款的性质，不能直接适用作为裁判依据③。

第五节 诚实信用原则

一、诚实信用原则的含义

诚实信用原则要求民事主体在民事活动中应当忠诚、守信，在谨慎维护对方利益或者至少不损害对方利益的前提下履行自己的义务和追求自己的利益。我国《民法通则》第 4 条规定：民事活动应当遵循诚实信用原则。我国《合同法》第 6 条规定：“当事人行使权利、履行义务应当遵循诚实信用原则。”我国《民法总则》第 7 条规定：“民事主体从事民事活动，应当遵循诚信原则，秉持诚实，恪守承诺。”

诚实信用原则起源于罗马法，根据罗马法的诚信契约，债务人不仅要依据契约条件，而且要依据诚实观念完成契约规定的给付。19 世纪开始，诚实信用原则逐步被确立为民法契约的基本原则。1804 年《法国民法典》第 1134 条规定：“契约应以诚信方法履行。”1863 年《萨克森民法典》第 158 条规定：“契约之履行，除依特约、法规，应遵守诚信，依诚实人之所应为者为之。”1900 年施行的《德国民法典》第 157 条规定，“契约应斟酌交易上之习惯，遵从诚信以解释之”，第 242 条规定，“债务人负有斟酌交易上之习惯，

①［德］卡尔·拉伦茨：《德国民法通论》（上册），王晓晔、邵建东、程建英等译，法律出版社 2003 年版，第 61 页。

② 沈德咏：《〈中华人民共和国民法总则〉条文理解与适用》，人民法院出版社 2017 年版，第 124-125 页。

③ 梁慧星：《民法总论》，法律出版社 2001 年版，第 45 页。

遵从信义，以为给付之义务。”19 世纪末至今，诚实信用原则的适用范围逐渐扩大到整个民法，成为民法的基本原则。1907 年《瑞士民法典》第 2 条规定：“无论何人，行使权利、履行义务，均应依诚信为之。”《日本民法典》第 1 条第 2 款规定，“权利行使及义务履行必须遵守信义，以诚实为之。”《美国统一商法典》、《美国第二次合同法重述》、《国际商事合同通则》（*Principles of International Commercial Contracts*，PICC）、《欧洲民法典草案》（*Draft Common Frame of Reference*，DCFR）等欧美法律和国际法律法规，也都规定了诚实信用与公平交易原则。并且，诚实信用原则不仅从契约履行规则上升为民法基本原则，其适用范围已经延伸到公法领域，成为名副其实的“帝王条款”。2012 年《中华人民共和国民事诉讼法》（以下简称《民事诉讼法》）修改，在第 13 条增加规定，民事诉讼应当遵循诚实信用原则。1931 年德国帝国法院在一项判决中明确宣称“诚实信用的原则，对于一切法律界，且包含公法在内，皆得适用之”。公法学者拉邦德也认为，“诚实信用原则，一如其在私法之领域，可以支配公法之领域。苟无诚实与善意，立宪制度似难实行。诚实与善意，为行使一切行政权之准则，同时亦为其界限”[①]。

二、诚实信用原则的法理

诚实信用原则以强制性规范的方式要求民事主体在民事活动中必须遵循基本的道德要求，自觉维持自己与相对人之间的利益平衡，尊重他人的权利，维护他人的利益，信守自己的承诺，在不损害他人和社会利益的前提下，行使权利和履行义务，进而获得自己从民事活动中应得的利益。

对诚信原则的解释，蔡章麟先生认为，诚信原则的内涵和外延不具有确定性，它远远超过其他一般条款的范围，是未形成的法规，是给法官的空白委任状[②]。我国学者一般认为，诚信原则是不确定但具有强制性效力的一般条款，除了指导当事人正确进行民事活动外，还具有授予法官自由裁量权填补法律漏洞、引导法律与时俱进的作用[②]。王利明教授认为，诚信原则具有确立行为规则、填补法律和合同漏洞，衡平、解释、降低交易费用和增进效率的功能[③]。

三、诚实信用原则的运用

诚实信用原则具有广泛的适用性。在现代民事立法和民事司法活动中，诚实信用原则及其精神实质被作为“帝王条款”体现在民事法律甚至是其他法律领域之中，被当作“握在法官手中的衡平法”而指导法官在司法活动中发展法律[④]。当前我国社会契约精神欠缺、合同欺诈、电信诈骗、金融诈骗、假冒伪劣商品、虚假广告、虚假诉讼、逃避债务执行等严重失信的问题严重。最高人民法院在 2017 年 3 月第十二届全国人民代表大会第四次会议上的工作报告中汇报，在国家推进失信被执行人信用监督、警示和惩戒机

---

① 沈德咏：《〈中华人民共和国民法总则〉条文理解与适用》，人民法院出版社 2017 年版，第 135 页。

② 徐海燕：《民法总论比较研究》，中国人民公安大学出版社 2004 年版，第 42 页。

③ 王利明：《民法总论》，中国人民大学出版社 2013 年版，第 55-57 页。

④ 孙宪忠：《民法总论》，社会科学文献出版社 2004 年版，第 50 页。

制建设以来，最高人民法院已经发布失信被执行人信息 689 万例，限制 628 万人次购买机票，限制 229 万人次乘坐高铁，司法拘留 1.6 万人，追究刑事责任 2167 人。因此，我国《民法总则》确立诚实信用原则，得到社会各界赞成和支持。

诚实信用原则性质上属于一般条款，在出现当前立法所没有涵盖的新情况、新问题时，裁判者可以依诚实信用原则行使公平裁量权，妥当调整当事人之间的权利义务关系。同时，也不能过分依赖诚实信用原则，应当尽量适用现有具体法律规则，避免出现“向一般性条款逃遁”的错误。

在运用诚实信用原则的时候，还需注意研究整理司法审判实践中已有的案例，进而明确诚实信用原则的具体内容。拉伦茨说：“在一个具体情况下的权利行使究竟在什么条件下才是违反诚信原则，因而不被准许，是无法逐一列举的，因为‘诚实信用’是一个一般条款，它需要通过判例来进行补充和不断予以完善。”①

第六节 公序良俗原则

一、公序良俗原则的含义

公序良俗作为现代民法的一项基本原则，是“公共秩序”和“善良风俗”的合称。公序良俗原则要求民事主体在民事活动中不得违反公共秩序和善良风俗，不得损害国家和社会利益。公序良俗原则是作为对私法自治原则的限制而存在的，正如法国启蒙思想家、社会学家查理·路易·孟德斯鸠的名言：“在一个有法律的社会里，自由仅仅是一个人能够做他应该做的事情，而不被强迫去做他不应该做的事情。”然而立法时不可能预见一切损害国家利益、社会公共利益和道德秩序的行为而作出详尽的禁止性规定，因此确立公序良俗原则，以弥补禁止性规定之不足。

我国《民法通则》第 7 条规定：“民事活动应当尊重社会公德，不得损害社会公共利益，扰乱社会经济秩序。”我国民法通则的立法背景是刚刚开始发展商品经济的改革初期，法律规范难免还带有旧的计划经济制度的痕迹，并且没有明确使用公共秩序和善良风俗的概念。我国《合同法》第 7 条进一步规定：“当事人订立、履行合同，应当遵守法律、行政法规，尊重社会公德，不得扰乱社会经济秩序，损害社会公共利益。”学者们认为《民法通则》和《合同法》中的社会公共利益与社会公共道德，就是我国民法关于公序良俗原则的规定。我国《民法总则》第 8 条规定：“民事主体从事民事活动，不得违反法律，不得违背公序良俗。”杨立新教授认为，公序良俗原则是当代法治精神的体现：第一，为了实现对社会秩序的控制，需要公序良俗原则填补强行法的不足，从而保证社会的有序发展。第二，对私法自治进行必要的限制。私法自治必须在不违背公序良俗之下才为适法行为。第三，更好地弘扬社会公共道德，建立稳定的社会秩序，从而保证社会生活和民事活动有序发展。私法自治原则和公序良俗原则全面配套适用，才能够建立起和谐的社会秩序，体现当代的法治精神。

---

①［德］卡尔·拉伦茨：《德国民法通论》（上册），王晓晔、邵建东、程建英等译，法律出版社 2003 年版，第 61 页。

公序良俗的概念起源于罗马法，公序即国家安全和人民的根本利益，良俗是指人民的一般道德准则。《法国民法典》第6条规定："任何人均不得以特别约定违反涉及公共秩序和善良风俗的法律。"第1133条规定："如原因为法律所禁止或违反善良风俗的法律行为无效。"《德国民法典》第138条规定："违反善良风俗的行为，无效"。《日本民法典》第90条规定："以违反公共秩序或善良风俗的事项为标的的法律行为，为无效。"

二、公序良俗原则的法理

公序良俗原则从政治的公序扩展到经济的公序，提升到支配私法全部领域的地位，其所支配内容包含契约自由、权利的行使、义务的履行、自力救助的界限、法律行为的解释等。

（一）公序良俗原则的理解

要正确解读公序良俗原则，就应当对公共秩序和善良风俗分别加以剖析。

1. 公共秩序

公共秩序，指维护一个国家和社会正常发展所需要遵守的基本秩序，它所代表的是社会和国家的公共利益。史尚宽先生认为，公共秩序就是国家社会的存在及其发展所必要的一般秩序，包括法定之国家根本组织、个人之言论、信仰、营业自由甚至私有财产、继承制度等，都属于公共秩序①。法国将公共秩序分为政治的公序和经济的公序。政治的公序包括国家的公序即国家基本秩序，家族的公序即家族关系中非财产部分的秩序，道德的公序即指善良风俗。经济的公序就是对契约自由加以限制的秩序。日本学者认为公序包括宪法秩序、刑法秩序、家族法秩序等，基本等同于法秩序。而法国司法实践中的判例表明，公共秩序概念比法秩序概念的外延要宽，除包括法秩序外，还包括作为现行法秩序基础的根本原则和根本理念等内容②。

2. 善良风俗

法律上的善良风俗实际上也就是《民法通则》所称的社会公共道德，是指由社会成员长期共同形成、普遍认可并遵循的民事行为的道德准则。

（二）违反公序良俗行为的类型

鉴于公序良俗的概念比较抽象，对违反公序良俗的行为类型化将有助于司法实践中对该种行为的准确判断和认定。

在罗马法上，违反公序良俗的行为主要包括限制婚姻自由、宗教信仰自由、遗嘱继承自由以及以帮助犯罪、赌博、为娼为标的的行为。

在法国，违反公序良俗的行为包括：以从事犯罪或帮助犯罪的行为作为标的的合同；投票用纸和身份证件的买卖合同；规避司法管辖的合意；规避课税的协议；贿赂选民的

① 史尚宽：《民法总论》，中国政法大学出版社2000年版，第38-40页。

② 徐海燕：《民法总论比较研究》，中国人民公安大学出版社2004年版，第46-47页。

协议；约定夫妻别居或父母与子女别居的协议；约定断绝亲子关系的协议；违反性道德的合同；赌博合同；为获取其他不道德的利益订立的合同；违背家庭伦理道德的合同；违反一般人类道德的合同等①。

在德国，违反善良风俗的行为包括权利滥用、过度担保、限制性合同、违反两性与家庭道德准则、暴利行为等②。

在日本，学者我妻荣对判例进行了整理和分类研究，并提出了著名的“我妻类型”，包括：一是违反人伦的行为；二是违反正义观念的行为；三是乘他人穷迫、无经验获取不当利益的行为；四是极度限制个人自由的行为；五是限制营业自由的行为；六是处分生存基础财产的行为；七是显著的射幸行为③。

在我国，梁慧星先生将违反公序良俗的行为归纳为 10 种类型：一是危害国家公序的行为；二是危害家庭关系的行为；三是违反性道德的行为；四是射幸行为；五是违反人权及人格尊严的行为；六是限制经济自由的行为；七是违反公平竞争的行为；八是违反消费者保护的行为；九是违反劳动者保护的行为；十是暴利行为④。

（三）公共秩序和善良风俗的关系

法国将善良风俗纳入政治公序中的道德公序范畴，德国将公共秩序的内容基本都纳入善良风俗中规范，日本则对二者不加区分而统称为“社会的妥当性”。台湾学者史尚宽先生认为，二者范围大部分相同，并不存在明显区别。公共秩序是从外部的社会秩序方面来说的，善良风俗是从内部的道德观念来说的，都是为了社会国家健全发展的同一个目标服务的。

三、公序良俗原则的运用

公序良俗原则是大陆法系民法的一项重要原则，在英美法系也有表现。公序良俗类型复杂、内涵多变，正如梅仲协先生所指出的：“至善良风俗一语，其意义殊难确定。因时代之推移，与文明之发展，随时随地，变更其内容。”⑤德国最高法院在 1901 年判决确定，关于是否违反公序良俗，由法官“按照正当且公平的一切人的道义感”规则来判断，赋予了裁判者较大的自由裁量权。在具体运用中，应当注意以下问题。

（1）公序良俗原则具有限制意思自治的作用，是意思自治原则的补充。在司法实践中，首先要充分尊重意思自治，同时对危害国家社会利益、损害公序良俗的行为也必须判定为无效行为，从而引导意思自治在公序良俗的范围内行为。

（2）公序良俗原则具有填补法律漏洞的功效。在遇到未能预见的扰乱社会秩序、违背社会公德的行为而又缺乏禁止性规定的情况下，可以适用该原则判定行为无效。

① 尹田：《法国民法中善良风俗的渊源和法律适用》，载《法学与实践》1994 年第 5 期。

② 李双元、温世扬：《比较民法学》，武汉大学出版社 1998 年版，第 72 页。

③ 徐海燕：《民法总论比较研究》，中国人民公安大学出版社 2004 年版，第 50 页。

④ 梁慧星：《市场经济与公序良俗原则》，载梁慧星主编：《民商法论丛》第 1 卷，法律出版社 2000 年版，第 56-60 页。

⑤ 梅仲协：《民法要义》，中国政法大学出版社 2004 年版，第 119 页。

（3）公序良俗原则虽属一般条款，但具有授权性条款性质，可以直接适用作为裁判的依据[①]。

（4）加强司法审判实践中的判例研究和分类，以明确公序良俗原则的具体内容，为民事立法上实现公序良俗原则的具体化奠定基础。

第七节 生态环境保护原则

一、生态环境保护原则的含义

生态环境保护原则（或称绿色原则）[②]，要求民事主体从事民事活动，应当有利于节约资源，保护生态环境。我国《民法总则》第 9 条规定："民事主体从事民事活动，应当有利于节约资源、保护生态环境。"这是我国《民法总则》新确定的一项法律原则，是具有重大意义的创举，这项原则既传承了天地人和的传统文化理念，又体现了新的绿色发展思想。确立这一原则，目的在于平衡民事活动自由与生态环境保护的关系，强调民事活动的绝对性应当受到生态环境保护的必要限制，以追求人与自然的关系和谐，实现可持续发展。这一创新，使得我国民法成为一部兼顾环境保护要求的更具多元价值的社会化民法典。

其他国家虽然没有把生态环境保护上升到基本原则的高度，但就民法具体内容而言，像德国、瑞士、荷兰、乌克兰、越南等国家的民法典都增加了有关环境保护的内容。

二、生态环境保护原则的法理

作为一项新创原则，该原则的概念和内涵尚在研究当中。综合当今学界和司法实务部门等各方面见解，生态环境保护原则主要包含以下内容。

（一）生态环境保护原则的功能和作用

拉伦茨先生指出："整个法秩序（或其大部分）都受特定指导性法律思想、原则或一般价值标准的支配。"[③]生态环境保护原则作为民法的基本原则，同其他基本原则一样是民法价值理念和价值取向的高度抽象的概括表达，其精神实质贯穿于所有民事法律制度，是民事立法、民事司法以及民事活动守法的指导思想和基本行为准则，是解释法律、法规的依据，并具有补充法律漏洞的作用。它同样是强制性法律规范，是对意思自治和民事权利行使的限制性法律规范。

---

① 梁慧星：《民法总论》，法律出版社 2007 年版，第 205 页。

② 本原则的概念学界有不同认识，龙卫球教授等学者称之为生态环境保护原则，王轶教授、孙宪忠教授等学者称之为绿色原则，最高人民法院沈德咏同志主编的《〈中华人民共和国民法总则〉条文理解与适用》一书中也采绿色原则的概念。

③ [德] 卡尔·拉伦茨：《法学方法论》，陈爱娥译，五南图书出版有限公司 1996 年版，第 255 页。

（二）生态环境保护法律制度的体系建构

生态环境保护原则的确立，是我国民法回应环境问题挑战的鲜明标志，是我国民法绿色化、生态化的重大进步。但是，仅有一般性条款是远远不够的，在今后的民事立法和法律修改工作中，应当建立专门的环境资源准物权制度、环境合同制度、环境人格权制度、环境侵权行为制度以及环境公益诉讼制度等，以尽快构建起环境权利确认和环境权利救济的私法体系。

三、生态环境保护原则的运用

生态环境保护原则不仅应为民事主体从事民事活动所遵循，司法实践中进行法律适用、法律解释、法律漏洞填补以及在利益冲突时的价值判断和选择，也应充分考量[①]。

运用生态环境保护原则还应当注意：第一，构建生态环境保护具体法律制度时，不宜设立过多强制性条款，要充分考虑民法的私法性质。环境保护的根本出路在于国家行政权力、经济权力的行使，在于国家经济增长方式和社会发展模式的更新。民法应对环境问题仍然要以私法自治 、私权保护为基础，在尊重私权、保护私权的基础上兼顾环境公共利益。第二，在生态环境保护法律制度建设和完善过程中，司法审判不能因为没有具体规定而作出不利于环境保护的裁判。借助生态环境保护原则的功能，民法可以发挥环境保护的规制作用。第三，在具体法律制度的设计上，要注重参考借鉴域外立法经验。世界上许多国家在民法中增加了生态环境保护的内容，实践绿色发展理念，促进人与自然和谐共处。它们在各种资源利用的限制、动植物生存权利和损害赔偿权以及环境保护相邻权等方面的民法制度均可借鉴。第四，综合考量各种因素，正确处理生态环境保护和资源开发利用之间的关系，维护环境公共利益。第五，侵害生态环境的损害赔偿涉及污染清理、环境恢复、环境服务功能缺失等方面，应当根据司法实践积极探索、创新环境损害民事责任方式。

---

① 沈德咏：《〈中华人民共和国民法总则〉条文理解与适用》，人民法院出版社2017年版，第150页。

第三章　民事法律关系

民法对平等主体之间的社会关系的调整，是通过民事法律关系来完成的。民事法律关系是民法学中一个最基本的概念，是认识和了解民法学的一把钥匙。民事法律关系理论是民法学中最基本的理论，民法学研究的问题虽然非常广泛，但中心问题是民事法律关系。本章的重点在于掌握民事法律关系的特征和构成要素，掌握民事权利的不同类型以及民事法律关系变动的原因。本章的难点在于理解民事法律关系对于民法的重要性，学会运用民事法律关系的要素理论对具体的民事法律关系予以判断，运用民事权利的分类理论对具体的民事权利进行判断分析。

第一节　民事法律关系的意义

一、民事法律关系的含义

民事法律关系是指由民法调整的具有民事权利和民事义务内容的社会关系。民法的调整对象是平等主体之间的财产关系和人身关系，平等主体之间的财产关系和人身关系因民法的调整而具有民事权利和民事义务内容，形成民事权利义务关系，这种民事权利义务关系就是民事法律关系。传统民法理论称其为“法律关系”，我国民法学采用“民事法律关系”概念，以便区别于其他部门法调整的法律关系。

在社会生活中，人与人之间必然发生各种类型的社会关系，如邻里关系、同乡关系、朋友关系、师生关系、同学关系、婚姻关系、合同关系等，这些社会关系中的绝大部分并未纳入法律调整的范围，而是由道德、伦理等进行规范。当国家运用各种法律来调整社会关系，那么受法律调整的社会关系就获得了法律关系的性质。由于调整各种社会关系的法律不同，所形成的法律关系也有所不同。如公民向国家纳税的法律关系由行政法调整，属于行政法律关系；某甲向法院起诉，要求某乙履行合同的行为由诉讼法调整，形成诉讼法律关系；某甲继承某乙的遗产由民法调整，形成民事法律关系。民事法律关系是法律关系的一种，是现代社会中最重要的一类法律关系，属于私法关系。

二、民事法律关系的特征

法律依其调整的社会关系的不同而分为不同的部门法，因不同的法律调整而形成不同的法律关系。民事法律关系作为法律关系的一种，既有一般法律关系的共性，如都体现了人与人之间的关系、都体现了国家意志、都是由国家强制力保障实施等，又有区别于其他部门法的法律关系的特征。这些特征主要体现在以下方面。

1. 民事法律关系的主体具有平等性

民法是调整平等主体之间财产关系和人身关系的法律规范的总称，平等原则是民法的一项重要原则。这决定了与其相对应的民事法律关系也具有平等性。民事法律关系的平等性主要表现在：当事人在产生、变更、终止民事法律关系的民事活动中法律地位平等；公民的民事权利能力平等；民事主体在民事法律关系中享有的权利和承担的义务对等一致，在多数情况下，民事主体在享有权利的同时也承担相应的义务；民事主体的民事权利受法律的同等保护，其在民事诉讼中地位平等。民事法律关系的这一特征，是民事法律关系与税收、财政、行政、诉讼等非平等地位的主体之间产生的公法关系的显著区别。

2. 民事法律关系以民事权利和民事义务为内容

民法调整的对象是平等主体之间的财产关系和人身关系，民事法律规范正是通过调整这些社会关系，赋予当事人以民事权利和民事义务，使这些法律关系成为以民事权利和民事义务为内容的法律关系。同时，民事法律关系是当事人依法在民事活动中形成的社会关系，当事人根据法律的规定或合同的约定而享有权利承担义务，该权利义务的内容又是具体的、现实的，是可以行使或履行的。

3. 民事法律关系大多是具有任意性的法律关系

民事法律关系的主体地位平等，意思自由，而且民法规范大多数也是授权性的任意规范，在民事法律关系的产生、变更、终止过程中，当事人都可以在法律规定的范围内自由选择、自由决定，相互之间可以自由协商。这是民事法律关系作为一种法律关系，与行政法律规范、刑事法律规范、诉讼法律规范等命令性、禁止性法律规范调整地位不平等的主体而产生的具有强制性法律关系的重要区别。

4. 民事法律关系主要是一种财产关系

民法主要是调整平等主体之间的财产关系。因此，大多数民事法律关系都是平等主体在商品生产和商品交换过程中形成的社会关系的一种法律形式，通常具有等价有偿的特性，而且其内容大多数是具有直接物质利益的民事权利和民事义务。即使是不直接具有财产内容的非财产关系，民法对它们的保护也主要是通过财产赔偿方式予以保护或救济。

第二节　民事法律关系的构成

民事法律关系的构成也称民事法律关系的要素，是指构成民事法律关系所必不可少的因素。虽然民事法律关系的类型多种多样，但都由主体、内容和客体三要素构成。每项民事法律规范，每部民法学著作，每篇民法学文章，都是从不同的角度规定或者研究民事法律关系的主体、客体或者内容的。掌握民事法律关系要素的理论，对民事法律关系成立、变更、终止的判断，对其性质及效力的认定，有以简驭繁、纲举目张的功能①。

一、民事法律关系的主体

民事法律关系的主体，又称民事主体或当事人，是指参加民事法律关系，享有民事权利和承担民事义务的人。民事法律关系的主体可以分为权利主体和义务主体，在民事法律关系中享有权利的人称为权利主体或权利人，承担义务的人称为义务主体或义务人。民事法律关系是人与人之间的一种社会关系，每一项民事法律关系都是一定的民事主体之间的关系；没有主体就不能构成民事法律关系，主体是民事法律关系的首要要素。

民事法律关系的主体一般由两方当事人组成，某些民事法律关系则有三方以上的主体参加，如合伙人为三人以上的合伙关系。民事法律关系的主体可以是特定的或不特定的，如债权关系中，权利主体和义务主体均为特定的；而在物权关系、知识产权关系、人身权关系、继承关系中，权利主体是特定的，义务主体是不特定的。就组成民事主体一方的人数而言，可能是单一主体，也可能是多数人主体。民事法律关系的主体双方均为一人时，称为单一主体；主体双方或一方由多数人构成时，称为多数人主体。

近现代各国民法典规定的民事主体多为两种，即自然人和法人。依据我国《民法总则》的规定，我国的民事主体有自然人、法人和非法人组织三种。

国家是国际法上的主体，一般情况下，国家并不直接参加民事活动。只有在某些特殊情况下，国家才作为民事主体参加民事活动，享有权利和承担义务。这些特殊情况主要包括：①国家是国有财产的所有权人，国家代表全体人民对全民所有的财产享有和行使所有权；②国家发行国债时，国家在债的法律关系中为债务人，负有到期还本付息的义务；③在国家赔偿责任中，国家是民事责任的承担者，国家承担赔偿责任是通过国家机关承担具体的赔偿责任来实现的。

二、民事法律关系的客体

（一）民事法律关系客体的概念

民事法律关系的客体，是指民事法律关系中民事权利和民事义务所共同指向的对象。民事主体因一定的客体而发生联系，产生相应的权利义务。如果没有民事法律关系的客体，民事权利和民事义务就无所依托，无法落实。因此，民事法律关系的客体也是构成民事法律关系不可或缺的因素。

（二）民事法律关系客体的种类

民事法律关系的客体包括哪些？民法学界对此有不同的看法。通说认为，不同的民事法律关系，其客体也不相同，通常包括以下几种。

1. 物

民法学意义上的物，是指存在于人身之外，可以满足人们的社会生活需要并且能够

① 魏振瀛：《民法》，北京大学出版社、高等教育出版社 2016 年版，第 31 页。

被人们所实际控制或支配的物质实体和自然力。物可以是天然财富，也可以是人工制造的物质。作为民事法律关系客体的物与物理学意义上的物是有区别的，它不仅具有物质属性，还具有相应的法律属性（详见本章第三节）。

2. 行为

作为民事法律关系客体的行为，是指能够满足权利主体某种利益的作为或不作为。行为作为民事法律关系的客体主要体现为支付财物、支付金钱、移转权利、提供劳务或服务、完成一定工作并交付工作成果等作为，以及不作为。

3. 智力成果

智力成果是一种精神财富，它虽然没有具体的形体，不占任何的空间，难以采用与有形物一样的方式进行实际管理而有别于有体物。但它具有一定的表现形式，能够为人们所感知和利用，具有财产的属性，不仅可以为民事主体所专有，而且可以作为商品进行转让或许可他人使用，因而也属于民事法律关系的客体。作为民事法律关系客体的智力成果包括专利、商标、作品、植物新品种、集成电路布图设计和商业秘密等。

4. 人身利益

人身利益包括人格利益和身份利益两大方面。前者是人格权的客体，后者是身份权的客体。例如，婚姻法律关系的客体为配偶双方的身份利益，名誉权法律关系的客体为权利主体的人格利益。关于人身权的法律保护问题，本书有专章介绍，在此不再赘述。

5. 权利

有些权利也可以成为民事法律关系的客体，例如，在权利质押法律关系中，其客体即为某种民事权利。如股票质押关系的客体是股权，票据质押关系的客体是票据债权，知识产权质押关系的客体是知识产权。

三、民事法律关系的内容

通常，民事法律关系的基本内容，是指民事法律关系主体所享有的民事权利和承担的民事义务，而民事责任是维护正常的民事法律关系的保障。在发生民事责任的情况下，其内容是民事权利、民事义务和民事责任。

主体是否具有民事权利义务，是民事法律关系与其他法律关系及非法律的社会关系相区别的标志。没有民事权利义务的内容，就不能构成民事法律关系。这是民事法律关系的核心要素。事实上，主体要素和客体要素从本质上说都属于法律关系的形式要素，因为缺少它们就无法形成法律关系，但法律关系之所以有意义、有价值，主体之所以要缔结法律关系，是因为主体通过参与法律关系能为其带来利益，即享有法律上的权利，这才是法律关系的实质要素[①]。

民事权利与民事义务有些是由民事法律规范直接规定的，有些是在法定范围内由当事人协商决定的。不同的民事法律关系有不同的内容，不同的民事权利义务是不同的民

① 刘凯湘：《民法总论》，北京大学出版社2006年版，第58页。

事法律关系的具体表现。因此，从民事法律关系的内容也可以认定该项民事法律关系的性质。例如，某项合同的性质是买卖合同还是承揽合同，有时当事人之间会发生争议，认定该项合同性质的根据是该合同内容，即当事人双方约定的权利义务。

民事法律关系是主体、客体、内容三个要素不可分离的有机整体，“主体为权利、义务、责任的所属，客体为权利、义务、责任的所附，内容为权利、义务、责任的具体化”[①]。

第三节 民事法律关系的客体——物

一、物的概念和特征

在民法上，作为民事法律关系客体之一的物，是指存在于人身之外，可以满足人们的社会生活需要并且能够被人们所实际控制或支配的物质实体和自然力。这一定义表明，民法上的物，都具有物理属性，也都是哲学意义上的物质，但是物理学及哲学意义上的物及物质并不能都成为民法上的物。另外，凡是存在于人身之外，可以满足人们的社会生活需要并且能够被人们所实际控制或支配的自然物及人类创造物，都能成为民法上的物。从这个意义上讲，民法上物的范围将随着人类征服自然、改造自然的能力不断扩大而呈扩大趋势。

民法上的物具有以下法律特征。

（一）须为物质实体或自然力

法律上的物必须具有物理属性。物质实体即有体物，是指占据一定空间，依人们的五官可能感觉的物质，包括固体、液体、气体和电、热、声、光、磁等自然力，以在法律上有排他的支配可能性为限，作为物对待。不具备物理属性的权利，不是物，是物之外的另一类权利客体。其他不具备物理属性的无体物如专利、商标、著作、商业秘密、技术诀窍（know-how）、信息等，均非民法上的物，只能依所涉及的问题类推适用民法诸规定。

（二）须存在于人身之外

作为民事法律关系客体之一的物，具有非人格性，即只能是存在于人身之外的物。在现代民法上，自然人均具有独立的人格，是民事权利的主体，自然人的人格受法律保护，法律禁止将自然人作为权利之客体。因此，自然人虽为物理学上所称的物，但不能作为法律上的物，作为民事法律关系客体的物只能存在于自然人人体之外。活人身体的全部或一部分，都不得为物。在生活习惯上与人体不可分离的假肢、假牙等，也应当视为人体的一部分而不属于物，但它们一旦与人体分离，则可为物。至于尸体及从人体上分离的物体如头发、血液、可移植器官等，应认为可以成为民事法律关系的客体，可以

① 魏振瀛：《民法》，北京大学出版社、高等教育出版社2016年版，第33页。

成为法律上的物。“尸体及尸体火化后的骨灰，可以成为继承人继承的客体，但它只具有精神价值，不具有交换价值”[①]。

（三）须能满足人们的社会生活需要

民法上的物，必须具有一定的使用价值，能满足人们的社会生活需要。否则，只能是物理学上的物，不是法律上的物。人们的社会生活包括物质生活和精神生活两个方面，法律上的物必须能够满足人们的物质生活需要或精神生活需要。具有经济价值和用途的物，如粮食、房屋、日常生活用品等，能够满足人们的物质生活需要，可以成为民法上的物。具有精神价值，如具有文化价值、情感价值等的物，像亲人的照片、书信等，能够满足人们的精神生活需要，也可以成为民法上的物。

（四）须能够被人们所实际控制或支配

民法上的控制和支配即占有、使用、收益与处分，能够被民事主体实际控制或支配的物才能是民法上的物。民事主体以一定的物质客体成立法律关系，设定彼此之间的权利义务，是为了从中获取一定的利益。如果所设定的权利义务客体不能被人所控制或支配，那么权利的享有、义务的承担则无从实现，这种法律关系的设定也就没有实际意义。因此，法律上的物，必须能够为人们所实际控制或支配，不能为人们所控制或支配的物，如日、月、星辰等，仅为物理学上的物，而不是法律上的物。

二、物的法律意义

在法律上，物作为一切财产关系中的最基本要素，具有重要的意义。

物是所有法律关系中最为重要、最为普遍的一种客体，可以说，一切民事法律关系都与物有着直接或间接的联系。例如，所有权法律关系直接以物为客体；债权法律关系的客体虽为给付行为，但在很多场合，物是给付行为的标的，称为标的物；在亲属关系中，亲属权固然主要是身份权，但也包含财产权，物是其财产权部分的重要客体之一；在继承关系中，继承权虽然以身份关系为基础，但继承权的客体则是遗产，其中大部分为物；知识产权法律关系的客体虽然是无形的智力成果，但这种无形智力成果的载体仍是物。

物还在很大程度上决定着民事法律关系的有效与否。法律关系的有效与否，除了看法律关系的主体、内容之外，还要看法律关系的标的物是否符合法律的规定。例如，在我国土地可以作为国家和集体所有权的客体，但不能作为个人所有权的客体；禁止流通物不能成为交易关系的标的物，消耗物不能成为租赁和借用关系的标的物。

除此以外，物在其他部门法上也有重要意义。在程序法上，在某些情况下关系到案件的管辖，例如，《民事诉讼法》第33条规定，因不动产纠纷提起的诉讼，由不动产所在地人民法院管辖。在国际私法上，不同的物涉及不同的法律适用，例如，遗产的法定继承，动产适用被继承人死亡时住所地法律，不动产适用不动产所在地法律。

① 魏振瀛：《民法》，北京大学出版社、高等教育出版社2016年版，第123页。

三、物的分类

物根据不同的标准，可以作不同的分类。物的分类主要有如下内容。

（一）动产与不动产

依物是否能够移动并且移动后是否损害其效用和价值为标准，可将物分为动产与不动产。这一分类是法律对物进行的最重要的分类。民法的立法，很大程度上是建立在动产与不动产相互区分的线索之上的。如我国《物权法》第 2 条规定“本法所称物，包括动产与不动产”。何谓不动产？何谓动产？依据学理上的一般解释，不动产是指不能移动或移动后会损害其经济效用和价值的物，如土地以及固定在土地上的建筑物等；动产则是能够移动或移动后并不损害其经济效用和价值的物，如日常生活用品、交通工具等。

民法关于动产与不动产的分类方法，是先决定不动产，然后不动产之外的物均属于动产。关于不动产的具体类型，各国规定不一。《法国民法典》第 518 条规定：“土地及建筑物，依其性质为不动产。”《日本民法典》第 86 条规定，“土地及其定着物为不动产。此外的皆为动产”①。我国《担保法》第 92 条规定：“本法所称不动产是指土地以及房屋、林木等地上定着物。”其中土地，根据《中华人民共和国土地管理法》（以下简称《土地管理法》）的规定，包括耕地、建设用地、林地、草原、水面、荒山、荒地、滩涂等。土地中的土沙、岩石及地下水，为土地的组成部分。但土地中的矿产资源，专属于国家所有，并非土地的构成成分。除土地外，不动产还包括房屋、林木、尚未与土地分离的农作物等地上定着物。

区分动产与不动产，在法律上的意义主要有：①公示方法不同。不动产以登记为公示方法，动产以占有、交付为公示方法。②取得时效期间不同。不动产取得时效时间长，动产取得时效时间短。③不动产之上可以设立用益物权，而动产一般不能作为用益物权的客体。④动产之上可以成立留置权和质权，而不动产则不可以。⑤不动产和动产均可设立抵押权，但是不动产抵押权，登记为生效要件，而动产抵押权，登记为对抗要件。⑥在法律适用上，不动产所有权和不动产继承，适用不动产所在地法律。⑦在裁判管辖上，因不动产提起的诉讼，由不动产所在地法院专属管辖。⑧在强制执行方法上，也往往因动产与不动产而有所不同②。

（二）流通物、限制流通物、禁止流通物

根据物在民事流转中是否受限制以及受限制的程度为标准，可以把物分为流通物、限制流通物、禁止流通物。

流通物是指法律允许民事主体之间依照法定程序自由流转的物，大部分物为流通物。限制流通物，是指在流转过程中受到法律和行政法规一定程度限制的物。禁止流通物是指法律或行政法规禁止自由流转的物。

---

① 梁慧星：《民法总论》，法律出版社 2007 年版，第 151 页。

② 梁慧星：《民法总论》，法律出版社 2007 年版，第 152 页。

区分流通物、限制流通物、禁止流通物的意义主要在于：合同标的物为流通物的，具备了合同的其他生效要件，合同即可生效；合同标的物为限制流通物的，除须具备合同的一般生效要件外，还应办理批准或登记手续，合同方可完全生效；合同标的物为禁止流通物的，合同无效。

（三）特定物与种类物

根据物是否具有独立的特征或者是被权利人指定而特定化，可将物分为特定物与种类物。

特定物是指自身具有独立的特征，或者被权利人指定而特定化，不能以其他物代替的物，包括在特定条件下独一无二的物和从一类物中根据民事主体的意思指定而特定化的物。前者如某作家的一页手稿，某画家的一幅遗画；后者如从一批海信牌电视机中挑选出来的某一台等。种类物是指具有共同的特征，能以品种、规格、质量或者度量衡加以确定的物。如品种、质量、价格相同的粮食，同一型号的机器等。

特定物与种类物区分的法律意义主要在于：①某些法律关系只能以特定物为标的物，如所有权法律关系、租赁法律关系；而有些法律关系的标的物既可以是特定物也可以是种类物，如买卖法律关系等。②物意外灭失的法律后果不同。特定物在交付前意外灭失的，因其具有不可替代性，故可以免除义务人的交付义务，只能请求赔偿损失。种类物在交付前意外灭失的，因其具有可替代性，则不能免除义务人的交付义务，可责令义务人以同种类的物进行交付。

（四）主物与从物

以物与物之间是否具有从属关系为标准，可以把物区分为主物与从物。

凡两种以上的物互相配合、按一定经济目的组合在一起时，其主要作用的物是主物，配合主物的使用而起辅助作用的物是从物。如电视机和遥控器，锁和钥匙等。

区分主物与从物的意义在于：当事人没有特别约定时，对主物的处分及于从物，以发挥物之效用①。

（五）原物与孳息

根据物与物之间是否有产出与被产出的关系，可把物分为原物与孳息。

原物是指原已存在、能产生收益的物，孳息是由原物所产生的收益。孳息可以分为天然孳息和法定孳息。天然孳息是指依照物的自然性质而产生的收益物，又称直接孳息。如果树上采摘的果实，动物的产物如牛奶、鸡蛋、鹿茸等，均属天然孳息。法定孳息是指依照法律关系而产生的收益物，又称间接孳息。法定孳息包括租金、承包金、利息以及迟延支付的利息等。

区分原物与孳息的意义在于：通常情况下，原物所有人有权取得孳息的所有权。转

① 《中华人民共和国物权法》第115条：“主物转让的，从物随主物转让，但当事人另有约定的除外。”

移原物的所有权，孳息的所有权应同时转移[①]。

（六）可分物与不可分物

根据物是否能够分割以及分割后是否损害其效用和价值为标准，可把物分为可分物与不可分物。

凡可进行实物分割而不改变其经济用途和价值的物，是可分物。凡经实物分割后，将使该物失去其原有的经济用途，降低其价值的物，为不可分物。如货币、米、汽油等为可分物；动物、建筑物、汽车、电视机等为不可分物。

区分可分物与不可分物的意义在于：在共有关系终止时，这两种物的分割方式不同。对可分物，可进行实物分割；对不可分物，只能进行变价分割，有的共有人得到原物，其他的共有人得到金钱补偿。

（七）消费物与不消费物

根据物是否能重复使用、使用后是否改变原状或消灭，可以把物分为消费物与不消费物。

消费物是指不能重复使用，一经重复使用就改变其原有形态、性质的物。不消费物是指经反复使用不改变其形态、性质之物。如米、谷、烟、酒等为消费物，衣服、书籍、房屋、汽车等为不消费物。

区分消费物与不消费物的意义在于：消费物仅可作为消费借贷及消费保管合同的标的物，不消费物可作为租赁、使用借贷及通常保管合同的标的物。

（八）单一物、结合物和集合物

根据物在形态上是否独立一体，可把物分为单一物、结合物和集合物。

单一物是指形态上能独立成为个体而存在的物。结合物又称合成物，是指由数个物结合而成的独立物，如房屋、汽车、电视机等。集合物又称聚合物，是指由多数的单一物或结合物集合而成、各物仍保持其独立存在的物，如一所工厂、一座图书馆、一群羊、一家商店等。

区分单一物、结合物和集合物的意义在于：对于单一物或结合物，原则上权利应存在于物的整体，在物的组成部分上，不应存在独立的权利。对于集合物，其整体不应该作为一个权利的客体，权利应存在于各个独立的单一物或结合物上。

四、特殊意义的物

（一）货币

货币是充当一般等价物的特殊商品。它直接体现着社会劳动，是一般财富的代表，具有流通、支付、储蓄和积累等重要功能。在人们的经济生活中，货币不仅是商品交换

①《中华人民共和国物权法》第116条：“天然孳息，由所有权人取得；既有所有权人又有用益物权人的，由用益物权人取得。当事人另有约定的，按照约定。法定孳息，当事人有约定的，按照约定取得；没有约定或者约定不明确的，按照交易习惯取得。”

的媒介，而且是重要的支付手段。

货币具有以下特征：①货币是物的一种，且属于动产。②货币是种类物，而且是具有高度替代性的种类物。它的价值是通过票面上的数额来表示的，可以进行交换，是一般等价物，是法定的支付手段、流通手段和结算手段。在民事法律关系中，货币是许多交易的法定支付手段。③货币是消费物。货币作为交换媒介和流通手段，以时时易主为其常态，其流通性远远超过了其他财产。辗转流通是货币的特有机能，供人消费是货币的唯一目的，因此货币是典型的消费物。这一特征决定了货币只能成立消费借贷，而不能成为使用借贷的标的物。同时，货币之债即金钱给付之债不发生履行不能和因不可抗力免责的问题①。

货币作为民法上特殊的种类物，其特殊之处是：①货币所有权的归属。货币占有权与所有权合二为一，货币的占有人视为货币的所有人。②货币所有权的转移。货币所有权的转移以交付为要件，即使在借款合同中，转移的也是货币的所有权，而非货币的使用权。无行为能力人交付的货币也发生所有权的转移。③货币不发生返还请求权与占有回复诉权问题，仅能基于合同关系、不当得利、侵权行为提出相应的请求，这是由货币的流通手段决定的。

货币在民事法律关系中的作用主要体现在：①担当物权的客体。自然人、法人和非法人组织除对一般实物享有物权外，还可对货币行使占有、使用、收益和处分权利。②充当债权的标的物。如货币可以作为买卖合同中的价款、劳务合同中的酬金、借款合同中的款项以及民事责任中的违约金、赔偿金等。

在我国，法定货币是人民币，包括各种纸币和铸币。除法律另有规定外，人民币是我国境内唯一通行的货币，外国货币、金银等都不得作为支付手段。民事主体实现民事权利或者履行民事义务，必须遵守国家法律的规定，以人民币为支付手段，而不能违反法律规定进行外币黑市交易、逃汇、套汇等非法活动。此外，根据我国货币管理法律制度，自然人的现金持有量不受限制，而法人的现金持有量除核定的库存现额外，应全部存入其开户银行，除发放工资津贴、支付个人劳务报酬等可使用现金外，其他经济往来一律不能使用现金支付，均应通过开户银行进行转账结算。

（二）有价证券

有价证券是设定并证明某种财产权利的书面凭证。谁持有证券，谁就可以实现证券上所标明的财产权利，因此，有价证券是一种以券面所载价值为内容的特殊类型的物。

有价证券具有以下法律特征：①财产权利直接体现在证券上。证券上记载的财产权利与证券本身不可分离，其权利内容构成证券的价值。②权利的行使不能离开证券。权利与证券合二为一，权利证券化的结果使权利的行使离不开证券本身。离开了证券，权利人就不能主张自己的权利。③证券的持有人只能向特定的对证券负有支付义务的人主张券面记载的财产权利。④证券义务人验券即应履行义务，无权请求对待给付，也无权证明持券人是否为权利人。

① 刘凯湘：《民法总论》，北京大学出版社2006年版，第68页。

依照有价证券所代表的财产权利的性质，可将有价证券划分为以下类型：①代表一定货币的有价证券，此类包括票据和债券两类。票据是发票人签发的、约定由自己或委托他人无条件支付给持票人一定金额为内容的有价证券。票据又包括汇票、本票和支票三种。债券是指国家或企业发行的、约定在到期时由发行人向持券人还本付息的有价证券。债券包括政府公债（国库券）和企业债券两种。②代表一定商品的有价证券，此类包括提单和仓单两种，其中最重要的是提单。提单是货物承运人或其指定的代理人接收货物后签发给托运人的货运单据，它既是货物运输合同成立的凭证，也是持有人对承运货物享有权利的物权凭证。③代表股东权利的有价证券，此类有价证券仅有股票一种。股票是指股份有限公司发行的表明股东权利的有价证券。股东权的本质是一种社员权，其内容既包括财产利益，又包括对公司经营管理事务的参与利益，但股票作为一种有价证券，其代表权利人最重要的权利还是财产权利，即取得股息及在公司解散时分割公司剩余财产的权利。④代表一定物权的有价证券，此类有价证券包括抵押单和质押单两种。

第四节 民事权利

一、民事权利的含义

法律上权利的概念，法理学界有多种表述，我国法理学界占主导地位的观点采用手段说[①]。民事权利作为权利的下位阶概念，民法学者对其释义也有多种。参考法理学界的手段说，笔者认为，民事权利是由民法规定和保障的民事主体以相对自由的作为或不作为的方式获得利益的一种手段，是民法规范赋予当事人为实现其利益所可实施的行为范围。民事权利的含义简要阐释如下。

首先，从权利的内容看，民事权利意味着权利人在一定范围内的意思自由。在这一范围内，权利人可以做他希望做的事情。相反，民事义务则意味着义务人的自由受到了限制，义务人必须听命于他人的意思为一定行为或者不行为。因此，民事权利首先是一种自由权，法律对权利的设定，就是为了划定民事主体之间的自由界限，使各民事主体的自由不致互相妨碍，从而实现社会关系的有序化。

其次，从权利的目标看，民事权利意味着权利人实现一定利益的可能性。权利人享有自由权只是手段，获得某种利益才是目的，在民法领域，一切法律关系都可归结为利益关系。民事权利的最终落脚点是利益，包括财产利益和人身利益。民事主体享有的民事权利正是以自己的作为或不作为实现这些财产利益或人身利益的资格。

最后，从权利的外形看，民事权利具有法律保障力。如果说自由和利益是权利的内容，那法律保障则是权利的外壳。民事权利作用于民事活动，产生相应的民事权能，包括支配权能、请求权能和诉讼权能。当民事权利受到侵害，或由于义务人不履行义务而使其权利不能实现或行使权利遇到妨碍时，民事主体可以请求人民法院予以保护并申请执行生效的法律文书，以强制实现民事利益。

① 魏振瀛：《民法》，北京大学出版社、高等教育出版社 2016 年版，第 35 页。

认定法律上的各种权利及其所构成的权利体系具有重要意义。一般认为，人类法律发展史经过了义务本位、权利本位和社会本位三个时期。随着资产阶级革命的胜利、自由主义政制的建立和市场经济的发展，民法逐渐成为确认和保护个人权利的权利法。民法典的形式构造及民法制度建构均围绕民事权利而展开，因而，民法学也可称为权利之学。建构合理的民事权利理论体系是民法学的基础之一，它既可以整理旧的民事权利，也可以发展新的民事权利。对于初学者而言，“认定法律上的各种权利及其所构成之权利体系，乃学习民法入门的阶梯”①。

二、民事权利的类型

研究民事权利的分类，可以使我们了解民事权利的全貌，更为清晰地掌握不同类型民事权利的性质、特点、功能和核心内容，有助于正确理解和行使民事权利，正确处理民事纠纷。民事权利是一个庞大而复杂的体系，因此可以根据不同的标准对其加以划分。

（一）财产权与人身权

根据民事权利所体现的民事权益的性质不同，民事权利可分为财产权与人身权，又称财产权与非财产权。在传统民法中，财产权与人身权是民事权利最基本的划分方法，这种分类可以追溯到罗马法中的“人法”与“物法”的划分。在罗马法中，“人法”调整人格和身份关系，确立了家父权、夫权、婚姻权等人身权；“物法”调整财产关系，确立了物权、债权等财产权的基本形态。近代民事立法在罗马法的基础上，形成了相对应的财产权和人身权概念，并不断地扩充权利所包含的内容。虽然将民事权利区分为财产权和人身权不十分精确，但应当肯定它是民事权利的基本分类。

1. 财产权

财产权是指以财产为标的，具有直接的财产内容或经济利益的民事权利，如物权、债权等。财产权是有经济价值的权利，它往往以货币的形态出现，或者可以换算为一定的货币。财产权可以转让、抛弃、继承。

2. 人身权

人身权是指与权利主体的人身不可分离的，不具有直接财产内容的，体现民事主体人身利益的民事权利。人身权可以分为人格权和身份权。人格权，指民事主体依法享有的维持自己生存和尊严的权利，包括生命健康权、姓名权（名称权）、名誉权、肖像权等。人格权因出生而取得，因死亡而消灭，不得让与或抛弃。身份权，指民事主体基于一定身份或地位而享有的权利，包括配偶权、亲权、亲属权等。

3. 兼有以上两种性质的权利

民事主体享有的民事权利多数为单纯的财产权或人身权，但有一些民事权利是财产权和人身权的复合体，如知识产权、继承权、社员权等。

知识产权是一种特殊的民事权利，指民事主体对创造性智力活动成果依法享有的

① 孙宪忠：《民法总论》，社会科学文献出版社 2004 年版，第 74 页。

专有权，它具有财产权和人身权的双重属性。著作权的内容包括发表权、署名权、修改权、保护作品完整权等著作人身权，还包括使用权和许可他人使用并获得报酬权等著作财产权。

继承权是财产概括转移的一种方式，也与一定的身份关系联系在一起。继承权就其内容看属于财产权，通常它是基于近亲属关系而取得的。在继承开始前属于期待权；在继承开始后，继承人取得物权、债权等权利。

社员权是民法上的社团成员基于其成员地位享有的权利。如具有社团法人地位的公司的股东所享有的股权，应该是一种综合性的权利，既有非财产性质的表决权，也有财产性质的获得股息和公司解散时取回剩余财产的权利。

在掌握财产权与非财产权这种分类时，需要注意以下两点：一是财产权与非财产权的划分并不是绝对的。通常划分为财产权的某些权利，并不一定有财产价值，如江河湖海等本身并非商品，无从计算其财产价值，但并不影响它们作为财产权的标的；再如亲人遗物、私人信函等，即使无财产价值，也不妨作为所有权的标的。同样，通常属于非财产权的某些权利，也未必不具有财产价值。如法人的名称权，当然具有财产价值；公民的肖像权，也可以具有财产价值。二是非财产权与财产权相互间可以转化。人身权不具有直接的财产内容或经济利益，但对民事主体人身权的侵害却可能产生承担财产责任的法律后果。例如，因侵害公民生命健康权而在受害人与侵权人之间产生损害赔偿之债。

（二）支配权、请求权、形成权、抗辩权

以民事权利的作用为标准，民事权利可分为支配权、请求权、形成权、抗辩权。这种划分理论，提供以民事权利的作用来考察民事权利的方法，对于指导民事主体正确行使权利具有重要的意义。

1. 支配权

支配权是指权利主体可以直接支配权利标的以实现民事利益的权利。支配权的作用有两个方面：从积极方面讲，权利人可以直接支配其标的，以满足自己的利益需要，而不需要他人行为的介入。从消极方面讲，权利人可以禁止他人妨碍其支配，而具有排他性。依照权利主体直接支配的权利标的不同，支配权可以分为对物的支配权（如物权）、对人身利益的支配权（如人格权）、对无形财产的支配权（如知识产权）。

2. 请求权

请求权是指权利主体请求义务主体为一定行为或不为一定行为的权利。债权是典型的请求权，债权人不能直接支配债务人的行为，也不能支配债务人本身，只能请求债务人为特定行为。请求权具有以下法律特征：①请求权的作用体现为提出请求，而不具有直接支配的内容。②权利人的民事权利要实现，须借助于义务人履行义务的行为。③请求权的义务主体是特定的，其义务内容为满足权利人的请求而为一定行为或不为一定的行为。④请求权不具有排他性的效力，即就同一标的可以成立两个以上不相同的请求权，且各请求权彼此独立、地位平等。

请求权是一种派生的权利，依照其产生的权利基础不同，请求权可以分为债权请

求权、物权请求权、人身权请求权、知识产权请求权等。只有债权请求权是从债权成立时发生，其他请求权则多在基础权利受侵害时方才发生。并且，现实生活中，还可能出现因同一事实，权利人基于不同的权利而取得两项以上的请求权，这种情形在民法理论中称为请求权竞合。发生请求权竞合时，权利人可以选择行使其中任何一项请求权。

3. 形成权

形成权是指权利人仅凭自己单方意思表示即可引起民事法律关系产生、变更、消灭的权利。形成权的作用既不体现为对权利标的的支配，也不体现为对他人给付行为的请求，而是体现为直接导致民事法律关系的产生、变更或消灭。它最为重要的法律特点在于，以权利人的意思表示直接产生特定的法律效果。例如，法定代理人行使追认权，使未成年人实施的民事行为发生效力；选择权人行使选择权，使选择之债变为简单之债；合同当事人一方行使解除权而终止合同，等等。形成权包括追认权、选择权、撤销权、抵销权、解除权、变更权以及继承权的抛弃权等。形成权由法律规定或者当事人约定，没有法律规定或者当事人约定的，当事人一方的意思表示不能使民事法律关系发生、变更或消灭。

4. 抗辩权

抗辩权是指权利主体对抗相对人的请求权或其他权利，阻止其效力发生的权利。抗辩权的法律特征主要体现为：①抗辩权主要是针对请求权而言的，依法享有抗辩权的民事主体有权拒绝对方请求给付的要求。但抗辩权也不仅限于请求权，对于性质上属于形成权的抵销权，另一方当事人也可以依法行使拒绝的抗辩权。②抗辩权的作用不在于否认相对人请求权的存在，也不在于变更或消灭相对人的权利，而在于阻止相对人请求权或其他权利的效力。这是抗辩权与形成权最为主要的不同。正因为“抗辩权的作用在于防御，而不在于攻击，因此必待他人之请求，始得对其行使抗辩权”[①]。在他人未提出请求权的情况下，抗辩权无从行使。在权利已经消灭的情况下，不适用抗辩权。

根据抗辩权作用的不同，抗辩权可以分为永久性抗辩权和延期性抗辩权。永久性抗辩权，是指权利人有永久阻止他人行使请求权的权利。例如，诉讼时效届满以后，债权人请求债务人履行债务时，债务人可以提出诉讼时效届满的抗辩，这种抗辩权可以永久行使。延期性抗辩权，是指权利人在一定时间内一定条件下可以提出的抗辩权。例如，双务合同中的同时履行抗辩权、不安抗辩权以及一般保证中的先诉抗辩权等。

（三）主权利与从权利

以民事权利的依存关系为标准，民事权利可以分为主权利和从权利。

主权利，是指在并存的两个以上的民事权利中，能够独立存在的权利。从权利，是指在并存的两个以上的民事权利中，不能独立存在而从属于主权利的权利。例如，为担保债权的实现而设立的保证之债的债权为从权利，被担保的债权为主权利。抵押权、质权、留置权对于其所担保的债权而言，均属于从权利。主权利具有独立性，从权利具有

① 梁慧星：《民法总论》，法律出版社2007年版，第74页。

附随性。从权利的存在以主权利的存在为前提，随主权利的转移而转移，并随主权利的消灭而消灭。

（四）绝对权与相对权

以民事权利的效力范围为标准，民事权利可以分为绝对权和相对权。

绝对权与相对权的划分理论，提供了以民事主体构成和民事权利实现方式来考察民事权利的方法，对民事立法和民事司法具有一定的理论指导意义。绝对权与相对权的分类，源于罗马法中“对人诉讼”与“对物诉讼”的划分。“对人诉讼”是仅对特定的债务人提出的，旨在保护债权的诉讼；“对物诉讼”则是对一切加害人提出的，旨在保护物权和身份权的诉讼。在罗马法的“对人诉讼”与“对物诉讼”的分类基础上产生了对人权和对物权，并为近代各国民法理论所沿用，形成相对权和绝对权的概念。

绝对权，是指无须通过义务人实施一定的行为即可实现，并可以对抗不特定人的权利。绝对权有两个特征：一是权利人无须通过义务人的行为，自己可以直接实现其权利；二是义务主体是不特定的，因此又称对世权。物权、人格权、知识产权属于绝对权。

相对权，是指必须通过义务人实施一定的行为才能实现，只能对抗特定人的权利。相对权有两个特征：一是权利人自己不能直接实现其权利，必须通过义务人的行为其权利才能实现；二是只能请求特定的人为一定行为，义务主体是特定的人，因此又称对人权。例如，债权为典型的相对权，债权必须由债务人履行义务才能够得以实现。

（五）专属权与非专属权

以民事权利与主体的关系为标准，民事权利可分为专属权与非专属权。

专属权，是指专属于特定的民事主体，不能在民事主体之间任意转移的民事权利。非专属权，是指非专属于特定的民事主体，可以在民事主体之间转移、继承的民事权利。

在民事权利中，某些民事权利是基于民事主体特定的人格或身份而取得的，与权利主体的人身密切相关，不可转让或继承，其权利的性质即属于专属权。而某些民事权利则不同，法律允许权利人依法处分其权利，从而使民事权利在不同的民事主体间转移，则其权利的性质为非专属权。例如，在著作权中，著作权人依法享有署名权，署名权是作者依据其完成作品的创作行为而取得的一项著作人身权，与作品创作者的身份密切相关，应专属于著作权人，不可转让或继承，因此该署名权即为专属权。著作权人还依法享有使用该作品的权利，作者可以自己行使使用权，也可以依法转让其作品的使用权，该使用权即为非专属权。通常，人身权为专属权，财产权为非专属权。此外，法律也会通过特别规定使某些主体享有专属权，如国家对矿藏、水流等自然资源享有的所有权即为此种类型的专属权。

（六）既得权与期待权

以民事权利是否已经具备全部成立要件为标准，民事权利可以分为既得权与期待权。

既得权，是指民事权利的全部要件已经齐备，权利主体可以行使权利以实现其民事利益的权利。绝大部分的民事权利都是既得权，如现实享有的物权、债权、人身权、知识产权等。期待权，是指民事权利已具备成立的部分要件，但尚未具备全部要件，权利主体须期待于将来全部要件具备时，才能实际取得民事利益的权利。例如，民事行为中附条件或者附期限的权利、继承开始前继承人的权利、保险事故发生前保险合同的被保险人或受益人的权利等，均属于期待权。

（七）原权与救济权

以权利发生的先后及相互关系为标准，民事权利可分为原权与救济权。

原权又称为原权利，是原有的基于法律规定或当事人意思而产生的权利。如基于有体物而发生的所有权，基于合同而发生的债权等。救济权是原权利受到侵害或者有受到侵害的现实危险时发生的权利。侵害权利的形式包括侵权行为和债务不履行。救济权是基于原权利而派生的权利，其目的在于救济被侵害的原权。例如，民事主体依法享有人身权，这是原权，当他人的行为侵害了民事主体的人身权，该民事主体则依法享有请求侵害人以消除影响、恢复名誉、赔偿损失等方式补救其被侵害的人身权的权利，这是救济权；又如，民事主体依据合同取得债权，这是原权，当合同一方不履行义务或履行义务不符合合同约定时，另一方因此享有请求对方承担违约责任，支付违约金、赔偿损失以救济其依合同应当取得的民事利益的权利，这是救济权。

三、民事权利的行使与保护

（一）民事权利的行使

1. 民事权利行使的含义

民事权利的行使，是指民事权利主体具体实施构成民事权利内容的行为，以实现其受法律保护的合法民事权益。从法律上说，民事权利是民事主体依法享有的为实现其利益而为一定行为或不为一定行为的资格，它并不体现为现实的利益，而是实现某种利益的可能性。因此，民事权利的行使是实现民事利益的手段，民事权利只有经过行使才得以成为现实的利益，民事权利行使的过程正是权利主体民事权益实现的过程。

权利的行使不同于权利的主张。权利的行使是权利的现实实现过程，而权利的主张则是在权利的存在或权利的行使受到妨碍时，对特定人提出的承认权利存在或排除妨碍保障权利行使的要求。

权利的行使也不同于权利的实现。权利的实现是权利行使的最终目的，权利的行使是权利实现的手段。权利实现的过程表现为权利的行使，权利的行使以权利的实现为最终的理想归宿。

权利的行使还不同于权利的处分。权利的行使指向的是权利的内容。权利的处分则是针对权利本身。权利行使的结果是权利内容的实现与否，权利处分的结果是权利自身状态的改变，如变更或消灭。

2. 民事权利行使的方法

民事权利的行使过程是民事利益实现的过程，但因为民事权利的性质、实现方式不同，民事权利的行使方法也不同。民事权利的行使方法分为两种：事实行为方法和法律行为方法。事实行为方法，是指以单纯的作为或者不作为来行使民事权利。例如，财产所有人对所有物的占有、使用等。法律行为方法，是指以符合法律规定的意思表示来行使民事权利。例如，债权是请求权，该权利的实现通常表现为权利主体请求相对的义务主体实施具体的给付行为。

民事权利由民事主体享有，民事权利的行使也以权利人本人行使为原则，以他人行使为例外。民事权利由权利人以外的他人行使，主要发生在以下情形：一是权利人行使权利由他人代理。即因权利人行为能力的欠缺或基于权利人的委托授权，民事权利可以根据法定代理、委托代理而由权利人以外的他人代为行使。但是，根据法律规定或者由民事权利性质决定不适用代理的民事权利，只能由权利人自己行使，不得为他人代为行使。二是在法律规定的情况下，权利人的权利由法律规定的其他人行使，但权利行使的结果归属于权利人。例如，根据《著作权法实施条例》第 13 条的规定，作者身份不明的作品，由作品原件的所有人行使除署名权以外的著作权。作者身份确定后，由作者或者其继承人行使著作权。

3. 民事权利行使的原则

民事权利的行使，依据《民法总则》的规定，应遵循以下原则。

（1）《民法总则》第 130 条规定，民事主体按照自己的意愿依法行使民事权利，不受干涉。这是自愿原则在民事权利行使中的体现。主要表现为：一是民事主体有权按照自己的意愿依法行使或不行使民事权利。二是民事主体有权按照自己的意愿选择依法行使民事权利的内容。三是民事主体有权按照自己的意愿行使权利，任何组织和个人不得非法干涉。

（2）《民法总则》第 131 条规定，民事主体行使权利时，应当履行法律规定的和当事人约定的义务。民事主体依法享有的民事权利和承担的民事义务是民事法律关系的内容。在民事法律关系中，民事权利和民事义务是相互对立、相互联系的。民事权利的内容要通过相应的民事义务表现，民事义务的内容要由相应的民事权利限定。在很多情况下，民事主体享有权利的同时，要负担法律规定或者当事人约定的义务。例如，合同双方当事人一般相互约定各自的权利义务，一方当事人享有合同权利的同时，也负有约定的合同义务。民事主体行使权利时，应当履行法律规定的和当事人约定的义务。

（3）《民法总则》第 132 条规定，民事主体不得滥用民事权利损害国家利益、社会公共利益或者他人合法权益。这是关于民事主体不得滥用民事权利的规定。我国《宪法》第 51 条规定："中华人民共和国公民在行使自由和权利的时候，不得损害国家的、社会的、集体的利益和其他公民的合法的自由和权利。"这一规定的精神就是禁止滥用权利。我国民法遵循这项宪法原则，一方面鼓励权利人正当地行使权利，另一方面又确立了权利行使的规则，划定了权利行使的边界，禁止任何人滥用权利。但究竟何种情形构成权利的滥用，需要借助裁判者的裁判予以具体化。在实践中，确定行为人是否滥用权利，应该坚持主客观标准的统一。权利人滥用权利，可能发生的法律后果主要包括：①不发生权利行使本应发生的法律效果。即尽管权利人行使了权利，但在构成权利滥用时不发生权利行使的法律效果。如合同关系中债权人行使解除权未遵循诚实信用原则的要求，不发生合同解除的法律效果。②承担损害赔偿责任或其他类型的民事责任。如果权利滥用给他人造成了损害，在符合侵权责任承担条件时，应承担损害赔偿责任或其他类型的民事责任[①]。

（二）民事权利的保护

1. 民事权利保护的含义及方式

民事主体享有的民事权利可能受到他人的侵害，需要通过法律手段予以保护。民事权利的保护有广义和狭义之分。广义上的民事权利保护是指为确保民事权利的实现而设置的各种法律措施的总和。它包括两方面的含义：一是确认、保护民事权利不受侵犯的预防措施，如为保证债务人履行债务，以实现债权人的债权而设立的担保；二是保证侵害民事权利的行为得到制止或被侵害的民事权利能够得到恢复的救济措施，如正当防卫。狭义上的民事权利保护仅指后者，即针对民事权利被侵害而设立的各种强制性的法律救济措施，其目的在于恢复被侵害的民事权益的内容。下面讲的民事权利保护，是指狭义上的民事权利保护。

民事权利的保护方式按其实施主体不同，可以分为国家保护（公力救济）和自我保护（私力救济）。在现代法治国家，对民事权利的保护以国家保护为主，以自我保护为辅[②]。

2. 民事权利的国家保护

民事权利的国家保护又称公力救济，是国家机关根据权利人的请求，对受到侵害的民事权利予以救济的保护行为。在现代各国，国家保护已成为最重要的民事权利保护方法。国家保护民事权利的方法主要是民事诉讼，即民事主体在民事权利受到侵害，或因民事权益而与他人发生纠纷时，可以依照民事诉讼程序，向法院提起民事诉讼，提出请求法院予以保护的具体诉讼请求，并在民事诉讼审结且相关法律文书生效后，依照执行程序，向人民法院申请强制执行。

由于民事权利的种类不同，受到侵害的方式不同，当事人提起诉讼请求的目的和要求也不同。一般说来，当事人提起的民事诉讼请求有如下四类：①停止侵害之诉。这是当民事权利仍处于被侵害状态，或者存在受侵害的危险，或者权利人行使权利受到妨碍时使用的一种诉讼保护方法。权利人因此提出的诉讼请求往往包括停止侵害、排除妨碍、消除危险。②确认之诉。这是当对民事权利是否存在，或对民事权利的归属发生争议时采用的一种诉讼保护方法。如确认某项财产所有权的归属，确认合同的有效无效，确认某种身份的存在与否，等等，以诉讼确认民事权利是否存在以及民事权利的归属，有利于保障权利主体行使权利。③给付之诉。这是当义务主体不履行法律规定或合同约定的义务而使权利主体的民事权利受到侵害时使用的一种诉讼保护方法。其目的在于强制义

① 王利明：《民法》，中国人民大学出版社 2010 年版，第 91 页。

② 苏号朋：《民法总论》，法律出版社 2006 年版，第 88 页。

务人履行义务，以实现或恢复权利主体的民事权利，或补偿权利人因此受到的财产或人身损害。权利人提出给付之诉，请求给付的内容包括金钱、财物、劳务、知识产权等。义务人的给付方式包括实际履行合同义务、返还财产、恢复原状、修理重做更换、赔偿损失、支付违约金、消除影响、恢复名誉、赔礼道歉等。④形成之诉。这是在当事人之间的权利义务关系发生或得以继续存在的情况发生变化时，为保护民事权利而采取的一种诉讼保护方法。其目的在于，请求法院通过审判，使现存的民事权利义务关系发生、变更或消灭，或在当事人之间形成新的民事权利义务关系。例如，请求宣告公民失踪或死亡，请求解除收养关系，请求分割共有财产，请求变更或解除合同等。

3. 民事权利的自我保护

民事权利的自我保护，又称私力救济或自力救济，是指民事权利受到侵害时，权利人在法律规定的限度内，自己采取必要的措施保护其权利。私力救济是古代人类文明早期盛行的权利保护手段，其最典型的表现是，对人身权的侵害，允许以同态复仇予以救济；在债的救济上，允许债权人私自关押债务人，甚至将债务人沦为债权人的奴隶。人类进入文明社会以后，随着国家职能的加强和法制的健全，许多野蛮的私力救济方式被禁止，公力救济日益取代私力救济成为保护民事权利和解决民事纷争的主要方式，但是私力救济在现代社会仍在一定的范围内存在。

民事主体以私力救济方式保护其民事权利，必须在法律规定的范围内进行，其所实施的救济行为不得超越法律允许的限度，否则，行为人应当承担救济行为过当部分相应的法律责任。在现代各国民法上，允许民事主体实施的私力救济行为主要包括自卫行为和自助行为。

自卫行为，是指为了使自己或他人的财产或人身免受侵害或遇有紧急危险时，依法实施的使他人利益受损的行为。它包括正当防卫行为和紧急避险行为。《民法总则》第181条规定，因正当防卫造成损害的，不承担民事责任。正当防卫超过必要的限度，造成不应有的损害的，正当防卫人应当承担适当的民事责任。《民法总则》第182条规定，因紧急避险造成损害的，由引起险情发生的人承担民事责任。危险由自然原因引起的，紧急避险人不承担民事责任，可以给予适当补偿。紧急避险采取措施不当或者超过必要的限度，造成不应有的损害的，紧急避险人应当承担适当的民事责任。

自助行为，是指权利人为保护自己的权利，在来不及请求公力救济的情况下，对义务人的财产予以扣押或者对其人身自由予以约束的行为。自助行为是在特定条件下对侵害人采取的一种保护权利人利益的私力救济方式，因其采取了较为极端的强制措施来保护和实现私权，被认为应当严格限制使用。我国民法对自助行为尚无明文规定，但在实践中存在自助行为。参考外国民法的规定和原理，自助行为一般需要的条件有：①须为保护自己的权利；②须时机紧迫来不及采取公力救济；③须不超过必要的限度；④须事后及时请求有关国家机关予以处置[①]。

① 梁慧星：《民法总论》，法律出版社2007年版，第270页。

第五节 民 事 义 务

一、民事义务的含义

民事义务是与民事权利相对应的概念，学者对其有不同的解释。本书认为，民事义务是指民事主体依照民法而负有的为保障其他民事主体实现民事利益而为一定行为或不为一定行为的约束。民事义务的含义简要阐释如下：①民事义务是由民法所确认的，但民事义务产生的直接依据可以是法律规定，也可以是合同的约定。②民事义务的核心内容在于满足权利主体实现其民事利益的要求而为一定行为或不为一定行为。③民事义务是对民事主体的一种约束。如果说民事权利是民事主体为实现自己的利益而为一定行为或不为一定行为的可能性，那么，民事义务则是民事主体为满足对方的利益而为一定行为或不为一定行为的必要性。义务主体受该约束有一定的限度，该限度恰恰与权利主体的利益范围对应一致。当义务人未履行其法定或约定的义务，或履行义务不符合相应的规定或要求时，义务人应当承担相应的法律责任。

二、民事义务的类型

民事义务与民事权利是相对应、相关联的，因此民事义务的分类与民事权利的分类有相似之处。例如，民事权利可以分为绝对权与相对权，民事义务可以分为绝对义务与相对义务；民事权利可分为主权利与从权利，民事义务可分为主义务与从义务，等等[①]。此外，民事义务还有其相对独立的分类，主要分类如下。

1. *法定义务与约定义务*

以义务产生的根据为标准，可将民事义务分为法定义务与约定义务。

根据法律的直接规定而产生的义务为法定义务。例如，在《民法总则》《合同法》《婚姻法》中规定不同的民事主体在不同情况下应负的义务，是法定义务。物权、人格权、知识产权属于绝对权，法律一般不直接规定义务人的义务，但在相关的法律规定中可以理解义务人对权利人的权利有不得侵害的义务，即不作为义务[①]。根据当事人的协商约定而产生的义务为约定义务。约定义务主要体现在合同关系中。约定义务主要体现当事人的意思自治，一旦设定即对义务人产生约束力，除非权利人将其解除。

2. *积极义务与消极义务*

以义务的履行方式为标准，可将民事义务分为积极义务与消极义务。

以实施积极行为为履行方式的义务，是积极义务，又称作为的义务。如交付货物、支付金钱、完成工作、提供劳务等。以实施消极行为即不作为为履行方式的义务，是消极义务，又称不作为的义务。消极义务可以进一步划分为尊重义务和容忍义务。尊重义务是尊重他人权利，不为干涉、妨碍及侵害行为的义务，如不侵害他人的物权、人身权、知识产权的义务即属尊重义务。容忍义务是指本来可以禁止他人的行为，但基于某种法

---

① 魏振瀛：《民法》，北京大学出版社、高等教育出版社2016年版，第41页。

律上的原因而忍受他人行为的义务[①]。例如，在一定条件下容许他人在自己所有或者使用的土地上通过或作业的义务，即属容忍义务。

三、民事义务的履行

民事义务的履行就是实现民事义务内容的过程，即义务人根据义务的内容满足权利主体的要求而为一定行为或不为一定行为的过程。由于民事义务是与民事权利相对应的概念，与民事义务的履行相对应的是民事权利的行使。民事权利行使的方法分为事实行为方法和民事法律行为方法，因此义务的履行行为既可以是事实行为，也可以是民事法律行为。前者如代人保管物品，后者如依照房屋买卖合同的约定实施转移房屋所有权。以民事法律行为履行义务要求义务履行人有相应的行为能力，以事实行为履行义务仅要求义务履行人有为此事实行为的意思能力[②]。

第六节 民事法律关系的变动及原因

一、民事法律关系的变动

民事法律关系的变动，是指民事法律关系的发生、变更和消灭。

民事法律关系的发生是指民事主体间形成民事权利义务关系，民事法律所规定的权利、义务，转化为当事人实际享有的权利和承担的义务。例如，甲乙二人结婚，建立婚姻法律关系；甲乙双方签订买卖合同，建立合同法律关系。

民事法律关系的变更是指原有的民事法律关系发生了变化。根据变更的要素不同，可以分为主体变更、内容变更和客体变更。民事法律关系的主体变更是指原权利主体或义务主体发生了变化。例如，在买卖合同中，卖方将其权利转让给第三人，从而使债权人发生了变更。民事法律关系的内容变更是指主体享有的民事权利和承担的民事义务在范围与性质上发生变化。例如，房屋租赁合同期限由5年延长至8年，导致承租人享有的租赁权期限发生变化。民事法律关系的客体变更是指民事法律关系权利义务指向的对象在性质或范围方面发生了变化。例如，在以动产质押的法律关系中，因质押物部分损毁，从而导致质押权指向的客体范围缩小。

民事法律关系的消灭是指原有民事法律关系的终结，即民事主体间的权利义务不再存在。有些民事法律关系往往在短时间内消灭，如航空运输合同；有些民事法律关系可能会延续很长时间。例如，根据《合同法》规定，租赁合同的期限可以长达20年。不管存续时间长短，任何民事法律关系都会消灭。

---

① 苏号朋：《民法总论》，法律出版社2006年版，第97页。

② 苏号朋：《民法总论》，法律出版社2006年版，第98页。

二、民事法律关系变动的原因

（一）民事法律事实的概念和特征

民事法律关系的变动即发生、变更、消灭，绝不是无缘无故的，须有一定的原因。导致民事法律关系变动的原因，即民事法律事实。所谓民事法律事实，是指符合法律规定，能够引起民事法律关系发生、变更和消灭的客观情况，包括自然事实和人的行为。例如，自然人死亡这一现象能够引起继承法律关系的产生，双方修改合同的行为能够引起已经存在的合同关系的变更，男女双方协议离婚能够引起婚姻关系的消灭，等等。法律事实有以下法律特征。

1. 民事法律事实是一种客观现象

这种客观现象是已经现实地发生并实际存在的，且能够被人们客观地感知的。因此，尚未表示出来、不能为外人感知的主观意识或内心活动不能成为民事法律事实。

作为民事法律事实的客观现象，既包括纯粹由自然原因引发的客观现象，如地震、台风、海啸等，又包括纯粹由人的行为引发的客观现象，如订立合同、抛弃所有权等。从哲学上考察，有些客观现象既有人为的因素，也有自然的因素，并不能截然判断系由自然原因引发抑或人为原因引发，但从民法上判断，关键在于考察这一客观现象对于法律关系产生的影响。如婴儿的出生，并非完全出乎人的意志之外纯粹由自然因素引发，但就引发父母子女间的身份关系而言，出生这一事实被认为是一种纯粹自然因素而非人为因素①。

2. 民事法律事实是能够产生民法上后果的客观现象

民法上的后果就是指民事权利义务关系的产生、变更和消灭。民事法律事实是能够产生民法上后果的客观现象，但并非一切客观现象都能导致民事法律关系或民事权利的产生、变更和消灭。只有受民法调整，能够引起民事法律关系产生、变更和消灭的事实才是民事法律事实。例如，买卖商品、赠与物品是民事法律事实，散步、读书、起床、睡觉不是民事法律事实；结婚是民事法律事实，恋爱不是民事法律事实；有些客观现象如日出日落、刮风下雨等，不会引起民事法律关系的发生、变更和消灭，所以不是民事法律事实；有些客观现象则因为民法规范的规定而成为民事法律事实，例如，权利人主张权利超过了诉讼时效期间，不受法律保护，时效期间的经过就是民事法律事实。

（二）民事法律事实的分类

民法学一般将民事法律事实分为自然事实和人的行为两大类。简述如下。

1. 自然事实

民法上所称的自然事实，是指人的行为之外的，能够引起民事法律关系发生、变更和消灭的一切客观情况。自然事实又分为两种：事件和状态。

（1）事件。事件是指某种客观情况的发生，例如，人的出生、人的死亡、丧失行为

---

① 刘凯湘：《民法总论》，北京大学出版社2006年版，第71页。

能力、恢复行为能力、不可抗力、不可抗力以外的自然灾害、意外事故、物的自然生长、物的自然消灭、战争爆发等均属于自然事实中的事件。事件的发生或出现与民事主体的意志无关，但只要发生或出现便会引起一定的民事法律关系的变动。例如，人的出生会导致父母子女关系的产生，人的死亡会引起继承关系的产生，地震等自然灾害会引起合同关系的变更甚至终止。

事件作为法律事实得到民法的承认，赋予其引起民事权利义务关系变动的效力，意义有二：第一，表明法律对于自然现象与客观规律的尊重；第二，表明民事主体生存的环境既包括人文环境因素又包括自然环境因素，民事主体特别是自然人首先是作为生物体存在的，受制于自然现象与客观规律[①]。

（2）状态。状态是指某种客观情况的持续。例如，时间的经过、对他人财产持续的占有、人的下落不明、精神失常、权利继续不行使、战争状态、封锁禁运，以及附合、混合、加工等，均属于自然事实中的状态[②]。

2. 人的行为

法律上所称人的行为，是指人的有意识的活动。无意识的活动，如人在熟睡或昏迷状态中的动作，以及受他人暴力强迫所为的行为，均不属于行为。无行为能力的未成年人及精神病人，因其无意识能力，所为的动作也不得称为行为[②]。

行为是最普遍、最主要的法律事实。根据行为的法律性质，可以将行为分为民法上的行为、行政行为和司法行为。民法上的行为是指由民法规定的作为民事法律事实的行为，如订立合同、设立遗嘱等。行政行为是指国家行政机关依法行使职权的行为。当行政行为对民事法律关系有直接影响时，则可成为民事法律事实。例如，房地产管理部门所做的房屋产权登记，是房屋所有人证明其对房屋拥有所有权的证明，作为行政行为的产权登记就是建立所有权法律关系的民事法律事实。司法行为是指人民法院对案件的审理、判决和执行行为，它也可以引起民事法律关系的产生、变更和消灭。例如，因法院的判决而使被告承担损害赔偿责任，因法院的判决引起合同关系的变更或解除，等等。

依行为是否合法为标准，可以将行为分为合法行为、违法行为以及其他行为。合法行为，是指符合民法规定，至少不违反民法规定，能够引起民事法律关系发生、变更、消灭的行为。违法行为，是指违反民法规范而引起民事法律关系变动的行为。它包括违约行为、侵权行为、缔约过失行为。违约行为即违反合同义务的行为，如拒绝履约、迟延履约、瑕疵给付等。侵权行为即侵犯他人人身权、物权、知识产权等而应依法承担责任的行为。缔约过失行为，指在缔约过程中因违反合同义务而给缔约对方造成损害的行为。其他行为，是指在作为法律事实的人的行为中，除合法行为、违法行为之外的行为，如防卫过当、避险过当等。

行为作为法律事实意义有二：第一，人是有意识、有思想的生命体，人的行为受其意识和思想的支配，反过来，意识和思想支配下的行为是人的主要生存与生活方式，绝大多数的权利义务关系的变动是基于人有意识的行为的结果，表明人是法律关系的主

① 刘凯湘：《民法总论》，北京大学出版社2006年版，第71、72页。

② 梁慧星：《民法总论》，法律出版社2007年版，第63页。

宰；第二，由于意识和思想的丰富性与复杂性，人的行为具有极大的主观性质，所以法律上需要对行为予以类型化，赋予不同行为以不同的法律后果，来充分体现意思自治的私法原则①。

（三）民事法律事实构成

民事法律关系的产生、变更或消灭，有时只以一个法律事实为根据，有时则需要以两个或两个以上的法律事实的相互结合为根据才能实现。这种引起民事法律关系产生、变更或消灭的两个以上法律事实的总和，称作民事法律事实构成。

民事法律事实构成有三种情形：一是两个以上法律行为的结合。例如，外商投资企业合同除当事人订立合同的行为以外，还须报经外资主管部门批准才能发生效力。二是两个以上法律事件的结合。例如，代位继承法律关系的发生，须有被继承人死亡和被继承人的子女先于被继承人死亡这两个自然事件。三是法律行为与法律事件的结合。如遗嘱继承法律关系的发生，须有被继承人生前立遗嘱的行为和被继承人死亡的事件。

明确民事法律事实构成的意义主要在于：对于民事法律关系的变动需要民事法律事实构成的，如果所需民事法律事实尚未全部出现，则不能引起该民事法律关系产生、变更或消灭的法律后果。

① 刘凯湘：《民法总论》，北京大学出版社 2006 年版，第 73 页。

第四章　民 事 主 体

民事主体是民法学的重点部分，通过本章的学习，要求理解和掌握民事主体的基本立法情况，尤其要掌握自然人的民事权利能力和民事行为能力的概念与特征、开始与终止以及宣告制度、监护制度的相关规定；掌握法人的概念与特征、基本类型、设立与成立及民事能力等内容；掌握非法人组织的设立条件与类型、民事能力等内容。

第一节　自　然　人

一、自然人的概念

（一）自然人概念的界定

自然人是基于自然生理规律出生，具有自然生命并作为民事主体存在的人。传统上，自然人的产生方式是基于男女两性的结合在自然条件下诞生，随着科学技术的发展，试管婴儿、人工授精等方式也能产生自然人。自然人是民法中最重要的主体，其他民事主体都是以自然人为根据而存在的。

自然人具有自然属性和法律属性两个方面。自然人的自然属性，反映出自然人首先是基于自然生理规律出生和存在的生命体。自然人的法律属性，是指自然人作为一个法律概念，参与社会活动、享受权利和承担义务，应由国家法律加以规定。从人类历史发展来看，自然人并非必然就是民事主体，古代社会曾有过某些人不能作为法律上的人的时代。例如，在罗马法中规定取得自由民身份的市民才能成为民事主体，奴隶虽然是自然人，但并不是民事主体，不能与他人进行订立契约之类的民事活动。自近代资产阶级革命提出“天赋人权”“人生而平等”主张以来，自然人才都能自动成为民事主体，享有民事权利能力。可以说，自然人成为民事主体，是历史的进步。

（二）自然人概念与公民概念的区别

公民是指具有一个国家的国籍，根据该国的宪法和法律享有权利与承担义务的自然人。我国《民法通则》第二章确立了自然人的民事主体地位，但在表述上使用了公民（自然人）的方法，似表明公民与自然人为同一概念，但实质上两者是有区别的。第一，自然人是一个私法概念，用于私法领域，更能体现私法的平等性和权利属性；而公民是个政治学概念，多用于公法领域。第二，自然人的范围更为广泛，它不仅包括本国自然人，而且包括外国自然人和无国籍人。从法律的角度来看，在一个国家中生活的自然人，不等于就是该国的公民。第三，自然人的身份会伴随一个人的终身而不会丧失或改变，而公民的身份是可以改变或丧失的（如脱离一国国籍而加入另一国国籍）。

民法中只使用公民的概念，与我国长期以来不承认公法与私法的划分有关。随着我国社会主义市场经济体制的确立和逐步完善，不少民法学者认为，应在民法中使用自然人的概念，因它的内涵与外延更为准确，同时也与现代人权观念以及各国民事立法的趋势相一致，以凸显各国民法在主体资格上的平等性这一特征①。2017 年 3 月 15 日通过的《民法总则》就直接采用自然人的概念，以与民事主体制度中的法人概念相对应，更加彰显民事主体的特征。

二、自然人的民事权利能力

（一）自然人民事权利能力的概念和特征

1. 自然人民事权利能力的概念

自然人民事权利能力，是自然人依法享有民事权利和承担民事义务的资格。民事权利能力本质是一种法律上的资格，只有具有民事权利能力，才能成为民法上的“人”，进而有资格享受民事权利、承担民事义务。

在民法上，“权利能力”一词源于 1896 年通过的《德国民法典》第 1 条规定：“人的权利能力，始于出生的完成。”②但是该法典没有对权利能力作定义式规定。对于权利能力的概念各学者从不同的角度有不同的表述，但没有实质性的差别，他们普遍认为权利能力是指享有权利和承担义务的能力或资格。我国民法沿用《俄罗斯联邦民法典》的“民事权利能力”概念，而不用“权利能力”，以区别法理学上所称一般的权利能力。

2. 自然人民事权利能力的特征

（1）民事权利能力具有普遍性。所有的自然人都享有民事权利能力，这是自然人民事权利能力普遍性的集中表现。《民法总则》第 13 条规定：“自然人从出生时起到死亡时止，具有民事权利能力，依法享有民事权利，承担民事义务。”任何人都会因其出生而当然地取得民事权利能力，出生并存活是自然人取得民事权利能力的唯一条件，亦即任何人从出生到死亡，均具有享有民事权利和承担民事义务的资格，不论其是否愿意，都要受到民事法律关系的调整。即使是已经不能感知外部世界的植物人，作为自然人仍然具有民事权利能力。将自然人的民事权利能力规定为始于出生、终于死亡，是现代民法的通例。如《法国民法典》第 8 条规定：“一切法国人均享有民事权利。”又如《德国民法典》第 1 条规定：“人的权利能力，始于出生的完成。”

（2）民事权利能力具有平等性。平等性是自然人民事权利能力的根本特征。我国《民法总则》第 14 条规定：“自然人的民事权利能力一律平等。”这是法律对自然人民事权利能力平等性的确认。任何自然人，只要其具备生命体的前提，即一律平等地被赋予主

① 杨立新：《民法总论》，高等教育出版社 2007 年版，第 68 页。
② 魏振瀛：《民法》，北京大学出版社、高等教育出版社 2007 年版，第 50 页。

体资格和独立人格[1]。权利能力的这种完全平等的特征，不因自然人的出身、种族、民族、性别、受教育程度、宗教信仰、财产状况等社会因素或人为因素的不同而有差别，也不因自然人的年龄、智力状况等自然因素或生理因素的不同而有差别。所以，权利能力的平等是一种绝对意义上的平等。需要指出的是，自然人民事权利能力的平等，只是意味着自然人进行民事活动的资格相同，不存在享有特殊民事权利能力的自然人，但并不意味着所有自然人享有的民事权利和负担的民事义务是相同的。

（3）民事权利能力与民事主体不可剥夺和转让。权利能力伴随自然人的一生，除死亡外不因其他任何原因而消灭。换言之，民事权利能力与自然人的主体资格相伴而生，与自然人的人身不可分离。权利能力既不能因死亡之外的任何原因而丧失或被剥夺，也不得以任何方式加以转让、分享、继承或抛弃。自然人即使受到刑事处罚而被剥夺政治权利或丧失行为能力、丧失国籍等，其权利能力也不受影响，仍可继续享有。而民事权利则不同，除法律另有规定外，民事主体既可以依法转让或放弃某项民事权利，也可以依法被限制行使或被剥夺其原享有的某项民事权利。

（二）自然人民事权利能力的开始

1. 自然人民事权利能力始于出生

自然人的民事权利能力应从何时开始，世界各国的民事立法规定不一，但归纳起来主要有两类：一类规定从自然人出生时开始，另一类规定从受孕时开始。

我国民法关于自然人民事权利能力的开始时间，规定在《民法总则》第 13 条中。该条规定："自然人从出生时起到死亡时止，具有民事权利能力，依法享有民事权利，承担民事义务。"因出生这一事实的完成，自然人当然地取得了民事权利能力，不需要履行任何的法律手续，即出生是自然人取得民事权利能力的唯一法律事实。

出生时间是自然人民事权利能力开始的时间，因而对自然人出生时间的认定，在法律上具有重要意义。出生会产生诸多法律后果，如继承权的取得、人寿保险金的领取、损害赔偿请求权的取得等。关于自然人出生时间，历来有不同的主张，如阵痛说、一部露出说、全部露出说、断脐带说、初啼说、独立呼吸说等[2]。一般认为，出生应具备两个要件：一为"出"，胎儿脱离母体，即与母体分离成为独立的生命体；二是"生"，胎儿与母体分离后有生命，能够独立生存。按照当代医学公认的出生标准，出生应为胎儿完全脱离母体，独立存在，并能自主呼吸。

对自然人出生时间的确认，《民法总则》第 15 条规定，以出生证明记载的时间为准；没有出生证明的，以户籍登记或者其他有效身份登记记载的时间为准。有其他证据足以推翻以上记载时间的，以该证据证明的时间为准。这一规定，对解决在审判实践中遇到的如何准确认定自然人的出生时间问题具有重要意义。

① 刘凯湘：《民法总论》，北京大学出版社 2007 年版，第 101 页。

② 阵痛说以产妇阵痛视为胎儿已出生，一部露出说以胎儿一部分脱离母体即视为已出生，全部露出说以胎儿全部脱离母体视为出生，断脐带说以胎儿出生后剪断脐带为出生，初啼说以婴儿出生后发出第一声啼哭为出生，独立呼吸说以婴儿全部脱离母体且能独立呼吸为出生。

2. 对胎儿利益的保护

根据自然人的民事权利能力始于出生的法律准则，尚未出生的胎儿还不具备民事权利能力，不能享受民事权利、承担民事义务。但是，按照生理规律，胎儿将来必定要出生。若严格按这一原则，将有对行将出生的胎儿保护不周之虞。因此，自罗马法以来，关于胎儿利益的保护问题成为民法的一个重要问题。纵观各国法律，关于胎儿的保护主要有三种体例。

其一，总括保护主义。即凡涉及胎儿利益保护问题时，一般将胎儿视为已出生。如《瑞士民法典》第 31 条第 2 款规定：子女，只要其出生时尚生存，出生前即具有权利能力。这类规定是对胎儿保护最有力的立法体例。

其二，个别保护主义。胎儿原则上无权利能力，但列举规定某些情形下视胎儿为有权利能力。法国、德国、日本均采取此种立法体例。如依《日本民法典》第 721 条规定，胎儿有基于不法行为的损害赔偿请求权；依第 886 条、965 条规定，胎儿有继承权、受遗赠权等。依《德国民法典》第 1893 条第 2 款规定，胎儿有继承权；依第 844 条第 2 款规定，在抚养义务人因侵权行为致死的情形，胎儿对加害人有损害赔偿请求权①。

其三，绝对不保护主义。绝对不承认胎儿的权利能力，即不对胎儿的主体资格或权利能力作出任何规定。

我国民法对胎儿保护问题采取的是哪种体例，《民法总则》没有通过时，学者有不同的观点。有学者认为我国《民法通则》和 1964 年的《俄罗斯联邦民法典》都绝对贯彻胎儿不具有民事权利能力的原则，应称为绝对主义⁰。另有学者根据我国《继承法》第 28 条的规定："遗产分割时，应当保留胎儿的继承份额。胎儿出生时是死体的，保留的份额按照法定继承办理。"认为《继承法》对胎儿保护的规定实际上属于列举保护主义②。其理由是"无论利益还是民事权利，只能为民事主体所享有，而要成为民事主体必须具有民事权利能力"③。《民法总则》第 16 条规定："涉及遗产继承、接受赠与等胎儿利益保护的，胎儿视为具有民事权利能力。但是胎儿娩出时为死体的，其民事权利能力自始不存在。"该条将胎儿利益保护的范围规定为"涉及遗产继承、接受赠与等胎儿利益保护的"，在这些情形下，胎儿视为具有民事权利能力。此处的"遗产继承"不仅包括法定继承，也包括遗嘱继承、遗赠。胎儿是法定继承人的，按照法定继承取得相应的遗产份额；有遗嘱的，胎儿按照遗嘱继承取得遗嘱确定的份额。胎儿不是法定继承人的，被继承人也可以立遗嘱将个人财产赠给胎儿，将来按遗赠办理，胎儿取得遗产继承权。"接受赠与"指赠与人可以将财产赠与给胎儿，胎儿此时视为具有民事权利能力，享有接受赠与的权利。除了遗产继承和接受赠与，实践中还有其他涉及胎儿利益保护的情况，因此该条用了一个"等"字，没有限定具体范围，为今后进行这方面立法留下空间。

① 梁慧星：《民法总论》，法律出版社 2007 年版，第 89 页。

② 魏振瀛：《民法》，北京大学出版社、高等教育出版社 2007 年版，第 50 页。

③ 马俊驹，余延满：《民法原论》，法律出版社 2007 年版，第 78 页。

（三）自然人民事权利能力的终止

根据《民法总则》第 13 条的规定，自然人的民事权利能力终于死亡，死亡是自然人民事权利终止的唯一原因。自然人死亡后，不再有从事民事活动、参加民事法律关系的可能性和必要性，故不必再保留其民事权利能力。

1. 死亡的法律意义

生理学意义上的死亡是自然人生命的终结，被称为自然死亡或生理死亡。但民法上的死亡包括自然死亡和宣告死亡两种。自然死亡是指自然人自然生命的绝对消灭，性质上属于自然事件。至于自然死亡的原因，或患病或被杀或因意外事故等，在民事权利能力的终结上不具有意义。宣告死亡又称法律死亡，是指依法定程序对失踪人生命消灭的宣告或推定，性质上属于司法行为。

通说认为，自然人的自然死亡和宣告死亡均发生重要法律效力，首先该自然人丧失了民事主体资格，不再具有民事权利能力。其次，将产生婚姻关系消灭、继承开始、遗嘱或者遗赠发生效力、委托关系终止等法律后果。但宣告死亡毕竟与自然死亡不同，宣告死亡只是依法对失踪人死亡的推定，事实上该失踪人的生命不一定终结。《民法总则》第 49 条规定："自然人被宣告死亡但是并未死亡的，不影响该自然人在被宣告死亡期间实施的民事法律行为的效力。"因此，被宣告死亡人如还生存于其他地区，其民事权利能力不因在原住所地被宣告死亡而受影响（详见本节"六、宣告失踪和宣告死亡"）。

2. 死亡时间的确定

关于死亡标准的确定，学界有不同的主张，如脉搏停止说、心脏停止说、呼吸停止说等。我国传统的判断死亡的临床经验是以心脏停止跳动、自主呼吸消失、血压为零为标准。随着现代医学的发展，病人的心跳、呼吸、血压等生命体征都可以通过一系列药物和先进设备加以逆转或长期维持。因而，现在较多国家的立法例主张采用"脑死亡"作为判断死亡的标准，即自然人的大脑功能彻底丧失，脑电波消失，即为死亡。目前世界上采取脑死亡标准的国家和地区已有 80 多个[①]，我国法律尚未采取脑死亡的标准。

对自然人死亡时间的确认，《民法总则》第 15 条规定，以死亡证明记载的时间为准；没有死亡证明的，以户籍登记或者其他有效身份登记记载的时间为准。有其他证据足以推翻以上记载时间的，以该证据证明的时间为准。当数个相互有继承关系的人共同遇难而又不能确定先后死亡时间的，需要进行法律推定。根据最高人民法院《最高人民法院关于贯彻执行〈中华人民共和国继承法〉若干问题的意见》第 2 条的规定，在此情况下，推定没有继承人的人先死亡；死亡人各自都有继承人的，如几个死亡人辈分不同，推定长辈先死亡；辈分相同的，推定同时死亡，彼此不发生继承，由他们各自的继承人分别继承。

3. 自然人死亡后利益的保护

自然人死亡后，依法律规定，仍需对于死者某些利益进行一定时间的保护。其保护

① 王利明：《民法总则研究》，中国人民大学出版社 2003 年版，第 341 页。

的理论依据，学理界有不同的观点：一种观点认为，自然人死亡以后，其某些民事权利并不因此而丧失，但该权利及其所包含的利益应由死者近亲属来行使。另一种观点认为，任何权利都会因主体消灭而不存在，法律上不可能存在无主体的利益，因而，自然人死亡后法律所保护的，应当是利益而不是权利。至于这一利益的归属问题，学理界也存在不同的理解：一种为反射利益说，认为一般情况下权利因主体的死亡而消灭，但在特殊情况下，出于对公共利益保护的需要，而对死者的名誉、肖像、隐私等利益以及著作权进行保护，死者近亲属因此种公共利益保护的反射而享有一定的利益①。另一种为近亲属利益说，认为法律对死者姓名、肖像、名誉、荣誉、隐私等利益的保护，是对死者近亲属利益的保护②。

《最高人民法院关于确定民事侵权精神损害赔偿责任若干问题的解释》规定，死者受到保护的人格利益为6项，即姓名利益、肖像利益、名誉利益、荣誉利益、隐私利益和遗体遗骨。另外我国《著作权法》特别规定，死者的著作权受到法律保护。《民法总则》第 185 条规定：“侵害英雄烈士等的姓名、肖像、名誉、荣誉，损害社会公共利益的，应当承担民事责任。”该条特别规定英雄烈士等的人格权益保护，有利于弘扬社会主义核心价值观和英雄烈士精神，培养爱国主义精神，增强民族凝聚力，维护社会公共利益。

三、自然人的民事行为能力

（一）自然人民事行为能力的概念

自然人的民事行为能力，是指自然人能够以自己的行为从事民事活动，参加民事法律关系，享有民事权利和承担民事义务的资格。

要准确把握自然人行为能力的内涵，应当明确理解以下几个问题。

1. 行为能力与权利能力

权利能力和行为能力都是法律赋予自然人的从事民事活动的资格，权利能力是享有行为能力的前提，但享有权利能力不一定享有完全的行为能力，两者分属不同的概念。其主要区别在于：其一，性质不同。权利能力与自然人的主体资格差别不大，从某种意义上说权利能力就是主体资格，但行为能力仅是构成自然人主体资格的一种要素，而非主体资格本身。行为能力与自然人的年龄、智力状况紧密相关，权利能力则与自然人的任何其他因素无关。其二，权利能力具有平等性和普遍性，每个民事主体平等而无差别地享有权利能力；而行为能力则不然，因年龄、智力状况的不同，自然人之间的行为能力也有差异，只有满足法律规定的相应条件才具有完全的行为能力。其三，权利能力不可转让，不能被限制或被剥夺；而行为能力具有可变性，可因年龄增长、精神疾病等自然因素的变化而变化，也可因司法行为而被禁止或被限制。

---

① 杨立新：《民法总论》，高等教育出版社 2007 年版，第 75 页。

② 魏振瀛：《民法》，北京大学出版社、高等教育出版社 2016 年版，第 55 页。

2. 行力能力与意思能力

所谓意思能力是指自然人认识和判断自己行为的性质与法律后果的能力。民事行为能力以意思能力为基础，没有意思能力就没有行为能力，有行为能力必有意思能力。因为，只有当自然人具备了相应的意思能力，才能对自己行为的性质和将要产生的后果有足够的判断力，并基于这种认识和判断而主动去实施法律行为，法律才能将此种行为的后果归于该自然人承担，而且，这样的后果归属才是公平和理性的。意思能力取决于自然人的年龄大小和智力状况，一般情况下，人的意思能力随着年龄的增长而逐步成熟和健全。

3. 行为能力与责任能力

责任能力是民事主体对自己的过错行为或不法行为给他人造成侵害时承担责任的能力，即行为人承担财产责任的资格。设立责任能力制度的意义在于解决是否应将某种责任归于行为人承担，以及该项承担是否具有合理性。民事责任能力包括侵权责任能力和债务不履行责任能力[①]。但由于债务不履行责任能力已在《合同法》中得到解决，通常讲的民事责任能力一般是指侵权责任能力[②]。行为能力和责任能力的相互关系体现在：第一，行为能力为抽象规定，是根据一般标准而设定的，适用于该类型的所有自然人；责任能力为具体规定，是根据行为人对行为的违法性的识别能力而设定的，采取了较低的识别标准。第二，一般情况下，有行为能力即有责任能力，无行为能力也无责任能力，但也有例外。如有行为能力的人在梦游、癫痫病发作等神志不清的状态下致人损害，可认定其在此种特定情形下不具有责任能力。

（二）自然人民事行为能力的特征

1. 民事行为能力由国家法律加以确认

区分和判断自然人行为能力的标准由法律统一规定，自然人行为能力的类型由法律统一规定，每一类型的行为能力对应的行为性质和行为范围由法律统一规定，即行为能力由法律赋予，行为能力的大小或类型不取决于自然人的主观意愿而是由法律规定。行为能力不能自己设定，也不能被其他民事主体限制或剥夺。

2. 民事行为能力存在差异性

自然人的民事行为能力与自然人的年龄和智力状态直接相联系，不同年龄和智力状态的自然人有不同的民事行为能力。因为，只有达到一定年龄、智力状态正常的自然人，才能正确地理解其行为的社会意义，独立完成某一民事行为，取得民事权利，承担民事义务。

3. 民事行为能力具有可变性

在自然人的一生中，行为能力可以发生变化。既可以从行为能力的禁止状态或限制状态变化为自由状态，如限制行为能力变化为完全行为能力，也可能相反，从行为能力

① 魏振瀛：《民法》，北京大学出版社、高等教育出版社 2016 年版，第 56 页。

② 行为人只有在具有了行为能力的情况下才能订立合同，所以其责任能力不存在疑问。参见刘凯湘：《民法总论》，北京大学出版社 2007 年版，第 108 页。

的自由状态变化为限制状态或禁止状态，如因患精神病而被宣告为无行为能力。这种变化，一方面基于意思能力的客观变化而致；另一方面自然人行为能力的限制或禁止，必须依法律规定的条件和程序进行。

（三）自然人民事行为能力的分类

我国《民法总则》根据自然人的年龄、智力状态等因素，把自然人的民事行为能力分为完全民事行为能力、限制民事行为能力和无民事行为能力三类。

1. 完全民事行为能力

完全民事行为能力，是指能够独立实施一切民事行为的资格[①]，即法律赋予达到一定年龄和智力状态正常的自然人通过自己的独立行为进行民事活动的能力。根据我国《民法总则》的规定，我国的完全民事行为能力人包括两类。

（1）年满 18 周岁的成年人。《民法总则》第 17 条规定："十八周岁以上的自然人为成年人，不满十八周岁的自然人为未成年人。" 第 18 条第 1 款规定："成年人为完全民事行为能力人，可以独立实施民事法律行为。"自然人年满 18 周岁，一般说来身体和智力发育成熟，具备对事物的判断和认识能力，可以作为完全民事行为能力人。世界上绝大多数国家的民事立法都把年满 18 周岁的人作为成年人。

（2）以自己的劳动收入为主要生活来源的已满 16 周岁不满 18 周岁的未成年人。《民法总则》第 18 条第 2 款规定："十六周岁以上的未成年人，以自己的劳动收入为主要生活来源的，视为完全民事行为能力人。""以自己的劳动收入为主要生活来源"，是指能够以自己的劳动收入维持当地群众一般生活水平[②]。年满 16 周岁未满 18 周岁的自然人，能够依靠自己的劳动收入而不需要借助他人的经济资助就能够维持其基本生活水平，说明其心智发育水平和责任能力已具备民事行为能力。如果不赋予他们独立进行民事活动的资格，将不利于保护其合法利益。这里的"视为"为法律推定，没有相反的证据不得推翻。

《最高人民法院关于贯彻执行〈中华人民共和国民法通则〉若干问题的意见（试行）》第 161 条第 2 款规定："行为人致人损害时年满十八周岁的，应当由本人承担民事责任；没有经济收入的，由抚养人垫付，垫付有困难的，也可以判决或者调解延期给付。"

2. 限制民事行为能力

限制民事行为能力，又称为不完全民事行为能力或部分民事行为能力，是指只能在法律限定的范围内独立实施法律行为的资格。亦即法律赋予那些已经达到一定年龄但尚未成年和虽已成年但精神不健全，不能完全辨认自己行为后果的自然人所享有的可以从事与自己的年龄、智力和精神健康状况相适应的民事活动的资格。享有限制民事行为能力的自然人，可称为限制民事行为能力人。

---

① 刘凯湘：《民法总论》，北京大学出版社 2007 年版，第 109 页。

②《最高人民法院关于贯彻执行〈中华人民共和国民法通则〉若干问题的意见（试行）》第 2 条规定："十六周岁以上不满十八周岁的人，能够以自己的劳动取得收入，并能维持当地群众一般生活水平的，可以认定为以自己的劳动收入为主要生活来源的完全民事行为能力人。"

根据《民法总则》第 19 条和第 22 条的规定，限制民事行为能力人可分为两种。

（1）8 周岁以上的未成年人。8 周岁以上的未成年人对事物有一定的识别能力和判断能力，可以独立实施纯获利益的民事法律行为或者与其年龄、智力相适应的民事法律行为，但是实施其他民事法律行为应由其法定代理人代理或者经其法定代理人同意、追认。

（2）不能完全辨认自己行为的成年人。可以独立实施纯获利益的民事法律行为或者与其智力、精神健康状况相适应的民事法律行为，但是实施其他民事法律行为应由其法定代理人代理或者经其法定代理人同意、追认。

限制民事行为能力人可以独立实施的民事法律行为一般包括如下方面。

（1）纯获利益的行为。所谓纯获利益的行为，是指通过民事法律行为获享利益而不需要承担相应义务的行为。纯获利益的行为实际上是指受赠行为、接受奖励和报酬的行为①。

（2）日常生活必需的行为。限制行为能力人可以从事一些日常生活所必需的交易行为，如购买文具等日用品、看电影、去游乐场游玩等简单的交易行为。总之，这些行为要与其年龄、智力状况或精神健康状况相适应。至于如何理解与其"年龄、智力状况或精神健康状况相适应"，则无法抽象出统一的判断标准，立法上也只能采用概括式而不是列举式的表述。实践中，可以从行为与本人生活相关联的程度、本人的智力或精神状态能否理解其行为，并预见相应的行为后果以及行为的标的数额等方面具体认定。

（3）经同意或追认的行为。经限制行为能力人的监护人或法定代理人事前同意而实施的任何民事法律行为（包括与其年龄、智力状况不相适应的行为），均为有效的民事法律行为。同样，如果限制行为能力人实施的与其年龄、智力状况不相适应的民事法律行为，但其监护人或法定代理人事后予以追认的，也为有效的民事法律行为。

3. 无民事行为能力

无民事行为能力，是指不具有独立实施民事法律行为的资格。亦即完全不具有以自己的行为从事有效民事活动，取得民事权利和承担民事义务的资格。对无民事行为能力的自然人，可称为无民事行为能力人。

《民法总则》第 20 条和第 21 条分别规定了两种无民事行为能力人。

（1）不满 8 周岁的未成年人。不满 8 周岁的未成年人，一般来说处于生长、发育的最初阶段，智力水平普遍较低，一般难以进行民事行为，故法律将他们列为无民事行为能力人，其民事法律行为由其法定代理人代理。

（2）不能辨认自己行为的成年人。不能辨认自己行为的成年人心智丧失，不具有识别能力和判断能力，为保护他们的利益和维持正常的社会经济秩序，法律将其规定为无民事行为能力人，其民事法律行为由其法定代理人代理。8 周岁以上的未成年人不能辨认自己行为的，适用前款规定。

---

①《最高人民法院关于贯彻执行〈中华人民共和国民法通则〉若干问题的意见（试行）》第 6 条规定："无民事行为能力人、限制民事行为能力人接受奖励、赠与、报酬，他人不得以行为人无民事行为能力、限制民事行为能力为由，主张以上行为无效。"

（四）自然人民事行为能力的认定

《民法总则》第 24 条规定："不能辨认或者不能完全辨认自己行为的成年人，其利害关系人或者有关组织，可以向人民法院申请认定该成年人为无民事行为能力人或者限制民事行为能力人。被人民法院认定为无民事行为能力人或者限制民事行为能力人的，经本人、利害关系人或者有关组织申请，人民法院可以根据其智力、精神健康恢复的状况，认定该成年人恢复为限制民事行为能力人或者完全民事行为能力人。本条规定的有关组织包括：居民委员会、村民委员会、学校、医疗机构、妇女联合会、残疾人联合会、依法设立的老年人组织、民政部门等。"

四、监护

（一）监护的概念和监护制度的意义

监护是指对无民事行为能力和限制民事行为能力的自然人的人身、财产和及其他合法权益进行监督和保护的民事法律制度。在监护制度中，履行监督和保护职责的人称为监护人，被监督和保护的人称为被监护人。

各国民法对无行为能力人和限制行为能力人的监督与保护，设有亲权、监护、监护监督、保护和保佑等各种不同的制度。我国民法未做区分，统一称为监护制度。尤其是《民法总则》以家庭监护为基础，社会监护为补充，国家监护为兜底，对监护制度进行了完善。明确了父母子女间的抚养、赡养等义务，扩大了被监护人的范围，强化了政府的监护职能，并就监护人的确定、监护职责的履行、撤销监护等制度作出明确规定。

设立监护制度的目的在于保护无民事行为能力人或者限制民事行为能力人的合法权益，维护正常的民事法律关系和社会秩序。具体而言，监护制度具有以下意义。

1. 监护制度使被监护人的民事权利能力得到真正的实现

无民事行为能力人和限制民事行为能力人由于自身能力的不足，不仅不能顺利地进行法律行为，而且不能很好地保护自己的人身与财产权益不受侵害。监护制度赋予监护人代理被监护人进行民事活动的权利，解决了无民事行为能力人和限制民事行为能力人在民事行为能力方面的困难，从而使自然人的民事权利能力得以顺利实现。

2. 监护制度有利于稳定社会正常秩序

被监护人由于缺乏对自身行为社会后果和法律意义的正确认识，可能会对他人的人身和财产权利造成损害，而他们自己却无法进行法律上的赔偿或其他补救措施，从而影响社会秩序。监护制度要求监护人对被监护人加以监督和管束，以防止他们实施违法行为。被监护人一旦造成了他人利益的损害，监护人可以承担起民事责任，从而有利于社会秩序的稳定。

（二）监护人的设立

各国对监护人的设立方式一般有三种：一是法定监护，即由法律直接规定监护人；二是指定监护，即由法院或有权指定监护人的机关指定监护人；三是遗嘱监护，由父母通过遗嘱的方式为未成年人指定监护人。我国《民法总则》对监护人的设立分别做了如下规定。

1. 对未成年人的监护

根据《民法总则》第 27 条的规定，未成年人监护人的设立分为以下几种情况。

（1）未成年人的父母是未成年人的监护人。未成年人一经出生，具有监护能力的父母就当然地成为未成年人的监护人。这种监护是一种法定监护，是父母的法定义务，它不因父母的分居或离婚而丧失。但是，父母一方或者双方作为监护人对未成年子女明显不利的，人民法院可以取消其担任监护人的资格。

（2）未成年人的近亲属担任监护人。未成年人的父母已经死亡或者没有监护能力或者被取消监护资格的，应由未成年人的下列近亲属中有监护能力的人担任监护人：祖父母、外祖父母；兄、姐。近亲属担任未成年人的监护人也是其法定义务。近亲属间可以协商确定监护人。

（3）其他愿意担任监护人的个人或者组织。未成年人的父母死亡或者没有监护能力的，除近亲属外，其他愿意担任监护人的个人或者组织也可以担任监护人。但其担任监护人必须具备两个条件：第一，愿意担任监护人；第二，须经未成年人住所地的居民委员会、村民委员会或者民政部门同意。

2. 对无民事行为能力或限制民事行为能力的成年人的监护

根据《民法总则》第 28 条的规定，无民事行为能力或限制民事行为能力的成年人的监护分为以下几种情况。

（1）无民事行为能力或限制民事行为能力的成年人的近亲属担任监护人。其范围是：配偶；父母、子女；其他近亲属。上述近亲属可以通过协商确定监护人，由于担任监护人是他们的法定义务，故不允许借故推诿。

（2）其他愿意担任监护人的个人或者组织。但其担任监护人必须具备两个条件：第一，愿意担任监护人；第二，须经被监护人住所地的居民委员会、村民委员会或者民政部门同意。

3. 监护人确立的其他情况

（1）遗嘱监护。《民法总则》第 29 条规定："被监护人的父母担任监护人的，可以通过遗嘱指定监护人。"

（2）协议监护。《民法总则》第 30 条规定："依法具有监护资格的人之间可以协议确定监护人。协议确定监护人应当尊重被监护人的真实意愿。"

（3）指定监护。《民法总则》第 31 条规定："对监护人的确定有争议的，由被监护人住所地的居民委员会、村民委员会或者民政部门指定监护人，有关当事人对指定不服的，可以向人民法院申请指定监护人；有关当事人也可以直接向人民法院申请指定监护人。居民委员会、村民委员会、民政部门或者人民法院应当尊重被监护人的真实意愿，按照最有利于被监护人的原则在依法具有监护资格的人中指定监护人。依照本条第一款规定指定监护人前，被监护人的人身权利、财产权利以及其他合法权益处于无人保护状态的，由被监护人住所地的居民委员会、村民委员会、法律规定的有关组织或者民政部门担任临时监护人。监护人被指定后，不得擅自变更；擅自变更的，不免除被指定的监护人的责任。”

（4）兜底监护。《民法总则》第 32 条规定：“没有依法具有监护资格的人的，监护人由民政部门担任，也可以由具备履行监护职责条件的被监护人住所地的居民委员会、村民委员会担任。”

（5）意定监护。《民法总则》第 33 条规定：“具有完全民事行为能力的成年人，可以与其近亲属、其他愿意担任监护人的个人或者组织事先协商，以书面形式确定自己的监护人。协商确定的监护人在该成年人丧失或者部分丧失民事行为能力时，履行监护职责。”

（三）监护人的职责

《民法总则》第 34 条规定：“监护人的职责是代理被监护人实施民事法律行为，保护被监护人的人身权利、财产权利以及其他合法权益等。”

据此规定，监护人应承担的职责主要有以下几项。

1. 保护、照顾被监护人的身体健康和生活需要

作为被监护人的未成年人或成年人，其身体的自我保护能力和日常生活能力都不像完全民事行为能力人那样全面与正常。因此，监护人要保护被监护人的身体健康和人身安全，防止其受到侵害；要照料被监护人的生活需要，不得虐待或者遗弃被监护人。

2. 对被监护人进行管束和教育

监护人不仅要保护好被监护人免受他人的侵害，而且还要管理、约束被监护人的行为，以防止和避免被监护人对他人造成损害。尤其对于未成年人，要履行好教育职责，使他们在品德、智力、体质等方面健康发展。

3. 管理和保护被监护人的财产

监护人是被监护人财产的合法管理人，应当妥善管理和保护被监护人的财产，维护被监护人的合法财产权益。除非为了被监护人的利益外，监护人不得处理被监护人的财产。

4. 代理被监护人进行民事活动

《民法总则》第 23 条规定：“无民事行为能力人、限制民事行为能力人的监护人是其法定代理人。”被监护人是无民事行为能力人的，监护人应代理其进行各项民事活动；被监护人是限制民事行为能力人的，可以进行与他的年龄、智力相适应或者与他的精神健康状况相适应的民事活动；其他民事活动由他的法定代理人代理或征得其法定代理人同意后进行。

5. 代理被监护人进行诉讼

无民事行为能力人和限制民事行为能力人无诉讼能力，在被监护人的合法权益受到侵害或者与他人发生争议时，监护人应当代理被监护人进行诉讼，以维护其合法权益。

6. 依法承担相应的民事责任

《民法总则》第 34 条第 3 款规定："监护人不履行监护职责或者侵害被监护人合法权益的，应当承担法律责任。"

监护人依法履行监护职责产生的权利，受法律保护。任何组织或个人均无权干涉监护人依法行使监护权。如果监护人的合法监护权利遭到不法侵害，监护人有权向人民法院提起诉讼，请求给予必要的法律保护，排除侵害。

另外，《民法总则》第 35 条对监护人履行监护职责应遵循的原则作了规定："监护人应当按照最有利于被监护人的原则履行监护职责。监护人除为维护被监护人利益外，不得处分被监护人的财产。"

未成年人的监护人履行监护职责，在作出与被监护人利益有关的决定时，应当根据被监护人的年龄和智力状况，尊重被监护人的真实意愿。

成年人的监护人履行监护职责，应当最大程度地尊重被监护人的真实意愿，保障并协助被监护人实施与其智力、精神健康状况相适应的民事法律行为。对被监护人有能力独立处理的事务，监护人不得干涉。

（四）监护资格的撤销和恢复

1. 监护资格的撤销

《民法总则》第 36 条规定，监护人有下列情形之一的，人民法院根据有关个人或者组织的申请，撤销其监护人资格，安排必要的临时监护措施，并按照最有利于被监护人的原则依法指定监护人。

（1）实施严重损害被监护人身心健康行为的。

（2）怠于履行监护职责，或者无法履行监护职责并且拒绝将监护职责部分或者全部委托给他人，导致被监护人处于危困状态的。

（3）实施严重侵害被监护人合法权益的其他行为的。

本条规定的有关个人和组织包括：其他依法具有监护资格的人，居民委员会、村民委员会、学校、医疗机构、妇女联合会、残疾人联合会、未成年人保护组织、依法设立的老年人组织、民政部门等。

前款规定的个人和民政部门以外的组织未及时向人民法院申请撤销监护人资格的，民政部门应当向人民法院申请。

《民法总则》第 37 条进一步规定："依法负担被监护人抚养费、赡养费、扶养费的父母、子女、配偶等，被人民法院撤销监护人资格后，应当继续履行负担的义务。"

2. 监护资格的恢复

《民法总则》第 38 条规定："被监护人的父母或者子女被人民法院撤销监护人资格后，除对被监护人实施故意犯罪的外，确有悔改表现的，经其申请，人民法院可以在尊重被监护人真实意愿的前提下，视情况恢复其监护人资格，人民法院指定的监护人与被监护人的监护关系同时终止。"

（五）监护的终止

1. 监护终止的原因

监护终止即为监护关系的消灭，依照《民法总则》第 39 条的规定，终止原因主要有以下几个方面。

（1）被监护人取得或恢复完全民事行为能力。这时，设定监护的客观情况已经消失，从而导致监护的存在已经没有必要。主要包括：未成年人随着年龄的增长而年满 18 周岁，自动取得完全民事行为能力，对其的监护便随之终止；无或限制民事行为能力的成年人因治愈已经恢复正常精神状态，经人民法院认定其恢复完全民事行为能力，原先设定的监护已没有必要，因而终止。

（2）监护人丧失监护能力。监护关系以监护人有监护能力为条件，如果监护人被认定为无民事行为能力人或限制行为能力人，或有丧失监护能力的其他情况，监护关系自然终止。

（3）被监护人或者监护人死亡。被监护人或监护人一方自然死亡或被宣告死亡，监护关系自动终止。

（4）人民法院认定监护关系终止的其他情形。例如，监护人被撤销监护资格，监护人有正当理由向法院申请变更监护人并得到法院许可，等等。

监护关系终止后，被监护人仍然需要监护的，应当依法另行确定监护人。

2. 监护终止的法律后果

监护关系终止的主要法律后果有两个：一是被监护人脱离监护，可独立行使民事权利和承担民事义务；二是对被监护人的财产进行清算。监护人无意思能力的，其清算工作由其代理人代理；监护人已死亡的，清算工作由其继承人代理。清算账目须交监护权力机关或监护监督机关审查认可，并经监护人或其代理人、继承人和被监护人或其代理人同意后才发生效力[①]。

五、自然人的住所

1. 住所的概念

自然人的住所，是指自然人长期居住生活的地点。换言之，住所是自然人参与的各种法律关系发生的中心区域[②]。一个人生活在社会中，总要以某一地为其生活和社会交往的主要场所，其所参与的民事法律关系也主要是在该地域发生的，故法律将这一法律关系发生的中心地称为住所。

自然人的住所不同于居所。居所是自然人居住的处所，它可以是自然人暂时居住的处所，也可以是经常居住的处所。而住所必须是自然人经常居住的处所。一个人可以有多个居所，但可能只有一个住所。

关于住所的数量，各国有不同的规定，主要有单一主义和复数主义。法律规定一人

① 余能斌：《民法学》，中国人民公安大学出版社、人民法院出版社 2003 年版，第 92 页。

② 杨立新：《民法总论》，高等教育出版社 2007 年版，第 97 页。

不得同时有两个住所的，称为单一主义，如《瑞士民法典》；法律规定一人可以同时有两个以上住所的，称为复数主义，如《德国民法典》。

2. 住所的认定标准

关于住所的认定标准，各国和地区的法律规定不一。归纳起来主要有三种不同的立法例：①主观说，认为住所应以当事人长久居住的意思来决定。普通法系国家多采取这一主张，如《瑞士民法典》。②客观说，认为实际上长期居住的地点就是住所，《德国民法典》《日本民法典》多采用此学说。③折中说，认为以长久居住的意思和客观上长久居住的事实结合起来确定某一处为住所。

我国现行法律以户籍所在地的居住地为自然人的住所，采取的是客观主义立场，并不强调当事人主观上是否有久住的意思。我国《民法总则》第25条规定："自然人以户籍登记或者其他有效身份登记记载的居所为住所；经常居所与住所不一致的，经常居所视为住所。"《最高人民法院关于适用〈中华人民共和国民事诉讼法〉的解释》第4条规定："公民的经常居住地是指公民离开住所地至起诉时已连续居住一年以上的地方，但公民住院就医的地方除外。"

3. 住所的法律意义

住所的法律意义，又可称为住所的法律效力、法律价值，主要有以下几个方面。

（1）确定自然人民事主体的状态。住所对于确定自然人的民事主体状态，具有重要意义，如宣告失踪或宣告死亡，都以自然人离开住所地下落不明达到法定期限为前提条件。

（2）确定某些民事法律关系的发生、变更、终止和履行。如依据《民事诉讼法》第33条第3项的规定，继承人一般应在被继承人死亡时住所地或者主要遗产所在地主张继承权。

（3）确定有关组织或机关的管辖权。例如，依《民法总则》的规定，对监护人的指定，应由被监护人住所地的居民委员会、村民委员会或者民政部门在有资格的监护人中指定。有关宣告失踪或者宣告死亡的案件，由下落不明人住所地的基层人民法院受理。

（4）决定诉讼管辖法院和司法文书送达地。法院决定民事纠纷案件的诉讼管辖以及送达司法文书，也以自然人的住所作为管辖的标志和送达地点。如依《民事诉讼法》的规定，对自然人提出的民事诉讼，由被告住所地人民法院管辖；被告住所地与经常居住地不一致的，由经常居住地人民法院管辖。仲裁裁决、公证债权文书等的执行应由被执行人住所地或者被执行人的财产所在地的人民法院执行等。

（5）在涉外民事法律关系中确定法律适用的准据法。例如，在涉外遗产继承关系中，遗产的法定继承，动产适用被继承人死亡时住所地法律，不动产适用不动产所在地法律。

六、宣告失踪和宣告死亡

（一）宣告失踪

宣告失踪，是指经利害关系人的申请，由法院依照法定条件和程序，宣告下落不明满一定期限的自然人为失踪人的民事法律制度。在现实生活中，经常有人会因自然灾害、事故、战争或从事航海、登山等危险性活动而失踪。失踪人下落不明，其财产关系及身份关系势必处于不确定的状态。如果这种不确定的状态长期持续，将不利于失踪人财产的管理和利用，也不利于社会经济的发展和社会秩序的稳定，并且还将损及与失踪人有利害关系的第三人的利益。而通过宣告失踪制度，为失踪人设立财产代管人，将有利于结束失踪人财产关系不确定的状态，保护失踪人的利益和利害关系人的利益，稳定社会经济秩序。

1. 宣告失踪的条件

根据我国《民法总则》第 40 条的规定，宣告失踪必须具备以下条件。

（1）自然人下落不明满 2 年。所谓下落不明是指自然人离开最后的居住地后没有音讯的状况。下落不明的期限必须是持续地、毫不间断地满 2 年，而不是累计相加达 2 年。自然人下落不明的起算时间，从其失去音讯之日计算。战争期间下落不明的，下落不明的时间自战争结束之日或者有关机关确定的下落不明之日起计算。

（2）利害关系人提出申请。有权申请宣告自然人失踪的利害关系人，包括下落不明自然人的近亲属以及其他与下落不明自然人有民事权利义务关系的自然人、法人和非法人组织。根据《最高人民法院关于贯彻执行〈中华人民共和国民法通则〉若干问题的意见（试行）》第 24 条的规定，有权申请自然人为失踪人的近亲属包括配偶、父母、子女、兄弟姐妹、祖父母、外祖父母、孙子女、外孙子女。上述利害关系人没有先后顺序，只要其中有人提出申请，即使未申请的利害关系人反对，如果符合受理条件，人民法院也应当受理。但人民法院遵循“不告不理”的原则，如果没有利害关系人的申请，纵然该自然人下落不明满 2 年，人民法院也不主动宣告下落不明的自然人为失踪人。宣告失踪申请书应当写明下落不明的事实、时间和请求，并附有公安机关或者其他有关机关关于该自然人下落不明的书面证明。

（3）经人民法院依法定程序宣告。宣告失踪只能由人民法院作出判决，其他任何机关和个人都无权作出宣告失踪的决定。根据《民事诉讼法》第 183 条的规定，利害关系人应到失踪人住所地或者最后居住地的基层人民法院提出失踪宣告申请。人民法院受理宣告失踪案件后，应当查清被申请宣告失踪人的财产，指定财产管理人或者采取诉讼保全措施，发出寻找失踪人的公告。公告期间为 3 个月。公告期间届满，人民法院根据宣告失踪的事实是否得到确认，作出宣告失踪的判决或驳回申请的判决。如果判决宣告为失踪人，应当同时指定失踪人的财产代管人。

2. 宣告失踪的法律后果

在自然人被宣告为失踪人以后，其民事主体资格依然存在，因而不发生婚姻关系解除和继承开始的后果，也不发生其他财产所有权移转的后果。《民法总则》第 42 条规定：“失踪人的财产由其配偶、成年子女、父母或者其他愿意担任财产代管人的人代管。代管有争议，没有前款规定的人，或者前款规定的人无代管能力的，由人民法院指定的人代管。”《民法总则》第 43 条规定：“财产代管人应当妥善管理失踪人的财产，维护其财产权益。失踪人所欠税款、债务和应付的其他费用，由财产代管人从失踪人的财产中支付。财产代管人因故意或者重大过失造成失踪人财产损失的，应当承担赔偿责任。”

据此，宣告失踪只在以下两个方面产生法律后果。

（1）为失踪人的财产设定代管人。宣告失踪制度的主要目的之一就是为失踪人的财产设置管理制度。失踪人的配偶、成年子女、父母或者其他愿意承担财产代管责任的人为失踪人的财产代管人。上述财产代管人没有顺序限制，也不存在谁申请失踪谁享有代管权的问题，而只是遵循有利于失踪人财产管理的原则。无民事行为能力人、限制民事行为能力人失踪的，监护人即为财产代管人。

代管是一种无偿行为，因此，代管人仅在因自己的故意或重大过失造成失踪人财产的损害时，才承担赔偿责任，而无须对一般过失所造成的损害承担赔偿责任。

（2）清偿失踪人的债务并追索其债权。自然人被宣告失踪后并不丧失民事权利主体资格，其原来享有的民事权利仍然有效，其承担的民事义务仍需履行。因而，代管人的另一项职责是代理失踪人履行债务和受领他人的履行。代管人有权从失踪人的财产中支付税款、债务和诸如赡养费、抚养费之类的其他应当支付的费用；代管人也要尽力追索失踪人的债权，代理失踪人受领他人所作的清偿。根据《最高人民法院关于贯彻执行〈中华人民共和国民法通则〉若干问题的意见（试行）》第 32 条的规定：“失踪期间，失踪人的财产代管人向失踪人的债务人要求偿还债务的，可以作为原告提起诉讼；失踪人的财产代管人拒绝支付失踪人所欠的税款、债务和其他费用，债权人提起诉讼的，人民法院应当将代管人列为被告。”

3. 失踪宣告的撤销

自然人被宣告失踪是依据其下落不明的失踪事实作出的，一旦失踪事实消除，故应撤销对该自然人的失踪宣告。《民法总则》第 45 条规定，“失踪人重新出现，经本人或者利害关系人申请，人民法院应当撤销失踪宣告。失踪人重新出现，有权要求财产代管人及时移交有关财产并报告财产代管情况”。这一规定表明了撤销失踪宣告的条件和程序。条件即被宣告失踪的人重新出现。撤销宣告的程序：首先由失踪人本人或者他的利害关系人向人民法院提出撤销失踪宣告的申请；人民法院对申请人提出的申请进行审核，确认失踪事实消除以后依法作出撤销失踪宣告的判决。失踪宣告一经撤销，代管人的代管权随之终止，他应当将其代管的财产及收益交还给被撤销失踪宣告的人，并负有将代管期间对其财产管理和处置的详情告知的义务。

（二）宣告死亡

宣告死亡，是指自然人下落不明达到法定期限，经利害关系人申请，人民法院经过法定程序，判决宣告该自然人死亡的民事法律制度。宣告死亡制度和宣告失踪制度除了宣告的条件、程序不同外，两者的目的也不相同。宣告失踪只是结束失踪人财产关系的不稳定状态，并需要为其指定财产代管人；而宣告死亡制度不仅结束被宣告死亡人财产关系的不稳定状态，还结束被宣告死亡人人身关系上的不稳定状态。前者重在保护失踪人的利益，后者重在保护被宣告死亡人的利害关系人的利益。

1. 宣告死亡的条件

根据我国《民法总则》第46条的规定，宣告死亡应具备以下条件。

（1）自然人下落不明达法定期限。一般情况下，失踪人下落不明满4年，战争期间下落不明的，下落不明的时间自战争结束之日或者有关机关确定的下落不明之日起计算满4年。因意外事件下落不明的，从事故发生之日起满2年；因意外事件下落不明，经有关机关证明该自然人不可能生存的，申请宣告死亡不受2年时间的限制。

（2）由利害关系人向人民法院提出申请。有资格提出申请的利害关系人的范围和顺序是：①配偶；②父母、子女；③兄弟姐妹、祖父母、外祖父母、孙子女、外孙子女；④与被申请死亡的人有其他民事权利义务关系的人。

（3）经人民法院依法定程序宣告。宣告死亡的案件只能由人民法院审理。人民法院受理宣告失踪人死亡案件后，应当发出寻找失踪人的公告，公告期间为1年。但因意外事故下落不明，经有关机关证明自然人不可能生存的，公告期为3个月[①]。公告期间届满，人民法院根据被宣告失踪人的事实是否得到确认，作出宣告死亡的判决或者驳回申请的判决。

依据《民法总则》第47条的规定："对同一自然人，有的利害关系人申请宣告死亡，有的利害关系人申请宣告失踪，符合本法规定的宣告死亡条件的，人民法院应当宣告死亡。"《民法总则》第48条进一步规定："被宣告死亡的人，人民法院宣告死亡的判决作出之日视为其死亡的日期；因意外事件下落不明宣告死亡的，意外事件发生之日视为其死亡的日期。"

2. 宣告死亡的法律后果

自然人被宣告死亡的，应发生与自然人自然死亡同样的法律后果，即被宣告死亡的自然人丧失作为民事主体的资格，其民事权利能力和民事行为能力终止；其原先参加的民事法律关系归于变更或者消灭；其婚姻关系自然解除，其个人合法财产作为遗产按继承程序处理。

3. 死亡宣告的撤销

失踪人被宣告死亡只是法律上的推定死亡。当被宣告死亡的人重回到原住所地，按《民法总则》第50条的规定，被宣告死亡的人重新出现，经本人或者利害关系人申请，人民法院应当撤销死亡宣告。依照《民法总则》和有关的司法解释，自然人的死亡宣告被撤销的，产生如下法律后果。

（1）自然人被宣告死亡但是并未死亡的，不影响该自然人在被宣告死亡期间实施的民事法律行为的效力。

（2）被宣告死亡的人的婚姻关系，自死亡宣告之日起消灭。死亡宣告被撤销的，婚姻关系自撤销死亡宣告之日起自行恢复，但是其配偶再婚或者向婚姻登记机关书面声明不愿意恢复的除外。

（3）被宣告死亡的人在被宣告死亡期间，其子女被他人依法收养的，在死亡宣告被

① 该公告期限不包括在被宣告死亡人下落不明须达到的法定期限之内。

撤销后，不得以未经本人同意为由主张收养关系无效。

（4）被撤销死亡宣告的人有权请求依照继承法取得其财产的民事主体返还财产。无法返还的，应当给予适当补偿。

（5）利害关系人隐瞒真实情况，致使他人被宣告死亡取得其财产的，除应当返还财产外，还应当对由此造成的损失承担赔偿责任。

第二节 法 人

一、法人的概念与特征

法人是相对于自然人而言的另一大类民事主体，法人是由法律赋予其法律人格的一种社会组织。但并非所有的社会组织均为法人，因此对法人应当在法律上予以界定。《民法总则》第 57 条规定了法人的定义："法人是具有民事权利能力和民事行为能力，依法独立享有民事权利和承担民事义务的组织。"该规定揭示了法人的如下法律特征。

1. 法人是一种社会组织

法人是一种社会组织，这是法人与自然人的根本区别。自然人是自然出生的单个个人，而法人则是一种社会组织实体。法人社会组织体可以是个人的组织体，也可以是财产的集合体[①]。法人作为社会组织，不是以组成人员的名义而是以组织的名义活动的，在民事活动中，凡不是以组织的名义活动的民事主体，不是法人。应当明确，具有法人资格的社会组织并非在任何情况下都以法人的名义进行活动，只有在进行民事活动或民事诉讼活动时才以法人名义。如公安机关在对行政违法行为进行处罚时并非以法人的名义；又例如行政相对人不服行政机关的处罚决定而提起行政诉讼，行政机关应诉时也并非以法人的名义。

2. 法人是具有民事权利能力和民事行为能力的社会组织

民事权利能力是法律赋予民事主体享受民事权利和承担民事义务的资格，因此任何民事主体都必须具有民事权利能力，法人作为民事主体当然应当具有民事权利能力。同时，法人还必须具有民事行为能力，从而通过自己的行为行使民事权利和承担民事义务。

3. 法人是独立享有民事权利和承担民事义务的社会组织

法人是社会组织，它区别于非法人社会组织的根本特征就在于法人是能够独立享有民事权利和承担民事义务的社会组织。因此，独立性是法人的又一特征。法人的独立性主要体现在以下方面。

（1）组织上的独立性。法人是独立的社会组织，无须依赖其他组织或个人而独立存在。需依赖其他组织而存在的组织不是法人，如医院的科室、工厂的车间；需依赖个人而存在的组织也不是法人，如某合伙组织。法人组织上的独立性决定了法人的稳定性，法人的存续不会因其某些成员的死亡或离职甚至其法定代表人的变动而受到影响。

---

① 韩松：《民法总论》，法律出版社 2006 年版，第 142 页。

（2）财产上的独立性。法人拥有自己独立的财产。法人的独立财产，是指法人以自己的名义拥有的或经营管理的全部财产。法人的财产不仅独立于其他社会组织的财产，而且独立于法人成员的个人财产以及法人创立人的财产。例如，公司的财产独立于发起人的个人财产和公司股东的个人财产，完全属于公司所有而由公司支配。财产上的独立性是法人区别于合伙组织的特征之一。

法人的独立财产是法人能够以自己的名义进行民事活动、独立享有民事权利和承担民事义务的物质保障，也是法人能够成为独立的社会组织并取得法人资格的基本条件。

（3）责任的独立性。法人财产上的独立性决定了法人责任的独立性。法人的责任的独立性，是指法人如果违反民事义务，对他人违约或者侵权，法人应当独立地以自己的财产承担违约责任或侵权责任，法人的创立人和法人的成员对此不负责任。这是法人区别于非法人组织的重要特征。

二、法人的本质

法人和法人制度是商品经济发展的产物。法人制度肇端于罗马法，罗马法中，法人制度的雏形已基本具备。至中世纪，随着法人的独立财产制和有限公司制的产生，法人制度有了很大的发展。15 世纪以后，随着资本主义商品经济的发展，法人制度已发展到成熟阶段。19 世纪中期，各种以法人资格进行工商业经营及金融活动的组织大量涌现，1807 年的《法国商法典》首次肯定了股份有限公司的法律地位，赋予其法律上的人格。1896 年的《德国民法典》首次确立了完整的法人制度。1922 年由列宁领导制定的《俄罗斯联邦民法典》首次为法人概念下了定义①。

尽管法人作为重要的民事主体在社会经济生活中存在已久，但关于法人的本质，即法人为什么如同自然人一样，可以成为民事主体，可以享有民事权利和承担民事义务，理论上一直存在争论，概括起来主要有以下三种学说。

1. 法人拟制说

法人拟制说最初为注释法学派和教会法学派所提倡，后为德国历史法学派萨维尼发展和完善。该学说认为，民事主体应当以有意思能力的自然人为限，法人没有意思能力，法人只是人为地在法律上将其拟制为人，从而成为民事主体。这种被拟制的人像自然人一样具有人格，它区别于组成它的成员人格，其财产、责任都与其成员的财产、责任相区别。该学说顺应了近代个人主义的立法思想，曾一度成为 19 世纪占主流地位的学说。从现代民法观念来看，该学说已过时，它否认法人是社会实在体，否认法人的意思属性，否认法人的行为能力②。但是从历史的角度看，法律拟制说为法人制度的确立作出了贡献，该学说首次提出了法人是民事权利主体，主张将法人的财产与其成员的财产区别开来、法人与其成员各自人格独立，将法人的责任与其成员区别开来，对于现代法人制度的建立具有重要意义。

---

① 王利明：《民法学》，中央广播电视大学出版社 2006 年版，第 51 页。

② 韩松：《民法总论》，法律出版社 2006 年版，第 145 页。

2. 法人否认说

法人否认说不承认法人具有独立的人格。认为法人并不是实际存在的民事主体，仅是假设的主体。法人只不过是一定人的集合或财产的集合，假如有人格，那么其人格要么属于自然人要么属于财产。该学说又分为三个学派：一是目的财产说，认为法人只不过是为一定目的而存在的无主财产，法人本身不具有独立的人格，而是为达到特定目的由多数人的财产集合而成的财产，成为一个法律拟制的人格①。二是受益者主体说，认为法人的人格应是享受法人财产利益的人：社团法人的权利主体是其成员；财团法人的权利主体是享受财团利益的不特定的多数人。三是管理者主体说，认为法人财产的主体是担任法人财产管理的人，即管理法人财产的自然人，他就是法人②。管理者主体说将法人的机关与法人的人格相混淆。法人否认说不承认法人的独立人格，未能区分法人财产与共有财产的本质不同，因此已经遭到多数学者的否定，亦未被现代各国法制所接受①。

3. 法人实在说

法人实在说承认法人是独立存在的实体，法人既不是法律拟制的，更不是虚无的，而是一种社会存在，它可以和自然人一样有自己独立的意思，有表达意思的机关，可以独立享有权利和承担义务①。该学说又分为两派：一是法人有机体说，又称"团体人格说""具体实体说"，该学说为德国法学家基尔克所倡导。人类社会生活中，团体有其固有的生命。自然人为自然的有机体，有其个人意思；而团体则为社会的有机体，有其团体的意思。对于社会的有机体，赋予法律的人格，使之成为权利主体，即所谓法人③。二是法人组织体说，该学说为法国学者米休德和撒莱等所倡导，认为法人的本质不在于它是社会的有机体，而在于它是适于作为权利主体的法律上的组织，这种组织就是具有一定目的的社团或财团。法人具有区别于其成员个人利益的团体利益；有自己的组织机构和机关，是社会现实中存在的独立的组织体。法律规定组织体具有人格，是因为它像自然人一样坚固而独立地存在于社会现实④。组织体说阐明了法人的组织特征，以及法人与法人机关之间的关系、法人与法人成员之间的关系，奠定了大陆法系关于法人制度的基本理论。

法人实在说中无论是法人有机体说还是法人组织体说，都承认法人是客观存在的独立实体，承认法人的独立团体意思和法人的独立机构，并认为正是基于法人的独立团体意思和独立机构，法律才赋予这种社会组织一定的人格。法人实在说符合现代法制理念，已经成为通说，并为多数国家民商立法所采纳。

我国《民法通则》关于法人的本质采何种学说，虽无立法理由可以为据，但《民法通则》第36条规定："法人是具有民事权利能力和民事行为能力，依法独立享有民事权利和承担民事义务的组织。法人的民事权利能力和民事行为能力，从法人成立时产生，

① 苏号朋：《民法总论》，法律出版社2006年版，第138页。
② 韩松：《民法总论》，法律出版社2006年版，第145页。
③ 梁慧星：《民法总论》，法律出版社2007年版，第118页。
④ 韩松：《民法总论》，法律出版社2006年版，第146页。

到法人终止时消灭。”由此可以看出，我国《民法通则》关于法人的本质，采法人实在说中的组织体说[①]。我国《民法总则》延续了《民法通则》的规定，秉持了我国立法的一贯立场，仍然采纳了法人实在说中的组织体说。

三、法人的基本类型

（一）法人在理论上的分类

依据不同的标准，可以对法人进行不同的分类，从而正确把握不同法人的不同职能及法律对它们的不同要求。大陆法系在理论上对法人的分类主要有以下几种。

1. 公法人和私法人

依法人设立的法律依据和设立目的不同，可将法人分为公法人和私法人。

凡是依公法设立的，以行使公权力或从事行政管理职能的法人，是公法人。例如，在我国，依据宪法和法院组织法设立的人民法院，依据宪法和行政法所设立的政府机关。应当明确，公法人只有在涉及私法领域、参与民事关系时，才能以法人身份出现。一般来说，公法人在下列情况才会涉及私法领域：一是为维持其正常运作而参与民事法律关系，在其中取得民事权利和承担民事义务，例如，政府机关购买办公用品或更新办公设备时将旧设备出售等。二是当公法人或其工作人员在执行职务时导致相对人的人身或财产损害，依据民法的规定对相对人予以民事赔偿。应当注意，如果受害人依《中华人民共和国国家赔偿法》（以下简称《国家赔偿法》）提起国家赔偿要求，或依《中华人民共和国行政诉讼法》（以下简称《行政诉讼法》）提起行政诉讼，则不属于私法领域的法律关系。三是当公法人终止时，尚有民事义务未履行，则公法人以法人的名义对权利人履行义务，如其存续期间购买办公用品尚未付清货款，终止时应当予以清偿，此时它是以法人的名义出现的。

凡是依私法设立的，以牟取私利益为目的的法人，是私法人。例如，依我国公司法所设立的股份有限公司和有限责任公司是典型的私法人。

应当注意的是，有关公法人的特别制度通常由行政法律、法规加以规定。不过当公法人参与到民事活动时，它与私法人的法律地位是平等的，并对自己的行为承担后果[②]。有学者认为，民法上所说的法人，本来仅仅限于私法人，但是，公法上的法人作为私法之外的一种存在，私法无法排除并且必须承认其在民法中的地位。另外，所有权等私法权利本来仅仅是民法上的权利，但是没有任何人可以排斥国家作为财产的所有者而存在于民法中。而当其存在于民法中时，它与其他民事主体并无不同。所以我国将来的民法典不宜将法人分为公法人与私法人[③]。

2. 社团法人与财团法人

依法人的成立基础不同，可将私法人分为社团法人与财团法人。

---

① 梁慧星：《民法总论》，法律出版社 2007 年版，第 119 页。

② 苏号朋：《民法总论》，法律出版社 2006 年版，第 141 页。

③ 李永军：《民法总论》，法律出版社 2006 年版，第 307 页。

社团法人是指由其他人（包括自然人、法人和非法人组织）组成的，以社员权为基础的集合体，也称为人的组合或人合组织[①]。但是应当注意，社团法人虽然是人的集合体，但它并非没有财产，所谓人的集合体，是指它以人的集合为主要特征。实际上在社团法人成立时，为保证其正常运作及法律关系相对人的利益，法律也要求其有一定的财产。社团法人包括营利性和非营利性两种。营利性社团法人如各种公司；非营利性社团法人即公益性社团法人如工会、各种协会和学会等。营利性社团法人的主要目的在于为其成员谋取利益；非营利性社团法人的目的主要在于谋取公益。

财团法人是指以财产的集合为其成立基础的法人。财团法人没有成员，仅有来自社会各界捐赠的特定财产，由专门委任的人按照规定的目的管理和使用其财产。各类基金会、寺院是典型的财团法人。

社团法人与财团法人的区别：①成立基础不同：社团法人以人的组合为成立基础，有自己的组织成员或社员；财团法人以一定目的的财产为成立基础，没有法人成员。②设立人的法律地位不同：社团法人的设立人在法人成立时就成为该法人的成员，并享有社员权；财团法人的设立人在法人成立时与法人相脱离，不能成为法人的成员。③设立行为不同：社团法人一般以双方或多方的合同行为而设立，且为生前行为；财团法人是行为人的捐助行为，不限于生前行为，可以是死因行为。④有无意思机关不同：社团法人必须有自己的意思机关或称决策机关，因而被称为“自律法人”；财团法人没有自己的意思机关，因而被称为“他律法人”。⑤目的事业不同：社团法人可以是为了营利，也可以是为了公益，因此社团法人可分为营利法人与公益法人；财团法人只能是为了公益，只能是公益法人。⑥设立的程序不同：社团法人的设立程序，有的须经主管机关批准才能登记，有的无须批准即可获得登记；财团法人必须先经批准才能登记。⑦解散原因不同：社团法人和财团法人均可因章程所定目的的实现、目的根本不能实现或主管机关的决定而解散，而社团法人还可以因成员的协商而解散。

3. 营利法人与非营利法人

依据法人的设立是否以营利为目的，可将社团法人分为营利法人与非营利法人。

营利法人是指以营利为目的，并将营利所得分配给其成员的社团法人。所谓以营利为目的，是指法人的设立人和其他成员均追求自己的利益。以营利为目的体现在法人将其获得的财产利益以分红或分配利润的形式在其成员之间进行分配，公司是最典型的营利法人。营利法人又分为公司法人与非公司法人。公司法人的设立条件、设立原则、设立程序以及其治理结构等，均须符合《公司法》的相关规定。非公司法人的设立条件及程序等，则应当符合相关的法律或行政法规的规定。

非营利法人是指以谋求不特定多数人的社会公共利益为目的的社团法人，又称公益法人。公益法人虽不以营利为目的，也不得将其利益分配给其成员，但这并不表明其所从事的行为与营利无涉。事实上，公益法人为了更好地实现其公益目的，往往必须参与相关的具有营利性质的活动。

有些学者认为，除营利法人与非营利法人之外，还有中间法人，即既不以营利为目

① 苏号朋：《民法总论》，法律出版社2006年版，第141页。

的，也不以公益为目的的法人，典型的如行业协会、同乡会等。有的学者认为，我国《民法通则》未将法人分为营利法人与非营利法人，而将企业法人解释为营利法人，将社会团体法人解释为公益法人。考虑到这一分类将导致承认中间法人，且公益的概念正向非营利性概念靠拢，所以未来的民法典应当采纳营利法人与非营利法人的分类，避免出现中间法人的概念①。

4. 本国法人与外国法人

依法人的国籍，可将法人分为本国法人与外国法人。

本国法人是指依本国法律在本国登记的法人。本国法人具有本国国籍。外国法人是指未在本国登记而不具有本国国籍的法人。

法人的国籍一般以其登记国为标准予以确定。凡是依照中国法律，在中国设立的法人，为中国法人；而中国法人之外的法人，均属于外国法人。因此，外国投资人在中国设立的法人，如外资企业，应为中国法人，而中国投资人在外国设立的法人，应为外国法人。区分中国法人与外国法人的意义，主要在于对外国法人有专门的认许制度，以及外国法人在权利能力上有所限制②。

（二）我国《民法总则》关于法人的分类

我国《民法通则》根据法人设立的宗旨和活动的性质不同，将法人分为企业法人、机关法人、事业单位法人和社会团体法人。但是随着我国经济社会的发展，法人形态已经发生了较大变化，出现了基金会等由捐助财产构成的各类组织，民办学校和医院也日益增多。《民法通则》的法人分类方法已不能完全适应现实需要，很难涵盖实践中新出现的一些法人类型，也不适应社会组织改革发展方向，有必要进行调整完善。由于法人是法律拟制的“人”，各方面对法人分类有不同认识，不同国家和地区的民事法律对法人的分类也不尽相同。经反复比较，《民法总则》按照法人设立的目的和功能的不同，将一般法人分为营利法人和非营利法人。主要考虑：一是营利性和非营利性能够反映不同法人性质上的根本差异，传承了《民法通则》按照企业法人和非企业法人进行分类的基本思路，比较符合我国的立法习惯，实践意义也更为突出。二是营利法人和非营利法人的分类具有较强的包容性。营利法人既能涵盖公司等较为典型的企业法人，也能涵盖从事经营活动并以分配利润为目的的其他组织；非营利法人既能涵盖事业单位法人、社会团体法人等现有的法人类型，还能够涵盖现实中新出现的基金会和社会服务机构等法人类型。三是近年来，非营利性社会组织发展迅速，创设非营利法人类别，有利于加强对这类组织的引导、规范和保护，促进其健康发展，促进社会治理创新。四是财团法人和社团法人的分类与我国民众的基本认知不相符。一般理解，“财团”是营利性组织，从事的应为营利性活动；“社团”是非营利性组织，主要从事的应为非营利性活动。但从传统的财团法人和社团法人的定义来看，基金会等叫“财团法人”，从事的却是公益性的事情；公司等叫“社团法人”，从事的却是营利性活动。

① 梁慧星：《民法总论》，法律出版社 2007 年版，第 123 页。

② 梁慧星：《民法总论》，法律出版社 2007 年版，第 124 页。

按照上述分类，《民法总则》规定：营利法人是以取得利润并分配给股东等出资人为目的成立的法人，主要包括有限责任公司、股份有限公司和其他企业法人等；非营利法人是以公益为目的或者其他非营利目的成立，不向出资人、设立人或者会员分配所取得利润的法人，主要包括事业单位、社会团体、基金会、社会服务机构等。《民法总则》还对非营利法人中的事业单位法人、社会团体法人、基金会法人、社会服务机构法人作了相应规定。需要说明的是，《民法总则》只列举了几种比较典型的营利法人、非营利法人的具体类型，对现实生活中存在的或者可能出现的其他具体类型，可以按照其特征，分别纳入营利法人和非营利法人。相应地，《民法总则》中不再规定《民法通则》中关于联营的内容。

另外，《民法总则》制定过程中，立法机构经过深入调查研究，广泛征求意见，根据我国社会生活实际，针对那些在设立、变更、终止等方面具有特殊性，难以纳入营利法人和非营利法人范围的法人组织，专门规定了特别法人一节。该节主要规定了机关法人、农村集体经济组织法人、合作经济组织法人和基层群众自治组织法人几类特别法人。单设特别法人，既有利于这类法人更好地参与民事生活，也有利于保护其成员和与其进行民事活动的相对人的合法权益。

综上，《民法总则》遵循《民法通则》关于法人分类的基本思路，适应社会组织改革发展的需要，按照法人设立目的和功能等方面的不同，将法人分为三类，即营利法人、非营利法人和特别法人。

四、法人的设立与成立

法人的设立是指依照法律规定的条件和程序使社会组织成为法人的一系列行为的总和。法人的成立是指法人在法律上取得了民事主体资格的法律事实。法人的设立与法人的成立是两个既有区别又有联系的概念，法人的设立是法人的组建过程，法人的成立标志着法人组建完成。法人的设立是法人成立的必经程序，但法人设立并不必然导致法人成立，当设立行为因违法而无效时，法人便不能成立。

（一）法人的设立

1. 法人的设立原则

法人的设立原则，是指国家对法人设立所奉行的原则。因法人类型及时代的不同，其设立原则也不同，主要概括为以下几种。

（1）自由设立主义，也称为放任主义。自由设立指国家对于法人的设立不加以任何干涉或限制，完全听凭当事人自由。欧洲中世纪商事公司勃兴时期，该主义曾一度盛行，后因其弊端较为明显，且法人自由设立的结果将与合伙难以区别，所以，近代以来，除瑞士民法对于非营利法人仍采此主义外，已鲜有采用[①]。

（2）特许设立主义，亦称立法特许主义。特许设立即法人的设立需要有专门的法律或国家特别许可。由于特许设立主义对法人设立的限制、干预过于严格，所以当前除法

① 梁慧星：《民法总论》，法律出版社 2007 年版，第 139 页。

国外，也少有采用[①]。

（3）许可设立主义，又称核准设立主义。许可设立指法人设立时除了应符合法律规定的条件外，还要经过行政主管部门批准。例如，《公司法》第 6 条第 2 款规定："法律、行政法规规定设立公司必须报经批准的，应当在公司登记前依法办理批准手续。"根据该规定，凡须经有关部门批准方可设立的股份有限公司和有限责任公司，其设立属于许可设立主义。

（4）准则设立主义，亦称登记主义。准则设立是指法律对于法人的设立规定了一定的条件，只要符合这些条件，无须经主管机关批准或许可，发起人可直接向登记机关申请登记，登记机关仅审核其是否符合法定条件，凡符合法定条件的，予以办理登记，法人即可成立。与前述几种法人设立主义相比，准则设立主义使法人的设立免除了烦琐的审批程序，提高了效率，因而为世界许多国家的立法所确认。例如，德国对于商法上的公司法以及民法上的非经营性社团法人采取准则设立主义[②]。我国《公司法》第 6 条规定："设立公司，应当依法向公司登记机关申请设立登记。符合本法规定的设立条件的，由公司登记机关分别登记为有限责任公司或者股份有限公司。"根据该规定，凡符合公司法规定的设立条件的，无须经有关部门审核批准，可直接向登记机关申请登记，该设立原则就是准则许可主义。

（5）强制设立主义。强制设立是指国家以法律、法规规定特种行业或特定情况下必须设立一定法人组织的设立原则。强制设立主义体现了国家对社会生活中特定领域的干预，目的是加强对该领域的管理。如我国《中华人民共和国律师法》（以下简称《律师法》）规定，律师协会是社会团体法人，全国设立中华全国律师协会，省、自治区、直辖市设立地方律师协会，设区的市根据需要可以设立地方律师协会，律师、律师事务所应当加入所在地的地方律师协会，加入地方律师协会的律师、律师事务所，同时是全国律师协会的会员。

2. 法人设立的要件

法人设立的要件是指任何法人的设立均应具备的一般要件。

（1）有设立人。任何法人的设立，都必须有设立人。例如，机关法人的设立人是国家，国有事业单位如公立中学的设立人是当地政府，民办高校的设立人是其发起人及其他出资人。

（2）有设立基础。任何法人的设立都必须以确认或准许该类法人设立的法律规定为基础，如果没有该法律基础，设立人则不得设立该类法人。例如，我国《公司法》于 2005 年 10 月修改前，不承认一人有限责任公司的法人类型，因而不得设立一人有限责任公司，修改后的《公司法》允许设立一人有限责任公司，于是一人有限责任公司这类法人有了设立的法律基础[③]。

（3）有设立行为。法人设立就是创设法人的一系列行为的总和，这些行为完成，才

① 梁慧星：《民法总论》，法律出版社 2007 年版，第 139 页。
② 李永军：《民法总论》，法律出版社 2006 年版，第 317 页。
③ 刘凯湘：《民法总论》，北京大学出版社 2006 年版，第 197 页。

可能使法人成立，才可能实现设立行为的目的。法人的设立是由一系列复杂行为构成的一个过程，这个过程包括：设立人签订投资协议，制定法人章程，按照规定筹集资金或财产，依照有关规定取得有关部门的许可、申请登记。

（二）法人的成立

1. 法人成立的条件

根据《民法总则》第 58 条的规定，法人的成立应当具备以下条件。

（1）依法成立。该条件包含两方面的含义：第一，法人的成立目的和宗旨必须符合国家利益与社会公共利益，其组织机构、事业范围、经营方式等也必须符合法律要求；第二，法人成立的程序必须符合法律规定，例如，根据有关法律规定需要核准登记的，必须履行登记手续，方可取得法人资格。

（2）有自己的名称、组织机构和住所。法人的名称，是法人区别于其他社会组织最明显的标志。法律、法规对法人的名称都有相关的规定，如《企业名称登记管理规定》第 11 条规定："企业应当根据其主营业务，依照国家行业分类标准划分的类别，在企业名称中标明所属行业或者经营特点。"《中华人民共和国企业法人登记管理条例》第 10 条规定："企业法人只准使用一个名称。企业法人申请登记注册的名称由登记主管机关核定，经核准登记注册后在规定的范围内享有专用权。"《事业单位登记管理暂行条例实施细则》规定，事业单位名称，应当由字号、所属行业、机构形式三部分依次组成；除特殊情况外，一个事业单位使用一个名称。《社会团体登记管理条例》第 10 条规定："社会团体的名称应当符合法律、法规的规定，不得违背社会道德风尚。社会团体的名称应当与其业务范围、成员分布、活动地域相一致，准确反映其特征。全国性的社会团体的名称冠以'中国'、'全国'、'中华'等字样的，应当按照国家有关规定经过批准，地方性的社会团体的名称不得冠以'中国'、'全国'、'中华'等字样。"

法人的组织机构，是根据法律或者章程的规定，对内管理法人事务、对外代表法人从事民事活动的组织系统。法人作为一个社会组织，它必须有表达法人意思的机构，必须通过其组织机构来行使民事权利和承担民事义务。不同类别的法人，其组织机构也不相同。机关法人、事业单位法人和社会团体法人的组织机构比较简单，法律没有特别规定，而企业法人从事营利性的经营活动，法律对其组织机构有明确规定，如《公司法》专门规定了有限责任公司和股份有限公司的组织机构，对股东会、董事会、经理、监事会等机构的设立、组成、职责等均作了明确具体的规定。

法人的住所，依据《民法总则》第 63 条的规定，法人以其主要办事机构所在地为住所。依法需要办理法人登记的，应当将主要办事机构所在地登记为住所。明确法人的住所，并将其作为法人应具备的条件，主要是为了交易安全和便于国家主管机关监管。法人的住所地是法人的法律关系的中心地。

（3）有必要的财产或者经费。必要的财产或者经费是法人进行民事活动，独立享有民事权利和承担民事义务的物质基础，是其独立承担民事责任的财产保障。所谓必要的财产或者经费，是指与法人将要从事的事业或营业的性质或规模相适应的财产或经费。"必要的财产"是指企业法人必须具备与其经营活动相适应的财产。我国《公司法》虽然在有限责任公司的设立中废除了最低资本限额要求，以适应“大众创业，万众创新”的时代步伐，但并不是否认有限责任公司设立有必要财产的要求，只不过该要求为“符合公司章程规定的全体股东认缴的出资额”。“必要的经费”是指机关法人、事业单位法人和社会团体法人为完成其职能或从事的事业所必须拥有管理经费或活动经费。法律要求其经费的数额与其所开展的职能或从事的事业规模相适应。例如，《社会团体登记管理条例》规定，全国性的社会团体有 10 万元以上活动资金，地方性的社会团体和跨行政区域的社会团体有 3 万元以上活动资金。

有的学者认为，尽管《民法通则》将能够独立承担民事责任作为法人成立的条件，但严格来说，这并不是法人成立的唯一条件，此外，法人成立的条件还应当包括法人应当具有组织章程①。本书赞同此观点，能够独立承担民事责任仅是法人的特征，因为只有取得了法人资格，它才能够独立承担民事责任。另外，组织章程是法人依法制定的规范性文件，特别是对于企业法人来说，组织章程是其活动的准则，所以具有组织章程也应当是法人成立的条件。

2. 法人资格的取得

社会组织符合法人的设立条件，并完成法人的设立程序，即取得法人资格，即依法取得了民事权利能力和民事行为能力。不同种类的法人因其设立原则不同，法人资格的取得也不同。营利法人均需办理登记，自领取营利法人营业执照之日起取得法人资格。机关法人无须审查或登记，自设立时起即取得法人资格。事业单位法人和社会团体法人分两种情况：凡依法不需要办理登记的，自设立时起取得法人资格；凡依法需要办理登记的，自经核准登记领取法人证书之日起取得法人资格。

设立中的组织，尚未取得法人资格，但因为已经有协议与章程，所以是一个类似于合伙的团体。但该团体在未登记之前，没有权利能力，也不得以法人的名义从事民事法律行为②。

五、法人的民事能力

（一）法人的民事权利能力

法人的民事权利能力，就是法律赋予法人参与民事活动，享受民事权利和承担民事义务的资格。

法人的民事权利能力与自然人的民事权利能力一样，都是法律赋予的。但是，自然人作为自然生命体，其民事权利能力不因个体之间有任何差异而有所不同，而法人作为社会组织，其民事权利能力因各自的性质以及法律法规的限制不同而有所差别。法人的民事权利能力与自然人的民事权利能力相比，主要有以下区别。

1. 民事权利能力开始与终止的时间不同

自然人的民事权利能力始于出生终于死亡，因为自然人生命的存在是法律赋予其民

① 李永军：《民法总论》，法律出版社 2006 年版，第 324 页。
② 李永军：《民法总论》，法律出版社 2006 年版，第 325 页。

事权利能力的依据。而法人的民事权利能力产生于成立，终止于消灭，我国《民法总则》第59条规定：“法人的民事权利能力和民事行为能力，从法人成立时产生，到法人终止时消灭。”

2. 民事权利能力之间的差异程度不同

自然人的民事权利能力一律平等，完全一致，毫无差异。而法人的民事权利能力因法人的性质、宗旨、经营范围等不同而各不相同，这是法律的不同要求以及法人各自的章程不同而导致的。如营利法人、事业单位法人、机关法人和社会团体法人的民事权利能力各不相同；不同的营利法人的权利能力也不相同，它们只能在核准登记的经营范围内从事经营活动。

3. 民事权利能力的范围不同

专属自然人的某些民事权利能力，如继承能力、收养能力、遗嘱能力等，法人不可能享有；而专属某些法人的民事权利能力，如银行法人开展信贷业务的权利能力，自然人不能享有。

4. 民事权利能力的取得与终止的程序不同

自然人民事权利能力的取得，无须履行任何手续，只要有出生这一事实即可；自然人民事权利能力的终止，只要有死亡的事实即可。而法人的民事权利能力，无论取得还是终止，均须依法履行相应的手续。

（二）法人的民事行为能力

法人的民事行为能力，是指法人以自己的意思独立从事民事行为，取得民事权利和承担民事义务的资格。法人的民事行为能力自法人成立时产生，至法人终止时消灭。

法人的民事行为能力以其民事权利能力为前提，两者在范围上是一致的，不同法人之间因其民事权利能力范围不同，所以其民事行为能力的范围也不同。但两者是有差异的，法人的民事权利能力是法人作为民事主体的资格，而其民事行为能力则是其作为民事主体以自己独立的行为从事民事活动的资格。

法人的民事行为能力与自然人的民事行为能力相比，主要有以下区别。

1. 产生与终止的原因不同

法人的民事行为能力因法人的成立而产生，因法人的终止而消灭，其民事行为能力与其民事权利能力存续时间一致，同时产生，同时消灭。自然人的民事行为能力则与其年龄、智力和精神健康状况密切相关，自然人的民事行为能力与民事权利能力的存续时间也不一致，自然人因具备法律要求的年龄、智力、精神健康状况而取得完全民事行为能力或限制民事行为能力，而此后也会因其精神健康障碍而丧失民事行为能力或仅具有限制民事行为能力。

2. 实现方式不同

由于法人是一种社会组织，组织本身不可能实施民事行为，所以法人的民事行为能力是通过法人的法定代表人或其代理人的行为来实现的。自然人的民事行为能力通过自身的行为即可实现。

3. 权利能力与行为能力的范围不同

法人的民事行为能力与其民事权利能力的范围一致，即法人在法律、法规规定的或核准登记的业务范围内有民事权利能力，也只在该范围内才享有民事行为能力，如果法人的民事行为超出其民事权利能力的范围，往往会因其无民事权利能力而无效，并且要承担相应的民事责任。而自然人的民事行为能力与其民事权利能力的范围可能不相一致，无民事行为能力人、限制民事行为能力人与完全民事行为能力人的民事权利能力是相同的，但行为能力的范围不同。

（三）法人的民事责任能力

1. 法人的民事责任能力的含义

法人的民事责任能力，是指法人在其民事权利能力范围内对自己所为的违法行为承担民事责任的能力或资格。

有的学者认为，法人的民事责任仅指法人的侵权责任，因而法人的民事责任能力仅指法人对其侵权行为承担民事责任的能力或资格[①]。本书认为，法人的民事责任，是由法人违反合同的行为或侵权行为产生的，应当由法人独立承担的民事责任，包括违约责任和侵权责任，因而法人的民事责任能力既包括法人对其侵权行为承担民事责任的能力或资格，也包括法人对其违约行为承担民事责任的能力或资格。

关于法人有无民事责任能力，因对法人本质的不同见解而有不同的学说。法人拟制说否认法人有民事责任能力，因为法人无意思能力。法人实在说承认法人有责任能力。我国民法承认法人有民事责任能力。《民法总则》第 60 条规定：“法人以其全部财产独立承担民事责任。”第 61 条规定：“依照法律或者法人章程的规定，代表法人从事民事活动的负责人，为法人的法定代表人。法定代表人以法人名义从事的民事活动，其法律后果由法人承受。法人章程或者法人权力机构对法定代表人代表权的限制，不得对抗善意相对人。”第 62 条规定：“法定代表人因执行职务造成他人损害的，由法人承担民事责任。法人承担民事责任后，依照法律或者法人章程的规定，可以向有过错的法定代表人追偿。”由以上规定可以看出，法人对其法定代表人或者其他工作人员及其代理人的职务行为承担民事责任。

2. 法人的独立责任

法人的独立责任，是指法人违反民事义务，应当以其所拥有或经营管理的全部财产为限对外承担的民事责任。法人的独立责任表现在两个方面：①法人独立以自己的名义承担责任。首先，法人的责任为有限责任，即法人对外承担的债务仅以自己所有或经营管理的全部财产为限，即使其财产不足以偿还债务，其债务也不得转移给法人的成员和其他人或组织。其次，如果法人的独立财产是由其成员出资组成的，则其成员仅以其出资为限承担法人的对外债务。②法人的责任不能代替法定代表人的个人责任，《民法总

① 梁慧星：《民法总论》，法律出版社 2007 年版，第 132 页。

则》第 62 条规定："法定代表人因执行职务造成他人损害的，由法人承担民事责任。法人承担民事责任后，依照法律或者法人章程的规定，可以向有过错的法定代表人追偿。"

六、法人的机关

1. 法人的机关的含义

法人的机关，是指根据法律、法规或法人章程的规定，对内管理法人事务，对外代表法人从事民事活动的个人或集体。法人是一种社会组织，可以通过自身的行为取得民事权利和承担民事义务，它必须有一定的机关来形成法人的意思、完成法人的行为，即法人必须通过自己的机关行使其民事权利能力和民事行为能力。法人的机关是法人存在的必要条件。

法人的机关有以下特征：①法人机关是根据法律、法规或法人章程的规定设立的。②法人机关的职能是，对内管理法人事务，对外代表法人从事民事活动。③法人机关由个人或集体组成，前者称为独任机关，如法定代表人；后者称为合议制机关，如股东会、董事会。④法人机关是法人有机体的核心组成部分，如果缺少法人机关，任何法人都无法存在。⑤法人机关是法人中形成法人意志、表达法人意思、执行法人意志或监督法人活动的机构。

2. 法人的机关的种类

不同类型的法人设有不同的机关。一般情况下，法人的机关包括权力机关、执行机关和监督机关。

（1）权力机关。权力机关是形成法人意志，对法人重大事务作出决策并监督其他机关的机关，又称决策机关或意思机关。如有限责任公司的股东会、股份有限公司的股东大会等。

（2）执行机关。执行机关是法人权力机关的执行机关，执行法人权力机关所形成的意志，使法律、法规和章程规定的事项得以完成或实现，组织法人内部各机构之间的协调运作。执行机关的主要负责人是法人的法定代表人。

（3）监督机关。对执行机关的行为进行监督的机关，并非任何法人都必须设有监督机关，根据《公司法》的规定，有限责任公司必须设监事或监事会，股份有限公司必须设监事会，监事和监事会即为公司的监督机关。

3. 法定代表人

法定代表人是依照法律或者法人章程的规定，代表法人行使职权的负责人。一般来讲，法人的正职负责人是法人的法定代表人。没有正职负责人的，由主持工作的副职负责人担任法定代表人。设有董事会的法人，以董事长为法定代表人；没有董事长的法人，经董事会授权的负责人可作为法人的法定代表人。

法定代表人作为法人的机关，没有独立的法律人格，而与法人具有同一法律人格。法定代表人代表法人在其职权范围内以法人的名义所进行的民事行为，均为法人的行为，其后果由法人承担。法定代表人的代表权限范围原则上等于法人民事权利能力的范围，实践中，法人往往通过其章程或决议对法定代表人的代表权限予以限制，但是该限制性的规定不具有对抗善意第三人的效力。《合同法》第 50 条规定："法人或者其他组织的法定代表人、负责人超越权限订立的合同，除相对人知道或者应当知道其超越权限的以外，该代表行为有效。"依据该规定，当相对人为善意时，法定代表人的越权行为有效，即法人应当承担该行为的后果；而当相对人为恶意时，法定代表人的越权行为无效，即法人不承担其越权行为的后果，而由该法定代表人自己承担。法人章程或者法人权力机构对法定代表人代表权的限制，不得对抗善意相对人。《民法总则》第 61 条规定："法人章程或者法人权力机构对法定代表人代表权的限制，不得对抗善意相对人。"

法人的法定代表人与法人的代理人不同。①与法人的关系不同。法定代表人是法人的机关，与法人的关系是部分与整体的关系，与法人是同一法律人格；而法人的代理人与作为被代理人的法人是两个独立的人格。②行为的属性不同。法定代表人在职权范围内所为的行为是法人的行为；而代理人在代表权限范围内所为的行为是代理人自己的行为。③权限来源不同。法定代表人的代表权来源于法律的规定或法人章程的规定，而代理人的代理权则来源于被代理人的授权行为。

七、法人的变更与消灭

（一）法人的变更

法人的变更，是指法人存续期间，在性质、组织机构、经营范围、财产状况、法定代表人以及名称、住所等方面的重大变化。

法人变更的类型有如下方面。

1. 法人的分立

法人的分立指一个法人分为两个或两个以上的法人。法人的分立有两种情况：一是创设式分立，又称新设式分立，即原法人分裂成两个或两个以上的法人，原法人消灭；二是存续式分立，又称派生式分立，即原法人继续存在，而将一部分分离出来成立新的法人。法人分立，原法人的权利和义务由分立后的法人享有和承担。《民法总则》第 67 条规定："法人分立的，其权利和义务由分立后的法人享有连带债权，承担连带债务，但是债权人和债务人另有约定的除外。"《合同法》第 90 条规定："当事人订立合同后分立的，除债权人和债务人另有约定的以外，由分立的法人或者其他组织对合同的权利和义务享有连带债权，承担连带债务。"

2. 法人的合并

法人的合并指两个或两个以上的法人合为一个法人。合并也有两种情况：一是新设合并，即两个以上的法人合并为一个新的法人，原法人消灭。二是吸收合并，又称为兼并，即一个法人归并到另一个法人中去，换言之，一个法人吸收另一个法人，被吸收的法人主体资格消灭。法人合并，原法人的权利和义务由合并后的法人享有和承担。《民法总则》第 67 条规定："法人合并的，其权利和义务由合并后的法人享有和承担。"《合同法》第 90 条规定：“当事人订立合同后合并的，由合并后的法人或者其他组织行使合同权利，履行合同义务。”

3. 法人组织形态的变更

法人组织形态的变更指在不消灭法人人格的前提下，法人从一种组织形态转为另一种组织形态。例如，为经营的需要，有限责任公司变更为股份有限公司。法人组织形态的变更往往导致法人责任形式、权利义务等发生变化，因此各国对法人组织形态的变更多予以限制。例如，各国公司法一般规定无限公司可以变更为两合公司，但不可变更为有限责任公司[①]。

4. 法人其他重要事项的变更

法人其他重要事项的变更指法人的重要登记事项的变更，包括名称、住所、经营场所、法定代表人、经济性质、经营范围、经营方式、注册资金、从业人数、经营期限、分支机构等事项的变更。

法人发生上述变更，应当办理变更登记，办理变更登记的机关就是法人设立登记的机关。《民法总则》第 64 条规定：“法人存续期间登记事项发生变化的，应当依法向登记机关申请变更登记。”第 65 条规定：“法人的实际情况与登记的事项不一致的，不得对抗善意相对人。”即法人变更未予登记的，其变更仅为内部行为，对善意第三人不发生效力。如某公司董事长变更后未向工商行政管理机关办理变更登记，该董事长仍以公司名义对外实施民事法律行为，而相对人也不知其已不是法定代表人，该董事长的行为仍然有效，其行为后果由公司承担。

（二）法人的消灭

法人的消灭，指法人丧失了法律上的人格，即该社会组织不再具有民事主体资格，不再享有民事权利能力和民事行为能力。

1. 法人消灭的原因

（1）法人解散。《民法总则》第 69 条规定：“有下列情形之一的，法人解散：（一）法人章程规定的存续期间届满或者法人章程规定的其他解散事由出现；（二）法人的权力机构决议解散；（三）因法人合并或者分立需要解散；（四）法人依法被吊销营业执照、登记证书，被责令关闭或者被撤销；（五）法律规定的其他情形。”

（2）法人被宣告破产。法人被宣告破产指法人因不能清偿到期债务，由该法人或其债权人提出申请，经法院审理后可宣告破产。法人被宣告破产即丧失法人资格。

（3）法律规定的其他原因。法律规定的其他原因主要指国家经济政策发生重大调整、爆发战争等。

2. 法人消灭的程序

（1）清算。法人的清算，是指法人在消灭之前，由依法成立的清算组织依据其职权清理并了结法人的全部财产关系。

① 苏号朋：《民法总论》，法律出版社 2006 年版，第 159 页。

《民法总则》第 70 条规定："法人解散的，除合并或者分立的情形外，清算义务人应当及时组成清算组进行清算。法人的董事、理事等执行机构或者决策机构的成员为清算义务人。法律、行政法规另有规定的，依照其规定。清算义务人未及时履行清算义务，造成损害的，应当承担民事责任；主管机关或者利害关系人可以申请人民法院指定有关人员组成清算组进行清算。"第 71 条规定："法人的清算程序和清算组职权，依照有关法律的规定；没有规定的，参照适用公司法的有关规定。"第 72 条规定："清算期间法人存续，但是不得从事与清算无关的活动。法人清算后的剩余财产，根据法人章程的规定或者法人权力机构的决议处理。法律另有规定的，依照其规定。清算结束并完成法人注销登记时，法人终止；依法不需要办理法人登记的，清算结束时，法人终止。"第 73 条规定："法人被宣告破产的，依法进行破产清算并完成法人注销登记时，法人终止。"

因此，在发生上述法人消灭的原因后，法人并不立即消灭，只有经过清算，法人的主体资格才消灭。清算的目的是清偿债务、受领债权、了结现存的法律关系，从而维护当事人的合法权益，维护社会秩序。

法人清算可分为破产清算和一般清算。破产清算是指法人因破产而消灭时，依照《中华人民共和国破产法》（以下简称《破产法》）规定的清算程序和清算办法所进行的清算。破产清算必须依照《民事诉讼法》关于企业法人破产还债程序的规定进行。破产清算的对象只能是企业法人。一般清算是指法人因破产以外的原因消灭时所进行的清算，在对法人进行一般清算时，如发现法人有破产原因，应当转入破产清算。

法人清算由清算组织进行。清算组织是负责清算活动的人，又称清算人。清算组织有两种：第一种，由法人自己成立清算组织。企业法人因解散而消灭的，由法人自己成立清算组织，其成员由法人机关依照法人章程的规定选举产生。如果清算组织不能胜任，利害关系人可以向人民法院申请撤销该清算组织并另行指定人员成立清算组织。第二种，由人民法院或者主管机关组成清算组织。法人因被撤销、被宣告破产而消灭的，应当由人民法院或者主管机关组织有关人员或有关组织成立清算组织。"有关人员"包括律师、注册会计师、经济师、审计师、工程师等人员；"有关机关"包括财政、审计、工商、税收、银行、劳动等行政部门。

清算组织的职责：一是业务清结。对法人消灭前已经开始尚未结束的各项业务予以了结，如清理法人的财产、整理法人的账目。二是收取债权。法人对外享有债权，应当由清算组织予以收取，如果债权未得到实现，应当以清算组织的名义向人民法院提起诉讼或向仲裁机构申请仲裁。三是清偿债务。法人对外所欠债务，由清算组织予以清偿。债务按下列顺序清偿：支付清算费用、支付职工工资和劳动保险费用、缴纳所欠税款、清偿法人的其他债务。如果在清算期间，法人的债权人起诉，则以清算组织的名义应诉。四是分配剩余财产。法人的财产在清偿债务后有剩余，则应当返还给法人的出资人或者按照法人章程的规定予以分配。

《公司法》第 184 条具体规定了公司法人清算组的七项职权：清理公司财产，分别编制资产负债表和财产清单；通知、公告债权人；处理与清算有关的公司未了结的业务；清缴所欠税款以及清算过程中产生的税款；清理债权、债务；处理公司清偿债务后的剩余财产；代表公司参与民事诉讼活动。

法人在清算期间被称为清算法人。因为法人的清算属于非经营性活动，所以在清算期间，法人仅具有基于清算必要范围内的民事行为能力，只能进行以清算为目的的行为，停止清算范围以外的任何活动。

（2）办理注销登记及公告。清算结束后，清算组织应当向登记机关办理注销登记，并在指定的媒体上予以公告。注销登记和公告行为完成后，法人即告消灭。

第三节　非法人组织

一、非法人组织的概念与特征

（一）非法人组织的概念

所谓非法人组织，依据《民法总则》第 102 条的规定，是指虽不具有法人资格但能够以自己的名义进行民事活动的组织。非法人组织是民法中除自然人和法人两类基本民事主体之外另一个独立类型的民事主体，它享有民事权利能力和民事行为能力，却不能完全独立承担民事责任。

民法关于权利主体的理论有一个从单一主体到承认多元主体的发展过程。早期的民法只承认自然人为民事主体，不承认法人的主体地位。此后，各国民法为适应市场经济的要求，确认法人为自然人之外的另一种权利主体。随着市场经济的进一步发展，非法人组织日益发展，需要得到法律的确认。关于非法人组织的法律地位，各国民法最初采取的办法是准用关于合伙的规定。第二次世界大战以后，民法学界关于非法人组织的认识已有重大发展。无论德国、日本，或中国台湾的学说判例，均强调非法人组织与合伙在本质上的差异，并承认非法人组织具有权利能力、行为能力和诉讼能力，非法人组织的主体性得到认可。

现代各国民法，大都在法人和自然人之外，承认有非法人组织的存在，但称谓各不相同。如德国民法称其为无权利能力社团，日本民法称其为非法人社团和非法人财团，英美法系称其为非法人团体或非法人社团。我国《民法通则》未设非法人组织的条文，其他有关法律、法规及司法解释虽有涉及，但称谓比较混乱，如《合同法》《民事诉讼法》和《行政诉讼法》称“其他组织”，《著作权法》称“非法人单位”，最高人民法院的司法解释则称“其他经济组织”。此次《民法总则》的制定，立法机关在综合各方面意见的基础上，用“非法人组织”作为第三类民事主体的法定名称，并在第四章对非法人组织作了专章规定。

（二）非法人组织的特征

非法人组织类型较多，差别也较大，其基本特征如下。

1. 非法人组织是具有稳定性的人合组织体

首先，非法人组织具有一定的稳定性。非法人组织成员的关系并不是临时性的或松散的契约关系，而是一种稳定的和较长期的权利义务关系。非法人组织有自己的名称、组织机构、组织规则和进行业务活动的场所，一般还设有代表人或管理人。因而，它与法人一样，是一种具有稳定性的组织体。其次，非法人组织是以人合为主的组织体。与法人不同的是，法人组织体中既有人合为主的也有以资合为主的，而非法人组织只有人合这一种情况。

2. 非法人组织是具有相应的民事权利能力和民事行为能力的组织体

非法人组织属于民法上的权利主体，享有民事权利能力和民事行为能力，以组织体自己的名义从事民事活动。但这种民事权利能力和民事行为能力的享有是有所限制的，与自然人和法人的民事权利能力与民事行为能力有所不同。

3. 非法人组织是不具有独立的民事责任能力的组织体

由于非法人组织没有独立的财产或经费，所以它不具有独立承担民事责任的能力。当非法人组织的财产或经费不足以清偿对外债务时，该组织体的成员要以各自的其他财产承担清偿责任。换言之，非法人组织的出资人或开办者不是以其出资额为限承担有限的民事责任，而是承担无限责任，且成员相互之间负有连带责任，每一成员都有清偿全部对外债务的义务。这是非法人组织与法人组织的重要区别之一，法人出资人的责任是有限责任，以其出资额承担责任。

二、非法人组织应具备的要件

（一）有自己的目的

这里所说的“目的”，可以是营利性目的，如以获取经济利益为目的；也可以是非营利性目的，如发展科学、技术、文化、教育、艺术、体育、宗教、慈善事业等。对于营利性非法人组织来说，具有自己的目的，也就是具有特定的经营范围。

（二）有自己的名称

非法人组织须有自己的名称并以组织的名义对外进行民事活动。这是非法人组织区别于自然人或契约关系或一般松散集合的标志。如果组织体成员仅以个人名义不以团体的名义对外从事民事行为，则该民事行为不能对组织体产生法律后果。但是，如果组织体成员虽然没有以组织体的名义从事民事活动，却在民事活动中表明了其作为组织体成员的身份，则该行为被视为执行职务的行为，对组织体产生后果[①]。

（三）有自己的财产或经费

非法人组织是经核准登记领有营业执照或社会团体登记证的组织，虽然不能独立承担民事责任，但它可以自己的名义对外从事民事活动，享受一定权利、承担一定的义务，因此它应该拥有与其经营活动和经营规模相适应的财产或经费，作为其进行民事活动的物质基础和财产保证。但与法人组织不同，非法人组织可以独立支配该财产或经费，并不要求必须与其成员的财产截然分开，也不要求由非法人组织独立拥有所有权。

① 刘凯湘：《民法总论》，北京大学出版社2006年版，第220页。

（四）有管理人或代表人

法律没有对非法人组织的组织机构作出强制性的规定，但是，非法人组织毕竟属于人合组织体，有一定目的，为实现其目的，当然应设立管理人或代表人，对外代表非法人组织进行法律行为。管理人或代表人的设立方式属于意思自治的范畴，由全体成员按协议或章程规定的规则处理。此代表人或管理人的设立，仅是组织体内部分工而已，不是非法人的组织机关，组织体的每一个成员均可享有代表组织体的权力。

三、非法人组织的范围

对于非法人组织的范围，我国《民法总则》第 102 条第 2 款规定："非法人组织包括个人独资企业、合伙企业、不具有法人资格的专业服务机构等。"按照这一规定，非法人组织包括个人独资企业、合伙企业、不具有法人资格的专业服务机构及其他非法人组织四种形式。

（一）个人独资企业

按照《中华人民共和国个人独资企业法》（以下简称《个人独资企业法》）第 2 条的规定，个人独资企业是指依照本法在中国境内设立，由一个自然人投资，财产为投资人个人所有，投资人以其个人财产对企业债务承担无限连带责任的经营实体。对于个人独资企业，以往认定其为不具有法人资格的商个人，不具有独立的民事主体地位[①]。《民法总则》确认个人独资企业为非法人组织，具有独立的民事主体资格，是非法人组织的重要类型。

（二）合伙企业

合伙企业包括普通合伙企业和有限合伙企业。依据《中华人民共和国合伙企业法》（以下简称《合伙企业法》）第 2 条第 2 款的规定，普通合伙企业是指由普通合伙人组成，合伙人对合伙企业债务承担无限连带责任的组织。依据该条第 3 款规定，有限合伙企业是指由普通合伙人和有限合伙人组成的合伙企业，其中普通合伙人负责合伙企业的经营管理，并对合伙企业债务承担无限连带责任，而有限合伙人通常不负责合伙企业的经营管理，仅以其认缴的出资额为限，对合伙企业债务承担有限责任。

（三）不具有法人资格的专业服务机构

不具有法人资格的专业服务机构，是《民法总则》新规定的一个概念，这种专业服务机构实际上就是特殊的普通合伙企业，是指以专门知识和专门技能为客户提供有偿服务为目的，并依法承担责任的普通合伙企业。主要是指律师事务所、会计师事务所等提供专业服务的企业提供更具灵活性的候选企业组织形式[②]。不具有法人资格的专业服务机构原本就是《合伙企业法》中规定的特殊的普通合伙企业，性质是合伙企业，《民法

① 李建伟：《个人独资企业法律制度的完善与商个人体系的重构》，《政法论坛》2012 年第 5 期。
② 转引自杨立新：《〈民法总则〉规定的非法人组织的主体地位与规则》、《求是学刊》2017 年第 3 期。

总则》将其独立规定为与个人独资企业、合伙企业并列的一类非法人组织，具有独立的民事主体地位。这对于更好地发挥专业服务机构在市场经济中的作用、拓展经营范围、为社会提供更多更好的专业服务提供了新的法律保障。

（四）其他非法人组织

我国《民法总则》第 102 条第 2 款在列举个人独资企业、合伙企业、不具有法人资格的专业服务机构的后面，还有一个“等”字，这里包括的就是其他非法人组织。例如，依法登记领取我国营业执照的中外合作经营企业、外资企业以及经依法登记领取营业执照的乡镇企业、街道企业，符合《民法总则》关于非法人组织条件的要求，都应该成为《民法总则》第 102 条第 2 款规定的“等”里面包含的其他非法人组织，享有民事权利能力，具有民事行为能力，成为民法中的第三类民事主体。除此之外，那些原来使用其他组织名义的法人分支机构等，并不包括在非法人组织的其他组织概念中①。

四、非法人组织的民事能力

非法人组织虽然在世界各国广泛存在，但其是否具有民事能力，立法和学理界存在着否定说与肯定说两种不同的主张。一为否定说。该学说认为非法人组织不具有民事权利能力和民事行为能力，它只是自然人进行民事活动的特殊形式。二为肯定说。这一学说从社会生活实际出发，承认非法人团体具有一定的民事权利能力和一定范围内的民事行为能力。

在我国，非法人组织具有一定的民事权利能力，如享有名称权、名誉权等人格权，也享有物权、经营权等财产权。非法人组织在一定范围内享有民事行为能力，可以从事与其民事能力相适应的民事活动。如其可以在核准的经营范围内对外发生民事经济往来，享有权利承担义务，实现其经营或公益目的。但是，非法人组织的民事责任能力并不完全，在自己有能力承担民事责任的时候可能自己承担民事责任。如果其不能清偿全部债务，应当由其设立人、开办人或其成员承担连带责任。

五、合伙

（一）合伙概述

1. 合伙的概念和法律性质

合伙有广义和狭义之分。广义的合伙包括营利性合伙、非营利性合伙和临时合伙；狭义的合伙仅指营利性合伙。民法上的合伙为狭义的合伙，是指两个以上的人（自然人、法人或非法人组织）根据合伙协议，共同出资、共同经营、共享利益、共担风险的非法人组织。合伙是非法人组织的重要类型，可以以自己的名义进行民事活动。

合伙具有悠久的发展历史，罗马法已经对合伙作了极为详尽的规定，并把合伙分为

① 杨立新主编：《中华人民共和国民法总则要义与案例解读》，中国法制出版社 2017 年版，第 384 页。

同业合伙、临时合伙、纳税合伙、共有合伙等。在法人制度形成以前，合伙是自然人在商品经济关系中唯一的联合形式，并纳入民法调整范围。在现代社会中，虽然法人制度得到了充分的发展，但合伙也未走向衰落，在各国仍然是相当普遍的一种经营方式。出现这一状况的原因在于同法人相比，合伙的成立更为简便，经营方式更灵活，特别适合于投资少、风险小、注重投资人之间人身信任关系的行业或者以提供专业服务为内容的行业。

关于合伙的法律性质，学者们起初将它们认定为一种合同关系，而不是一类民事主体。在合伙协议关系中，合伙人是该法律关系的主体。在立法上，19 世纪的各国民法典均接受了这一观点，《法国民法典》和《德国民法典》都是将合伙作为一种合同加以规定的。不过，随着对合伙法律地位的重新认识，各国开始通过判例或者修改法律认可合伙的民事主体地位，法国甚至规定合伙具有法人资格①。我国关于合伙法律性质的讨论，学者的通说认为，合伙应当成为民事主体，《合伙企业法》的规定实际上承认了合伙的民事主体资格。从《民法总则》的规定来看，合伙企业已成为第三民事主体，与自然人和法人并列。实践中有些合伙虽然有两个以上的人出资，经营共同事业，但是没有合伙名称，组织松散，或者是临时性的，其性质属于合伙合同，没有民事主体资格。本节所讲的合伙是指具有民事主体资格的合伙组织，除另有说明的以外，是指合伙企业。

2. 合伙的分类

按照不同的分类标准，合伙有以下分类方式。

（1）普通合伙与有限合伙。这是以合伙人对合伙债务承担责任为标准所作的区分。普通合伙与有限合伙的显著区别：第一，普通合伙企业由普通合伙人组成；有限合伙企业是由普通合伙人和有限合伙人组成。第二，有限合伙人不得以劳务和信用出资，只能以货币、实物或其他财产出资；普通合伙人则不受上述限制，在出资方式上更为灵活。第三，有限合伙人不执行合伙事务，不对外代表合伙组织，只按出资比例分享利润和分担亏损，并仅以出资额为限对合伙债务承担清偿责任；普通合伙人需要承担无限连带责任。第四，作为有限合伙人的自然人死亡、被依法宣告死亡或者作为有限合伙人的法人及其他组织终止时，其继承人或权利承受人可取得在该企业中有限合伙人的资格，并不发生当然退伙；普通合伙人若出现上述情况则当然退伙。若有限合伙企业仅剩有限合伙人则应当解散，若仅剩普通合伙人则转为普通合伙企业。一家企业既有普通合伙人又有有限合伙人，是根据他们在入股前的约定和公司股东的责任范围来划分的。

（2）个人合伙与法人合伙。这是我国自 1986 年《民法通则》颁布以来，以合伙人的身份为标准确立的类型。个人合伙是指两个以上的自然人按照合伙协议，各自提供资金、实物、技术等，共同经营、共享收益、共担风险，并对合伙债务承担无限连带责任的合伙方式。《民法通则》将其规定在“自然人”一章中。法人合伙在我国又称为合伙型联营，是企业之间或企业、事业单位之间共同投资、共同经营，并按照出资比例或者协议约定，以各自所有的或经营管理的财产对联营债务承担民事责任的合伙方式。《民法通则》把法人合伙规定在“法人”一章中，最高人民法院也有相应的司法解释。这种

① 1978 年重新修订的《法国民法典》规定，合伙自登记之日起享有法人资格。

以个人、法人身份来划分所谓“个人合伙”与“法人合伙”的方式受到学者的普遍批评，它是我国改革开放初期的历史产物，目前已不占重要地位。1997年的《合伙企业法》仅规定了个人合伙，并未规定法人合伙；2006年修订的《合伙企业法》规定自然人和法人以及其他经济组织都可以作为合伙人，但国有独资公司、国有企业、上市公司以及公益性的事业单位、社会团体不得成为普通合伙人。

（3）显名合伙与隐名合伙。这是以合伙中是否显示合伙人为标准所作的划分。显名合伙的特点：①所有合伙人均需公开合伙人身份；②合伙人参与出资、分配利益以及合伙的经营管理活动；③合伙人对合伙组织的债务对第三人承担无限连带责任。显名合伙是合伙的典型形式。隐名合伙的特点：①隐性合伙人与显性合伙人同样以实物、货币或者技术、劳务出资，但不公开其姓名身份；②隐性合伙不参与合伙事务的经营和管理，但分享合伙经营的收益并以其出资为限承担合伙经营损失；③隐性合伙不能代表合伙与第三人发生权利义务关系；④显性合伙人与隐性合伙人的内部关系主要靠契约来维持。含有至少一名隐名合伙人的合伙为隐名合伙。隐名合伙作为一种契约型合伙形式，在许多国家普遍存在。我国《民法通则》和《合伙企业法》没有出现隐名合伙，但现实社会生活中确已存在，司法实践中也有类似案例。隐名合伙也仅仅是合同关系，没有民事主体资格①。

（二）普通合伙

1. 普通合伙的概念和特征

普通合伙是指合伙人根据协议的规定而组成的共同出资、共同经营、共享收益、共担风险的营利性非法人组织。普通合伙是最常见的合伙形式，通常所说的“合伙”一般是指普通合伙。

普通合伙具有以下法律特征。

（1）有两个以上的合伙人。普通合伙具有人合性，注重合伙人之间的相互依赖关系。法律虽然没有对普通合伙人的上限作出规定，但通常不会太多。

（2）合伙的成立依据合伙协议。法人组织的成立须有章程。

（3）合伙人互约出资、共同经营并对合伙的债务承担无限连带责任。这是合伙与法人相区别的重要特征，法人企业成立后由法人机关从事经营，法人企业的投资人以其认缴的出资为限对法人企业的债务承担责任。

2. 合伙的成立

根据我国《合伙企业法》的规定，设立普通合伙企业应当具备以下条件。

（1）有两个以上合伙人。合伙人为自然人的，应当具有完全民事行为能力。需要说明的是，《合伙企业法》第3条规定，国有独资公司、国有企业、上市公司以及公益性的事业单位、社会团体不得成为普通合伙人。

（2）有书面合伙协议。按照我国《合伙企业法》第18条和第19条的规定，合伙协议应当载明下列事项：①合伙企业的名称和主要经营场所的地点；②合伙目的和合伙经

① 魏振瀛：《民法》，北京大学出版社、高等教育出版社2016年版，第102页。

营范围；③合伙人的姓名或者名称、住所；④合伙人的出资方式、数额和缴付期限；⑤利润分配、亏损分担方式；⑥合伙事务的执行；⑦入伙与退伙；⑧争议解决办法；⑨合伙企业的解散与清算；⑩违约责任。合伙协议未约定或者约定不明确的事项，由合伙人协商决定；协商不成的，依照本法和其他有关法律、行政法规的规定处理。合伙协议经全体合伙人签名、盖章后生效。合伙人按照合伙协议享有权利，履行义务。修改或者补充合伙协议，应当经全体合伙人一致同意；但是，合伙协议另有约定的除外。

（3）有合伙人认缴或者实际缴付的出资。合伙人可以用货币、实物、知识产权、土地使用权或者其他财产权利出资，也可以用劳务出资。合伙人以实物、知识产权、土地使用权或者其他财产权利出资，需要评估作价的，可以由全体合伙人协商确定，也可以由全体合伙人委托法定评估机构评估。合伙人以劳务出资的，其评估办法由全体合伙人协商确定，并在合伙协议中载明。合伙人应当按照合伙协议约定的出资方式、数额和缴付期限，履行出资义务。

由此可见，法律对合伙人的出资形式、出资时间以及最低出资额等并没有太多的要求和限制，而由合伙人协商确定。这是因为合伙人对合伙债务承担无限连带责任，严格区分合伙财产和个人财产对于债权人来说意义不大。

（4）有合伙企业的名称和生产经营场所。合伙企业的名称应当标明“普通合伙”字样，以便于与合伙企业交易的人了解该合伙的类型及合伙人对合伙债务承担的责任。

3. 合伙的财产

（1）合伙财产的构成。《合伙企业法》第 20 条规定：“合伙人的出资、以合伙企业名义取得的收益和依法取得的其他财产，均为合伙企业的财产。”由此可见，合伙的财产主要由三部分构成：一是合伙人的出资。合伙成立时各合伙人按照协议投入的资金、实物等转移给合伙，成为合伙财产。二是合伙从事经营活动积累的财产。三是依法从其他渠道取得的财产，如接受赠与等。

（2）合伙财产的性质。合伙财产的性质，是指合伙财产的归属问题。罗马法将合伙作为合同关系，不注重合伙的团体性，合伙财产的性质为按份共有。近现代各国法律有规定为按份共有的，如《日本民法典》；有规定为共同共有的，如《德国民法典》。我国合伙财产的性质，根据《合伙企业法》的有关规定，可以认定合伙企业的财产属于合伙人共同共有。在合伙关系中，全体合伙人作为一个整体共同管理和使用合伙财产，同时各合伙人又按其出资比例享有一定的财产份额，但这一财产份额只是决定其取得盈余和承担亏损的比例，以及合伙终止时分割财产的比例，并不意味着合伙财产由合伙人按份共有。

（3）分割合伙财产的限制。根据《合伙企业法》第 21 条的规定，合伙人在合伙企业清算前，除了法律另有规定的情况，不得请求分割合伙企业的财产。合伙人在合伙企业清算前私自转移或者处分合伙企业财产的，合伙企业不得以此对抗善意第三人。这是因为，合伙企业是一个相对稳定的商事组织，组织内的财产份额与合伙人的身份紧密联系在一起，并为相应的合伙人享有，合伙企业经营期间，不能任意分割合伙财产。

（4）财产份额转让的限制。按照《合伙企业法》第 22 条和第 23 条的规定，除合伙协议另有约定外，合伙人可以把自己在合伙企业中的份额转让给合伙人以外的人。这种转让须满足以下条件：第一，合伙人向合伙人以外的人转让其在合伙企业中的全部或者部分财产份额时，须经其他合伙人一致同意。第二，合伙人之间转让在合伙企业中的全部或者部分财产份额时，应当通知其他合伙人。第三，合伙人向合伙人以外的人转让其在合伙企业中的财产份额的，在同等条件下，其他合伙人有优先购买权。

（5）财产出质的限制。《合伙企业法》第25条规定，合伙人以其在合伙企业中的财产份额出质的，须经其他合伙人一致同意；未经其他合伙人一致同意，其行为无效，由此给善意第三人造成损失的，由行为人依法承担赔偿责任。因为出质是附条件的转让，所以，对其的规定与财产份额转让相一致。

（6）合伙债权抵销与合伙人的债权人代位权的限制。《合伙企业法》第41条规定："合伙人发生与合伙企业无关的债务，相关债权人不得以其债权抵销其对合伙企业的债务；也不得代位行使合伙人在合伙企业中的权利。"

4. 合伙事务的执行

（1）合伙事务执行权与执行人。由于合伙具有较强的人合性，共同管理、共同经营是合伙的一个重要特点，因此，合伙人对执行合伙事务享有同等的权利。《合伙企业法》规定，按照合伙协议的约定或者经全体合伙人决定，可以由全体合伙人共同执行合伙企业事务，也可以按照合伙协议的约定或者经全体合伙人决定，委托一个或者数个合伙人对外代表合伙企业执行合伙事务。作为合伙人的法人、其他组织执行合伙事务的，由其委派的代表执行（第26条）。委托一个或者数个合伙人执行合伙事务的，其他合伙人不再执行合伙事务。执行合伙企业事务的合伙人，对外代表合伙企业。不执行合伙事务的合伙人有权监督执行事务合伙人执行合伙事务的情况（第27条）。

由一个或者数个合伙人执行合伙事务的，执行事务合伙人应当定期向其他合伙人报告事务执行情况以及合伙企业的经营和财务状况，其执行合伙事务所产生的收益归合伙企业，所产生的费用和亏损由合伙企业承担。合伙人为了解合伙企业的经营状况和财务状况，有权查阅合伙企业会计账簿等财务资料（第28条）。

合伙人分别执行合伙事务的，执行事务合伙人可以对其他合伙人执行的事务提出异议。提出异议时，应当暂停该项事务的执行。如果发生争议，依照《合伙企业法》第30条的规定作出决定。受委托执行合伙事务的合伙人不按照合伙协议或者全体合伙人的决定执行事务的，其他合伙人可以决定撤销该委托（第29条）。

（2）合伙决议的表决权。《合伙企业法》第30条规定："合伙人对合伙企业有关事项作出决议，按照合伙协议约定的表决办法办理。合伙协议未约定或者约定不明确的，实行合伙人一人一票并经全体合伙人过半数通过的表决办法。"

《合伙企业法》第31条规定，除合伙协议另有约定外，合伙企业的下列事项应当经全体合伙人一致同意：①改变合伙企业的名称；②改变合伙企业的经营范围、主要经营场所的地点；③处分合伙企业的不动产；④转让或者处分合伙企业的知识产权和其他财产权利；⑤以合伙企业名义为他人提供担保；⑥聘任合伙人以外的人担任合伙企业的经营管理人员。

5. 合伙企业的利润分配与亏损负担

合伙利润的分配与亏损的分担，直接关系到各合伙人的切身利益，所以，通常情况下会在合同中约定。《合伙企业法》第33条规定，合伙企业的利润分配、亏损分担，按照合伙协议的约定办理；合伙协议未约定或者约定不明确的，由合伙人协商决定；协商不成的，由合伙人按照实缴出资比例分配、分担；无法确定出资比例的，由合伙人平均分配、分担。合伙协议不得约定将全部利润分配给部分合伙人或者由部分合伙人承担全部亏损。

6. 入伙与退伙

（1）入伙。入伙是指非合伙人加入合伙企业，取得合伙人资格的行为。《合伙企业法》规定，新合伙人入伙，除合伙协议另有约定外，应当经全体合伙人一致同意，并依法订立书面入伙协议。订立入伙协议时，原合伙人应当向新合伙人如实告知原合伙企业的经营状况和财务状况（第43条）。

入伙的新合伙人与原合伙人享有同等权利，承担同等责任。入伙协议另有约定的，从其约定。新合伙人对入伙前合伙企业的债务承担无限连带责任（第44条）。

（2）退伙。退伙是指合伙人退出合伙组织，从而丧失合伙人资格的行为。根据退伙的原因不同，可将退伙分为自愿退伙、除名退伙和法定退伙三种情形。

自愿退伙是指合伙人依约定或单方面向其他合伙人声明退伙。合伙协议约定合伙期限的，在合伙企业存续期间，有下列情形之一的，合伙人可以退伙：①合伙协议约定的退伙事由出现；②经全体合伙人一致同意；③发生合伙人难以继续参加合伙的事由；④其他合伙人严重违反合伙协议约定的义务（《合伙企业法》第45条）。合伙协议未约定合伙期限的，合伙人在不给合伙企业事务执行造成不利影响的情况下，可以退伙，但应当提前30日通知其他合伙人（《合伙企业法》第46条）。合伙人违反《合伙企业法》第45条、第46条的规定退伙的，应当赔偿由此给合伙企业造成的损失。

除名退伙是指当某合伙人出现除名事由时，经全体合伙人一致同意，将合伙人开除，而使其丧失合伙人资格。《合伙企业法》第49条规定，合伙人有下列情形之一的，经其他合伙人一致同意，可以决议将其除名：①未履行出资义务；②因故意或者重大过失给合伙企业造成损失；③执行合伙事务时有不正当行为；④发生合伙协议约定的事由。对合伙人的除名决议应当书面通知被除名人。被除名人接到除名通知之日，除名生效，被除名人退伙。被除名人对除名决议有异议的，可以自接到除名通知之日起30日内，向人民法院起诉。

法定退伙是指基于法律规定的原因而退伙。法定退伙又称当然退伙。《合伙企业法》第48条规定，合伙人有下列情形之一的，当然退伙：①作为合伙人的自然人死亡或者被依法宣告死亡；②个人丧失偿债能力；③作为合伙人的法人或者其他组织依法被吊销营业执照、责令关闭、撤销，或者被宣告破产；④法律规定或者合伙协议约定合伙人必须具有相关资格而丧失该资格；⑤合伙人在合伙企业中的全部财产份额被人民法院强制执行。合伙人被依法认定为无民事行为能力人或者限制民事行为能力人的，经其他合伙人一致同意，可以依法转为有限合伙人，普通合伙企业依法转为有限合伙企业。其他合伙人未能一致同意的，该无民事行为能力或者限制民事行为能力的合伙人退伙。退伙事由实际发生之日为退伙生效日。

无论哪种形式的退伙，都带来合伙人资格的丧失。《合伙企业法》第 50 条对合伙人死亡或者被宣告死亡的后果作了特别规定。合伙人死亡或者被依法宣告死亡的，对该合伙人在合伙企业中的财产份额享有合法继承权的继承人，按照合伙协议的约定或者经全体合伙人一致同意，从继承开始之日起，取得该合伙企业的合伙人资格。但是有下列情形之一的，合伙企业应当向合伙人的继承人退还被继承合伙人的财产份额：①继承人不愿意成为合伙人；②法律规定或者合伙协议约定合伙人必须具有相关资格，而该继承人未取得该资格；③合伙协议约定不能成为合伙人的其他情形。合伙人的继承人为无民事行为能力人或者限制民事行为能力人的，经全体合伙人一致同意，可以依法成为有限合伙人，普通合伙企业依法转为有限合伙企业。全体合伙人未能一致同意的，合伙企业应当将被继承合伙人的财产份额退还该继承人。

合伙人退伙，其他合伙人应当与该退伙人按照退伙时的合伙企业财产状况进行结算，退还退伙人的财产份额。退伙人对给合伙企业造成的损失负有赔偿责任的，相应扣减其应当赔偿的数额。退伙时有未了结的合伙企业事务的，待该事务了结后进行结算。

退伙人在合伙企业中财产份额的退还办法，由合伙协议约定或者由全体合伙人决定，可以退还货币，也可以退还实物。

合伙人退伙时，合伙企业财产少于合伙企业债务的，退伙人应当依照合伙协议约定的比例分担亏损。退伙人对基于其退伙前的原因发生的合伙企业债务，承担无限连带责任。

7. 特殊的普通合伙

（1）特殊的普通合伙的概念与特征。特殊的普通合伙，是指在特定情况下，不由全体合伙人对合伙债务承担无限连带责任的普通合伙[①]。特殊的普通合伙不是独立于普通合伙的另一种合伙类型，而是普通合伙的一种特殊形式。其特殊性在于，在特定情况下不由全体合伙人对合伙债务承担无限连带责任，此外的一切规定与普通合伙相同。

随着社会对各项专业服务需求的增长，会计师事务所、评估师事务所、建筑师事务所等专业服务机构规模扩大，合伙人数目增加，以至合伙人之间并不熟悉甚至不认识，各自的业务也不重合，而传统普通合伙中合伙人人数较少，故两者共同经营的模式已有不同，因而让合伙人对其并不熟悉的合伙人的债务承担无限连带责任，有失公平。20 世纪 60 年代以来，许多国家进行专门立法，规定采用普通合伙形式的专业服务机构的普通合伙人可以对特定的合伙企业债务承担有限责任，以使专业服务机构的合伙人避免承担过度风险。特殊的普通合伙企业由此产生。

（2）特殊的普通合伙的设立与适用范围。《合伙企业法》第 55 条第 1 款规定，以专业知识和专门技能为客户提供有偿服务的专业服务机构，可以设立为特殊的普通合伙企业。

此外，《合伙企业法》只规范注册为企业的专业服务机构，而很多专业服务机构如律师事务所并未注册为企业，不适用《合伙企业法》的规定，但在责任形式上也可以采

① 魏振瀛：《民法》，北京大学出版社、高等教育出版社 2016 年版，第 109 页.。

用《合伙企业法》规定的特殊的普通合伙的责任形式。因此，《合伙企业法》在附则第107条中专门规定，非企业专业服务机构依据有关法律采取合伙制的，其合伙人承担责任的形式可以适用本法关于特殊的普通合伙企业合伙人承担责任的规定。

（3）对特殊的普通合伙企业的公示要求。特殊的普通合伙企业，其合伙人对特定合伙企业债务只承担有限责任，为保护交易相对人的利益，应当对这一情况予以公示。《合伙企业法》第56条规定，特殊的普通合伙企业名称中应当标明“特殊普通合伙”字样。

（4）特殊的普通合伙企业合伙人的责任形式。这是特殊的普通合伙企业制度中最关键的内容。《合伙企业法》借鉴国外的立法经验，并结合我国实际，在第57条将其规定为：“一个合伙人或者数个合伙人在执业活动中因故意或者重大过失造成合伙企业债务的，应当承担无限责任或者无限连带责任，其他合伙人以其在合伙企业中的财产份额为限承担责任”。“合伙人在执业活动中非因故意或者重大过失造成的合伙企业债务以及合伙企业的其他债务，由全体合伙人承担无限连带责任。”

（5）对特殊的普通合伙企业债权人的保护。特殊的普通合伙企业，其合伙人对特定合伙企业债务只承担有限责任，对合伙企业的债权人的保护相对削弱。为了保护债权人的利益，《合伙企业法》专门规定了对特殊的普通合伙企业债权人的保护制度，即执业风险基金制度和职业保险制度。《合伙企业法》第59条规定：“特殊的普通合伙企业应当建立执业风险基金、办理职业保险；执业风险基金用于偿付合伙人执业活动造成的债务；执业风险基金应当单独立户管理；具体管理办法由国务院规定。”

（三）有限合伙

1. 有限合伙概述

有限合伙是指由对合伙债务承担有限责任的有限合伙人和对合伙债务承担无限责任的普通合伙人共同组成的合伙。

有限合伙是由普通合伙发展而来的一种合伙形式。二者的主要区别是：普通合伙的全体合伙人（普通合伙人）负责合伙的经营管理，并对合伙债务承担无限连带责任。而有限合伙则由两种合伙人组成：一种是普通合伙人，负责合伙的经营管理，并对合伙债务承担无限连带责任；另一种是有限合伙人，通常不负责合伙的经营管理，仅以其出资额为限对合伙债务承担有限责任。

有限合伙融合了普通合伙和公司的优点。与公司相比，普通合伙人直接从事合伙的经营管理，使合伙的组织结构简单，节省管理费用和运营成本；普通合伙人对合伙承担无限责任，可以促使其对合伙的管理尽职尽责。同时，对有限合伙本身不征所得税，直接对合伙人征收所得税，避免了公司的双重税负。与普通合伙相比，允许投资者以承担有限责任的方式参加合伙成为有限合伙人，解除了投资者承担无限责任的后顾之忧，有利于吸引投资。由于有限合伙的上述特点，实践中为资本与智力的结合提供了一种便利的组织形式。即拥有财力者作为有限合伙人，拥有专业知识和技能者作为普通合伙人，二者共同组成以有限合伙为组织形式的风险投资机构，从事高科技项目的投资。国外这种做法较为普遍。

2. 有限合伙的设立

《合伙企业法》从第 60 条到 66 条规定了有限合伙的设立条件。除需要具备普通合伙具备的条件外，还需要具备法律规定的与普通合伙不同的条件。

（1）有限合伙企业合伙人的人数。有限合伙企业由 2 个以上 50 个以下合伙人组成，但是法律另有规定的除外。其中，至少有一个普通合伙人，为防止有人利用有限合伙企业形式进行非法集资活动，体现合伙企业人合性的特性，并为今后的实践留有必要的空间。

（2）有书面的合伙协议。合伙协议除普通合伙协议规定的事项外，还应当载明下列事项：①普通合伙人和有限合伙人的姓名或者名称、住所；②执行事务合伙人应具备的条件和选择程序；③执行事务合伙人权限与违约处理办法；④执行事务合伙人的除名条件和更换程序；⑤有限合伙人入伙、退伙的条件、程序以及相关责任；⑥有限合伙人和普通合伙人相互转变程序。

（3）有限合伙企业名称中应当标明“有限合伙”字样。

（4）有合伙人认缴或者实际缴纳的出资。有限合伙人应当按照合伙协议的约定按期足额缴纳出资；未按期足额缴纳的，应当承担补缴义务，并对其他合伙人承担违约责任。有限合伙人可以用货币、实物、知识产权、土地使用权或者其他财产权利作价出资。有限合伙人不得以劳务出资。

另外，有限合伙企业登记事项中应当载明有限合伙人的姓名或者名称及认缴的出资数额。这主要是为了维护交易安全，保护交易相对人的利益。

3. 有限合伙事务的执行

按照我国《合伙企业法》的规定，有限合伙企业由普通合伙人执行合伙事务。有限合伙人不执行合伙事务，不得对外代表有限合伙企业。但是，有限合伙人的下列行为，不视为执行合伙事务：①参与决定普通合伙人入伙、退伙；②对企业的经营管理提出建议；③参与选择承办有限合伙企业审计业务的会计师事务所；④获取经审计的有限合伙企业财务会计报告；⑤对涉及自身利益的情况，查阅有限合伙企业财务会计账簿等财务资料；⑥在有限合伙企业中的利益受到侵害时，向有责任的合伙人主张权利或者提起诉讼；⑦执行事务合伙人怠于行使权利时，督促其行使权利或者为了该企业的利益以自己的名义提起诉讼；⑧依法为该企业提供担保（第 68 条）。

执行事务合伙人可以要求在合伙协议中确定执行事务的报酬及报酬提取方式。

4. 有限合伙利润的分配

《合伙企业法》第 69 条规定：“有限合伙企业不得将全部利润分配给部分合伙人；但是，合伙协议另有约定的除外。”这一规定是由有限合伙的特点决定的。一方面，在有限合伙中，特别是在风险投资领域，普通合伙人往往是具有高水平和丰富经验的人，他们对合伙债务承担无限责任，而入伙资金往往较少。另一方面，由于风险投资的回报期较长，而普通合伙人可以依照合伙协议的约定取得执行事务的报酬。因此，合伙协议可以约定，当有利润可分配时，在若干年内，将利润全部分配给有限合伙人。这样有利于平衡有限合伙人和普通合伙人的利益，调动双方的积极性。

5. 有限合伙人有限责任保护的免除

有限合伙人对合伙企业债务承担有限责任也不是绝对的，当出现法定情形时，有限合伙人也会对合伙企业债务承担无限连带责任。《合伙企业法》第 76 条规定，“第三人有理由相信有限合伙人为普通合伙人并与其交易的，该有限合伙人对该笔交易承担与普通合伙人同样的责任”，即对该笔债务承担无限连带责任。

6. 有限合伙人的特有权利与特殊规定

针对有限合伙企业的特点，《合伙企业法》对有限合伙企业作出了一些不同于普通合伙企业的规定，主要包括：①除合伙协议另有约定外，有限合伙人可以同本有限合伙企业进行交易（第 70 条）；②除合伙协议另有约定外，有限合伙人可以自营或者同他人合作经营与本有限合伙企业相竞争的业务（第 71 条）；③除合伙协议另有约定外，有限合伙人可以将其在有限合伙企业中的财产份额转让或者出质，而不必经全体合伙人一致同意（第 72 条、第 73 条）；④作为有限合伙人的自然人在有限合伙企业存续期间丧失民事行为能力的，其他合伙人不得因此要求其退伙（第 79 条）；⑤作为有限合伙人的自然人死亡、被依法宣告死亡或者作为有限合伙人的法人及其他组织终止时，其继承人或者权利承受人可以依法取得该有限合伙人在有限合伙企业中的资格（第 80 条）。

同时，《合伙企业法》第 60 条规定，“有限合伙企业及其合伙人适用本章规定；本章未作规定的，适用本法第二章第一节至第五节关于普通合伙企业及其合伙人的规定”。

7. 有限合伙的解散与转变

有限合伙企业仅剩有限合伙人的，应当解散；有限合伙企业仅剩普通合伙人的，转为普通合伙企业（《合伙企业法》第 75 条）。

8. 合伙人个人债务对于其出资份额的关系

有限合伙人的自有财产不足清偿其与合伙企业无关的债务的，该合伙人可以以其从有限合伙企业中分取的收益用于清偿；债权人也可以依法请求人民法院强制执行该合伙人在有限合伙企业中的财产份额用于清偿。

人民法院强制执行有限合伙人的财产份额时，应当通知全体合伙人。在同等条件下，其他合伙人有优先购买权（《合伙企业法》第 74 条）。

9. 有限合伙人与普通合伙人的转换

（1）一般程序。除合伙协议另有约定外，普通合伙人转变为有限合伙人，或者有限合伙人转变为普通合伙人，应当经全体合伙人一致同意。

（2）有限合伙人转变为普通合伙人的债务责任。有限合伙人转变为普通合伙人的，对其作为有限合伙人期间有限合伙企业发生的债务承担无限连带责任。

（3）普通合伙人转变为有限合伙人的债务责任。普通合伙人转变为有限合伙人的，对其作为普通合伙人期间合伙企业发生的债务承担无限连带责任。

（四）合伙的解散与清算

1. 合伙企业解散的事由

合伙企业的解散又称合伙的终止，是指由于法定原因的出现或全体合伙人的约定使合伙关系消灭。根据我国《合伙企业法》第85条的规定，合伙企业有下列情形之一的，应当解散：①合伙期限届满，合伙人决定不再经营；②合伙协议约定的解散事由出现；③全体合伙人决定解散；④合伙人已不具备法定人数满30天；⑤合伙协议约定的合伙目的已经实现或者无法实现；⑥依法被吊销营业执照、责令关闭或者被撤销；⑦法律、行政法规规定的其他原因。

2. 合伙企业的清算

合伙企业的解散并不是合伙关系立即消灭。合伙企业解散后，应当由清算人进行清算。清算是对企业债权、债务、资产进行清理，是企业退出市场的必经程序。

（1）清算人。清算人由全体合伙人担任；经全体合伙人过半数同意，可以自合伙企业解散事由出现后15日内指定一个或者数个合伙人，或者委托第三人，担任清算人。自合伙企业解散事由出现之日起15日内未确定清算人的，合伙人或者其他利害关系人可以申请人民法院指定清算人（《合伙企业法》第86条）。

（2）清算事务。清算人在清算期间执行下列事务：①清理合伙企业财产，分别编制资产负债表和财产清单；②处理与清算有关的合伙企业未了结事务；③清缴所欠税款；④清理债权、债务；⑤处理合伙企业清偿债务后的剩余财产；⑥代表合伙企业参加诉讼或者仲裁活动（《合伙企业法》第87条）。

清算人自被确定之日起10日内将合伙企业解散事项通知债权人，并于60日内在报纸上公告。债权人应当自接到通知书之日起30日内，未接到通知书的自公告之日起45日内，向清算人申报债权。债权人申报债权，应当说明债权的有关事项，并提供证明材料。清算人应当对债权进行登记（《合伙企业法》第88条）。

清算期间，合伙企业存续，但不得开展与清算无关的经营活动。

（3）清偿与分配顺序。清算时合伙企业财产应首先支付清算费用，然后按下列顺序清偿：①职工工资、社会保险费用、法定补偿金；②缴纳所欠税款；③清偿债务；④剩余的财产按照合伙人应得的比例进行分配。清算结束，清算人应当编制清算报告，经全体合伙人签名、盖章后，在15日内向企业登记机关报送清算报告，申请办理合伙企业注销登记。

（4）合伙企业注销后合伙人对合伙债务的责任。合伙企业注销后，原普通合伙人对合伙企业存续期间的债务仍应承担无限连带责任。合伙企业不能清偿到期债务的，债权人可以依法向人民法院提出破产清算申请，也可以要求普通合伙人清偿。合伙企业依法被宣告破产的，普通合伙人对合伙企业债务仍应承担无限连带责任（《合伙企业法》第92条）。

六、个人独资企业

（一）个人独资企业的概念与特征

个人独资企业，简称独资企业，是指由一个自然人投资，全部财产为投资人所有，投资人以其个人财产对企业债务承担无限责任的经营实体[①]。个人独资企业有以下特征。

① 魏振瀛：《民法》，北京大学出版社、高等教育出版社2016年版，第118页。

（1）一个自然人出资设立，财产归投资者个人所有。个人独资企业的投资人是企业财产的唯一所有者，在法律允许的范围内，投资人对生产资料享有占有、使用、收益和处分的权利。独资企业不同于合伙企业，虽然都是自然人投资，但合伙企业的投资人为2人以上；独资企业也不同于公司，公司不仅需要2人以上联合投资，而且投资者包括自然人、法人和非法人。

（2）有一定的生产经营规模。个人独资企业通常需要雇工经营，有自己的经营场所，有不同类型的企业资产，有一定数量的从业人员，有的还建立有管理制度等。

（3）投资人承担无限责任。投资人以个人财产对企业债务承担无限责任，包括三层含义：一是企业的债务全部由投资人承担；二是投资人承担企业债务的范围不限于出资额，其责任财产包括独资企业中的全部财产和其他个人财产；三是投资人对企业的债权人直接负责。

（二）个人独资企业的设立、解散和清算

1. 个人独资企业的设立条件和程序

根据《个人独资企业法》第8条的规定，设立个人独资企业须具备以下五个方面的条件：①投资人为一个自然人；②有合法的企业名称；③有投资人申报的出资；④有固定的生产经营场所和必要的生产经营条件；⑤有必要的从业人员。

个人独资企业的设立采取直接登记制，即设立个人独资企业无须经过任何部门的审批，申请人根据设立准则直接到工商行政管理部门申请登记。其具体设立程序为，由投资人或者其委托的代理人向个人独资企业所在地的登记机关提交申请书、投资人身份证明、生产经营场所使用证明等文件。登记机关应当在收到设立申请文件之日起15日内，对符合法律规定条件的，予以登记，发给营业执照；对不符合法律规定条件的，不予登记，并应当给予书面答复。个人独资企业营业执照的签发日期为独资企业的成立日期。

2. 个人独资企业的解散和清算

依据我国《个人独资企业法》第26条的规定，个人独资企业有下列情形之一时，应当解散：①投资人决定解散；②投资人死亡或者被宣告死亡，无继承人或者继承人决定放弃继承；③被依法吊销营业执照；④法律、行政法规规定的其他解散情形。

个人独资企业解散，由投资人自行清算或由债权人申请人民法院指定清算人进行清算。个人独资企业清算结束后，投资人或者人民法院指定的清算人应当编制清算报告，并于15日内到登记机关办理注销登记。注销登记一旦完成，个人独资企业即告消灭。个人独资企业解散后，原投资人对个人独资企业存续期间的债务仍应承担偿还责任，但债权人自个人独资企业解散后5年内未向债务人提出偿债请求的，该责任消灭。

第五章 法律行为

尊重当事人意思自治是私法的一项基本原则，故民法必然要对以当事人意思表示为核心的法律行为作出规范。法律行为理论作为民法总论的核心具有重要的意义，将法律行为理论作为独立理论予以研究的目的是更进一步澄清私法自治理念的特性和独立价值[①]。作为一项古老的制度，法律行为制度的内容尤显复杂。故本书从其概念与特征开始层层地展开解析。

第一节 法律行为概述

一、法律行为的概念与特征

（一）法律行为的概念

法律行为是指以意思表示为核心，旨在设立、变更、终止民事法律关系的行为。法律行为的概念是所有在法律秩序中形成的行为类型的抽象，就法律秩序针对这些行为类型所规定的内容而言，其目的在于使个体能够以意思自治的方式通过制定规则来形成、变更或者消灭法律关系，也即旨在实现私法自治原则[②]。早在罗马法中，便有了法律行为制度的萌芽。罗马法上“契约构成要件”的概念以及“适法行为”的抽象概念，已有现代法律行为理论的色彩。近代，法国人创立了广义的法律行为（acto juridico）概念，它不仅适用于财产行为，而且还适用于亲属法、行政法和诉讼法行为。德国人则创立了财产行为意义上的法律行为（negcocio juridico，negotium 是“交易”“店铺”的意思）[③]。《德国民法典》首次在现代意义上使用法律行为这一概念，高度概括了契约、遗嘱等行为的共同的本质特征。现今大陆法系国家大多肯定了法律行为制度[④]。这一制度的采用，彰显了立法技术从具体针对性向抽象概括化演进的趋势，是人类思维能力进步的结果，它被视为大陆法系民法学中最辉煌的成就之一。我国现行民事立法亦毫无例外地确认了这一制度。

---

① [德] 维尔纳·弗卢梅：《法律行为论》，迟颖译，法律出版社 2013 年版，序。

② [德] 维尔纳·弗卢梅：《法律行为论》，迟颖译，法律出版社 2013 年版，第 27 页。

③ 徐国栋：《民法总论》，高等教育出版社 2007 年版，第 351 页。

④ 但也有一些大陆法系国家的法律没有采用法律行为制度，如《奥地利民法典》《瑞士民法典》《法国民法典》等均未规定法律行为制度，此类民法典多采取准用合同制度的立法技术。参见梁慧星：《民法总论》（第四版），法律出版社 2011 年版，第 161 页。

但我国《民法通则》未完全采取传统民法关于法律行为的观点[①]。为了与其他法律学科上的法律行为概念相区别，我国《民法通则》创造了“民事法律行为”这一概念[②]。其第54条对民事法律行为作出了规定，即“民事法律行为是公民或者法人设立、变更、终止民事权利和民事义务的合法行为”。而2017年通过的《民法总则》做修正，其第133条将民事法律行为规定为：“民事法律行为是民事主体通过意思表示设立、变更、终止民事法律关系的行为。”该规定扩充了民事法律行为的内涵，既包括合法的法律行为，也包括无效、可撤销和效力待定的法律行为[③]。由于我国民事立法的特殊性，所以我们应注意辨析以下几个概念。

1. 法律行为

我国民法学界大多认为“法律行为”一词最早是由德国学者古斯塔夫·胡果(Gustav Hugo，1764～1844)在1805年出版的《日耳曼普通法》一书中最早提出的[④]。后为《德国民法典》采用。法律行为是民事主体基于意思表示，设立、变更和终止民事法律关系的行为。其所涉范围较广，现在德国学者一般认为，法律行为一般包括合同行为(订立债务合同、债权转让合同、所有权转移合同)、缔结婚姻、制作遗嘱[⑤]。

在《民法总则》制定之前，我国民事立法中对于民事法律行为的定义与法律行为有所区分。民事法律行为与法律行为类似之处在于，它们均是以意思表示为核心要件；但法律行为或是有效的，或是无效的，抑或是变更可撤销的，民事法律行为仅相当于传统法律行为中的合法行为。为了解决由于民事法律行为是恒定的有效行为而带来的诸如“无效的或可撤销的民事法律行为”这种自相矛盾的命题，《民法通则》又创造了“民事行为”这一概念，以作为民事法律行为的上位概念[②]。然而法律行为的本质是以意思表示为核心，将当事人内心的意愿以一种适当的方式向外界表达的行为，这种行为仅仅是一种事实上的判断。而《民法通则》中对民事法律行为的合法性要求，实质是国家意志下的价值选择，如果将其作为民事法律行为的基础属性，则有国家意志干预私法自治的嫌疑。因此在2017年的《民法总则》中，民事法律行为的定义回归了法律行为的本质属性，即以“意思自治”为核心的私法行为[⑥]。为了与传统学说衔接并与《民法通则》的表述相区别，本书仍沿用法律行为表述进行阐述。

2. 民事行为

域外法上并不存在民事行为这一概念，首先在立法上使用民事行为概念的是我国《民法通则》。根据《民法通则》的相关规定，民事行为是以意思表示为要素而产生一定法律后果的行为，其范围较广，包括民事法律行为、无效民事行为、可变更可撤销的民

① 易军、李淑明：《民法总论》，北京大学出版社2008年版，第57页。

② 刘凯湘：《民法总论》(第三版)，北京大学出版社2011年版，第262页。

③《民法总则立法背景与观点全集》编写组：《民法总则立法背景与观点全集》，法律出版社2017年版，第9页。

④ 胡长清：《中国民法总论》，中国政法大学出版社1997年版，第184页；王利明：《民法总论》，中国人民大学出版社2009年版，第219页；李开国：《中国民法教程》，法律出版社1997年版，第162页。

⑤［德］K.茨威格特、H.克茨：《比较法总论》，潘汉典等译，贵州人民出版社1992年版，第271页。

⑥ 沈德咏：《〈中华人民共和国民法总则〉条文理解与适用》，人民法院出版社2017年版，第902~906页。

事行为和效力待定的民事行为，甚至可能包括事实行为。《民法总则》对民事法律行为的内涵进行了调整，不再强调民事法律行为的合法性要求，因此民事行为与民事法律行为的内涵趋于统一。不过，立法者在第十二届全国人民代表大会第五次会议上强调，暂不废止《民法通则》，因此现阶段《民法通则》与《民法总则》并行，民事行为的提法在一定场合仍有其价值。

3. 事实行为

事实行为是指直接根据法律的规定而发生一定法律后果的行为，行为人不具有设立、变更或消灭法律关系的意图。它包括不当得利行为、无因管理行为、侵权行为、正当防卫行为、紧急避险行为等。

民事法律行为与事实行为的主要区别在于：①民事法律行为以意思表示为核心的、不可或缺的要素，行为人欲产生一定的法律效果；而事实行为当事人实施行为并不是为了追求民事法律效果。②民事法律行为依行为人的意思表示内容而发生一定的效力，其法律后果通常在主体预期之中，依照当事人的意愿设置他们之间的权益关系；而事实行为则依法律规定而直接产生法律后果，虽然在一些事实行为中，当事人也可能对其行为后果有一定的意思，而且也表达于外，但由于其不符合法律行为的本质要求而不能发生相应的法律约束力[①]。③法律行为的生效通常须以行为人具有相应行为能力为要件，而事实行为的构成不要求行为人具有相应的民事行为能力。

（二）法律行为的特征

1. 法律行为的实施是为了发生一定的民事法律效果

从其定义即可看出，法律行为人实施此等行为的目的就在于设立、变更和终止民事法律关系，引起民事法律关系的变动，从而发生当事人期待的法律效果。在某些情况下，如果行为人作出意思表示并由此而产生了法律效果，但该种法律效果的具体内容和行为人意思表示的内容并不相同，或者说，如果行为人意思表示的内容并非直接指向民事权利义务的设立、消失或变更，而仅仅是对某个具有法律意义的事实的确认或者是一种情感表达，那么，虽然其行为因法律规定而产生了民事权利设立、消失或变更之外的其他法律后果，但这种行为也不属法律行为[②]。

2. 法律行为以意思表示为核心要素

所谓意思表示，是指表意人将其希望发生某种法律效果的内心意思以一定方式见之于外部的行为。仅有内心意思而缺乏使人知晓的对外表示，或虽有客观上的对外表示却欠缺内心真实意思，均不可构成意思表示。意思表示是法律行为不可或缺的内容，是法律行为最为重要、最为基本的要素。通常只要行为人作出意思表示，法律行为即可成立。但在某些情形下，法律行为的成立还需要具备其他要素，如当事人签订合同书，或交付标的物。

① 王利明：《民法总论》，中国人民大学出版社 2009 年版，第 220 页。

② 尹田：《民法学总论》，北京师范大学出版社 2010 年版，第 210 页。

二、法律行为及其分类

（一）单方法律行为、双方法律行为和共同法律行为

根据法律行为的人数多少，可以把法律行为区分为单方法律行为、双方法律行为和共同法律行为。单方法律行为，是指基于一方当事人的意思表示就可成立的法律行为。其特点有三：其一，它不需要他方当事人的意思表示，只需己方单方面的意思表示即可发生法律效力。其二，当事人通过单方法律行为既可以使自己享有权利，也可以使自己负有义务，但如果涉及他人的权益，则只能赋予他人权利，而不能给他人课加义务。其三，当事人可以通过单方意思表示以变更或撤销单方法律行为，但某些单方法律行为一经成立即发生法律效力，除非符合法律规定的条件和程序，当事人不能加以变更或撤销。单方法律行为的种类很多，如撤回要约、免除债务、追认无权代理、撤销代理、订立遗嘱、抛弃继承权等行为，皆属于单方法律行为。对于悬赏广告属于单方行为还是双方行为，我国学术界仍存有争议。

双方法律行为，是指双方当事人相对应的意思表示达成一致方可成立的法律行为。在双方法律行为中，当事人为复数，双方的意思表示进行交流且最终达成合意。合同行为是典型的双方法律行为。在双方法律行为中，当事人的意思表示是相对的，意思表示是朝向对方的，双方的权利义务是相互的，即一方享有的权利一般则为另一方负有的义务。

共同法律行为，又称协定行为，是指两个以上当事人同向的意思表示一致才可成立的法律行为。共同法律行为与双方法律行为的差别在于：其一，在共同法律行为中，各方当事人的意思表示是同向的，意思表示是朝向同一方向的，都为了共同的目的而实施一定的行为，行为的价值取向是一致的，所追求的利益是共同的。共同行为多见于民商事活动中的团体设立行为。典型的共同法律行为有：公司设立行为，订立公司章程行为，合伙设立行为，合伙协议订立行为，共同捐助行为，由股东进行的共同清算行为，遗产分割与处理行为，共同财产的分割与处理行为[①]。而在双方法律行为中，双方当事人的意思表示是对向相行的，意思表示是交互的，当事人所追求的利益是相对的。其二，在实施共同法律行为时，共同的意思表示的达成需要遵循一定的程序，而双方法律行为一般不适用此种程序[②]。例如，就上述提及的订立公司章程行为而言，订立章程须遵守一定的规则与程序，其效力由《公司法》作出规范，不完全适用《合同法》的相关规定，依照法定程序制定的章程对包括未投票赞成章程内容的人亦具约束力。

（二）有偿法律行为和无偿法律行为

以实施法律行为有无获得一定经济利益为标准，可以把法律行为区分为有偿法律行为和无偿法律行为。这一区别主要是针对财产关系而言的，身份关系、人格关系一般不存在有偿无偿的问题。

---

① 刘凯湘：《民法总论》，北京大学出版社 2006 年版，第 257 页。

② 王利明：《民法总论》，中国人民大学出版社 2009 年版，第 223 页。

有偿法律行为是指一方当事人获得利益，须向对方当事人支付相应对价的法律行为。这里所指的利益可以是金钱，也可以是实物、服务抑或劳务。在市场经济时代，有偿法律行为在现实生活颇为常见，有偿法律行为是商事法律行为的常态，如买卖、商业借贷、融资租赁、货物运输、仓储、居间、行纪等。

无偿法律行为是指只有一方当事人获得利益却无须支付对价的法律行为，如赠与合同、无偿保管合同、无偿委托合同、借用合同等。无偿法律行为并不是反映交易关系的典型关系，是等价有偿原则在适用中的一种例外，它一般具有互助性，当事人一般为自然人，不具有商业交换关系，多适用于自然人之间的非商事活动。即使如此，无偿法律关系中的当事人也要承担一定的义务，如借用人无偿使用他人物品时，负有正当使用、妥善保管和按期返还的义务。

有偿法律行为与无偿法律行为的区别在于如下三点。

（1）在权利义务相对应的时候，有偿性抑或无偿性往往会改变一项民事法律关系的性质。如有偿地转移所有权的民事法律行为称为买卖，而无偿地转移所有权的民事法律行为则为赠与；有偿地转移使用权的民事法律行为称为租赁，无偿地转移使用权的民事法律行为则为借用。

（2）由于无偿法律行为的一方当事人无须支付对价就可获得利益，所以法律对无偿法律行为作出与有偿法律行为不同的规定，法律对无偿法律行为人的注意义务程度要求比对有偿法律行为人的低。一般而言，无偿法律行为人只有在故意或重大过错给他人造成损害时，才应承担民事责任；而在轻过失给他人造成损害时，不承担民事责任。例如，我国《合同法》第 374 条规定："保管期间，因保管人保管不善造成保管物毁损、灭失的，保管人应当承担损害赔偿责任，但保管是无偿的，保管人证明自己没有重大过失的，不承担损害赔偿责任。"第 406 条规定："有偿的委托合同，因受托人的过错给委托人造成损失的，委托人可以要求赔偿损失。无偿的委托合同，因受托人的故意或者重大过失给委托人造成损失的，委托人可以要求赔偿损失。"

（3）有偿法律行为的生效与无偿法律行为的生效对当事人的行为能力的要求不同。限制民事行为能力人订立有偿合同时，必须经过其法定代理人同意，或由其法定代理人代理，但是如果限制民事行为能力人订立无偿合同（如赠与合同），其是纯受益的合同，出于对限制民事行为能力人利益的保护，法律规定此类行为无须经其监护人的同意，同样可以发生法律效力。

（三）诺成法律行为和实践法律行为

根据法律行为成立要件的不同即是否以交付标的物为成立生效要件，可以将法律行为分为诺成法律行为和实践法律行为。

诺成法律行为是指仅当事人作出意思表示或意思表示一致即可成立的法律行为。由于私法奉行意思自治原则，所以当事人自愿作出的意思表示或合意，应在当事人之间产生法律上的约束力，从而实现当事人所期望的目的，故大多数法律行为是诺成法律行为，如租赁、委托、加工承揽等。

实践法律行为，又可称为要物法律行为，是指除当事人作出意思表示或意思表示一致外，还须有一方当事人交付标的物的行为才可成立的法律行为。换言之，在当事人作出意思表示或合意时，法律行为尚未发生法律效力，只有一方当事人交付标的物时，该法律行为才告生效。实践法律行为包括借用、运送、自然人间的借贷、自然人间的保管等。对于赠与合同是诺成合同还是实践合同，学者们存在争议。但毫无疑问的是，具有救灾、扶贫等社会公益、道德义务性质的赠与合同或者经过公证的赠与合同，为诺成法律行为。

（四）要式法律行为和不要式法律行为

依法律行为是否应当具备法律所规定的一定形式之标准，可以把法律行为区分为要式法律行为和不要式法律行为。

要式法律行为，指根据法律规定，采取一定形式或履行一定程序方可成立的法律行为。例如，我国担保法规定抵押合同必须采用书面形式，当事人以土地使用权、建筑物、林木、运输工具、企业设备等抵押的，抵押合同自登记之日起生效。要式法律行为不一定是书面行为，口头的行为也可以是要式法律行为。

不要式法律行为，指无须采用特定形式，当事人可自由选择行为形式的法律行为。

设立不要式法律行为，主要是为了方便、快捷；而对于要式法律行为，法律规定较为严格的形式要件就是让当事人在进行该法律行为时应谨慎行事，尽量避免纠纷的发生，即使发生争议，亦可留下有证可查的凭据。

我国现行法没有对法律行为未履行法定形式的后果作出统一规定。一般可归纳为两个原则：其一，原则上不成立。按照《合同法》的规定，未履行法定形式的后果，原则上合同不成立。但如果一方当事人已经履行了合同的主要义务，则合同视为成立；租赁合同没有遵守法定形式的，则视为不定期租赁。根据《中华人民共和国收养法》（以下简称《收养法》）第 15 条的解释，未履行登记形式的收养，不成立。其二，经补正有效。《婚姻法》第 8 条规定，未办理婚姻登记的，应当补办登记。根据《最高人民法院关于适用〈中华人民共和国婚姻法〉若干问题的解释（一）》第 4 条的规定，男女双方根据婚姻法第 8 条规定补办结婚登记的，婚姻关系的效力从双方均符合婚姻法所规定的结婚的实质要件时起算[①]。

（五）主法律行为和从法律行为

以法律行为之间的相互关系为标准，可以把法律行为区分为主法律行为和从法律行为。

主法律行为，是指在两个相互关联的法律行为中不需要依赖其他法律行为的存在就可独立成立的法律行为。从法律行为，又可称为“附属法律行为”，是指从属于其他法律行为而存在的法律行为。从法律行为的成立和效力取决于主法律行为。从法律行为随主法律行为的成立而成立，主法律行为未成立，从法律行为无由成立；主法律行为消灭，从法律行为亦消灭；主法律行为无效，将导致从法律行为不能生效。

主法律行为与从法律行为的划分是以同时存在两个相互关联的法律行为为基本前

① 梁慧星：《民法总论》（第三版），法律出版社 2007 年版，第 162 页。

提，两者是相对而存在的，不存在没有从法律行为的主法律行为，也不存在没有主法律行为的从法律行为。例如，一份单独借款合同无所谓是主法律行为还是从法律行为，但如果第三人为借款人提供抵押担保，签订了书面的抵押合同，则此时原借款合同相对于抵押合同而言便成为主法律行为，即主合同，抵押合同便为从合同。

从法律行为虽然具有从属性，但它并不是完全依附于主法律行为。它具有一定的独立性，主法律行为有效不意味着从法律行为一定有效，反之，从法律行为无效并不影响主法律行为的效力。

（六）负担行为与处分行为

依法律行为所产生的不同效果标准，可以把法律行为区分为负担行为与处分行为。这一区分主要存在于承认物权行为理论的德国法系中。

负担行为（verpflichtungsgeschaft），是指使一个人相对于另一个人（或者另若干人）承担为或者不为一定行为之义务的法律行为，其首要义务是确定某项给付义务，产生债务关系[①]。负担行为包括单独行为（如捐助行为）和合同行为（如借贷、租赁、委托等）[②]。所谓处分行为（verfugungsgeschaft）是指直接作用于某项现存权利的法律行为[①]。它是使某种权利发生、变更或消灭的法律行为，例如，动产中的交付行为，引发所有权的转移。

负担行为与处分行为的区别有以下几点：第一，负担行为的目的在于引起债权关系的变动；处分行为的目的在于直接引起物权关系的变动。负担行为主要产生请求权，处分行为是直接完成权利移转的行为[③]。第二，负担行为不以标的物的特定化、当事人对标的物享有处分权为必要，而处分行为的标的物必须特定化，当事人对标的物应有处分权，因为负担行为仅产生一方当事人请求权，无须标的物是特定物，但如果处分行为的标的物是不特定的，则无法确定其支配范围，无法确定变更客体的哪一项法律状态，无法实现处分的目的。第三，负担行为具有相对性、私密性，所以一般而言，无须加以公示；处分行为涉及物权的变动，为了维护交易安全，通常要求以第三人知晓的方式为之，即要求进行公示。

（七）有因行为和无因行为

以法律行为是否具备给付原因为标准，可以把法律行为区分为有因行为和无因行为。

有因行为，又可称为要因行为，是指当事人进行的给付行为必须有法律上的原因才能成立或生效的民事法律行为。该行为与其原因在法律上相互结合、不可分离。所谓的原因是指法律行为的目的，如买卖之原因，在买方系取得一物之所有权为目的；在卖方则以取得价金为其目的，双方当事人在买卖中所追求的目的，就是买卖

---

① [德] 卡尔·拉伦茨：《德国民法通论》（下册），王晓晔、邵建东、程建英等译，法律出版社2003年版，第436页。
② 王利明：《民法总则研究》，中国人民大学出版社2003年版，第520页。
③ [德] 迪特尔·梅迪库斯著：《德国民法总论》，邵建东译，法律出版社2001年版，第168页。

行为的原因[1]。

无因行为，是指当事人所进行的给付行为不以具备法律上的原因为成立或生效要件的法律行为。也就是说，虽然欠缺了法律上的原因，无因行为同样可以成立和生效。如支票的出票行为是无因行为，它不受买卖等基础法律关系效力的影响。

区分有因行为与无因行为的意义主要在于：由于无因行为与其交易目的毫无关系，不受制于基础关系的状况，因此有利于保护交易安全，维护交易秩序。但值得注意的是，有因行为和无因行为的区分，只存在于财产法上的行为，身份行为不存在此种区分。正如拉伦茨教授所言："某项行为是要因的还是不要因的这个问题，通常仅仅出现在那些向当事人一方给予财产的法律行为中，在其他行为中便不问是有因还是无因。"[2]

（八）财产法律行为和人身法律行为

根据法律行为效果种类之标准，可以将法律行为区分为财产法律行为与人身法律行为。

财产法律行为，是指能够导致财产法律关系发生变动的行为。物权行为和债权行为都是财产法律行为。

人身法律行为，是指引致人身法律关系发生变动的民事法律行为。它以人格权和身份权为标的，具有专属性，因此许多具有人身性质的法律行为不能实行代理。例如，在离婚案件中，涉及人身法律关系的问题，当事人必须亲自出庭作出意思表示，而不涉及人身法律关系的问题，律师可以代理其作出意思表示。

有的法律行为可能存在财产行为与人身行为的结合，例如，某歌星与某公司签订肖像使用合同，后者支付一定的费用就可依约定的方式和时间使用前者的肖像，该行为既有财产行为的性质（债权行为），又有人身行为之性质（人格权行为），故为混合性行为[3]。通常对于此类混合性行为，主要适用有关人身关系的规则。

（九）生前行为和死因行为

根据法律行为效力是否以死亡为条件，可以把法律行为区分为生前行为和死因行为。

生前行为，是指在行为人生前发生效力的法律行为。现实生活中多数法律行为属于此类。死因行为，是以行为人的死亡为生效要件的法律行为，它可以通过行为人单独行为为之，也可以通过行为人与相对人之间的合同为之。死因行为主要是为了决定行为人死亡时的法律关系。例如，遗嘱之认领是为了决定行为人死亡时的身份关系；遗赠是依遗嘱的捐助行为决定行为人死亡时的财产关系。但是，死因行为并非仅仅是为了决定行为人死亡时的法律关系，有时也可以是为了决定他人间的法律关系，例如，指定自己行使亲权范围内的被监护人与监护人[4]。

① 郑玉波：《民法总则》，中国政法大学出版社 2003 年版，第 222 页。

② 卡尔·拉伦茨：《德国民法通论》（下册），王晓晔、邵建东、程建英等译，法律出版社 2003 年版，第 445-446 页。

③ 刘凯湘：《民法总论》（第三版），北京大学出版社 2011 年版，第 273 页。

④ 傅静坤：《民法总论》，中山大学出版社 2002 年版，第 142 页。

三、法律行为的形式

法律行为的形式，实际上是当事人进行意思表示所采用的形式。在古罗马法时代，法律行为奉行严格的形式主义，法律对当事人采取法律行为的形式要求甚为苛刻，手续较为烦琐。随着私法自治和契约自由原则被人们所尊重，法律对民事法律行为形式的要求也由严格转变为宽松，原则上允许当事人自主选择法律行为的形式，当事人可以根据自身的需求选择合适的行为方式。但基于公共利益或公平效率的考虑，法律亦会强制要求当事人进行某些法律行为时必须采用法律明确规定的形式，否则该法律行为在当事人之间不发生法律效力。

现今法律行为的形式主要有如下种类。

（一）明示方式

1. 口头形式

口头形式是指以对话的形式进行意思表示的方式。“对话”形式的内容很广，包括电话交谈、面对面协商、当众宣布自己的意思等。以口头形式进行的法律行为是不要式的法律行为，具有便捷、迅速、简单等优点，但由于其缺乏客观记载，无实据可查，所以一旦发生纠纷，则当事人难以加以证明。因此，这一形式多用于即时清结的或标的数额较小的法律行为。而且并非所有的法律行为都可以采取口头形式，法律明文规定必须采用书面形式的法律行为，如不动产交易合同、抵押合同、技术开发合同等若以口头形式订立则不发生法律效力。此外，法律对采用口头形式予以限制的，当事人采用这一形式也应符合法律的详细规定，如我国《继承法》第 17 条第 5 款规定：“遗嘱人在危急情况下，可以立口头遗嘱。口头遗嘱应当有两个以上见证人在场见证。危急情况解除后，遗嘱人能够用书面或者录音订立遗嘱的，所立的口头遗嘱无效。”

2. 书面形式

书面形式是指运用文字等书面语言方式进行意思表示的形式。书面形式种类繁多，可以是纸质版的，也可以是电子版的；可以是手写的，也可以是打印的；可以是双方共同起草的合同书，也可以是双方来往的信件，等等。我国法律亦承认了丰富的书面形式，即《合同法》第 11 条规定：“书面形式是指合同书、信件和数据电文（包括电报、电传、传真、电子数据交换和电子邮件）等可以有形地表现所载内容的形式。”合同书是最为正式和规范的书面合同，当事人须在该合同书上签字或盖章。信件是指以纸质载体记载和反映意思表示的方式。电报、电传和传真也是以纸质为载体反映意思表示内容的，与信件方式并无实质差别，不过，前者较为快捷而后者较为迟缓而已。数据电文是指以电子、光学、磁或者类似手段生成、发送、接收或者储存的信息。[①]与传统的电报、电传和传真相比，它实则是一组电子数据信息，其赖以存在的介质是电脑硬盘等磁性介质，而非纸质载体，它是通过转化储存在电脑中的数字信息并于电脑显示器上加以表现其内在内容，而非直接采用有形的纸质文字方式。它是科学技术迅

---

① 刘凯湘：《民法总论》，北京大学出版社 2006 年版，第 279-280 页。

猛发展的产物。

书面形式可促使当事人经过深思熟虑后才作出法律行为，使得当事人慎重地作出真实、完整的意思表示，将当事人的权利义务关系明确化、清晰化，并可作为证据予以保存，有助于将来发生争议时，辨明当事人的责任，公平合理地处理纠纷。而且对于一些反复发生的法律行为，书面形式便于将一些法律行为类型化、标准化，宜于重复使用，提高效率，节约成本。书面形式是要式法律行为的一种形式，主要适用于标的数额较大、行为的内容较为重要、履行期限较长、行为规则较为复杂的行为。

（二）默示方式

1. 推定形式

推定形式是指当事人未通过口头、书面方式，而是通过有目的、有意义的积极行为将其内在意思表现于外部，使他人可以根据常识、交易习惯或相互间的默契，推知其已作某种意思表示，从而使法律行为得以成立。它亦可称为作为的默示方式，如租期届满后，承租人继续交纳房租，出租人收取该租金，由此可推知当事人双方作出了延长租期的法律行为；再如在超市，购物人将选择的物品放置于收银台付款，则可推知当事人已作出了买卖这些物品的法律行为。

2. 沉默方式

沉默方式是指既无语言表示又无行为表示的消极行为，原则上不具有意思表示的效力。在法律有特别规定、当事人约定或者符合当事人之间的交易习惯的情况下，视为当事人的沉默已构成意思表示，产生一定法律效力，从而使法律行为成立。它亦可称为不作为的默示方式。一般情况下，内部意思见之外部，须借助于积极的表示行为，而沉默不是表示行为，故不是意思表示，不能成立法律行为。然而如果法律有特别规定，当事人消极的沉默行为则被赋予一定的表示意义，并产生成立法律行为的效果。如根据我国《继承法》第 25 条的规定，继承人在继承开始后遗产分割前，既没有表示参加继承行使继承权，也没有表示放弃继承权不参加继承的，推定继承人接受继承，应依法分配遗产；但如果受遗赠人在继承开始后遗产分割前，没有作出任何意思表示，则可推知受遗赠人放弃了该继承。再如，根据我国《合同法》第 47 条第 2 款和第 48 条第 2 款的规定，对于效力待定的合同，相对人可以向法定代理人或被代理人行使催告权，法定代理人或被代理人在催告期间内没有作出意思表示的，则视为拒绝追认。再如，根据《合同法》第 171 条的规定，试用买卖的买受人在试用期内可以购买标的物，也可以拒绝购买。试用期间届满，买受人对是否购买标的物未作表示的，视为购买。除了法律规定的以外，出于对意思自治的尊重，当事人也可以自行约定沉默作为意思表示的一种方式。当然这种约定必须是双方之合意。此外，如果此前当事人惯常以沉默作为交易中的意思表示方式，如在双方当事人此前的交易中，一方多次以沉默方式对合同作出承诺，并按时完成履行，则有理由认为沉默已是双方存在的一种交易习惯。此后如若一方继续沉默，则沉默可被视为做出了意思表示。

第二节 意思表示

一、意思表示的含义、构成与生效

（一）意思表示的含义

萨维尼在其《当代罗马法的体系》一书中，首先在法律行为的概念中论述了意思要素，所谓的“意思理论”从此与萨维尼的名字联系在一起。萨维尼将“法律行为”和“意思表示”视为同义语①。而现代民法区分了法律行为与意思表示，意思表示是指行为人将其欲发生民法上法律效果的行为以一定的方式表现于外部的行为。它是行为人内心意思的外在表现，是民事法律行为的核心要素。没有意思表示，民事法律行为就无法成立，意思表示是民事法律行为成立或生效的最为基础的要件。

意思表示包含三层含义：其一，表意人主观上具有进行私法行为的意图，希望设立、变更或消灭民事法律关系，产生私法上的效果。其二，意思表示虽然有主观的因素，但它是一种将表意人内心意思表达于外部的行为，是一种客观的行为，所以对意思表示是否成立应采用客观的标准。其三，意思表示是否能发生当事人期望达到的法律效果，取决于意思表示是否符合法律规定的生效要件。意思表示受到法律限制，必须符合法律规定。例如，甲将其所在公司的商业秘密卖给乙，以换得高额的金钱，甲乙之间虽然存在意思表示及合意，双方当事人的意思表示均是真实自愿的，但该意思表示行为违反了法律对商业秘密保护的规定，不符合意思表示的生效要件，所以不能产生当事人预期的法律效果。

（二）意思表示的构成

一般而言，意思表示的构成要素包括目的意思、效果意思和表示行为②。

1. 目的意思

目的意思是指对民事行为具体内容予以指明的意思要素，它是意思表示赖以成立的基础。例如，王某致电张某，告知他近日欲以 1 万元出售其 Sony 超级笔记本。该意思表示中，出售超级笔记本，价格 1 万元就是目的意思。

2. 效果意思

效果意思是指当事人欲使其目的意思发生法律上效力的内在意思要素。效果意思又常被称为效力意思、法效意思或设立法律关系的意图。效力意思的存在意味着行为人有意识地追求设立、变更或终止某一特定民事法律关系的法律效果。如上述例子中，王某欲与张某订立出售 Sony 超级笔记本合同的意思。

---

① Werner Flume，Augemeiner Teil des Burgerlichen Recht，zweiten Band：Das Rechtsgesch ft，1975，Springer，p.30.转引自王利明：《民法总则研究》，中国人民大学出版社 2003 年版，第 534 页。

② 董安生：《民事法律行为》，中国人民大学出版社 2002 年版，第 165-170 页；马俊驹、余延满：《民法原论》，法律出版社 2005 年第 2 版，第 190-192 页；王利明：《民法总论》，中国人民大学出版社 2009 年版，第 231-232 页；王荣珍：《民法总论》，厦门大学出版社 2012 年版，第 136 页。

3. 表示行为

表示行为是指行为人将其内在的目的意思和效果意思以一定方式表现于外部的行为。如上述例子中，致电的方式。也可以说，它是指行为人将其内在意思以一定方式表现于外部，并足以为外界所客观理解的行为要素[①]。表示行为的方式比较灵活，可以采取明示或默示两种方式。

（三）意思表示的生效

仅仅作出意思表示并不当然使意思表示发生法律效力，意思表示的成立与该意思表示的生效并不必然是同时的，已经成立的意思表示于何时发生法律上的效力，应当区别两种情形分析，即无相对人的意思表示和有相对人的意思表示。就无相对人的意思表示的生效时间，比较法上均未作出规定，但通说都认为与其意思表示成立同时发生法律效力[②]。我国《民法总则》亦采用类似观点，其第138条规定："无相对人的意思表示，表示完成时生效。法律另有规定的，依照其规定。"无相对人的意思表示，如捐助行为、表决行为，不发生到达相对人的问题，更不发生相对人了解的问题，故一般于意思表示完成（如投票完成）之时，即行生效[③]。法律另有规定的，如遗嘱行为，于遗嘱人死亡时生效。

就有相对人的意思表示的生效时间，一般来说可以分为以下两种情形。

1. 以对话方式作出意思表示的情形

在大陆法系国家，对于表意人以对话方式作出意思表示，该意思表示的生效时间，学者们观点不一，有的认为应当采取到达主义，有的认为应当采取了解主义，还有人认为原则上应当采取到达主义而在例外的情况下则应当采取了解主义[④]。到达主义是指意思表示到达对方当事人时发生法律效力，了解主义是指意思表示不仅要到达对方当事人且还得为对方所知晓、了解时，才发生法律效力。虽然对此问题我国《民法通则》没有明确作出规定，早期通说认为对话到达对方当事人即发生法律效力，采取的是到达主义的观点。然而现在这一观点发生了变化，并反映于立法层面，即《民法总则》第137条第1款规定："以对话方式作出的意思表示，相对人知道其内容时生效。"可知，我国民法对于对话方式作出的意思表示，采用的是了解主义的立场。

2. 以非对话方式作出意思表示的情形

（1）大陆法系国家的立场。大陆法系国家一般采用到达主义，即意思表示到达对方当事人时，该意思表示发生法律效力。如果表意人以信件、电报、传真方式作出意思表示，则该意思表示自信件、电报、传真到达对方当事人时生效。这里的到达并非对方当事人亲自收到信件、电报、传真，而是到达对方当事人可支配、控制范围即可。以信件

① 董安生：《民事法律行为》，中国人民大学出版社1994年版，第233页。

② 胡长清：《中国民法总论》，中国政法大学出版社1997年版，第199页。

③ 李宇：《基础回填：民法总则中的意思表示与法律行为一般规则》，《华东政法大学学报》2017年第3期，第29-30页。

④胡长清：《中国民法总论》，中国政法大学出版社1997年版，第165页。

为例，当信件到达对方当事人的信箱时，视为该意思表示到达，而不论对方当事人是否阅读、了解信件中的内容。

（2）英美法系国家的立场。英美法系国家一般采用发信主义，即若表意人以信件、电报、传真方式作出意思表示，则该信件、电报、传真脱离其控制时，意思表示发生法律效力。下面以契约为例，阐析英美法系国家之所以采用发信主义的原因：其一，出于代理理论的要求。根据英美契约法原理，要约人通过邮局发生要约时，就默示指定邮局为代理人，代理要约人接受承诺。一旦受要约人将承诺的信函、电报交给邮局，实际上就被认为是交给了要约人本人，承诺立即生效。其二，出于交易安全维护的必要。根据英美法的对价理论，要约人不受要约的约束，即使要约中规定了承诺期，要约人也可随时撤回要约。采发信主义可缩短要约人撤回要约的时间，有利于保护受要约人的利益、维护交易安全①。

（3）我国的立场。依据《民法总则》的规定，我国对于非对话方式作出的意思表示，采取的是到达主义。与一般的空间支配领域标准的到达主义不同，对于以数据电文方式作出的意思表示，我国《民法总则》采取了更为复杂但合理的方式。具体分为三种情形：第一种是相对人指定特定系统接收数据电文的，此时该数据电文进入此特定系统时生效。例如，商业合作中一份要约指定了某个商业邮箱作为其接收承诺的地址，则承诺的电文唯有到达该商业邮箱时发生效力，除此之外，就算承诺电文更早之前已到达负责人的私人邮箱，也不能认为发生效力。这种做法是为了保护相对人可知悉的合理期待。第二种是未指定特定系统的，相对人知道或者应当知道该数据电文进入其系统时生效。这种做法采取了两种判断标准，即空间支配领域标准与相对人知悉之合理期待标准。在未指定特定系统情况下，数据电文不仅要到达相对人可支配的空间领域，而且这种到达还应当为相对人知道或者应当知道，此时此种意思表示才可生效。第三种是当事人如对采用数据电文形式的意思表示的生效时间另有约定的，按照其约定。此即意思自治原则②。

二、意思表示瑕疵

罗马法中早已发现意思表示瑕疵的问题，罗马法肯定了三种类型的意思表示瑕疵，即错误、诈欺和胁迫③。现代民法上，一般认为意思表示瑕疵包括意思与表示不一致和意思表示不自由两种形式。所谓意思与表示不一致是指表意人客观上所作出的表示行为与其内心的意思不一，有学者亦称之为非真意表示、意思欠缺或意思表示本身的瑕疵。所谓意思表示不自由是指表意人在形成内心意思和作出外在表示时受到他人的不法干预而致使其意思表示存在瑕疵。例如，因欺诈、胁迫作出的意思表示，表意人受到对他实施的欺诈、胁迫的影响，其表示就缺少了自决行为所需要的自由决策的可

① 傅静坤：《民法总论》，中山大学出版社 2002 年版，第 157 页。

② 沈德咏：《〈中华人民共和国民法总则〉条文理解与适用》，人民法院出版社 2017 年版，第 923 页

③［意］彼德罗·彭梵得：《罗马法教书科书》，黄风译，中国政法大学出版社 2005 年版，第 312 页。

能性[①]。

（一）意思与表示不一致

1. 虚假表示

虚假表示的特点是表意人虽然作出了某项意思表示，但其无意使表示出来的内容产生法律上的效力。表意人内心的意思与其表示出来的内容相反，是不想使后者产生法律效力[②]。我国《民法总则》第 146 条规定了虚假意思表示之法律行为及其效果，这是我国民事立法第一次明确规定虚假意思表示，尽管之前我国《民法通则》第 58 条及《合同法》第 52 条都有关于“以合同法形式掩盖非法目的”及“恶意串通损害国家、集体或者第三人利益”的法律行为或者合同无效之规定，从中也可能够解释出“虚假意思表示”的含义，但与《民法总则》第 146 条之规定毕竟不同：虚假的法律行为所掩盖的不一定就是具有非法目的的法律行为和损害国家集体或者第三人利益的法律行为[③]。《民法总则》第 146 条有两款，第 1 款规定了虚假行为无效，例如，名为买卖实为赠与的民事法律行为中的买卖合同，意图以买卖行为掩盖赠与行为，此种行为中的买卖行为即为虚假行为。这种有悖行为人真实意思的行为当然无效。第 2 款规定隐藏行为的效力依照相关法律规定处理。所谓隐藏行为，系指被虚假行为所掩盖的，代表行为人与相对人真意的行为。如所举上例中被买卖行为掩盖的赠与行为，此种行为方为当事人真实意思所系。但其效力并非当然有效，而应依照相关法律规定判断。

2. 真意保留

真意保留又可称为非真意表示、心里保留，是指行为人故意将真实意思隐藏于心中，而作出的与效果意思相反的表示行为。该表示行为并不反映真实意思，是一种自知并非真实的意思表示。真意保留的构成要件包括：须有表意人作出了意思表示，该意思表示与表意人真实的意思不一致，表意人明知存在此等不一致，仍然作出违心的意思表示。

就真意保留的效力而言，采用不同的原则，其结果不同。如果采用意思主义，由于表意人并未将其真实意思表现于外部，而是保留于心中，所以出于对表意人的保护，真意保留所表示出的行为无效。如果采用表示主义，相对人知晓的只是表意人见之于外部的意思表示，而不是表意人内心真实的想法，所以出于对相对人信赖利益和交易安全的保障，真意保留所表示出的行为应发生法律效力。这两种观点均有其偏颇之处，只顾及了一方的利益，所以许多国家采用了折衷主义，即以表示主义为原则，以意思主义为例外，即真意保留在原则上发生法律效力，表意人应受该表示的约束，但相对人明知表意人的表示与意思不一致的，该表意行为无效。例如，《德国民法典》第 116 条规定：“意思表示不因表意人心里作出保留，对所表示的有所不欲而无效。该意思表示须向他人作

① [德] 卡尔·拉伦茨：《德国民法通论》（下册），王晓晔、邵建东、程建英等译，法律出版社 2003 年版，第 493 页。

② [德] 迪特尔·梅迪库斯著译：《德国民法总论》，邵建东译，法律出版社 2001 年版，第 444 页。

③ 李永军：《虚假意思表示之法律行为刍议——对于〈民法总则〉第 146 条及第 154 条的讨论》，《中国政法大学学报》2017 年第 4 期，第 42 页。

出，且相对人知道此保留的，该意思表示无效。”[①]可见，《德国民法典》对真意保留亦采用折衷主义。我国目前民法中没有对真意保留作出规定，但理论中通说认为应采用折衷主义。

3. 错误

错误是指表意人在作出表意时，因认识不正确或欠缺认识，以致内心的真实意思与外部的表现行为不一致。对错误予以关注的法律问题所涉及的是，法律秩序应当在多大限度内使个体对意思自治的瑕疵承担责任[②]。认识错误又可称为内容错误，是指表意人对所使用的表达方式的意义产生错误的认识，详言之，表意人误以为其使用的表达方式具有某一特定的意义，而相对人对这一表达方式的意义作出了另一种且可以这样理解的解释。欠缺对错误的认识又可称为表达错误，是指表意人对意思的表达存在错误，即在表示行为中发生的错误，如使用的词语或符号发生了错误或存在计算上的错误等[③]。错误与真意保留和虚假表示在意思与表示行为上存在不符之实，但错误不是表意人故意为之的，而后者则是有意为之的。

错误的构成要件包括：①表意人不知其内心真实意思与外部表示行为不一致；②这种不一致是由表意人自身的原因造成的；③错误具有严重性，足以对表意人的意思表示产生重大的影响，正如德国著名学者卡尔·拉伦茨所言，错误在主观上和客观上必须均是重要的，主观上的重要性是指可以认为，如果表意人知道其表示具有这种形式或这种意义，他是不会发生此项表示的；客观上的重要性，是指上述结论符合合理的考虑[④]。错误的法律效力取决于法律所采取的原则。如果法律对意思表示采取意思主义原则，则错误行为无效；如果法律对意思表示采取表示主义原则，则错误行为有效；如果采用折衷主义，则错误行为原则上是可以撤销的。

我国法律没有直接规定“错误”的问题，而是规定了“重大误解”的问题，即《民法通则》第 59 条规定，行为人对行为内容有重大误解的，可以请示人民法院或仲裁机构予以变更或撤销。《民法总则》对于“重大误解”规则略有变动，其第 147 条规定，基于重大误解实施的民事法律行为，行为人有权请求人民法院或者仲裁机构予以撤销。《民法总则》收回了《民法通则》赋予人民法院或仲裁机构的所谓的“强行变更权”，体现了对意思自治原则的尊重，也有利于保护善意相对人。但在《民法总则》中未对重大误解的概念予以明细，因此对于“重大误解”的理解依然沿用《民法通则》司法解释的说明，即“行为人因对行为的性质、对方当事人、标的物的品种、质量、规格和数量等的错误认识，使行为的后果与自己的意思相悖，并造成较大损失的，可以认定为重大误解”。这类似有关内容错误的问题。

4. 传达错误

传达错误指由于传达人或传递机关的错误而使表意人的真实意思与外部表示不一

① 《德国民法典》（第 2 版），陈卫佐译注，法律出版社 2006 年版，第 36 页。

② ［德］维尔纳·弗卢梅：《法律行为论》，迟颖译，法律出版社 2013 年版，第 495 页。

③ 王利明：《民法》，中国人民大学出版社 2005 年版，第 169 页。

④ ［德］卡尔·拉伦茨：《德国民法通论》（下册），王晓晔、邵建东、程建英等译，法律出版社 2003 年版，第 506 页。

致。传达人错误与表意人自身错误所造成的后果是相同的，因而传达错误的法律效力等同于错误，可准用错误的相关规定。

我国法律对传达错误作出了规定，即《最高人民法院关于贯彻执行〈中华人民共和国民法通则〉若干问题的意见（试行）》第 77 条规定："意思表示由第三人义务传达，而第三人由于过失转达错误或没有转达，造成他人损失的，一般可由意思表达人负赔偿责任。但法律另有规定或者双方另有约定的除外。"我国立法虽然规定了传达错误时赔偿责任的承担，却没有规定此类意思表示的法律效力如何，所以可以暂准用错误的相关规定。

（二）意思表示不自由

1. 欺诈

法律上的欺诈是指一方当事人故意实施某种欺诈他人的行为，并使他人陷于错误并为意思表示而成立法律行为。判断某一行为是否因为欺诈而作出，主要从以下五个方面进行考虑。

（1）从主观上看，欺诈方具有欺诈的故意。欺诈的故意是指希望通过陈述虚构的事实或隐瞒真实情况让他人陷入错误，并使他人基于此等错误而作出意思表示的故意。如果当事人没有欺诈的故意，只是由于自身认识的错误或不足，而给对方提供错误的信息，导致对方作出错误的意思表示的，亦不构成欺诈。

（2）从客观上看，欺诈方实施欺诈行为。欺诈行为是指欺诈人将自己的欺诈故意见诸外部的行为。它通常表现为欺诈人故意陈述虚假的事实，有时也表现为故意隐瞒真实情况。一般认为，只有在法律上、合同上或交易习惯上有说明事实真相的义务时，沉默才属于欺诈行为。

（3）被欺诈的一方因欺诈而陷于错误。欺诈方的行为与被欺诈一方的错误之间存在因果关系，即该错误不是因为被欺诈一方自身的原因，而是受欺诈所导致的。例如，由于一方当事人的虚假描述和承诺，另一方当事人误以为对方当事人具备相应的履行能力，或误将表层镀金的铜质品认为是金质品，或误将大批量生产的物品当作限量销售的珍藏品等。欺诈人即使有欺诈的故意和行为，但如果被欺诈人未陷于错误认识，则也不发生欺诈的法律后果。

（4）被欺诈人因错误而作出了意思表示。被欺诈一方基于他人的欺诈行为而作出意思表示，该意思表示并不反映其内心真实的意思。如果受欺诈人虽然陷于错误的认识，但并非是基于错误认识而作出意思表示，也不构成欺诈。

（5）被欺诈人的意思表示违背其真实意思。《民法总则》并未将意思表示自由作为民事法律行为有效的构成要件。在民事法律行为构成要件的列举中，民法总则强调的是意思表示真实，而仅仅将表意不自由作为表意不真实的原因。因此要构成欺诈，还需被欺诈人所作意思表示与没有受到欺诈的情况下的内心真意不一致。

我国《民法通则》将受欺诈而作出的法律行为规定为无效行为，而《合同法》则区分了两种情形，即以欺诈手段订立合同且损害国家和社会公共利益的，为无效合同，其他情形则为可撤销合同。《民法总则》吸纳了《合同法》的部分规定，不再强制规定因受欺诈而作出的法律行为无效，而是在受欺诈导致违背其真实意思时，赋予被欺诈人以撤销权。《民法总则》同时还规定，受第三人欺诈时，如若第三人知情或应当知情，则被欺诈人亦有权提请法院或仲裁机构予以撤销。

2. 胁迫

胁迫是一方以直接施加损害或将来要发生的损害相威胁，使对方产生恐惧，并基于这种恐惧而作出意思表示的行为。判断一意思表示是否是因胁迫而作出的，可以考察以下几个要件。

（1）胁迫人具有胁迫的故意。胁迫的故意是指胁迫者意识到自己的行为将会给受胁迫者造成心理上的恐怖，仍实施这种胁迫行为，并且希望通过这种胁迫行为使受胁迫者作出某种意思表示。胁迫的故意有别于胁迫的动机，例如，胁迫者企图通过威胁使他人低价出售其房屋而获得利益，获得利益是胁迫者的动机，使他人与之订立低价买卖房屋合同的意图则为胁迫的故意。

（2）胁迫者实施了胁迫行为。胁迫者可以直接施加损害来威胁他人，也可以用将要发生的损害相威胁。学说上认为，不问胁迫所指向的对象如何、所用以胁迫的事项在客观上是否有可能性，只要足以使受胁迫人达到发生恐惧并被迫作出违心的意思表示的程度即已足够[①]。例如，巫师之咒语虽然不能使大多数人产生恐惧，但只要对于某一特定受胁迫人会引致恐惧即可。

（3）受胁迫者因胁迫而产生恐惧，并因此作出了意思表示。受胁迫人因为害怕面临的损害或即将面临的损害而从内心里产生一种恐惧感，在这种恐惧感的支配下，迫不得已向胁迫人作出了违心的意思表示。如果受胁迫人并没有对胁迫行为产生恐惧，或者虽然发生了恐惧，并非由于胁迫行为而引致的，或并非由于恐惧才向对方作出意思表示的，这些情形都不构成胁迫。

（4）胁迫行为是非法的。胁迫行为的非法包括行为内容的非法和行为目的的非法。内容违法的行为，如以侵害对方合法的人身、财产利益相要挟。目的违法的行为，如以检举揭发对方的犯罪事实相威胁进行敲诈勒索。

（5）被胁迫人所作意思表示违背其真实意思。单纯表意不自由尚不足以构成可撤销的程度，还需这种不自由达到导致其意思表示不真实的程度。即如果不存在胁迫，则不会作出这种意思表示。

与受欺诈作出的意思表示相同，我国《民法通则》将受胁迫而作出的法律行为一律规定为无效行为，但合同法对此区分了两种情形予以规定，即以胁迫手段订立合同且损害国家和社会公共利益的，为无效合同，其他情形下，允许受胁迫方撤销合同。在《民法总则》中，这一做法同样得到修正，不再将因受胁迫而作出的行为规定为无效，而代之以撤销权。

3. 乘人之危

乘人之危是指行为人利用他人的危难处境或紧迫需要，迫使对方违背其真实意志的

① 尹田：《民法学总论》，北京师范大学出版社 2010 年版，第 231 页。

意思表示，作出明显对其不公的意思表示。乘人之危所作出的行为具有如下特征。

（1）一方乘对方处于危难或急迫境地，逼迫对方。危难是指急欲避免或摆脱重大不利的状态，它不仅包括经济上的窘迫，还包括生命、健康、尊严等处于不利的状态。急迫是指情况紧急，为保障重大利益的迫切需求对方提供金钱、劳务、技能等。不法行为人主观上具有乘人之危的故意，客观上实施了乘人之危的行为，该行为一般表现为积极行为，即直接向对方提出某种索求，但有时也可表现为消极行为，即以不作为的方式拒绝对方的合理请求。

（2）受害人由于危难或急迫而被迫作出了不真实的意思表示。也就是说，受害人作出的意思表示与不法行为人利用其所处的危难或急迫状态有因果关系，例如，在一大雨天，为了抢救重病的儿子，父亲不得不答应向出租车司机支付高价路费。

（3）乘人之危的结果使当事人利益严重失衡。不法行为人所取得的利益超出了法律允许的限度，对方当事人因此遭受重大损失。这一重大损失通常表现为财产上的损失，也表现为其他利益的损失，如人格利益遭受损失。

根据《民法通则》第 58 条的规定，一方乘人之危，迫使对方在违背真实意思的情况下所为的行为为无效法律行为。此规定主要是考虑乘人之危的行为人主观上具有恶意，违背了社会公共道德和诚实信用原则，因此应当通过确认该法律行为无效，以加强对行为人的制裁。但《合同法》第 54 条修改了《民法通则》的上述规定，将此类合同归入可撤销的合同范围之中，给予受害人更大的选择自由。《合同法》的规定与《民法通则》的规定不一致的，根据特别法优先于普通法原则，优先适用《合同法》。值得注意的是，在《民法总则》中，对乘人之危与显失公平的规定有了重大修改。不同于《民法通则》中的分别性规定，《民法总则》用一个条款将二者一并概括。但《民法总则》的规定不是将二者简单的拼接，而是将乘人之危作为因，显失公平作为果，只有当前者导致后者时，才会导致该民事法律行为可被撤销。其制度初衷系在充分尊重意思自治和切实保障交易安全之间寻求一种新的平衡①。

三、意思表示解释

（一）意思表示解释的含义

意思表示的解释是指在表意人的意思表示所运用的语言文字或推定行为的内涵不清晰、不明确而存在异议时，由有权机关按照一定的规则对该意思表示进行的解释。由于语言文字、行为本身特点可能会使不同的相对人产生不同的理解，对其含义作出不同的认知，所以在当事人对同一意思表示的理解产生歧义时，需要由权威机关作出阐释。意思表示解释的首要目的在于使某些内容暧昧或不明确的意思表示内容得到合理的确定，使之明确化、准确化，以符合民法对意思表示内容的典型要求②。此外，它还对内容不完整的意思表示予以补充，对存有矛盾的意思表示予以化解，从而确定当事人的意

① 沈德咏：《〈中华人民共和国民法总则〉条文理解与适用》，人民法院出版社 2017 年版，第 1005 页。

② 尹田：《民法学总论》，北京师范大学出版社 2010 年版，第 233 页。

思表示，避免纠纷的发生或在纠纷发生后易于合理解决纠纷。

（二）意思表示解释的规则

意思表示解释的规则很多，根据《民法总则》第142条的规定，有相对人的意思表示的解释，应当按照所使用的词句，结合相关条款、行为的性质和目的、习惯以及诚信原则，确定意思表示的含义；无相对人的意思表示的解释，不能完全拘泥于所使用的词句，而应当结合相关条款、行为的性质和目的、习惯以及诚信原则，确定行为人的真实意思。而我国《合同法》第125条第1款规定："当事人对合同条款的理解有争议的，应当按照合同所使用的词句、合同的有关条款、合同的目的、交易习惯以及诚实信用原则，确定该条款的真实意思。"可见，我国对于意思表示进行解释的规则主要有如下几种。

1. 文义解释规则

文义解释，又可称为常理解释，是指当当事人对意思表示的理解产生歧义时，通过对该意思表示所使用的语言文字的通常含义进行解释，以探求当事人的真实意思。也就是说，以通常情况下一个正常、理性的人所作出的合理的理解来判断当事人的意思表示，而不是不正常的人或在例外的情形下所作出的特殊解释。因为意思表示一般是由语言文字构成的，在确定意思表示的含义，得先了解表意人所使用的词句，从而确定词句的含义。因此，解释意思表示应先由文义解释入手，而且其余的各种解释规则，最终都要落脚到文义解释。文义解释规则是最基本、最重要的解释规则。例如，当事人约定每斤苹果5元，在履行时买受人认为其中的"每斤"是指"每公斤"，"元"是指"人民币"中的"元"；而出卖人则认为"每斤"是指"每市斤"，"元"是指"美元"。根据通常的理解，即按照文义解释规则，"每斤"应指"每市斤"，"元"是指"人民币"中的"元"。

2. 体系解释规则

体系解释规则，又可称为整体解释规则，是指把意思表示的全部条款和各个部分看作一个完整的整体，从各个条款以及构成部分的相互关联、所处的地位的总体联系上阐明当事人有异议的用语的含义，而不是孤立地看待各个条款或构成部分的含义。许多的现代国家和地区在立法上均肯定了体系解释规则，如《法国民法典》第1161条规定："契约之诸条款可互为解释，以赋予每一条款依据整个契约而产生的意义"①。根据这一解释规则，应把意思表示看作一个整体，而不能分别地、单独地看待每一部分，要准确理解表意人的真实意思必须用联系的观点来看待其各个部分的意思，必须将各个部分置于整体语言文字环境之下，使其相互协调、相互印证，方可理解表意人的真意。例如，舅舅向侄女允诺："如果侄女出国，则在伦敦学习的所有学杂费用、生活费用由其支付；如果获得学士学位，则奖励3万元。"侄女到伦敦旅游了一圈，回国后要求舅舅支付相关费用，因为舅舅支付杂费、生活费用的条件仅为"侄女出国"。舅舅认为其支付费用

① 《法国民法典》，罗结珍译，中国法制出版社1999年版，第293页。

的前提条件实为侄女出国学习，侄女出国仅为旅游，不支付相关费用。从舅舅承诺的这句话的整体来看，“在伦敦学习”“学杂费用”“获得学士学位”等这些词句都蕴涵着舅舅希望侄女出国好好学习的意思，舅舅将对侄女出国学习给予支持，而不是想出资让侄女出国游玩。

3. 目的解释规则

目的解释规则是指根据当事人实施法律行为时所期望达到的目的，对有歧义的意思表示加以解释。换言之，在当事人对意思表示的理解发生争议时，应采取最符合表意人作出意思表示所追求目的的解释。当事人作出意思表示都有特定的目的、意图，该目的、意图正是当事人真意的体现，是决定意思表示内容的核心。因此，对于意思表示的解释应符合当事人所欲实现的目的，不利于当事人实现其目的的理解则为不当的解释。此处之目的乃表意人进行法律行为之目的，即通过法律行为而追求的权利义务效果①。例如，甲与乙签订仓储合同，并告知乙其货物具有腐蚀性。乙所提供的仓库只能用于储存一般的货物，故甲要求解除合同，但乙则拒绝解除合同。从甲签订仓储合同的目的来看，他是为了很好地保管这批有腐蚀性的货物，即该仓库的存管条件应符合存放此类货物，而乙提供的仓库不能满足甲的要求，使甲无法实现订立合同的目的，所以乙的行为应解释为属于甲可以解除合同的违约行为。

4. 习惯解释规则

习惯解释规则是指当事人对意思表示所使用的语言文字有异议时，应参照当事人进行该法律行为时所知晓或认可的交易习惯或生活习惯作出解释。运用习惯解释时，应注意以下问题：首先，习惯应当是客观存在的，而不是存在于个人观念中的，主张习惯存在的当事人当然负有举证责任，不能举证证明的，应承担相应的不利后果。其次，习惯可以是行业性的，也可以是区域性的，不管怎样，习惯应当是当事人双方已经知晓或者应当知晓且又没有明确排斥的，此外，习惯在当地应较为普遍地存在于人们的交易或生活中。最后，习惯必须符合法律，不能与法律强制性规定或社会公共利益相冲突，亦不能违反善良风俗原则。举一例加以说明习惯解释规则的运用。某一城郊农民在该城郊的一家小吃店外带用餐，店主要加收打包费 0.5 元，该农民不愿支付。当地人们开小吃店，所采用的规矩是如果在店内用餐，则免费使用店内的碗筷，但如果要打包在外用餐，则需要加收打包费 0.5 元。作为该城郊的居民不可能不知道这一当地交易习惯，故根据这一当地习惯解释，该农民应支付打包费。

5. 诚信解释规则

诚信解释规则是指对意思表示进行解释时，其他具体的解释规则无法适用或适用后会得出不合理的解释，此时应遵循诚实信用原则作出解释。诚实信用原则是民法基本原则之一，民法基本原则是其效力贯穿民法始终的民法根本规则，是对立法者在民事领域所实行政策的集中反映，是克服法律局限性的工具②。诚信解释的主要功能在于，在穷

① 刘凯湘：《民法总论》（第三版），北京大学出版社 2011 年版，第 304 页。

② 徐国栋：《民法基本原则解释——诚信原则的历史、实务、法理研究》，北京大学出版社 2013 年版，第 10 页。

尽了其他所有具体的解释规则后，仍无法公正地解决争议时，方可依据诚实信用原则对该意思表示作出合理的解释，使法律行为和意思表示合乎诚实信用这一最为基本的私法精神。域外亦有一些国家立法对此作出了规定，如《德国民法典》第 157 条规定："对合同的解释，应遵守诚实信用原则，并考虑交易上的习惯。"①

第三节　法律行为的成立与生效

一、法律行为的成立

法律行为的成立是指法律行为具备了法律所规定的全部构成要件而产生抑或客观地存在。如抵押合同，当双方当事人意思表示一致，并订立书面协议时，抵押合同成立。法律行为成立要件可以分为一般要件和特殊要件。

（一） 一般成立要件

法律行为的一般成立要件主要有如下方面。

（1）行为当事人。行为当事人即法律行为的主体。法律行为的主体可以是自然人，也可以是法人，还可以是非法人组织。对于法律行为的成立而言，并不要求行为人具有相应的民事行为能力，任一主体都可以成立一般法律行为，其主体的行为能力如何在所不问。

（2）意思表示。行为主体以一定的方式将其设立、变更或终止民事法律关系的，内心意思表现于外部，让相对人或其他人知晓。意思表示是法律行为成立的核心要素，没有意思表示根本谈不上法律行为。

（3）标的。标的即法律行为所指向的对象。任何法律行为都存在有标的，或是物，或是行为，或是智力成果，或是权利，等等。法律行为的标的与法律关系的客体基本是同一概念②。例如，权利人抛弃其所拥有的物，其行为的指向即被抛弃的物，所以该抛弃行为的标的是物。再如，双方买卖物品，买卖行为所指向的标的是对方履行行为，双方当事人均不可以对对方的财物直接实施行为，只能请示对方当事人履行其义务，交付标的物或支付价款，所以债之法律行为的标的是行为。

（二）特殊成立要件

特殊成立要件是指根据法律的规定或当事人的约定，为了使法律行为得以成立，当事人除了具备意思表示外，还应完成的其他行为。

（1）采用特定的形式。在要式行为中，其成立以具备某种特定的形式作为特殊要件。例如，我国《合同法》第 32 条规定："当事人采用合同书形式订立合同的，自双方当事人签字或者盖章时合同成立。"可见，合同书形式的合同成立以当事人签字或者盖章为特殊要件。

---

①《德国民法典》，郑冲、贾红梅译，法律出版社 1999 年版，第 30 页。

② 刘凯湘：《民法总论》（第三版），北京大学出版社 2011 年版，第 281 页。

（2）交付标的物。一般的实践行为中，除了当事人作出意思表示之外，其成立以当事人交付标的物为特殊要件。例如，我国《合同法》第 367 条规定：“保管合同自保管物交付时成立，但当事人另有约定的除外。”可见，一般而言，只有当事人交付保管物后，保管合同才告成立。

二、法律行为的生效

（一）法律行为生效的概念

法律行为的生效是指法律行为已经具备了法律所课加的各种要求，从而使法律行为发生当事人预期的民事法律效果，在当事人之间产生了一定的法律约束力。此处所说的法律效力并不是指合同等的法律行为能够像法律那样对任何人都产生约束力。法律行为本身并非为法律，它只是当事人的意思表示或当事人之间的合意，其约束力并非来源于当事人的意志，而是来源于法律的赋予。因为只有当事人的意志符合国家的意志和社会利益时，国家才赋予当事人的意志以法律约束力；当事人的意志不符合国家意志的，该合意将会被宣告无效或被撤销。法律行为生效后，当事人遵守其承诺，履行其义务，如果一方当事人的履行不符合约定或法律规定，则对方当事人可以借助国家强制力请求该方当事人强制履行或承担其他民事责任。可见，法律行为生效与法律行为成立是两个不同但又密切相关的概念，前者介入了国家意志，是国家意志的体现，后者则侧重于当事人的意思表示，法律行为成立是法律行为生效的前提，但法律行为成立并不一定生效。

我国《民法通则》没有严格区分法律行为的生效与成立，而直接将法律行为认定为合法行为，也就是说，《民法通则》所称的民事法律行为已是符合法律规定的合法的行为。因此，该法第 55 条所规定的民事法律行为的要件实际上就是法律行为生效的要件[①]。《民法总则》没有明确规定法律行为的成立要件，但其第 143 条明文规定了法律行为的有效要件。我国《合同法》则明确区分了合同的成立和生效，该法第二章“合同的订立”规定了合同成立的要件，其第三章“合同的效力”规定了合同生效的问题，虽然《合同法》没有明文规定合同生效的要件，但从该章的规定中可以归纳出相关的生效要件。而且，退一步说，合同作为一种典型的民事法律行为，其生效问题当然可以适用《民法总则》第 143 条的规定。

（二）法律行为成立与生效的关系

法律行为的成立与生效常常是密切联系在一起的。当事人作出某一法律行为，其意图则是欲在他们之间产生法律所认可的约束关系，以此实现他们所期待的利益。如果当事人所作出的法律行为，在内容和形式上均符合法律规定，则一般而言，该法律行为一旦成立便会依法产生约束力。以合同为例，我国《合同法》第 44 条规定：“依法成立的合同，自成立时生效。”成立的合同只有符合法律的要求才会生效，与法律的要求相抵

① 值得注意的是，该条已被《民法总则》第 143 条所涵盖，但是由于《民法总则》已不再强调民事法律行为的合法性，所以民事法律行为的生效要件已经不再包括合法性要件。

触则会被法律否定，或归于无效，或得撤销，或效力未定[①]。由此可见，法律行为生效是法律行为成立所追求的效果。但是，如果当事人虽然有某种意向或打算，但最终没有作出相应的法律行为，法律行为没有成立则法律行为生效就无从谈起，因此法律行为成立是法律行为生效的基础。通常来说，法律行为的生效时间与其成立时间是一致的，但在某些情形下，也可能出现不一致。例如，依我国《合同法》规定，法律、行政法规规定应当办理批准、登记等手续生效的，该合同的生效时间就不以成立时间为准，而是依照法律、行政法规的规定。

法律行为的成立与法律行为生效又是两个不同的概念，应将两者区分开来。法律行为成立注重的是当事人是否作出了意思表示，是当事人个人意思的问题，一旦当事人将其内心意思见之于外部行为，法律行为便宣告成立。法律行为的成立只是解决了当事人是否有意思表示的问题，并不能表明已经成立的法律行为是否可以产生法律上的约束力。即使法律行为已经成立，但不符合法律规定的生效要件，则仍然不能产生法律效力。由此可见，法律行为成立后并不是当然生效的，法律行为是否生效，主要取决于其是否符合国家的意志和社会公共利益，而非取决于当事人的意思表示。

法律行为的成立和生效的要件也是不同的。就法律行为的成立要件来说，主要包括存在当事人、意思表示和标的。至于当事人是否具有相应的缔约能力，当事人的意思表示是否真实，是否受到欺诈与胁迫，当事人的意思表示是否有违法律规定或有悖于社会公共利益，则是法律行为效力是否发生要考虑的因素。如果当事人所作出的法律行为损害了社会公共利益，则该法律行为自始无效，即该法律行为自成立之时起就没有发生法律效力。

法律行为不成立或法律行为无效时，处理的方式不同。一般而言，当事人欠缺意思表示而导致法律行为不成立时，当事人之间不存在法律责任承担，只有存在少数例外情形，如当事人违反诚信义务应承担缔约过失责任。因法律行为成立主要涉及当事人的合意问题，所以法律行为不成立只产生民事责任而不产生其他法律责任[②]。而且在合同关系中，法律为鼓励交易的达成，亦会采取推定及其他方法来补救使合同得以成立。对于法律行为无效，法律则采取不同的对待。无效法律行为，法律不允许采取其他措施来补救，而无效法律行为的违法性，违反国家意志性，决定了法律不仅要使这些行为不发生法律效力，让当事人承担返还财产、赔偿损失等民事责任，而且若当事人因无效法律行为获利，严重侵害了为法律所保护的国家利益或社会公共利益，当事人可能还会因此承担其他法律责任，如行政责任或刑事责任。

三、法律行为的有效要件

法律行为的有效要件是判断法律行为是否具有法律效力的标准，它包括一般有效要件与特殊有效要件。

① 崔建远：《合同法》（第三版），北京大学出版社2016年版，第82页。

② 王利明：《民法总论》，中国人民大学出版社2009年版，第244页。

（一）一般有效要件

根据《民法总则》第 143 条及其相关规定，法律行为的一般有效要件包括以下几项。

1. 行为人具有相应的民事行为能力

这一要件在学理上又被称为主体适格原则。法律行为是以当事人的意思表示为基础，并以此产生一定的法律效果为目的的，也可以说，法律行为的效力是依据当事人的意思表示而发生当事人所期望的民事法律关系的产生、变更和终止之后果，因此，行为人是否具备正确理解自己的行为性质和后果、独立地表达自己的意思的能力，对于该行为能否产生法律效力是至关重要的。只有行为者能够正确理解其所进行的法律行为的性质及可能产生的后果，他才具有相应的民事行为能力，才能谨慎地作出符合其内心意思的表示行为，主体是否适格的考察有利于保护当事人的利益，维护正常的交易秩序。法律行为的主体可以为自然人，也可以为法人，亦可以为其他组织。

（1）自然人的行为能力。根据我国《民法总则》的规定，年满 18 周岁的人，如不属于不能辨认自己行为的成年人，则是完全民事行为能力人。16 周岁以上不满 18 周岁的自然人，以自己的劳动收入为主要生活来源的，视为完全行为能力人。完全行为能力人可以自主地进行民事活动，具有完全的缔约能力。

8 周岁以上的未成年人和不能完全辨认自己行为的成年人是限制民事行为能力人。他们只能实施某些与其年龄、智力、精神状况相适应的民事活动，其他的活动必须由其他法定代理人代为实施，或在征得其法定代理人同意后才能实施。限制民事行为能力人的缔约能力也受到一定的限制。他们只有从事与其年龄、智力、精神状况相适应的缔约行为。

8 周岁以下的未成年人以及 8 周岁以上不能辨认自己行为的未成年人或成年人为无民事行为能力人，不能独立进行民事活动，他们所需要从事的民事活动应由其监护人代理进行。

但限制民事行为能力人和无民事行为能力人在纯获法律上的利益而不承担法律义务的法律行为中，可以作为法律行为的当事人，具有相应的民事行为能力。因为法律限制无民事行为能力人和限制民事行为能力人的民事行为能力，是为了保护他们不因智力、精神状况等因素影响而处于不利地位，而在纯获利益的法律行为中，无行为能力人和限制行为能力人只取得利益，不承担义务，不会遭受不利的后果，所以法律无限制的必要。

（2）法人的行为能力。法人的行为能力是一种特殊的行为能力，过去我国的司法实践认为，法人应当在其核准登记的生产经营和业务范围内活动，其法律行为能力也以此为限，法人在其经营范围和业务范围外所进行的法律行为，属于无效法律行为。这一做法存在不合理性，因为经营范围为法人营业登记之事项，而营业登记仍为公法之行为，超越经营范围自应承受公法之后果，而私法行为之效力本不应受影响[①]，所以该做法逐渐被改变。

① 刘凯湘：《民法总论》（第三版），北京大学出版社 2011 年版，第 283 页。

20世纪之前奉行严格的越权无效规则，法人从事章程所规定的目的事业外的行为均无效，即使全体股东的事后追认也不能使之发生效力，除非该行为是包括于权能之内的行为或附随于权能的行为。但是自20世纪以来，这一规则有了新发展，以缔结合同能力为例，许多大陆法系国家的公司法均规定，公司的缔约行为超越章程范围时，如不能证明相对人为恶意则合同仍为有效，在此情况下，仅发生有关负责人对公司的民事责任。我国也逐渐采用了这一观点。1993年5月最高人民法院印发的《全国经济审判工作座谈会纪要》中指出：合同约定，仅一般违反行政管理性规定，例如，一般的超越经营范围，违反经营方式等，而不是违反专营专卖及法律禁止性规定，合同的标的物也不属于限制流通物的，可按照违反有关行政管理规定进行处理，而不因此确认合同无效。这实际上是对法人民事行为能力限制的一种放宽，可以说，超越经营范围所订立的合同违反了行政法的规定，应承担一定的行政责任，但不能因此就认定合同本身无效。这为承认超越经营范围所订立的合同效力开了一个口。

我国《合同法》亦承继了这一观点，合同法在关于“合同的效力”的规定中没有将法人超越经营范围而订立的合同规定为无效合同。而且其第50条承认法定代表人超越权限所订立的合同在多数情形下是有效的，也就表明若法定代表人超越经营范围的权限限制而订立相关合同，合同有效。但需要强调的是，越权订立合同的行为如果违反了国家强制性规定，则应认定无效。《最高人民法院关于适用〈中华人民共和国合同法〉若干问题的解释（一）》第10条对此作出了进一步的明确，该条规定：“当事人超越经营范围订立合同，人民法院不因此认定合同无效。但违反国家限制经营、特许经营以及法律、行政法规禁止经营规定的除外。”

（3）其他组织的行为能力。其他组织是指不具有法人资格但可以以自己的名义进行民事活动的组织，又可称为非法人组织。其民事行为能力，应区分两种情况看待：未领取营业执照的非法人组织，不得以自己的名义独立而只能以法人的名义从事民事活动；拥有营业执照的非法人组织，可以对外进行法律行为。当然，非法人组织如果不能独立清偿民事债务，则应当由设立该组织的法人或投资人等承担。

2. 意思表示真实

意思表示真实是指表意人的表示行为应当真实地反映其内心的效果意思。意思表示真实是法律行为生效的重要构成要件。因为从本质上，法律行为是当事人意思表示的一种结果，基于意思自治原则，当事人只受自己真实的意思表示约束，法律赋予这种真实的意思表示以及在此意思表示基础上形式的法律行为以约束力。在大多数情况下，行为人表示于外部的意思同其内心真实意思是一致的。但有时会出现不相符合的情况，被称为“意思表示不真实”或“非真实的意思表示”。在意思表示不真实的情况下，对于如何确定行为人所作出的不真实的意思表示的效力，请参见本章第二节意思表示相关内容的论述。

3. 不违反法律、行政法规的强制性规定，不违背公序良俗

《民法通则》将“不违反法律或社会公共利益”作为法律行为有效的构成要件之一，《民法总则》在此基础上作出限定，即“不违反法律、行政法规的强制性规定，不违背

公序良俗”。

法律行为之所以能产生法律效力，是因为当事人的意思表示符合法律的规定。对合法的意思表示，法律赋予其法律上的约束力，而不合法的意思表示法律不予以保护，也就无法产生当事人预期的法律效果。这里的法律主要是指狭义的法律以及行政法规的强制性规定，不包括任意性规定，也不包括其他层级的法律文件。因为在私法领域，强调的是当事人意思自治，民法的大多数规定为任意性规定，当事人可以通过合意加以变更，当事人的特别约定可以排除任意性法律的适用。亦即，唯有当民事法律行为违反的规定属于法律、行政法规这一层级的法律文件，且不属于任意性规范时，其法律效力才会受到影响。并且法律行为不违反法律、行政法规的强制性规定，主要是指法律行为的内容合法。以合同为例，内容合法是指合同的全部条款应符合法律、行政法规的强制性规定，这样，合同的内容才能产生法律效力。如果仅仅是部分条款违法，部分条款无效不影响其他部分的效力的，则可以仅确认该部分条款无效。

规定法律行为不违反公序良俗，旨在以公序良俗的强大包容性来弥补成文法规定的不足。所谓公序良俗包含了公共秩序与善良风俗。其中的公共秩序，系指国家社会之一般利益；其中的善良风俗，系指社会的一般道德观念[①]。众所周知，再完备的成文法也难以事无巨细地涵盖社会各方面的内容，法律具有天然的滞后性是既定的共识。公序良俗以其丰富的内涵赋予法律一定的灵活性与包容性。这无疑增加了法官手中的武器，让他们能根据不同的案情运用不同的处理工具[②]。而且将公序良俗作为衡量法律行为生效的要件，有利于维护全体社会成员的共同利益，维护社会公共伦理道德。

（二）特殊有效要件

法律规定或当事人约定的，除上述要件外，使法律行为生效还必须具备的特别要件，称为法律行为的特殊有效要件。法律行为的特殊有效要件包括以下几种情形。

1. 法律规定或当事人约定必须采取特定形式才能生效的行为

合同自由中就包括了当事人有选择合同的形式的自由。但是，如果法律对合同的形式作出了特殊规定，当事人必须遵守法律规定。例如，依照法律规定，有一些合同（如建设工程合同、技术开发合同等）当事人必须采用书面形式订立，方为有效。

2. 法律规定必须经过批准、登记后才生效的行为

如中外合作经营合同只有经过有关主管部门批准，该合同才发生法律效力。在该主管部门批准之前，该合同仅仅成立而尚未发生法律效力。再如抵押合同，根据我国《担保法》的规定，此类合同自登记之日起生效，所以在登记之前，该合同尚不能发生法律效力。

① 郑玉波：《民商法问题研究》（一），台湾大学法学丛书，1976年作者自刊本，第33页。

② 徐国栋：《民法总论》，高等教育出版社2007年版，第137页。

四、附条件与期限的法律行为

法律行为所附条件和期限，又称为附款，是法律行为的组成部分，是当事人意思表示选定的影响法律行为效力的决定性因素①。设置附款的目的在于将当事人的动机转化为法律行为的条件，引导当事人为特定的行为，从而在当事人之间分配一定的风险，实现双方利益的平衡。

（一）附条件的法律行为

附条件的法律行为，是指以当事人约定的将来可能发生的客观事实的是否发生作为条件由此决定其效力开始或终止的法律行为。我国承认了附条件的法律行为，如《民法通则》第62条规定："民事法律行为可以附条件，附条件的民事法律行为在符合所附条件时生效。"《民法总则》第158条规定："民事法律行为可以附条件，但是按照其性质不得附条件的除外。附生效条件的民事法律行为，自条件成就时生效。附解除条件的民事法律行为，自条件成就时失效。"《合同法》第45条第1款规定："当事人对合同的效力可以约定附条件。附生效条件的合同，自条件成就时生效。附解除条件的合同，自条件成就时失效。"但并非所有法律行为均可附条件，例如，就婚姻、收养、离婚、认领等身份行为而言，为维护公序良俗而不允许附条件②。再如，票据行为和行使形成权的行为，基于交易安全与稳定法律秩序的需要，不允许附条件。

1. 条件的特征

并非当事人约定的任何条件都可以成为附条件法律行为中的"条件"。该"条件"应符合下列几个特征。

（1）应该是尚未发生的事实。既成的事实不能被设定为条件，因为既成的状况不具有借助条件来控制法律行为效力的意义。假设条件在法律行为实施时已经成就，如果是停止条件，相当于法律行为未附条件；如果是解除条件，该法律行为为无效。如果在法律行为实施时，已经确定条件不能成就，当条件为停止条件时，法律行为为无效；当条件为解除条件时，则相当于法律行为未附条件。

（2）应该是发生与否尚不确定的事实，一定会或者一定不会发生的事实不能作为条件。如果以一定成就的事实作为条件，等于只是延缓了法律行为生效的时间或法律行为失效的时间，因此这一事实非条件，而是期限。如果以必定不能发生的事实作为条件，则该条件若为停止条件，法律行为无效；该条件若为解除条件，法律行为相当于无条件。例如，双方约定"如果太阳从西方出来，我则将所有财产赠与对方"，这里的"日出西方"在客观上是不可能发生的事实，所以不能作为附条件法律行为中的条件。

（3）必须是合法的事实，违法或违反公序良俗的事实不能作为条件。如约定"若可致原某某残废或死亡，则给予两枚钻戒的奖赏"，"致原某某残废或死亡"是一种违法事实，不得作为条件；再如约定"若终身不结婚，可获得赠金1000万元"，这一事实亦不

① 韩松：《民法总论》，法律出版社2006年版，第249页。

② 王泽鉴：《民法总则》，中国政法大学出版社2001年版，第426页。

得作为条件。

（4）应是当事人约定的事实。法律规定或者行为性质决定的事项，不能作为条件。例如，房屋买卖合同中，在房地产部门办理过户登记手续后房屋买卖才生效，这里过户登记是房屋买卖发生效力的法定条件而非约定性条件，因此不能将办理过户手续看作合同所附条件。

2. 条件的种类

（1）生效条件和解除条件。根据条件成就对法律行为效力的影响不同，可以将条件分为生效条件和解除条件。

生效条件，也可称为延缓条件、停止条件，是指限制法律行为发生效力的条件。如果法律行为附有生效条件，则法律行为在成立以后还不能立即发生法律效力，只有在生效条件成就时，法律行为才能产生效力，法律行为才在当事人之间产生实际约束力。解除条件，也可称为消灭条件，是指限制法律行为失效的条件。如果法律行为附有解除条件，则法律行为成立时已经实际发生效力，当解除条件成就时法律行为则失去法律效力。

在附条件的法律行为成立以后，在条件未成就以前，任一方当事人均不得为了自己的利益，以不正当的手段促成或阻止条件的成就，而应让作为条件的事实自然发生，不应在其中介入人为的不正当的原因。不正当的手段包括行为人违反法律规定、道德规范或诚信原则，采取作为或不作为的方式促成或阻止条件的成就。当事人采用此等不正当的手段的，法律对此给予否定的评价，即当事人为自己的利益不正当地阻止条件成就的，视为条件已成就；不正当地促使条件成就的，视为条件不成就。例如，房屋租赁合同中，双方约定如果甲方的亲戚出国回来需要居住，则房屋租赁合同终止，乙方应及时搬离。乙方听说甲方的亲戚已回国欲前来住宿，则采用恐吓手段阻止该亲戚到来，乙方的行为已构成以不正当的手段阻止条件成就，应视条件成就。

（2）肯定条件与否定条件。根据约定条件是为发生还是为不发生的客观事实，可以将所附条件分为肯定条件与否定条件。

肯定条件，又可称为积极条件，是指以发生某种客观事实为其条件的内容，所附事实发生，则条件成就；所附事实不发生，则条件不成就。例如，甲和乙的儿子约定如果乙的儿子各门期末考试成绩都在 90 分以上，甲就愿意给乙的儿子购买一台 Sony 笔记本电脑，该赠与行为就是附肯定条件的行为。

否定条件，又可称为消极条件，是指以不发生某种客观事实为内容的条件，所附事实不发生，则条件成就；所附事实发生，则条件不成就。例如，甲和乙约定如果明天天气晴朗，方便外出到银行取钱，甲就借乙 3 万元以备急用，该借款约定则为附否定条件的法律行为。

3. 附条件法律行为的效力

附条件的法律行为成立后，在当事人之间便产生了法律上的拘束力。首先，任何一方当事人均不得单方撤回或随意予以变更，该法律行为已经在当事人之间产生形式上的拘束力。其次，在条件或不成就之前，附条件的法律行为处于效力不确定的状态。行为人“因条件成就取得某种权利的先行地位，应予以权利化，学说上称为期待权”[①]。该期待权具有合法性，应受到法律的保护。附条件法律行为的当事人一方侵害期待权的，应负损害赔偿的责任；第三人侵害期待权的，应承担相应的侵权责任。通说认为，侵害期待权的损害赔偿请求权的行使，必须待条件成就之后，方可主张；但在条件成就之前，权利人可就其侵害行使排除妨害请求权、预防妨害请求权[②]，从而为权利人提供有力的救济。

（二）附期限的法律行为

附期限的法律行为是指当事人约定一定的期限，并将该期限的到来作为法律行为发生效力或丧失效力的根据。我国《民法总则》第 160 条规定：“民事法律行为可以附期限，但是按照其性质不得附期限的除外。附生效期限的民事法律行为，自期限届至时生效。附终止期限的民事法律行为，自期限届满时失效。”

法律行为中所附的期限与法律行为中所附的条件一样，都是法律行为的附款，都能对法律行为效力的发生或消失起到限制作用，但作为条件的事实是否发生是不确定的，而期限却为确定的事实，其到来具有必然性。在附期限的法律行为中，法律行为是否生效受到一定时间或期间的到来的限制，因而只有尚未到来且必然到来的时间或期间，才可以作为附期限的法律行为中的期限。

期限可以分为两种：一是生效期限，又可称为延缓期限或始期，附生效期限的法律行为，法律行为的效力自期限到来时才发生，在期限到来之前，法律行为虽已成立但尚未生效。例如，因出租房屋一方当事人在外地，无法马上回来腾空房屋，故双方当事人约定租赁合同自某年某月某日起发生法律效力。二是终止期限，也可称为解除期限或终期，在附解除期限的法律行为中，法律行为的效力自期限到来时消灭，在期限到来之前，法律行为一直发生效力。

所附的期限可以是准确确定的期限，也可以是不完全确定的期限。例如，甲乙双方约定，合同成立后的第一场大雨下过之后，甲向乙出售一套雨后登山设备。

附期限的法律行为中，在期限到来之前，当事人亦享有期待权，同样应得到法律的保护。期待权受侵害的，受害人有权主张损害赔偿。

第四节　法律行为的效力体系

一、无效法律行为

（一）无效法律行为的概念和特征

无效法律行为，是相对于有效民事法律行为而言的，它是指法律行为虽然已经成立，但因欠缺法定生效要件，使得当事人作出的法律行为不能被法律赋予法律效力的一种状

① 王泽鉴：《民法总则》，中国政法大学出版社 2001 年版，第 433 页。

② 王利明：《民法总论》，中国人民大学出版社 2009 年版，第 260 页。

态。无效法律行为是法律对法律行为的否定评价，是国家意志对私法自治的一种限制，它具备以下几个特征。

1. 无效法律行为具有违法性

无论何种无效法律行为，都具有违法性。违法性是指法律给予否定性的评价，典型表现为违反了法律、行政法规的强制性规定以及国家或社会公共利益。这里强调的是违反法律或行政法规的强制性规定，而非仅是违反了法律和行政法规的任意性规定。对社会公共利益的考量，是因为社会公共利益体现了全体社会成员的共同利益，对它的违反可谓是冒天下之大不韪，即使没有违反法律的明文规定，亦是无效的，国家强制力不会为此类法律行为提供保障。

2. 无效法律行为体现了国家的干预

法律行为被确认无效，是国家对私人行为自由进行控制的手段，从而满足国家某种经济社会政策需要。国家干预主要体现在，有关国家行政机关可以对一些无效法律行为进行查处，追究无效法律行为有关当事人的行政责任；在当事人请求确认法律行为无效之前，法院和仲裁机构可以主动依职权审查法律行为是否无效。依法被确认为无效的法律行为，当事人即使愿意继续实施该法律行为或追究一方的民事责任，法律也不允许，因为法律行为已被宣告无效，体现了国家强制力的阻断，当事人的意愿不能使之有效。

3. 无效法律行为自始无效、当然无效

“自始无效”是指该法律行为自始不发生法律约束力，法律行为一旦被确认无效，便产生溯及力，使法律行为自作出之时起就不具有法律效力，也不因为之后法律的修改或废止使之转化为有效法律行为。“当然无效”是指任何人都可以主张法律行为是无效的，即使当事人不愿主张，其他与法律行为无密切关系的人均可以要求宣告该法律行为是无效的。

4. 无效法律行为具有不得履行性

“不得履行性”是指当事人在实施无效法律行为后，不得依据法律行为实际履行，也不承担不履行的法律责任。以合同为例，无效合同的不得履行性是指当事人在订立无效合同以后，不得根据合同的约定实际履行，已经履行的，应返还财产或折价补偿，尚未履行的，不得履行，也不承担不履行合同的违约责任。

值得注意的是，法律行为存在无效的原因，并不等于该法律行为全部无效，有时可能只是部分无效。胡长清教授谓之“一面无效，一面有效”①。以合同关系最为典型，根据我国《合同法》第56条的规定，当合同仅有一部存在无效的原因，且该部分又不影响其余部分时，其余部分仍然有效。慎言之，在由若干部分组成或在内容上可以分为若干部分的合同中，如果有效部分和无效部分可以独立存在，一部分无效并不影响其他部分的效力，那么无效部分被确认无效后，有效部分继续有效存在。但是，如果无效部分与有效部分有牵连关系，确认部分内容无效将影响其他部分的效力，或者根

① 胡长清：《中国民法总论》，中国政法大学出版社1997年版，第326页。

据合同的性质或诚实信用原则，剩余的有效部分对于当事人已无意义，则合同应被全部确认为无效。

（二）无效法律行为的类型

1. 行为人不具有相应的民事行为能力所实施的法律行为

我国《民法通则》第 58 条的规定将无民事行为能力人和限制民事行为能力人依法不能独立实施的法律行为认定为无效法律行为。但依据我国《合同法》的规定和立法精神，无民事行为能力人和限制民事行为能力人依法不能独立实施的法律行为是一种效力待定的合同，经其法定代理人追认后，可以发生法律效力。《民法总则》部分吸收了《合同法》的规定，认为限制民事行为能力人实施的非纯获利益或与其年龄、智力、精神状况不相适应的民事法律行为，需经其法定代理人同意或者追认，但依然坚持无民事行为能力人实施的法律行为无效的立场。

就自然人而言，认定自然人是否具备民事行为能力，应以成立法律行为时为标准。如果自然人在成立法律行为时具备相应的民事行为能力，即使履行法律行为时该自然人丧失行为能力或行为能力受限，也不影响该法律行为的有效。但如果自然人在成立法律行为时不具备相应的民事行为能力，即使履行法律行为时该自然人具有了行为能力，也不能使该法律行为有效，若自然人愿意，可以通过重新作出意思表示成立新的法律行为。

就法人而言，其行为能力与权利能力通常是一致的，不同的法人，其行为能力亦有别。从立法意旨来看，法律并不在于否定法人实施的所有超越其经营范围的行为，而是在于制裁法人实施的超越特许营业资格的行为，这样一方面有益于鼓励交易的进行，另一方面可以限制一些非法的行为，从而促进经济有序、健康、稳步地发展。

2. 一方以欺诈、胁迫的手段所为的损害国家利益或违背公序良俗的法律行为

欺诈和胁迫行为损害的可能是国家利益，也可能是集体利益或第三人的利益。因损害对象的不同，我国《合同法》将因欺诈、胁迫而订立的合同分为两类：一类是无效合同，即以欺诈、胁迫的手段订立的损害国家利益的合同。另一类是可撤销的合同，即以欺诈、胁迫的手段订立的损害集体利益或第三人利益的合同，受欺诈方或受胁迫方有权请求人民法院或仲裁机构变更或者撤销该合同。而我国《民法通则》对此没有区分，只要一方以欺诈、胁迫的手段使对方在违背真实意思的情况下所为的行为，就是无效的。我国《民法总则》不再强调一方因受欺诈、胁迫而作出的违背其真实意思的行为无效，而是将其认定为可撤销的内容，同时收回了法院、仲裁机构的强制变更权。但是《民法总则》同时也规定了违反法律、行政法规的强制性规定或违背公序良俗的法律行为无效，即当存在上述欺诈、胁迫的情况同时也触犯《民法总则》第 153 条时，法律行为当然无效。本书认为《合同法》与《民法总则》的规定更为合理，既充分尊重了当事人的自由意思，同时有效地保障了国家的利益，实现了利益的平衡。

3. 恶意串通，损害他人合法权益的法律行为

恶意串通的法律行为是指双方当事人非法串通在一起，通过共同实施某种损害他人

合法权益的行为。例如，在招标投标过程中，投标人之间恶意串通压低标价，从而损害招标人的利益；或者投标人与招标人恶意串通，以达到排挤其他投标人的目的，等等。

恶意串通法律行为的主要特点包括如下方面。

（1）当事人出于恶意。出于恶意即当事人双方都希望通过实施法律行为损害国家、集体或者第三人的利益，也就是说，当事人明知其行为会损害国家、集体或者第三人的利益，仍为之。若当事人因过失而为意思表示，不构成恶意串通。

（2）当事人之间互相串通。互相串通，可以表现为事先共谋的方式，即双方当事人事先达成协议，也可以是一方当事人作出意思表示，对方当事人明知其目的非法而用默示的方式接受。相关当事人具有上述主观上的串通后，在具体实施上，可以是双方当事人分工相互配合，也可以是双方共同实施某一行为。在司法实践中，主要有七种情形，即代理人或代表人与相对人恶意串通、双方代理行为中的恶意串通、恶意串通逃避债务、恶意串通实施无权处分、恶意串通实施财产的多重转让、恶意串通实施共同欺诈和恶意串通规避法律[①]。

（3）他人合法权益。所造成的利益损失可以是积极利益的损失，即既有利益的丧失；也可以是消极利益的损失，即应该增加的利益而没有增加。若仅有恶意串通之事实，却未发生实际损害之后果，当事人恶意串通的目的没有实现，则法律行为并不因此无效。

4. *以合法形式掩盖非法目的的法律行为*

《民法通则》规定以合法形式掩盖非法目的的法律行为无效，而《民法总则》却放弃了这一提法，采用“行为人与相对人以虚假的意思表示实施的民事法律行为无效”的规定方式。两者是有区别的，具体参见本章第二节中关于虚假表示的阐释。这里主要介绍《民法通则》之规定。

以合法形式掩盖非法目的，是指当事人实施的法律行为在形式上是合法的，但在内容上和目的上是非法的。当事人所实施的法律行为就其外表来看是合法的，但是外表行为只不过是当事人借以达到非法目的的手段。例如，为了逃避所欠的债务或避免被法院查封而与配偶离婚，并与之订立赠与合同，将自己的大量财产无偿赠与之。

这一法律行为具有如下几个特点：其一，仅从外观上看，这一法律行为是合法的，外观上它并不违反法律、行政法规的强制性规定。其二，合法的法律行为仅仅是一个表象，用以掩盖其非法的目的。换言之，当事人所追求的目的是违法的，但他们以合法的外观行为作为伪装。其三，当事人具有规避法律规定的故意。当事人明知其目的违法，而试图通过外部伪装来实现这一不合法的目的。倘若并不知晓相关法律有强制性或禁止性规定，而客观上亦有规避法律之实效，仍不能以规避法律论处[②]。其四，当事人的真实交易是违法的。在规避法律行为中，通常有两次交易，一次为真实交易，一次为形式交易。该真实交易违反了法律的强制性或禁止性规定。

需要指出的是，如果当事人所掩盖的目的是合法的，则应按照行为人的真实意图处理，使被掩盖的行为发生法律效力。

---

① 杨代雄：《民法总论专题》，清华大学出版社 2012 年版，第 163-170 页。

② 刘凯湘：《民法总论》（第三版），北京大学出版社 2011 年版，第 335 页。

5. 违反法律、行政法规的强制性规定，违背公序良俗或社会公共利益的法律行为

我国《民法通则》《民法总则》《合同法》对此均作出了规定，但三者存在较大的差别：其一，《民法通则》将违反法律和违反社会公共利益并列规定，作为法律行为无效的一种原因。《合同法》将违反法律和违反社会公共利益作为不同的两种情形分别规定。而《民法总则》则是在《民法通则》的基础上吸收了《合同法》的合理部分，认为违反法律、行政法规的强制性规定和违背公序良俗两种情形的民事法律行为无效。其二，《民法通则》笼统地表述为“违反法律”，《合同法》则仅将违反法律、行政法规的强制性规定作为违反法律的含义①。《民法总则》将广义的法律细化为法律以及行政法规两个层级，并且限于二者的强制性规定，此外还将社会公共利益的表述更改为公序良俗。

违反社会公共利益（公序良俗）的法律行为无效的规定，体现了对全体社会成员共同利益的特别保障。违反社会公共利益或公序良俗的法律行为无效，这是各国立法普遍确认的原则。凡是实施的法律行为危害国家公共安全和秩序、损害公共秩序、善良风俗的，无论当事人是否主张无效，法院和仲裁机构都可以主动宣告该法律行为无效。例如，以从事犯罪或帮助犯罪作为内容的合同，规避课税的合同，危害社会秩序的合同，对婚外同居人所作出的赠与和遗赠等违反道德的合同，赌博合同，违反人格尊严的合同，危害家庭关系的合同，限制经济自由的合同，违反公平竞争的合同，违反劳动者保护的合同等，均应无效②。

二、可撤销的法律行为

（一）可撤销法律行为的概念和特征

可撤销法律行为，是指当事人在实施法律行为时，因意思表示存在瑕疵，撤销权人有权通过行使撤销权而使已经生效的法律行为归于无效。可撤销法律行为的法律特征表现为如下几点。

（1）可撤销的法律行为主要是意思表示不真实的法律行为，例如，当事人存在重大误解而成立的法律行为，一方当事人乘人之危而成立的法律行为，但其意思表示不具有违法性，没有损害国家或社会公共利益，所以在这一点上，它不同于无效法律行为。但是可撤销的法律行为并不仅是意思表示不真实的法律行为，还包括当事人之间权利义务显失公平的法律行为。

（2）只有撤销权人主动行使撤销权，方可撤销法律行为。法律赋予撤销权人是否主张撤销的选择权，撤销权人可以自由决定是否撤销法律行为，法院对此采取不告不理的态度。而无效法律行为是当然无效，无论当事人是否主张法律行为无效，法院或仲裁机构都可以主动干预，宣告法律行为无效。

（3）对于可撤销的法律行为，撤销权人可以请求予以撤销，也可以不要求撤销。可撤销的法律行为在未被撤销以前仍然是有效的，而无效法律行为是自始无效的，当事人

① 刘凯湘：《民法总论》（第三版），北京大学出版社2011年版，第335页。

② 梁慧星：《市场经济与公序良原则》，载梁慧星：《民商法论丛》（第1卷），法律出版社1994年版，第57-58页。

亦不得履行。

（二）可撤销法律行为的类型

1. 因重大误解成立的法律行为

重大误解是指当事人因自己的过错而对与法律行为有关的情事发生误解，致使该行为结果与自己的内心意思相悖，并造成较大损失的情形。

根据《最高人民法院关于贯彻执行〈中华人民共和国民法通则〉若干问题的意见（试行）》的规定，重大误解常见的类型有：①对行为性质的误解，如误把借用当作赠与，误把出租当作出售；②对对方当事人的误解，如把甲的双胞胎哥哥误认为甲本人而与之进行法律行为；③对标的物的种类、质量、规格、数量的误解，例如，误把镀金首饰制品当纯金制品，误把昂贵的古董瓷器当普通的瓷器。而对行为动机的误解，在行为动机未作为法律行为的条件提出时，他人难以了解，法律也难以作出评价，因此原则上不属于重大误解的范围。但是，如果当事人在成立法律行为时已经把动机作为法律行为的条件提出，且对此误解会造成较大损失时，则应当将其视为对法律行为内容的重大误解。

因为重大误解将对当事人的权利义务产生重大的影响，所以对于重大误解的构成要件规定得较严格，主要有以下几个要件。

（1）当事人是对行为的内容等发生了重大误解。当事人对涉及法律行为的重要内容发生误解，方为重大误解。若仅仅是对与法律行为相关但属于次要的、不重要的问题发生误解且对当事人的权利义务影响不大，则不作为重大误解处理。

（2）误解是由表意人自己的过失造成的，不能是表意人的故意行为所造成的，否则不能构成误解。如果表意人在实施法律行为时故意保留其真实的意思，或者明知自己对法律行为的相关内容发生了误解而仍然与对方成立法律行为，则表明表意人希望追求其意思表示所产生的效果，不能以重大误解来处理。如果误解是因为受他人的欺诈行为造成的，则构成欺诈而非重大误解。

（3）表意人因为误解作出了意思表示。表意人作出了意思表示，这种意思表示是由误解造成的，误解与表意行为之间存在因果关系。误解与表示错误不同，在表示错误情形下，当事人的内心意思不存在缺陷，只是表示发生错误，如还款的期限约定为 2008 年 10 月 1 日，而当事人错将之写为 20008 年 10 月 1 日。而在误解的情形下，当事人内心真实意思发生了缺陷，外部表示与内心意思是一致的。

（4）误解方因此遭到较大损失。这是关于重大误解产生后果的条件限制，如果误解方并没有遭受什么损失，则考虑到交易成本、误解方自身有过错等原因，不允许误解方撤销该法律行为。

2. 乘人之危导致显失公平的法律行为

乘人之危是指一方当事人利用他人的危难处境或紧迫需要，为了达到自己不正当的利益需求，而迫使对方作出不真实的意思表示。乘人之危的行为是一种典型的违背诚实信用、公序良俗的行为，因而法律对此予以制裁。显失公平是指双方当事人在实施法律行为的过程中，一方当事人利用自身的优势或者利用对方没有经验，致使双方权利义务的分配明显不对等，使一方明显处于不利的地位。

我国《民法通则》将乘人之危与显失公平分别作为可撤销可变更法律行为的两种类型。《合同法》亦将二者分立于可撤销可变更原因之下，《民法总则》则将二者合一，作为暴利行为规定于可撤销原因之下①。即《民法总则》第 151 条规定："一方利用对方处于危困状态、缺乏判断力等情形，致使民事法律行为成立时显失公平的，受损害方有权请求人民法院或者仲裁机构予以撤销。"这种糅合不是简单的拼接，《民法通则》对于乘人之危与显失公平的规定过于简陋，前者只规定行为性质，后者只规定损害结果，因此之后的《最高人民法院关于贯彻执行〈中华人民共和国民法通则〉若干问题的意见（试行）》对二者分别进行了补充，即根据《最高人民法院关于贯彻执行〈中华人民共和国民法通则〉若干问题的意见（试行）》第 70 条、第 72 条的规定，要求乘人之危须达到严重损害对方利益的程度，要求显失公平建立在一方当事人利用优势或对方没有经验的前提之上。严重损害对方利益，自然有失公平，而乘人之危在一定程度亦可理解为利用优势，可见二者在逻辑上已有一定关联②。观《民法通则》中乘人之危与显示公平的制度规定，前者系为保护表意自由，后者乃侧重维护社会公平秩序。而在《民法总则》中，二者被作为一个整体联系在一起，以乘人之危为原因，以显失公平为结果，意在规范乘人之危或利用对方弱势而攫取暴利的行为。这种制度安排在维护社会公平秩序的同时，最大限度地避免了法律对意思自治空间的干预。

因乘人之危等而导致显失公平的法律行为具有如下构成要件。

（1）一方须有利用对方危困状态、没有经验、缺乏判断能力等弱势情形的行为。危困状态包括经济、生命、健康、名誉等方面的窘迫或急需；急迫是情况比较紧急，迫切需要对方提供金钱、物质、服务或劳务，但不包括政治上、文化上的需要③。没有经验主要是指缺乏一般的生活经验或交易经验，如没有切实了解物品的市场价值，盲目听信对方的口头陈述。缺乏判断能力是指行为明显缺乏理智考虑或正确评判双方对待给付与法律行为经济后果之力而实施法律行为，缺乏判断能力可能是因为明显的意志薄弱引起的，也可能是因为生活或交易经验缺乏引起的④。

（2）对方当事人因为危困状态、无经验或缺乏判断能力等弱势原因而订立了法律行为。对方当事人知道一方当事人利用自己处于危难境地或存在某些紧迫的需要，或因自己无经验、缺乏判断能力，而无奈地作出了违背真实意思的行为。

（3）一方获得的利益超出了法律所容许的限度。对于显失公平的度，我国立法没有作出明文规定。一般认为，在买卖合同中，出卖人交付的标的物价值少于其实有价值的一半，或者超出其市场的价格一倍的，应当认为是显失公平⑤。总之，应根据实际情况，看双方当事人利益是否严重失衡，一方获得的利益是否冲破了法律限度，致使双方的权

① 申海恩：《〈民法总则〉关于"民事法律行为"规定的释评》，《法律适用》2017 年第 9 期，第 28 页。

② 沈德咏：《〈中华人民共和国民法总则〉条文理解与适用》，人民法院出版社 2017 年版，第 1004-1005 页。

③ 杨立新：《中华人民共和国民法总则要义与案例解读》，中国法制出版社 2017 年版，第 554 页。

④ Brox, Walker, Allgemeiner Teil des BGB, 34. Aufl., 2010, Rn.344f. 转引自王利明：《中华人民共和国民法总则详解》（下册），中国法制出版社 2017 年版，第 658 页。

⑤ 王利明、崔建远：《合同法新论·总则》，中国政法大学出版社 1996 年版，第 284 页。

利与义务明显违反公平、等价有偿原则。

（4）该法律行为在成立时显失公平。这种明显不公平主要发生在法律行为成立之时，法律行为已经成立、生效后，因客观情势发生变更使得当事人利益严重失衡时，可能发生情势变更原则的运用，而非主张显失公平的运用。

3. 因欺诈、胁迫而订立的法律行为

前面已经提到过，我国《民法通则》将因欺诈、胁迫而成立的法律行为定性为无效法律行为，但我国《合同法》则对此有所松动。在《合同法》上，因欺诈、胁迫订立的合同可分为两类：一类是以欺诈、胁迫的手段订立合同而损害国家利益的，应作为无效合同处理，另一类是一方以欺诈、胁迫的手段订立合同但没有损害国家利益，或是损害了集体或是损害了第三人的利益，对于这类合同应作为可撤销合同还是应作为无效合同对待，存在两种不同的观点。

一种观点为撤销主义说。这种观点主张欺诈、胁迫合同作为可撤销的合同对待即可，无须当作无效合同处理。理由在于，一方因受欺诈、受胁迫而订立合同，主要是意思表达不真实或存在瑕疵的问题，而非具有违法性。一方在受到欺诈、胁迫的情况下进行意思表示是不自由的，所作出的意思表示是不真实的，为了充分地维护当事人的意志自由，同时为制裁实施欺诈、胁迫的一方，法律赋予被欺诈人、受胁迫人以撤销权，由被欺诈人、受胁迫人决定瑕疵意思表示的效力，让他们能在充分考虑其利害得失以后，作出是否撤销合同的决定。

另一种观点为无效主义说。这种观点认为欺诈、胁迫合同应属于无效合同。因为这一观点认为确认此类合同无效有利于有关行政机关或司法机关对此进行干预，从而维护社会公共秩序和公共道德，而且这能够更有力地制裁实施欺诈、胁迫行为的人，有效地防止欺诈、胁迫行为的发生。

我国大多数民法学者认为撤销主义更为合理，这一观点亦为我国立法所肯定。《民法总则》即对因受欺诈而作出的民事法律行为采取了撤销主义的立场。理由主要有三：首先，撤销主义更能充分尊重被欺诈方、受胁迫方的意愿，将选择权赋予他们，充分体现了民法的意思自由原则。其次，有时某些欺诈、胁迫行为给对被欺诈人、受胁迫方所造成的损失可能是轻微的，受害人可能仍认为该合同对自己是有利的，并愿意接受该合同的约束。最后，在许多情况下，对于受害人来说，责令实施欺诈、胁迫行为的当事人承担违约责任，胜于责令实施欺诈、胁迫行为的当事人承担合同被宣告无效后的责任。

欺诈不同于显失公平。其一，欺诈是一方故意制造假象使对方陷入错误，对方在此错误的基础上作出不真实的意思表示；而在显失公平的情况下，一方并没有欺诈他人，只是利用了对方的无经验、轻率等。其二，在欺诈的情况下，受害人在主观上并没有选择的自由，受欺诈人成立对其不利的法律行为是因对方的欺诈行为所导致的；而在显失公平的情况下，受害人在主观上具有一定的选择自由，由于自己的无经验、轻率等而与对方订立法律行为，可以说，在许多情况下受害人自身存在一定的过错。

欺诈亦有别于重大误解。首先，在欺诈的情况下，受欺诈的一方陷入错误认识是由于欺诈行为造成的，而非是自己的过错造成的。在重大误解的情况下，误解方陷入错误认识源于自己的过失，并非受到他人的欺诈。其次，在欺诈的情况下，不管欺诈是否给受欺诈方造成较大的损失，受欺诈方都有权基于对方欺诈的事实而行使撤销法律行为的权利。在重大误解的情况下，误解方遭到较大损失则是重大误解的构成要件，误解方未受较大损失的，则不能行使撤销权。

（三）撤销权的行使

1. 撤销权的概念

可撤销法律行为的撤销权是指撤销权人依其单方的意思表示即可使法律行为的效力自始消灭的权利。撤销权是一种形成权，通常只由因意思表示不真实而受有损害的一方当事人享有。具体言之，在因重大误解而成立的法律行为中，误解人享有；在显失公平的法律行为中，由受到重大不利的一方当事人享有；在因欺诈、胁迫而成立的法律行为中，由被欺诈方、受胁迫方享有；在乘人之危的情形中，由身处危难境地的人享有。

2. 撤销权的行使

《最高人民法院关于贯彻执行〈中华人民共和国民法通则〉若干问题的意见（试行）》第 73 条第 1 款规定：“对于重大误解或者显失公平的民事行为，当事人请求变更的，人民法院应当予以变更；当事人请求撤销的，人民法院可以酌情予以变更或者撤销。”由此可见，在我国，撤销权的行使必须通过诉讼或仲裁的方式，由法院或仲裁机构对法律行为是否符合撤销条件进行审查，在符合条件时才支持当事人的请求，宣告法律行为被撤销。撤销权人主动向对方作出撤销之意思表示的，不能直接发生撤销法律行为的后果。

3. 撤销权的消灭事由

由于撤销权的行使会使法律行为效力归于消灭，所以为了维护稳定的交易关系与社会关系，使法律行为当事人之间的权利义务关系不处于不确定的状态，法律规定了撤销权的消灭事由，一旦此类事由发生，则撤销权人无权再行使此等权利。《最高人民法院关于贯彻执行〈中华人民共和国民法通则〉若干问题的意见（试行）》第 73 条第 2 款规定：“可变更或者可撤销的民事行为，自行为成立时起超过一年当事人才请求变更或者撤销的，人民法院不予保护。”《民法总则》针对不同情况，作出细致化规定，即第 152 条规定：“有下列情形之一的，撤销权消灭：（一）当事人自知道或者应当知道撤销事由之日起一年内、重大误解的当事人自知道或者应当知道撤销事由之日起三个月内没有行使撤销权；（二）当事人受胁迫，自胁迫行为终止之日起一年内没有行使撤销权；（三）当事人知道撤销事由后明确表示或者以自己的行为表明放弃撤销权。当事人自民事法律行为发生之日起五年内没有行使撤销权的，撤销权消灭。”据此，撤销权的消灭事由包括因除斥期间经过与撤销权人放弃两种。

第一种消灭事由是因除斥期间经过。与《最高人民法院关于贯彻执行〈中华人民共和国民法通则〉若干问题的意见（试行）》的一刀切式的做法不同，《民法总则》采取了弹性的除斥期间：对于一般的可撤销的法律行为，采取一年的除斥期间。而为了保护重大误解行为中无过错或轻微过错的相对方的利益，及早结束法律关系的不确定状态，特别规定重大误解的除斥期间为 3 个月。此外，《民法总则》还规定了撤销权的 5 年最长保护期限，意在达到保护撤销权人与稳定既有法律秩序的平衡。除了存续期限外，除斥期间的起算点也有所变化。与传统民法法理的法律行为“成立之日”为起算点的做法不同，《民法总则》采取了“知道或应当知道之日”为起算点，更有利于保护撤销权人。同时，考虑到胁迫是一种持续状态，因此特别规定因受胁迫而作出的民事法律行为的撤销权除斥期间的起算点为“胁迫行为终止之日”。第二种消灭事由是撤销权人自动放弃。享有撤销权的当事人可以以明示或默示的方式放弃该权利，申言之，撤销权人在知道撤销事由后明确表示或者以自己的行为放弃撤销权的，撤销权不可撤回地消灭。

三、效力待定的法律行为

（一）效力待定法律行为的概念和特征

效力待定的法律行为是指法律行为虽然已经成立，但由于其欠缺法律行为生效的某些要件，其效力能否发生尚未确定的法律行为。效力待定的法律行为一般须经有权人加以追认才能产生当事人预期的法律效力，如果权利人在规定的期间内不予追求，则法律行为归于无效。

效力待定的法律行为具有如下特征。

（1）效力待定的法律行为之效力处于一种不确定的状态，既非完全有效，亦非完全无效。此类法律行为在被追认之前，其效力不同于有效法律行为，因为它的效力尚不确定，亦不是无效法律行为，因为无效法律行为是自始无效的；它也非可撤销法律行为，因为可撤销法律行为在被撤销之前具有法律效力。

（2）效力待定的法律行为已经成立，但因欠缺某些法律行为生效要件而没有完全发生法律效力。效力待定的法律行为严格区分了法律行为成立与生效。法律行为成立强调的是当事人意思表示的自由，只要当事人就法律行为的基本内容达成一致的意思表示，则法律行为即告成立。但法律行为生效渗入了国家意志的考量，它是在法律行为成立的基础上，再符合一定的生效要件，法律才可赋予其法律效力。效力待定的法律行为正处于法律行为已经成立但尚未完全生效这一阶段，虽有当事人的意思表示，但不完全具备法律行为生效的全部要件，所以法律尚未赋予其完整的效力。

（3）效力待定法律行为是否可发生法律效力，尚无法确定，有待于其他行为或事实的发生加以确定。能够使效力待定法律行为效力得以确定的法律事实包括两类：其一是事件，如无权处分法律行为中，因无权处分人通过继承、受赠等方式取得所有权或相应的处分权，该效力待定的法律行为成为有效的法律行为。其二是行为，行为主要包括真正权利人追认权的行使和善意相对人撤销权的行使。前者使效力待定的法律行为发生法律效力，后者则使此类法律行为归于无效。

效力待定的法律行为不同于无效法律行为、可撤销法律行为，它们的区别在于：其一，引发的原因不同。效力待定的法律行为并不具有违法性，当事人并未违反法律的强制性规定及社会公共利益，而且此类法律行为当事人也不存在意思表示不真实，其效力尚未确定主要是因为欠缺某些生效要件，如有关当事人缺乏民事行为能力、没有相应的处分能力、不具备成立法律行为的资格等造成的。其二，法律效力不同。效力待定的法律行为可以因为权利人的承认而发生法律效力，这样既有利于促成更多的交易，也有利于维护相对人的利益；而无效法律行为是自始无效、当然无效的，当事人不得进一步实施、完成这样的法律行为；可撤销法律行为当事人具有选择权，如果权利人请求撤销法律行为，则法律行为效力自始归于消灭，如果权利人没有请求撤销法律行为，则法律行为自始有效。

效力待定法律行为亦不同于其他普通的有效民事法律行为，其最突出的特点是此类法律行为须经过权利人的追认才能生效。所谓追认，是指权利人事后表示同意无缔约能力人、无代理权人、无处分权人与他人成立有关法律行为。权利人的追认与否决定着效力待定法律行为的效力。在权利人尚未承认以前，效力待定的法律行为虽然已经订立，但并没有实际生效。所以，当事人双方都不应作出实际履行，尤其是相对人如果知道对方不具有代为实施法律行为的能力和处分权，则不应当作出履行行为，否则构成恶意，将对其权利的取得或享有产生不利的影响，如将导致恶意者不能依善意取得制度而取得财产。

（二）不适格主体进行的法律行为

1. 限制民事行为能力人依法不能独立进行的法律行为

根据我国法律规定，限制民事行为人可以实施某些与其年龄、智力和健康状况相适应的法律行为，其他民事活动由其法定代理人代理，或在征得其法定代理人同意后实施。因此限制民事行为能力人可以为纯获利益的民事法律行为或与其年龄、智力、精神状况相适应的民事法律行为，在此之外此类主体为法律行为，得由其法定代理人代理进行，或者得到其法定代理人的事先允许。此类主体未征得法定代理人的同意，而独立实施了其依法不能独立作出的法律行为，根据我国《民法通则》与《民法总则》的规定，则为无效行为；但依《合同法》的规定，则由于其行为能力的缺陷而使该法律行为效力待定。以下针对《合同法》中的规定展开说明。

对于此等效力待定合同，法定代理人可以加以追认，追认后，合同发生完全的法律效力。法律没有明确规定行使追认权的期间，但为了避免这一法律关系长期处于一种不确定的状态，相对人的权利得不到保障，法律赋予相对人催告权。相对人可以催告法定代理人在 1 个月内予以追认。在这一期间内，法定代理人应作出明确的表态，或追认该合同或拒绝追认。这一期间为除斥期间，期间届满，法定代理人仍未作表示的，追认权消灭，法律推定其拒绝追认。

追认权的设置保护了限制行为能力人的利益，让他们有机会通过事后的补救实现订立合同的目的。但是在订立合同时，难以从外观很准确地判断某人是否处于限制行为能力状态，而且有时限制行为能力人亦会采取隐匿的手段使相对人相信其有缔约能力，所以为了平衡双方当事人的利益，给予相对人合理的保护，法律在赋予限制行为能力人的法定代理人撤销权的同时，亦赋予善意的相对人撤销权，即在合同被追认之前，善意相对人有撤销的权利。善意相对人是指在订立合同时不知道或不应当知道与其订立合同的当事人处于限制行为能力状态，而相信其具备适格的缔约能力的人。相反，如果该相对人是恶意的，他明知或应当知道当事人不具有相应的缔约能力，仍然与之订立合同，或者甚至想利用这一状况，则他无权撤销该合同，只能等待限制行为能力人的法定代理人的决定。撤销权的行使将使双方的权利义务关系发生重大的改变，所以法律要求善意的相对人应当以通知的方式作出撤销。

2. 无民事行为能力人依法不能独立实施的法律行为

对于无民事行为能力人依法不能独立实施的法律行为，我国《民法通则》与《民法总则》均将其定性为无效法律行为。我国《合同法》虽然没有对无民事行为能力人订立合同的效力作出明文的规定，但实则可以类推适用限制行为能力人订立合同的情形。无民事行为能力人在缔约方面可能遇到的问题与限制行为能力人类似，对于无民事行为能力人订立的“纯获法律上利益”的合同，或与其年龄、智力、精神状况相适应的合同，或事先征得法定代理人同意的合同，大多数国家与地区立法都予以承认其效力，因为此类合同并不会损害无民事行为能力人的利益，所以本书认为承认此类合同的效力较为合理；而对于无民事行为能力人不能独立订立的合同，大多数国家立法规定其为效力待定合同，少数规定其为可撤销合同（如日本）[①]，考虑我国具体情况，本书认为可以类推适用《合同法》关于限制行为能力人订立合同的规定。

（三）无权代理人所为的法律行为

1. 无权代理人所为的法律行为概述

无权代理是指行为人没有代理他人的资格却以他人的名义进行民事活动的行为，简言之，是指欠缺代理权的代理。广义的无权代理主要有三种情况：根本无权代理；超越代理权范围所为的代理；代理权消灭以后的代理。这些行为虽然具有代理行为的表面特征，但行为人不具备有效的代理权，因而并不符合有权代理的要件。

无权代理人以本人名义与他人实施法律行为，是一种效力待定的法律行为，而不是绝对无效的法律行为。此类法律行为的瑕疵是可以通过本人的行为予以修补的，本人的追认可以使无权代理行为发生法律效力。法律没有将此类法律行为划入绝对无效法律行为范围，原因在于：其一，无权代理行为并非都对本人不利，有些无权代理活动有利于本人实益的增加。如果一概认定无权代理而所为的法律行为无效，则当本人愿意为如此法律行为时，却还要进行新一轮的磋商、谈判，这无疑将会增加实施法律行为的社会成本，不符合效率原则。其二，无权代理行为也具有代理的某些特征，只是实际上没有代理权限，然而如果本人事后予以追认，实则属于事后补授代理权，可以使代理行为有效。当然，如果本人认为无权代理行为对其不利，自然可不加以追认。可见，这一灵活的做法更有利于维护本人及相对人的利益，更有利于实现利益的双赢。

对于此类效力待定法律行为，法律赋予本人追认权来确定该法律行为的效力。本人予以追认的，本人成为法律行为的当事人，受到该法律行为的约束；本人不予追认的，该法律行为对本人不发生约束力，无权代理人应承担相应的责任。具言之，本人一旦作出追认，便具有溯及既往的效力，使因无权代理所为的民事法律行为从成立之时开始即产生法律效力。追认权是一种形成权，当事人可以行使亦可以不行使，由于其行使与否

① 余延满：《合同法原论》，武汉大学出版社 1999 年版，第 237 页。

决定其民事法律关系或其他责任的确定，所以法律要求当事人在一定期限内作出，即在相对人催告后的1个月内作出，本人未作表示的，视为拒绝追认。

本人拒绝追认的，则无权代理行为自始无效，因无权代理所为的法律行为不能对本人产生法律效力，行为人则应对此承担责任。我国《民法通则》与《民法总则》均没有对责任作出进一步详细的规定，依学理解释，该责任可以分为两种类型：一为法律行为有效情形下的责任。无权代理人借代理为伪装的意思表示，则成为自己的意思表示，该民事法律行为的主体发生变更，即为该无权代理人与相对人。因此，该无权代理人作为法律行为的当事人应承担相应的履行责任，若其履行不符合约定，则应承担赔偿等责任。二为法律行为无效情形下的责任。如果无权代理人没有成立该法律行为的资格或其他原因导致该法律行为无效，则该法律行为不生法律效力，无权代理人应承担相应的赔偿责任。

为了保护相对人特别是善意相对人的权益，法律亦赋予相对人以催告权和善意的相对人以撤销权。相对人有权催促本人在合理的一定期限内明确表示其是否追认无权代理行为，催告的意思必须向本人或其法定代理人作出。作为善意的相对人，他还有权在本人作出追认的意思表示之前，行使撤销权，因撤销涉及当事人之间权利义务的消灭，对当事人有重大的影响，所以法律要求撤销应当以通知的方式作出。此外，《民法总则》第171条第3款还规定，行为人实施的行为未被追认的，善意相对人有权请求行为人履行债务或者就其受到的损害请求行为人赔偿，但是赔偿的范围不得超过被代理人追认时相对人所能获得的利益。

2. *表见代理人所为的法律行为*

现实生活还可能存在如此情形，即无权代理人的外观行为使善意相对人产生一种确信，相信该无权代理人有代理权，此时，无权代理人与相对人之间产生的法律关系则不同于前面所提到的无权代理而产生的法律关系，而是一种新的法律关系，即表见代理法律关系。

表见代理不同于一般的无权代理，它是指无权代理人的行为客观上使相对人相信其有代理权，且相对人主观上是善意且无过失的，因而该行为的法律效果直接由被代理人承担。表见代理的构成要件有以下几点：①无权代理人并没有获得本人的有效授权。在表见代理的情况下，行为人或者根本没有代理权，或者超越了代理权限，或者代理权已经终止，而以本人的名义实施法律行为。正是从这个意义上说，表见代理与广义的无权代理有相似之处。②表见代理人的行为使相对人有理由相信其有代理权。代理人虽然没有代理权，但其行为从表面上可以使他人产生一种有权实施法律行为的信赖，相信行为人具有合理代理权，即具有权利的外观。所谓权利外观，是指本人的授权行为已经在外部形成了一种表象，即能够使第三人有合理理由相信无权代理人已经获得了授权[①]。③相对人主观上须为善意且无过失。所谓主观善意，是指相对人不知道或不应当知道无权代理人实际上没有代理权。所谓无过失，是指相对人的这种不知道并不是因为自身的

① 王泽鉴：《债法原理》（第一册），中国政法大学出版社2000年版，第358页。

疏忽大意或懈怠造成的。④无权代理行为的发生与本人存在一定的关系[①]。法律要求本人直接对表见代理人的行为承担责任，在一定程度上考虑到表见代理行为的发生大多与本人自身的过错行为有一定的关系。例如，由于本人自身疏于管理，随意放置公章和合同文书，使得他人有机可乘，冒用其公章、空白合同等与相对人订立合同。⑤无权代理人与相对人所为的法律行为，本身并不包含无效和可被撤销的内容。

在构成表见代理的情况下，这种无权代理的行为视为有效，本人应受无权代理人所为的民事法律行为的约束，但这种无权代理的性质将会影响无权代理人与本人之间的内部关系。

3. 由代表行为所为的法律行为

代表行为有别于无权代理行为，它是一种特殊性质的代理行为。法人或其他组织的法定代表人、负责人以该法人或组织的名义从事经营活动、实施法律行为时，无须再获得该法人或组织的特别授权，因为法律推定他们全权代表该法人或组织行为，其所有行为包括越权行为的后果均应由该法人或组织承担，除非相对人知道或应当知道该法定代表人或负责人实施的法律行为超越了权限。《民法总则》第 61 条第 2 款与第 3 款对此作出了规定："法定代表人以法人名义从事的民事活动，其法律后果由法人承受。法人章程或者法人权力机构对法定代表人代表权的限制，不得对抗善意相对人。"我国《合同法》亦有类似的规定，法人或者其他组织的法定代表人、负责人超越权限订立的合同，除相对人知道或者应当知道其超越权限的以外，该代表行为有效。

（四）无处分权人所为的法律行为

1. 无处分权人所为的法律行为的概念与特征

无权处分的行为是指无处分权人以处分他人财产或权利为目的而实施的法律行为。无处分权人所为的法律行为具有如下几个特征。

（1）无处分权人实施了处分他人财产或权利的行为。此处所说的"处分"是指法律上的处分，包括处分财产所有权、债权或其他财产权利，如出售或赠与财产、转让债权、免除债务，也包括限制财产权或在财产上设定抵押等负担的行为，但不包括事实上的处分。

（2）行为人无处分权，却以自己的名义实施了处分行为。无处分权包括两种情形：其一为根本没有处分权，其二为虽然有处分权，但处分权受到一定的限制，如共有人对共同共有的财产的处分权。无处分权人是以自己的名义来处分他人的财产，如果是以他人的名义来处分他人的财产，则构成无权代理行为，而非无处分权的行为。

（3）行为人在处分他人财产时与相对人一起实施了法律行为。无权处分行为涉及两种法律关系和三方主体。两种法律关系包括行为人处分财产的行为和为实现处分结果而与相对人实施的法律行为，三方主体包括无权处分人、权利人和相对人。

① 王利明：《民法总则研究》，中国政法大学出版社 2003 年版，第 674-675 页。

2. 无处分权人所为的法律行为的法律关系

根据我国《合同法》第51条的规定①，此类行为属于效力待定的法律行为，可以通过权利人追认使之发生法律效力。这里的追认是指权利人作出的同意该处分行为的意思表示。这种意思表示可以直接向相对人作出，也可以向处分人作出。但如果相对人要求追认，则权利人应向相对人为意思表示，否则相对人可能行使撤销权。此类法律行为也可以通过无权处分人事后取得处分权来使法律行为发生效力，如在无权处分人与相对人实施一定法律行为后，该无权处分人又接受权利人的赠与而成为所处分财产的所有权人，无权处分人取得该财产的所有权之行为使其与第三人所为的法律行为自始有效。

若权利人不予追认或行为人在法律行为成立之后未取得处分权，三方主体间法律关系应区分不同的情形对待，下面以处分财产所有权的行为为例加以分析：①如果无权处分法律行为的相对人主观上是善意的，不知道或不应当知道对方无处分权，而且已经根据法律行为受领了标的物，则依善意取得制度②，该相对人有权取得该物的所有权。详言之，在权利人不予追认或行为人在法律行为成立之后未取得处分权时，无权处分人与相对人所为的法律行为无效，但出于对善意第三人的保护，相对人可以获得物之所有权，对于权利人而言，他有权要求无权处分人赔偿其遭受的损失。②如果无权处分法律行为的相对人主观上是善意的，但尚未根据该法律行为取得标的物的交付，则不得适用善意取得制度，相对人尚未取得标的物的所有权。此时无权处分人与相对人之间的法律行为归于无效，相对人可以要求无权处分人承担相应的赔偿责任。③如果相对人主观存在恶意，明知对方没有处分权，则无权取得标的物的所有权。若相对人已经受领了标的物，则权利人可以行使物上返还请求权。

但是，就买卖合同而言，《最高人民法院关于审理买卖合同纠纷案件适用法律问题的解释》（于2012年3月31日由最高人民法院审判委员会第1545次会议通过，自2012年7月1日起施行）第3条的规定撼动了传统关于无处分权行为的法律效力③。学理上认为的《合同法》第51条中所说的无处分权人处分他人财产的行为是“效力待定的法律行为”因此发生了改变。因为第3条确定了无处分权人处分他人财产所订立的合同为有效的合同，这与《合同法》第51条规定的“当权利人不进行追认或者无处分权人事后没有取得处分权时该合同无效”相矛盾。在两者发生冲突的情况下，应当如何理解《合

① 我国《合同法》第51条规定：无处分权的人处分他人财产，经权利人追认或者无处分权的人订立合同后取得处分权的，该合同有效。

② 《物权法》第106条规定：无处分权人将不动产或者动产转让给受让人的，所有权人有权追回；除法律另有规定外，符合下列情形的，受让人取得该不动产或者动产的所有权：

（一）受让人受让该不动产或者动产时是善意的；

（二）以合理的价格转让；

（三）转让的不动产或者动产依照法律规定应当登记的已经登记，不需要登记的已经交付给受让人。

受让人依照前款规定取得不动产或者动产的所有权的，原所有权人有权向无处分权人请求赔偿损失。

当事人善意取得其他物权的，参照前两款规定。

③ 该条规定：“当事人一方以出卖人在缔约时对标的物没有所有权或者处分权为由主张合同无效的，人民法院不予支持。出卖人因未取得所有权或者处分权致使标的物所有权不能转移，买受人要求出卖人承担违约责任或者要求解除合同并主张损害赔偿的，人民法院应予支持。”

同法》第 51 条的规定？笔者认为，在买卖合同中，《合同法》第 51 条中“经权利人的追认或者无处分权的人订立合同后取得处分权”不再是传统观点所认为的认定此合同为效力待定合同的标志，而应理解为“无处分权的人处分他人财产所订立的买卖合同有效；经权利人追认或者无处分权的人订立买卖合同后取得所有权的，对物权的变动产生相应的影响”。也就是说，“经权利人的追认或者无处分权的人订立合同后取得处分权”并不影响买卖合同的效力，仅对物权的变动产生相应的影响。无权处分应当是处分行为效力待定，而不是订立的合同效力待定[①]。相对人符合善意取得条件的，可根据《物权法》第 106 条的规定获得标的物权；相对人不符合善意取得条件的，可以根据有效的买卖合同要求无权处分权人承担违约责任。

第五节 法律行为被确认无效或被撤销后的法律后果

当法律行为被确认无效或者被撤销后，法律行为自始不发生法律约束力，不能产生当事人预期达到的目的。法律行为被确认无效和被撤销，具有溯及既往的效力，即法律行为自成立之日起就是无效的，而不是从确认法律行为无效或被撤销之时起无效。

一旦法律行为被确认无效或被撤销，原基于法律行为所产生的关系便不复存在，当事人无权基于该法律行为而主张任何权利。法律行为被确认无效或被撤销以后，虽不能产生当事人所预期的法律效果，但并不是不产生任何法律后果。由于无效法律行为具有违法性，可撤销法律行为当事人存在意思表示不真实的缺陷，所以这两类法律行为都可能损害法律行为一方当事人的利益、第三人的利益、集体的利益，甚至是国家的利益。因此，法律要求对法律行为被确认无效或被撤销负有责任的当事人承担相应的法律后果，从而保护交易活动参与者的合法权益，保护集体和国家的利益，维护良好的交易秩序。根据我国法律的规定，法律行为被确认无效或被撤销的法律后果主要有以下几项。

一、返还财产

一方当事人在法律行为被确认无效或被撤销以后，对其已交付给对方当事人的财产享有返还请求权，已经受领对方所交付的财产的当事人则有义务将该财产返还于对方。根据《民法总则》第 157 条和《合同法》第 58 条的规定[②]，在处理返还财产问题时，应注意以下几个问题。

（1）从返还财产的目的来看，返还财产旨在使双方当事人的财产关系恢复到法律行为实施前的状态，而不是使当事人处于法律行为被履行后的状态，即不可能满足当事人实施法律行为所欲达到的目的，仅是使当事人恢复到法律行为作出前的原始状态。

---

① 李永军：《民法总论》（第二版），中国政法大学出版社 2012 年版，第 220 页。

②《民法总则》第 157 条规定：“民事法律行为无效、被撤销或者确定不发生效力后，行为人因该行为取得的财产，应当予以返还；不能返还或者没有必要返还的，应当折价补偿。”《合同法》第 58 条规定：“合同无效或者被撤销后，因该合同取得的财产，应当予以返还；不能返还或者没有必要返还的，应当折价补偿。”

（2）如果原物尚存在，则物之所有权人基于物上返还请求权，可以要求受领人返还原物，该返还财产具有物权的效力，可以优先于其他普通债权。但如果原物已经不存在，返还财产请求权则为不当得利返还请求权，仅具有债权的效力，与债务人的其他普通债权一样平等受偿。

（3）返还财产的范围因区分原物返还抑或不当得利返还而有不同。返还原物仅限于原物及因原物所产生的孳息。原物存在时，应返还原物，不能以货币或其他形式的实物来代替该原物。不当得利返还目的在于将受益人所获得的一切不正当的利益返还于受损害方，因此返还的范围包括实际受有的利益、因原物的占有或权利的取得而获得的收益、因原物被毁损而取得的保险金或赔偿金等。受领人主观是善意还是恶意会对返还利益的范围有所影响。

（4）返还财产存在单方返还与双方返还两种情形。单方返还一般适用于一方当事人故意违法的情形和一方当事人已履行法律行为所课加的主要义务而另一方尚未履行的情形。在前一种情形下，故意违法方应将从非故意方处所取得的财产返还于对方，而非故意方则将从对方处获得的财产上缴国库。在后一种情形下，已接受履行的当事人应当将财产返还于对方。双方返还主要适用于法律行为被撤销的情形，双方当事人应各自将从对方处获得的财产返还于对方。

（5）当事人行使返还财产的请求权原则上不应当考虑对方是否具有过错的问题。这就是说，一方如果接受了对方交付的财产，只要该财产仍然存在或能够返还，则负有返还财产的义务，而不论其在主观上是否存在过错。

（6）如果财产不能返还或者没有必要返还，则采用折价补偿的方法。所谓不能返还包括事实上不能返还和法律上不能返还。事实上不能返还主要是指因某些客观事实而致使财产无法返还，如特定的标的物被大火完全烧毁；法律上不能返还主要是基于法律规定使得财产不能被返还，如第三人依善意取得制度已取得财产的所有权。没有必要返还主要有三种典型的情形，第一种情形是受让、使用知识产权的问题，知识产权是无形的，当事人无法返还已使用的部分，只能按获得利益的标准进行折价补偿。第二种情形是接受劳务的情形，已受有的劳务在性质上无法返还，则可以根据提供相关劳务的报酬标准予以补偿。第三种情形是返还财产虽有可能但在经济上极不合理，此时亦不宜适用返还财产方式，而应以折价补偿来替代。

二、赔偿损失

法律行为被确认无效或被撤销以后，也会产生损害赔偿的责任，根据《民法总则》第 157 条和《合同法》第 58 条的规定，有过错的一方应当赔偿对方因此所受到的损失，各方都有过错的，应当各自承担相应的责任。

该损害赔偿的构成要件如下。

（1）有损害事实的存在。当事人因法律行为无效或被撤销而遭受了一定的损失。

（2）赔偿责任人具有过错。责任人的过错可以分为两种情形分析：其一为一方有过错，另一方无过错，则过错方对违法后果的责任承担，不影响他还应对无过错方承担赔偿责任。其二为双方均有过错，则适用过错相抵原则，根据双方过错程度的大小来确定各自应承担的责任范围。

（3）过错行为与损失结果之间存在因果关系。所赔偿的损失，一般是信赖利益的损失，包括已支出的必要的成立法律行为的费用、准备履行该行为所支出的必要费用等。信赖利益主要包括直接损失，至于是否包括间接损失、精神损害，学者们仍存争议。

三、其他法律后果

在法律行为被确认无效或被撤销以后，当事人除应承担相应的民事责任以外，还可能因其违法行为而应承担行政责任甚至刑事责任，如当事人恶意串通，损害国家、集体或者第三人利益的，因此取得的财产收归国家所有或者返还集体、第三人①。当事人还可能被吊销营业执照、责令停产整顿等。正如我国《民法通则》134 条第 2 款所作的规定，人民法院审理民事案件，除适用第 1 款的民事责任方式规定外，还可以予以训诫、责令具结悔过、收缴进行非法活动的财物和非法所得，并可以依照法律规定处以罚款、拘留。

① 参见《民法通则》第 61 条第 2 款。

第六章　代　　理

代理制度的主要内容包括代理的概念、特征和代理的构成要件，代理权的取得和行使，代理的类型，无权代理及后果，表见代理的构成及后果。在学习过程中应当注意，要与民事法律关系、民事法律行为等章节的内容紧密联系，并结合《民法总则》和《合同法》的相关规定，从认识代理制度的社会作用出发，弄清代理的实质，正确理解代理三方关系，明确代理的适用范围，掌握各种代理权的取得、代理权的行使规则、无权代理及表见代理的构成及法律后果等。

第一节　代理制度概说

一、代理的概念与特征

（一）代理的概念

"代理"一词通常有三种含义：一是指代理法律制度，是关于代理法律关系、代理行为、代理责任的民事法律制度。二是指代理法律关系，即代理人在代理权限范围内与第三人实施民事法律行为，由此产生的法律后果由被代理人承受的相互权利义务关系。三是代理行为，即代理人所为的行为①。

代理概念有广义与狭义之分。广义的代理，是指代理人以被代理人的名义或以自己的名义代被代理人实施法律行为，并由被代理人直接或间接地承受该法律行为的效果。狭义的代理，是指代理人以被代理人的名义实施法律行为，并使该法律行为的后果直接归属于被代理人。

《民法总则》第162条规定："代理人在代理权限内，以被代理人名义实施的民事法律行为，对被代理人发生效力。"根据该规定，代理是指代理人在代理权限范围内，以被代理的名义与第三人进行民事法律行为，而该法律行为的法律后果由被代理人承担的法律制度。由此可见，我国《民法总则》所称的代理是狭义的代理。

代理是一个法律关系体系，涉及三方关系人和三个法律关系。依据代理权以他人名义代替他人与第三人实施民事法律行为的人，称为代理人；由代理人代替实施民事法律行为并承担代理行为后果的人，称为被代理人（也称本人）；与代理人实施民事法律行为的人，称为第三人或相对人。在三方关系人之间产生三种法律关系：第一，代理人与

① 韩松：《民法总论》，法律出版社2006年版，第309页。

被代理人之间的关系是代理权关系，被称为代理的内部关系。这是代理的基础关系，如果没有这种基础关系存在，代理人就不能以被代理人的名义进行民事法律行为。第二，代理人与第三人之间的关系是代理行为关系。第三，被代理人与第三人之间的关系是代理行为后果关系，即具体的民事权利义务关系。后两种关系被称为代理的外部关系。三方关系人的权利义务关系构成了代理的基本内容。

（二）代理的特征

从《民法总则》关于代理的规定来看，代理具有以下特征。

1. 代理人必须以被代理人的名义实施民事法律行为

代理的任务和目的，是通过代理人的活动，在被代理人和第三人之间建立民事权利义务关系，因此代理人不能以自己的名义，而必须以被代理人的名义实施民事法律行为。代理人只有以被代理人的名义，代替被代理人进行民事活动，才能为被代理人取得民事权利和设定民事义务。代理人以自己的名义进行民事活动，不是代理，而应当由自己承担后果。代理的这一特征使代理行为与行纪行为区别开来。但是，《合同法》第402、403条的规定承认了代理人可以以自己的名义实施代理行为，这是隐名代理和间接代理的规定。

2. 代理人必须在代理权限范围内独立为意思表示

代理权是代理人代替被代理人进行民事法律行为的资格和权限。代理人进行代理活动必须有代理权，而且只有在代理权限范围内进行代理活动，才能由被代理人承受其代理行为的后果。委托代理人应当根据被代理人的委托授权进行代理，法定代理人应当根据法律规定的权限进行代理，否则会构成无权代理。

代理人虽然以被代理人的名义进行民事活动，但是代理人有权根据具体情况，本着为被代理人利益着想的态度独立决定如何向第三人作出意思表示，而不必事事请示被代理人，因而代理人根据自己的意志而不是被代理人的意志从事代理行为。代理的这一特征是代理人与居间人、传达人的不同之处。

3. 代理行为必须是具有法律意义的行为

所谓具有法律意义，是指该行为能够在被代理人与第三人之间发生、变更或终止某种民事权利义务关系。代理行为的目的就在于在被代理人和第三人之间引起民事法律关系的发生、变更或终止，如代理签订合同、代理履行债务、代理参加诉讼等。凡不与第三人产生权利义务关系的行为不是代理。代理的这一特征，有别于日常生活中受人之托办理一般事务，如代人整理资料、代人校对稿件、代人招待亲友、代人照看孩子等都不是代理。

4. 代理行为的法律后果由被代理人承担

代理人在代理权限范围内以被代理人的名义实施的民事法律行为，在法律上相当于被代理人自己的行为，产生与被代理人自己实施的行为相同的法律效果。因此，代理行为的法律后果直接归属于被代理人。所谓代理行为的法律后果由被代理人承担，既包括承受代理人在其实施的民事法律行为中为被代理人所设定的权利义务，也包括对此承担相应的法律责任。例如，甲公司拥有某注册商标，乙受甲公司委托与丙公司签订商标使用许可合同，合同签订之后，甲公司作为被代理人，应当履行合同义务并行使合同权利，如果在此过程中有违反商标法的行为而使丙公司蒙受损失，甲公司应当承担相应的法律责任，包括赔偿丙公司损失的民事责任和依《中华人民共和国商标法》（以下简称《商标法》）的规定承担相应的行政责任等。

（三）代理的适用范围

代理的适用范围，是指代理行为标的的范围，即哪些行为法律允许代理，哪些行为不得代理。

1. 可以代理的行为

《民法总则》第 161 条第 1 款规定："民事主体可以通过代理人实施民事法律行为。"该条第 2 款规定："依照法律规定、当事人约定或者民事法律行为的性质，应当由本人亲自实施的民事法律行为，不得代理。"因此，代理适用于民事主体之间的民事法律行为，但为了促进当事人实现自己的合法权益，为其参与社会关系提供方便，也允许将代理制度扩展适用于民事法律行为以外的其他行为，即除依照法律规定或当事人约定不得代理的以外，一般都可以通过代理人代为进行。具体包括如下方面。

第一，代理进行各种民事法律行为，这是最普遍的代理行为。如代理签订合同、代理履行债务、代理接受继承等。

第二，代理进行其他法律部门确认的法律行为，包括代办房屋产权登记、法人登记、专利申请、商标注册，代为进行税务登记、缴纳税款，代理法人成立、变更、注销登记等。

第三，代理进行诉讼行为，在民事诉讼、刑事附带民事诉讼和行政诉讼中，代理人作为原告、被告或第三人的诉讼代理人参加诉讼行为。

2. 不得代理的行为

尽管代理的适用范围很广泛，但并非一切法律行为都适用代理。根据《民法总则》第 161 条第 2 款的规定，下列行为不得代理：

第一，具有人身性质的行为不得代理。比如立遗嘱、婚姻登记等行为不得代理。

第二，法律规定或者双方当事人约定应当由本人亲自实施的行为不得代理。《最高人民法院关于贯彻执行〈中华人民共和国民法通则〉若干问题的意见（试行）》（以下简称"《民法通则》意见"）第 78 条规定："凡是依法或者依双方的约定必须由本人亲自实施的民事行为，本人未亲自实施的，应当认定行为无效。"例如，当事人约定不得转委托的承揽合同，承揽人必须亲自完成承揽工作而不得委托他人代为完成。

第三，违法行为不得代理。代理人所从事的行为必须是被代理人有权进行的行为。《民法总则》第 167 条规定："代理人知道或者应当知道代理事项违法仍然实施代理行为，或者被代理人知道或者应当知道代理人的代理行为违法未作反对表示的，被代理人和代理人应当承担连带责任。"从以上规定可以看出，代理仅适用于合法行为，违法行为不得代理。

第四，事实行为一般不适用代理。代理行为是代理人在代理权限内，以被代理人的名义实施的民事法律行为，民事法律行为以意思表示为构成要素，属于表意行为；而事实行为不以意思表示为构成要素，属于非表意行为，所以不适用代理，如代为劳务、演出、绘画等行为不适用代理。

（四）代理与类似概念的区别

1. 代理与传达

传达是将委托人已经决定的意思或者已经完成的意思表示转达给相对人的行为。代理与传达的区别在于：一是代理人不能是无民事行为能力人；传达人可以是无民事行为能力人。二是代理人独立作出意思表示；传达人的任务仅在于将委托人的意思表示传达给相对人，在传达的过程中，传达人并不作出独立的意思表示，且不得改变委托人的意思。三是代理人的意思表示有无错误、是否为善意等，应当由代理人判断；传达人所传达的意思是否有瑕疵则由委托人判断。四是身份行为不得代理，但可以传达[①]。

2. 代理与代表

法人可以通过其法定代表人实施民事法律行为，也可以通过其代理人实施民事法律行为。二者的相同之处在于行为的效果均由法人承担。但二者存在以下区别：一是代理人与其所代理的法人是两个独立的民事主体；但法定代表人代表法人实施民事法律行为时，其人格被法人所吸收[②]。二是代理人与被代理人无论从内部还是外部关系上都是两个不同的法律人格，代理人的代理行为不是被代理人的行为，只是其效果归属于被代理人而已；而法定代表人是法人的机关，在法人内部关系上，法人与其法定代表人是组织与组织机关的关系，在外部关系上，法定代表人与法人是一个法律人格，其代表行为直接被视为法人的行为。三是代理人为被代理人实施的行为只能是民事法律行为；而法定代表人代表法人所实施的行为既可以是民事法律行为，也可以是事实行为。

3. 代理与行纪

行纪是行为人受他方委托，以自己的名义与第三方实施民事法律行为，并收取报酬的民事活动。代理与行纪的区别在于：一是代理人是以被代理人的名义实施民事法律行为；而行纪人是以自己的名义实施民事法律行为。二是代理的后果直接归属于被代理人；而行纪的后果直接归属于行纪人，再依据其与委托人之间的行纪合同的约定，将相关利益移转给委托人。三是代理可以是有偿的，也可以是无偿的；而行纪是有偿的。四是行纪人通常从事的是贸易行为，而代理人的行为则不限于贸易行为。五是代理人可以是法人，也可以是自然人；而行纪人从事行纪活动一般需要有承担风险的能力，所以行纪人是有法人资格的组织。

① 李永军：《民法总论》，法律出版社2006年版，第680页。

② 苏号朋：《民法总论》，法律出版社2006年版，第337页。

4. 代理与居间

居间是受托人接受委托人的委托，向委托人报告订立合同的机会或者提供订立合同的媒介服务并收取报酬的民事活动。代理与居间的区别表现在：一是代理人以代理权为基础与第三人实施民事法律行为；而居间人并不与第三人实施民事法律行为，即并不参与委托人与第三人之间的关系。二是代理人与第三人实施民事法律行为时要进行独立的意思表示；而居间人只是为委托人报告订立合同的机会或者提供订立合同的媒介服务，并不作出意思表示。三是代理可以是有偿的，也可以是无偿的；而居间是有偿的。

（五）代理制度的意义

代理制度最初产生于中世纪的海上贸易和海商法，德国民法典和商法典使该制度成为比较完备的民事法律制度，它是商品经济的产物①。在现代社会经济生活中，代理制度更有存在的基础和重要价值。主要体现在以下两点。

1. 扩张私法自治的范围，弥补当事人的行为不便

扩张私法自治的范围，弥补当事人的行为不便是委托代理的重要功能②。从自然人的角度来说，人们为了满足自己生产生活的需要，必须参与民事流转等社会活动，实施民事法律行为。但是由于人们往往受到认识能力、知识水平的限制，以及时间和空间的制约，而不能或者不便亲自参加民事活动，这就必须借助于代理人来代替自己进行民事法律行为，从而取得预期的法律后果。从法人的角度来说，现代社会，由于市场的瞬息万变，交易范围的不断扩大，交易频率日益加快，法人的法定代表人由于知识、经验、精力的限制及时空的制约，事必躬亲已经不可能。代理制度能够使经营者赢得时间和扩大活动范围，增强企业的活力和对外应变的能力，使其在激烈的竞争中能以快速、灵便的优势获胜，从而促使其达到利益最大化的目标。

2. 为私法自治的补充

为私法自治的补充是法定代理的功能③。依《民法总则》的规定，公民的民事权利能力一律平等。但是为维护交易秩序，保障交易安全，《民法总则》设置了民事行为能力制度。依该制度，无民事行为能力人不得依自己的意思取得民事权利和承担民事义务，限制民事行为人只能进行与其年龄、智力和精神健康状况相适应的民事活动，不能独立进行超出其行为能力范围的民事活动。设定法定代理，可以弥补无民事行为能力人和限制民事行为能力人主体资格上的不足，通过其法定代理人的代理行为实现其民事权利能力。

二、代理的构成要件

（一）代理的成立要件

代理行为是一种民事法律行为，因而应具备民事法律行为的一般要件。同时，代理

① 韩松：《民法总论》，法律出版社2006年版，第316页。
② 苏号朋：《民法总论》，法律出版社2006年版，第341页。
③ 苏号朋：《民法总论》，法律出版社2006年版，第342页。

是代理人以他人的名义实施民事法律行为，所以代理又是特殊的民事法律行为，因而其成立除须具备一般民事法律行为的成立要件外，还应具备特殊成立要件。

1. 须以被代理人的名义

由于代理行为的后果归属于被代理人，所以，要求代理人与第三人实施民事法律行为时应当以被代理人的名义，从而使第三人知悉代理人与被代理人之间的关系，明确自己在与谁进行交易。《民法总则》第162条要求代理人与第三人实施民事法律行为时应当“以被代理人的名义”，即代理应以显名为原则。如果代理人在与他人实施民事法律行为时不以被代理人的名义而是以自己的名义，则不是代理行为。例如，甲授权乙为其购买电视机，乙与丙签订买卖电视机的合同时并未声明自己是代理人，丙也不知道甲与乙之间的关系，则乙购买电视机的行为不是代理行为，而是自己所为的民事法律行为。

以被代理人的名义，是指行为人表示代被代理人实施法律行为，并使行为效果直接归属于被代理人的意思。其通常的表示方法，是在法律行为中表明“某甲之代理人某乙”，或“代理人某乙代某甲”，或在某甲姓名之后写明“某乙代”字样[①]。

之所以要求只在显名的情况下效果才归属被代理人，是为了保护第三人的信赖利益。在代理人不以被代理人的名义实施民事法律行为，但第三人知道或者应当知道代理人是为了被代理人而为法律行为时，行为结果才应归被代理人。这其实就是“隐名代理”。其实无论是显名还是隐名，都是在第三人知道存在被代理人的情况下所为的行为，在第三人根本不知道被代理人存在的情况下，代理人以自己的名义与第三人为法律行为，则不应当发生代理结果。但我国《合同法》第403条中的“间接代理”也约束第三人与被代理人，只有在出现消极结果而代理人不能解决的时候，才披露第三人[②]。

2. 须代理人实施法律行为[①]

法律行为以意思表示为要素，如前所述，代理中代理人独立为意思表示。代理行为是代理人独立实施的行为，而不是被代理人的行为，因而代理人在实施代理行为时独立为意思表示，即向第三人发出意思表示的内容和方式、是否接受第三人的意思表示，均由代理人决定。如果被代理人已经决定了向第三人意思表示的内容或决定了是否接受第三人的意思表示，而仅由行为人传达给第三人，则行为人不是代理人，其行为不是代理而是传达。

（二）代理行为的有效要件

具备上述两个要件，即可成立代理，但代理行为是否直接对被代理人发生法律效力，则取决于代理行为是否有效。代理行为的有效要件包括如下内容。

1. 代理人应当具有代理权

代理权是代理人以被代理人的名义实施民事法律行为的基础和前提。代理人的代理权，或者来源于被代理人的委托授权，或者来源于法律的直接规定。如果行为人没有代

① 梁慧星：《民法总论》，法律出版社2007年版，第227页。

② 李永军：《民法总论》，法律出版社2006年版，第696页。

理权，则不当然发生代理的效力。例如，甲将其手表委托乙保管，乙却以甲的名义将手表出售给丙，乙的所谓代理行为并不当然有效。但表见代理例外。

2. 代理人个人至少应是限制行为能力人[①]

如前所述，代理行为是一种民事法律行为，民事法律行为的有效条件之一就是行为人具有相应的民事行为能力。在法定代理中，监护人不可能是无民事行为能力人或限制民事行为能力人，所以法定代理人不可能是无民事行为能力人或限制民事行为能力人。在委托代理中，被代理人如果授权限制民事行为能力人实施民事法律行为，应当认为其愿意承担限制民事行为能力人代理行为的风险。例如，甲授权16周岁的中学生乙为其买电脑，乙虽然精通电脑，却对交易价格的商讨缺乏经验，因而买来的电脑价钱比较高，在这种情况下，甲应当承担乙代理行为的后果。由于法律规定无民事行为能力人不得从事任何法律行为，其作出的任何意思表示均为无效，所以无民事行为能力人不得作为代理人。

3. 须有被代理人存在

一般而言，作为自然人的被代理人死亡或作为法人的被代理人丧失法人资格将导致民事法律行为的后果无所归属，因此代理行为要求有被代理人存在[②]。但在委托代理中，被代理人虽然已经死亡，在四种情况下，代理人所为的民事法律行为仍然有效[③]。

4. 代理的行为必须是法律允许并且可以代理的行为

这里有两方面的内容：一是代理人所实施的行为必须是民事法律行为；二是该行为是依法可以由代理人代理实施的行为。这两点内容前面已经论及，在此不再赘述。

三、代理的法律后果

当代理行为具备上述生效要件时，将产生以下法律后果。

（1）被代理人要承受代理人的代理行为所设定的权利和义务。这正是代理制度的根本目的和价值所在。

（2）代理人以被代理人的名义与第三人所实施的民事法律行为在法律效力上有瑕疵，对该民事法律行为的撤销权归属于被代理人。例如，代理人乙在以被代理人甲的名义与第三人签订合同时，对标的物的品质存在重大误解，合同订立后，被代理人甲对该合同享有撤销权。当然，如果甲将撤销权授予乙行使，则乙基于该授权而享有撤销权。

（3）代理人以被代理人的名义与第三人订立的合同中约定了解除权行使的情形，当出现了该情形时，被代理人行使解除权。例如，代理人乙以被代理人甲的名义与第三人丙订立合同，约定丙在交货期满10日内仍不交货，买受人有权解除合同，后来丙确未在交货期满10日内交货，则甲有合同解除权。当然，如果甲将解除权授予乙行使，则

① 李永军：《民法总论》，法律出版社2006年版，第698页。

② 苏号朋：《民法总论》，法律出版社2006年版，第357页。

③《最高人民法院关于贯彻执行〈中华人民共和国民法通则〉若干问题的意见（试行）》第82条规定：被代理人死亡后有下列情况之一的，委托代理人实施的代理行为有效：a.代理人不知道被代理人死亡的；b.被代理人的继承人均予承认的；c.被代理人与代理人约定到代理事项完成时代理权终止的；d.在被代理人死亡前已经进行、而在被代理人死亡后为了被代理人的继承人的利益继续完成的。

乙基于该授权而享有解除权。

第二节 代 理 权

一、代理权的性质

代理权是代理制度的核心。代理权的有无决定着代理行为是否有效。代理权是代理人代替被代理人进行民事法律行为的资格和权限。代理人取得代理权意味着取得了以被代理人的名义与第三人进行民事活动的资格。

关于代理权的性质，学说上有不同见解，目前尚无定论。主要有以下四种学说。

1. 权力说

权力学说认为代理权是一种法律上之力。凭借此法律上之力，代理人可以改变本人与第三人的关系，而本人则必须承受其后果。因此，代理权在性质上属于一种因法律规定所产生的，可以直接改变本人与第三人之间关系的权力①。有的学者批评认为权力说夸大了代理的功能，排斥了被代理人在代理权产生中的决定作用②。

2. 权利说

权利学说认为代理权是一种民事权利。但对于这种民事权利的性质，有的认为它是一种特殊的民事权利，是人的民事权利能力的表现；有的认为它是形成权；有的认为它是一种财产管理权；有的认为它是一种民事权利，但不是一种独立的民事权利，具有依附性和他主性③。有的学者批评认为该学说不恰当，代理的效力并非依据代理人的意思而发生，只要有代理权存在，并且代理人以被代理人的名义实施了民事法律行为，就能够发生代理的法律效果②。

3. 能力说

能力学说认为代理权是一种能力，与行为能力相类似，但与行为能力不同：行为能力是自己实施或受领意思表示，直接对自己发生效力，但代理则是代理人实施或受领意思表示，直接对被代理人发生效力④。有的学者批评认为该学说有缺陷：法律上的权利能力和行为能力与主体人身不能分离，权利能力与行为能力也不得转让；法律上的行为能力本身包括代理能力，无须他人授予⑤。

4. 资格说

资格学说为我国学者的通说，认为代理权是代理人以被代理人名义实施民事法律行为的资格或地位，即代理人是因法律的直接规定（法定代理）或者被代理人的授权（意

① 梁慧星：《民法总论》，法律出版社2007年版，第217页。

② 苏号朋：《民法总论》，法律出版社2006年版，第343页。

③ 魏振瀛：《民法》，北京大学出版社、高等教育出版社2016年版，第181页。

④ 胡长清：《中国民法总论》，中国政法大学出版社1997年版，第303页。

⑤ 梁慧星：《民法总论》，法律出版社2007年版，第215页。

定代理）而获得以被代理人名义实施民事法律行为的资格或者地位，并不是一种权利，其理由在于，任何一种权利都是与利益相联系的，而代理权的行使与代理人自己的利益并无必然联系，因为代理人依据代理权所实施的代理行为的效果全部归属于被代理人，代理人对代理行为不享有利益；即使代理人因为代理行为而获得报酬或佣金，这也仅仅是依据与代理权的授予行为相区别的内部基本关系（如委任、雇用、合伙等）而获得，与代理权本身并无关系。所以代理权仅是代理人据以实施代理行为的资格[①]。

我们赞同资格说。资格说更准确地反映了代理权的本质及代理人与被代理人之间的关系，也符合设立代理制度的目的。无论是法定代理或委托代理，其目的都在于通过赋予代理人资格，使代理人代表被代理人进行交易以促进被代理人利益的实现。资格说解释了代理权的本质特征，即代理人是为被代理人利益进行民事活动的，代理人取得代理权表明他取得了代表被代理人进行活动的资格。代理制度的意义，一方面在于它能够扩大民事主体的活动范围，拓展民事活动空间；另一方面在于补充民事主体民事权利能力上的不足，确保民事主体民事权利能力的实现，这也是设立代理制度的初衷。代理人所享有的只是以被代理人名义在授权范围内从事民事活动的代理权。这种代理权只能是一种资格，即代理被代理人从事一定民事活动的资格，而不是民事能力本身，也并非代理人自己在代理关系中享有的民事权利。

二、代理权的取得

依照《民法总则》及相关法律规定，代理人可因下列事实而取得代理权。

（一）依法律的直接规定而取得

这是法定代理权的取得。《民法总则》第 27 条和第 28 条规定了未成年人和无或限制民事行为能力的成年人监护人的设定，第 23 条又规定："无民事行为能力人、限制民事行为能力人的监护人是其法定代理人。"依照此规定，取得监护人身份的人直接成为无民事行为能力人、限制民事行为能力人的法定代理人。

《民法通则》将代理分为法定代理、指定代理、委托代理，《民法总则》取消了指定代理这一类型，认为法定代理涵盖了《民法通则》规定的法定代理和指定代理。其中《民法总则》第 31 条第 1 款规定："对监护人的确定有争议的，由被监护人住所地的居民委员会、村民委员会或者民政部门指定监护人，有关当事人对指定不服的，可以向人民法院申请指定监护人；有关当事人也可以直接向人民法院申请指定监护人。"第 2 款规定："居民委员会、村民委员会、民政部门或者人民法院应当尊重被监护人的真实意愿，按照最有利于被监护人的原则在依法具有监护资格的人中指定监护人。"第 3 款规定："依照本条第一款规定指定监护人前，被监护人的人身权利、财产权利以及其他合法权益处于无人保护状态的，由被监护人住所地的居民委员会、村民委员会、法律规定的有关组织或者民政部门担任临时监护人。"第 4 款规定："监护人被指定后，不得擅自变更；擅自变更的，不免除被指定的监护人的责任。"

---

① 孔祥俊：《民商法热点、难点及前沿问题》，人民法院出版社 1996 年版，第 16 页。

（二）因被代理人的委托授权行为而取得

这是委托代理权的取得方式。

1. 委托授权行为的概念和性质

委托授权行为是指被代理人以自己单方面的意思表示向代理人授予代理权的行为。

委托授权行为是一种单方法律行为。委托授权行为一般产生于代理人与被代理人之间存在的基础法律关系之上，如委托合同关系、合伙关系、企业内部组织或劳动关系等。一般情况下，委托合同是产生委托代理授权的最基本原因，但委托合同并不必定包含授权行为，如委托他人实施事实行为，即无授予代理权之必要①。

被代理人授权行为的意思表示可以向代理人作出，也可以向相对人作出。当向代理人作出授权的意思表示时，这种授权行为即为内部授予代理权，代理人即为被授权人；当向相对人作出授权的意思表示时，则为外部授予代理权。在两种授权行为并存时，授权的范围应当是相同的；若二者范围不一致，为保护相对人，应以外部授权范围为准。应当注意的是，在被代理人向相对人作出授权的意思表示的情况下，被代理人事后要撤销代理权，必须通知相对人，否则代理权仍应认为有效①。

2. 委托授权行为的形式

委托授权行为是不要式行为，即委托授权可以采用口头形式，也可以采用书面形式，但无论采取何种形式，均必须将代理权授予的意思表示清楚。《民法总则》第 165 条规定："委托代理授权采用书面形式的，授权委托书应当载明代理人的姓名或者名称、代理事项、权限和期间，并由被代理人签名或者盖章。"

3. 委托授权行为与基础法律关系的关系

如前所述，授权行为一般与某种基础法律关系相结合，如委托合同关系、合伙关系、企业内部组织或劳动关系等。授权行为与基础法律关系的关系如何，学理上有两种观点：一是无因说，该说认为基础法律关系是被代理人与代理人之间的内部关系，第三人无从得知，因而授权行为不应受基础法律关系效力的影响，当基础关系被确认无效或被撤销时，授权行为仍然有效。二是有因说，该说认为授权行为从属于基础法律关系，当基础关系被确认无效或被撤销时，授权行为应当消灭，如果代理人继续实施代理行为，则属于无权代理。

我国法律对授权行为与基础关系的关系未作规定。有学者认为采有因说较为恰当，但涉及第三人利益时，当事人可依表见代理主张权利②。也有学者主张采无因说更合理，理由有二：一是不必顾虑代理人与被代理人之间的内部关系，有利于促进交易安全；二是肯定委托授权行为的无因性符合被代理人的意思，因而除当事人有相反的意思表示外，应当认可委托授权行为的无因性③。本书赞同授权行为的无因性学说。

---

① 王利明：《民法学》，中央广播电视大学出版社 2006 年版，第 86 页。

② 魏振瀛：《民法》，北京大学出版社、高等教育出版社 2016 年版，第 182 页。

③ 苏号朋：《民法总论》，法律出版社 2006 年版，第 352 页。

4. 代理权的授予范围

在委托代理中，代理权的范围应当以授权行为的意思表示确定。代理权的授予与代理权的范围有密切的联系，即代理权的范围通常以代理权的授予行为作为判断标准。第一，代理权被限定在特定范围内，即被代理人仅许可代理人就特定范围内的事项行使代理权的，属于特别代理，代理人只能就该特别事项实施代理。如甲授权乙为其出售一套房屋，即属特别代理。第二，授权范围及于某类事项，代理人可就授权的这一类事务行使代理权，属于类别代理。例如，甲企业授权其业务员乙负责本企业本年度生产的男西装的对外销售，即属于类别代理。第三，代理权的范围及于代理事项的全部，即全权代理或概括代理。例如，甲企业授权其业务员乙负责本企业本年度所有服装的对外销售，属于概括代理。

三、代理权的行使及其限制

（一）代理权的行使

所谓代理权的行使，是指代理人在代理权限范围内，以被代理人的名义与第三人实施民事法律行为的活动。对代理权的行使，《民法总则》第 163 条第 2 款规定了概括要求：“委托代理人按照被代理人的委托行使代理权。法定代理人依照法律的规定行使代理权。”具体来说，由于代理人的代理权是为被代理人的利益而存在的，所以代理人在行使代理权的过程中，应当遵循以下基本规则。

1. 代理人应当在代理权限范围内行使代理权，不得擅自扩大、变更代理权限

代理人只有在代理权限范围内进行民事活动，才能由被代理人承担代理行为的后果。代理人超越代理权限或变更代理权限所为的行为，不能当然发生有权代理的法律后果。

代理权的范围即代理权限，是代理人以被代理人名义实施民事法律行为的效果归属于被代理人的效力范围。如前所述，代理人基于两种事由取得代理权：法律的直接规定和被代理人的委托授权。与此相适应，代理权的范围分别是：法定代理中，代理权的范围应依法律的规定确定；委托代理中，代理权的范围应依被代理人授权的意思表示确定。

在委托代理中，代理人非经被代理人同意，不得擅自扩大、变更代理权限。根据《民法总则》第 171 条的规定，代理人超越代理权或变更代理权所为的行为，只有经被代理人追认，才对被代理人发生效力，否则，由行为人即代理人承担民事责任。

2. 代理人应当亲自实施代理行为，不得任意转委托（复代理除外）

代理人与被代理人之间存在特定的关系：在法定代理中，代理人与被代理人之间一般有亲属关系或职务关系，代理人原则上应当亲自行使代理权；在委托代理中，被代理人是基于对代理人的信赖而授予代理权的，所以代理人应当亲自行使代理权，不得任意转托他人代理。总而言之，只有代理人亲自行使代理权，才能符合法律的规定或委托人的意思，并保障被代理人利益的最大化。

3. 代理人应积极行使代理权，尽勤勉和谨慎的义务

因代理人行使代理权并非为自己的利益，而是为了被代理人的利益，所以代理人应当做到以下四点：第一，代理人应当从被代理人的利益出发，积极认真履行代理职责，为被代理人利益实施代理行为。只有这样，才能增进被代理人的利益，实现代理制度的设立目的。《民法总则》第 164 条第 1 款规定：“代理人不履行或者不完全履行职责，造成被代理人损害的，应当承担民事责任。”第二，在委托代理中，代理人应当依据被代理人的指示实施代理行为。《合同法》第 399 条规定：“受托人应当按照委托人的指示处理委托事务。需要变更委托人指示的，应当经委托人同意；因情况紧急，难以和委托人取得联系的，受托人应当妥善处理委托事务，但事后应当将该情况及时报告委托人。”因被代理人要承担代理行为的后果，所以当被代理人根据客观情况给代理人发出指示时，代理人应当依该指示进行代理活动。如果代理人不遵守被代理人的指示而给被代理人造成损失，代理人应当承担赔偿责任。第三，及时向被代理人报告代理活动的进展情况，并将代理行为中受有的利益及时转交被代理人。《合同法》第 401 条规定：“受托人应当按照委托人的要求，报告委托事务的处理情况。委托合同终止时，受托人应当报告委托事务的结果。”该义务包括两方面：一方面，在代理过程中，代理人应当将与代理活动相关的重要信息报告给被代理人，告知其代理活动进展的情况；另一方面，在代理活动结束时，代理人应当将代理活动的最终结果移转给被代理人，以便被代理人承担相应的代理结果。第四，代理人不得泄露被代理人的商业秘密或其他保密事项，更不得用来与被代理人进行不正当竞争。在代理关系中，代理人往往会了解到被代理人的商业秘密和经营信息，代理人对此负有保密义务。代理人在代理期间或在代理终止后，均不得将代理过程中所知悉的有关被代理人的保密资料或其他商业秘密泄露给他人，或者自己利用这些资料与被代理人进行不正当竞争。

4. 代理行为应当合法

根据《民法总则》第 167 条的规定，如果代理人知道或者应当知道代理事项违法仍然实施代理行为，或者被代理人知道或者应当知道代理人的代理行为违法未作反对表示的，被代理人和代理人应当承担连带责任。在代理关系中，被代理人授权的内容和目的应当合法，代理人实施的代理行为也应当合法。代理人如果事先发现被代理人授权行为的内容或目的具有违法性，应当拒绝接受。在被代理人以合法的授权形式和内容掩盖其非法目的的情况下，代理人不知情而实施了代理行为，给第三人造成了损害，应当由被代理人承担责任，代理人不负连带责任。在被代理人授权行为合法的情况下，代理人代理过程中以被代理人的名义进行违法活动，被代理人知道后不表示反对的，由被代理人和代理人承担连带责任。

（二）代理权行使的限制

代理权行使的限制是指代理人在行使代理权的过程中不得滥用代理权。滥用代理权是指代理人行使代理权时，违背代理权的设定宗旨、代理行为的基本准则以及诚实信用原则，作出损害被代理人利益的行为。因其违背代理制度的实质而为法律所禁止。构成

滥用代理权应当具备三个要件：①代理人有代理权；②代理人行使代理权时，违背诚实信用原则，违背代理权的设定宗旨和代理行为的基本准则；③代理行为有损被代理人利益[①]。

一般认为，代理权的滥用有以下三种情形。

1. 自己代理

自己代理是指代理人以被代理人的名义与自己实施民事法律行为。在这种情况下，该行为中只有代理人一人的意思表示，代理人兼具代理人和第三人的双重角色，成为直接的利害关系人，会损害被代理人的利益。因此，自己代理是无效的，除非事先取得被代理人同意或者事后得到其追认。《民法总则》第 168 条第 1 款规定："代理人不得以被代理人的名义与自己实施民事法律行为，但是被代理人同意或者追认的除外。"

2. 双方代理

双方代理是指代理人同时代理双方当事人实施同一民事法律行为，即代理人既是被代理人的代理人又是第三人的代理人。在这种情况下，所实施的法律行为只有代理人一人的意思表示，使代理失去了正常交易中讨价还价的过程，也就失去了利益制约机制，必定使其中一个被代理人的利益受到损害，同时存在代理人单独操作从中渔利之嫌，因此，双方代理也是无效的，除非事先取得被代理的双方同意或者事后得到其追认。《民法总则》第 168 条第 2 款规定："代理人不得以被代理人的名义与自己同时代理的其他人实施民事法律行为，但是被代理的双方同意或者追认的除外。"

3. 代理人与第三人恶意串通，损害被代理人利益的行为

所谓代理人与第三人恶意串通，是指代理人与第三人恶意通谋，双方获利而使被代理人利益受损的行为。恶意串通行为以损害被代理人利益为目的，根本违背了代理制度的实质，显然违反了代理关系的诚信性质，破坏了被代理人对代理人的信任，不仅使被代理人的期待利益落空，而且使其蒙受损失，属于滥用代理权的极端表现，因而该行为无效。《民法总则》第 164 条第 2 款规定："代理人和相对人恶意串通，损害被代理人合法权益的，代理人和相对人应当承担连带责任。"

四、代理权的消灭

代理权的消灭，即代理权的终止，是指代理人与被代理人之间的代理关系消灭，代理人不再具有以被代理人名义进行民事活动的资格。

（一）代理权消灭的原因

1. 委托代理权消灭的原因

《民法总则》第 173 条规定了委托代理终止的情况。

（1）代理期间届满或代理事务完成。代理合同或授权委托书中一般都有代理期限条款，期限一旦届满，代理权即终止。如果代理合同或授权委托书中未写明代理期限，则

① 魏振瀛：《民法》，北京大学出版社、高等教育出版社 2016 年版，第 185 页。

委托人和代理人均有权提出终止代理关系的要求，但应该给对方合理的准备期间。当委托代理是委托人因某一具体的、特定的事项而设立的，代理人一旦完成了代理事项，其任务也就完成，代理权即告终止。另外，如果代理合同或授权委托书中未确定代理权存续期间，但附有代理权终止条件的，所附条件成就时，代理权终止。

（2）被代理人取消委托或者代理人辞去委托。被代理人授予代理权和代理人接受授权，都是以双方互相信任为基础的，如果被代理人在授权后基于某种原因对代理人丧失了信任，可以通知代理人取消委托。例如，代理人不尽勤勉谨慎义务，泄露被代理人的商业秘密或经营信息，与第三人恶意串通损害被代理人的利益，等等。取消委托是单方法律行为，无须征得代理人同意即可发生效力。

同理，在代理过程中，代理人失去了对被代理人的信任，也可以通知被代理人辞去委托，不再担任其代理人。例如，委托人无故少付或迟延支付报酬或佣金，不能应代理人的要求提供必需的资料或材料，不能及时按代理人与第三人签订的合同供应货物或支付货款，拒绝对代理人垫付的财物给予合理的补偿，等等。辞去委托也是单方法律行为，无须征得被代理人同意。但是，如前所述，委托授权行为是产生于代理人与被代理人之间的基础法律关系之上的，如果代理人单方辞去委托违反了基础法律关系而构成违约，则应当承担违约责任。

无论是被代理人取消委托还是代理人辞去委托，都应当及时通知对方，并应采取积极措施防止因取消委托或辞去委托给对方利益造成损失，否则，有过错的一方应当承担民事赔偿责任。

（3）代理人丧失民事行为能力。民事行为能力是民事主体以自己的行为进行民事活动，参加民事法律关系的资格。设立委托代理的目的在于通过代理人实施民事法律行为。代理行为作为一种民事法律行为，同样要求行为人即代理人具有相应的民事行为能力。因此如果代理人因健康上的原因丧失了民事行为能力，就丧失了以自己的行为进行民事法律行为的资格，当然不能从事代理活动，代理关系也就随之终止，代理权消灭。

（4）代理人或被代理人死亡。代理关系以信任为基础，代理关系是一种具有严格人身属性的民事法律关系，因而代理权也具有人身属性，它与代理人和被代理人的人身不可分离。因此，作为代理人的自然人一旦死亡，自然不能进行民事活动，代理权应当终止。但如果是被代理人死亡，考虑到实践中的具体情况，为了维护交易秩序和民事法律关系有序进行，为了保护代理人和第三人的合法权益，《民法总则》第 174 条规定："被代理人死亡后，有下列情形之一的，委托代理人实施的代理行为有效：（一）代理人不知道并且不应当知道被代理人死亡；（二）被代理人的继承人予以承认；（三）授权中明确代理权在代理事务完成时终止；（四）被代理人死亡前已经实施，为了被代理人的继承人的利益继续代理。作为被代理人的法人、非法人组织终止的，参照适用前款规定。"

（5）作为被代理人或者代理人的法人、非法人组织终止。法人或非法人组织终止，其民事权利能力和民事行为能力随之消灭，作为委托人或者代理人的资格也随之消灭。因此，法人或非法人组织无论是作为代理人还是被代理人，其主体资格一旦丧失，代理关系也随之终止，代理权消灭。应当注意，法人在清算期间仍有处理清算事务的必要的行为能力，如已成立代理关系，则应继续有效[①]。

2. 法定代理权消灭的原因

《民法总则》第 175 条规定了法定代理终止的情况。

（1）被代理人取得或恢复民事行为能力。被代理人取得民事行为能力包括：第一，原来不满 18 周岁的未成年人现在已满 18 周岁，取得了独立进行民事活动的能力，成为完全民事行为能力人；第二，虽未满 18 周岁但已满 16 周岁，并且以自己的劳动收入为其主要生活来源，法律上将其视为完全民事行为能力人；第三，无或限制民事行为能力的成年人痊愈。在此三种情况下，被代理人成为完全民事行为能力人，法定代理权也就没有存在的必要，代理权当然消灭。

（2）代理人丧失民事行为能力。与委托代理终止原因中的第（3）点原因的道理一样，代理人丧失民事行为能力，则法定代理权丧失。

（3）代理人或者被代理人死亡。法定代理人与被代理人之间存在一定的身份关系，具有严格的人身属性，不论是被代理人还是代理人死亡，都使代理关系失去了存在的基础。所以，被代理人或者代理人死亡将会导致法定代理关系的终止，代理权消灭。

（4）法律规定的其他情形。例如，法定代理存在的基础是代理人与被代理人之间的监护关系，监护关系终止，法定代理当然终止。例如，监护人不履行监护职责或者侵害被监护人合法权益，人民法院可根据有关机关或有关人员的申请，取消监护人资格，代理权因此消灭。

（二）代理权消灭的后果

（1）代理权终止，意味着代理人丧失了代理资格，此后，代理人不得再以代理人的名义进行活动。否则，构成无权代理，其效果不当然归属于被代理人。

（2）代理权终止后，代理人应当及时将代理行为的结果移交给被代理人。

（3）被代理人有权利和义务收回授权委托书及其有关证明代理权的业务文本、证件，代理人应当交回不得留置。在委托代理权终止后，被代理人如果怠于收回有关代理权证书和凭证，代理人凭借这些证件以被代理人名义与第三人实施法律行为时，被代理人应对善意第三人负责[②]。

第三节 代理的类型

一、委托代理与法定代理

根据代理权产生的根据不同，可将代理分为委托代理、法定代理。《民法总则》第 163 条第 1 款规定："代理包括委托代理和法定代理。"

① 王利明：《民法学》，中央广播电视大学出版社 2006 年版，第 91 页。

② 韩松：《民法总论》，法律出版社 2006 年版，第 332 页。

（一）委托代理

委托代理，是指基于被代理人的委托授权而取得代理权的代理。因被代理人的委托授权是被代理人以其单方意思表示授予代理权的民事法律行为，所以委托代理就是意定代理或授权代理。委托代理是最主要的代理类型，《民法总则》关于代理的条文主要是围绕委托代理规定的。

委托代理具有以下特点：第一，委托代理是基于委托人的委托授权而产生的。委托授权在委托代理中具有决定性意义。这一特点使委托代理与法定代理、指定代理区别开来，这也是委托代理最本质的特点。第二，委托代理主要发生在经济领域，在商业、贸易、经营等市场行为中得到了广泛运用，是直接服务于市场经济的。例如，企业可以委托他人销售产品，委托他人代签合同，等等。第三，委托代理中的代理人，既可以是自然人、法人，也可以是非法人组织。如甲受乙委托代买一辆汽车，再如甲公司受乙企业委托在某商品展销会上与某厂家签订一份买卖合同等。市场经济的发展使得法人或非法人组织作为代理人的情况越来越普遍。第四，委托代理绝大多数是有偿的。自然人之间的代理可以是有偿的，也可以是无偿的，取决于双方的协议。专业代理机构都是以盈利为目的的，有偿服务是其经营的本质特征。法定代理是无偿的，因为法定代理既是一种权利，也是一种义务。

（二）法定代理

法定代理，是指依据法律的直接规定而取得代理权的代理。法定代理是为无民事行为能力人和限制民事行为能力人设立的，因为他们或者没有民事行为能力或者没有完全的民事行为能力，不能为自己委托代理人。法定代理人的代理权与被代理人的意志无关。设立法定代理的根本宗旨在于保护无民事行为能力人和限制民事行为能力人的利益，维护交易安全。最常见的法定代理主要有以下几种情形：①父母作为其未成年子女的法定代理人；②夫妻一方作为其无民事行为能力或限制民事行为能力的配偶的法定代理人；③成年的兄、姐作为其未成年的弟、妹的法定代理人。

法定代理与监护的关系是：设立监护制度和法定代理的目的都是保护无民事行为能力人或限制民事行为能力人的合法权益。但是监护不完全等同于法定代理，监护人也不等同于法定代理人。法定代理主要是从参加民事活动、实现民事权利、承担民事义务方面为无民事行为能力人和限制民事行为能力人提供法律保护。监护制度则是从被监护人的人身、财产两大基本方面对被监护人实施全方位的保护，既包括法律行为，也包括一般生活行为；既包括财产权益的保护，也包括人身权利的保护；既包括权利的设定与行使，也包括义务的履行与责任的承担。总之，监护是一种全面的、综合的法律保护制度；而法定代理主要是针对民事活动的参加而设立的法律制度，它包含在监护制度当中。简言之，法定代理人所应履行的职责包括在监护人的职责之中。

实践中，法定代理人所进行的代理活动主要有：①代理签订合同；②代理参加继承关系，接收继承或受遗赠；③代理参与赠与关系，接收赠与；④为了被代理人的利益，代理处分被代理人的财产；⑤代理参加诉讼。

二、积极代理与消极代理

根据代理人在代理行为中是主动作出意思表示还是被动受领意思表示，可将代理分为积极代理与消极代理。

积极代理又称主动代理，是指代理人以被代理人的名义，在代理权限范围内向第三人作出意思表示的代理。例如，代理人接受被代理人的委托，以被代理人的名义向第三人发出要约。

消极代理又称被动代理，是指代理人以被代理人的名义，在代理权限范围内受领第三人意思表示的代理。例如，代理人接到第三人的要约后，在代理权限范围内以被代理人的名义作出承诺。

积极代理与消极代理往往同时存在，例如，甲授权乙销售货物，乙以甲的名义向丙发出销售货物的要约的行为就是积极代理，而此后当丙对要约作了变更而发来新要约时，乙予以承诺的行为就是消极代理。

三、单独代理与共同代理

根据代理人的人数是一人还是数人，可将代理分为单独代理与共同代理。

单独代理，是指代理人仅有一人的代理，即代理权属于一人，又称独立代理。

共同代理，是指代理人为两人以上的代理。典型的共同代理是父母对子女的法定代理。与单独代理相比，共同代理除了存在代理人、被代理人和第三人之间的三方关系外，还涉及共同代理人如何行使代理权的问题。对此，原则上要求全体代理人共同行使代理权。在行使代理权时，应经全体代理人协商一致或者按照多数人的意见形成共同代理意思。不过，如果征得其他代理人的同意，共同代理人中的一人也可单独向第三人作出意思表示①。《民法总则》第 166 条规定：“数人为同一代理事项的代理人的，应当共同行使代理权，但是当事人另有约定的除外。”

四、显名代理与隐名代理

根据代理人实施代理行为时是否以本人名义，可将代理分为显名代理与隐名代理。

显名代理，是指以被代理人的名义实施的代理。在显名代理中，第三人在与代理人缔结法律关系时知道被代理人的姓名，被代理人与第三人就是该法律关系中享有权利和承担义务的当事人，代理人不承担个人责任，代理人在实施代理行为后，即退出被代理人与第三人的关系之外。

隐名代理，是指不以被代理人的名义实施民事法律行为，但第三人知道或者根据情况可以得知有被代理人存在的代理。换言之，隐名代理是指代理人虽不以被代理人的名义实施民事法律行为，但代理人在订约时表示有代理关系存在，表明自己代理人的身份，公开被代理人的存在，但不指出被代理人的姓名，第三人虽知其为代理人，但不知道被

① 苏号朋：《民法总论》，法律出版社 2006 年版，第 340 页。

代理人是谁。我国《合同法》第402条的规定显属隐名代理[①]。《合同法》第402条规定："受托人以自己的名义，在委托人的授权范围内与第三人订立的合同，第三人在订立合同时知道受托人与委托人之间的代理关系的，该合同直接约束委托人和第三人，但有确切证据证明该合同只约束受托人和第三人的除外。"依此规定，代理人在代理权限范围内实施隐名代理行为，而第三人在订立合同时知道代理关系的存在，则该隐名代理产生与显名代理相同的效力，即代理人与第三人订立的合同直接约束被代理人和第三人。

综上所述，隐名代理的构成条件包括：①代理人以自己的名义与第三人订立合同。②代理人是在被代理人的授权范围内实施隐名代理行为。③代理人实施隐名代理行为是以其与被代理人之间的约定或法律允许隐名代理为前提的。

五、直接代理与间接代理

根据代理人进行代理行为时是否以被代理人名义以及代理行为后果的归属是否由被代理人直接承担，可将代理分为直接代理与间接代理。

直接代理，是指代理人在代理权限范围内，以被代理人的名义与第三人实施民事法律行为，其后果直接由被代理人承担的代理。

间接代理，是指代理人为了被代理人的利益，以自己的名义与第三人实施民事法律行为，该行为的法律后果先由自己承担，而后再依内部关系移转给被代理人承担的代理。

我国《民法总则》中的代理是直接代理，但《合同法》第403条规定了间接代理。

间接代理的效果：第一，被代理人的介入权。《合同法》第403条第1款规定："受托人以自己的名义与第三人订立合同时，第三人不知道受托人与委托人之间的代理关系的，受托人因第三人的原因对委托人不履行义务，受托人应当向委托人披露第三人，委托人因此可以行使受托人对第三人的权利，但第三人与受托人订立合同时如果知道该委托人就不会订立合同的除外。"这实际上是规定了被代理人的介入权。在间接代理中，被代理人本身并不是合同的一方当事人，但是在发生第三人违约的情况下，为了保护委托人的合法利益，代理人应该向委托人披露第三人，从而使委托人得以介入合同关系中来，直接向第三人主张权利。第二，第三人的选择权。《合同法》第403条第2款规定："受托人因委托人的原因对第三人不履行义务，受托人应当向第三人披露委托人，第三人因此可以选择受托人或者委托人作为相对人主张其权利，但第三人不得变更选定的相对人。"这实际上是规定了第三人的选择权。当出现因为委托人的原因而使受托人违约时，为了保护第三人的利益，受托人应当向第三人披露委托人，第三人在发现了委托人之后，享有选择权。具体说来，第三人可以要求被代理人或代理人中的任何一人履行合同，也可以以被代理人或代理人为被告向人民法院提起诉讼。但第三人一旦选定了要求其中一人承担义务之后，就不得更改即无权对另外一人再行起诉。

有学者认为，代理在法律效果上的标志性特征是，民事法律行为的后果直接在相对人与被代理人之间发生，而间接代理则是法律效果首先在行为人与相对人之间发生，而后再通过行为人与委托人之间的另外一个民事法律行为移转于委托人，可见，间接代理

① 李永军：《民法总论》，法律出版社2006年版，第673页。

并非真正意义上的代理，只是在最终的经济效果上与代理有相似之处①。还有学者认为，直接代理与间接代理根本不是代理的分类，因为间接代理并不是代理②。

直接代理与间接代理的区别在于：第一，直接代理中，代理人以被代理人的名义与第三人进行民事活动；而间接代理中，代理人以自己的名义与第三人进行民事活动，也就是说，当代理人与第三人订立合同时，他是将自己置于合同的一方当事人的地位，而不是以被代理人的名义。第二，直接代理中，代理行为的后果直接归属于被代理人；而间接代理中，先由代理人自己对第三人承担一切后果，再由代理人将这些后果转移给被代理人。第三，直接代理中，民事行为如果因代理人在与第三人进行民事活动时意思表示存在瑕疵而可撤销，撤销权归被代理人；而间接代理中如发生此情形，撤销权归代理人。例如，乙接受甲的委托采购一批货物，乙在授权范围内与丙签订了合同，但事后发现乙在与丙签订合同时受到了丙的欺诈，该合同属于可撤销的合同，如果乙为直接代理，则撤销该合同的权利归属于甲；如果乙为间接代理，则乙享有撤销权。

六、主代理与复代理

根据代理权是否由代理人转托，将代理分为主代理与复代理。

主代理又称本代理、原代理，是指基于被代理人的直接授权，或者法律的直接规定而产生的代理，包括委托代理、法定代理。

复代理又称再代理，是指代理人为被代理人的利益而将代理权部分或全部转托他人而产生的代理。主代理是复代理产生的前提，从代理人处取得代理权的人称为复代理人。

复代理有以下法律特征：第一，复代理人是代理人以自己的名义选任的，而不是以被代理人的名义选任的，因此代理人有权解除复代理人的代理权；第二，复代理人是被代理人的代理人，而不是原代理人的代理人，因而复代理人必须以被代理人的名义与第三人实施民事法律行为，该行为的后果直接归属于被代理人；第三，代理人只能在其享有的代理权限范围内，向复代理人转委托其代理权的部分或者全部，但不得超过其代理权限，即复代理人的代理权只能小于或等于原代理人的代理权。第四，在代理人未完全退出代理关系的情况下，复代理人的代理行为受代理人的监督。

法定代理人可无条件地进行转委托，理由有四：一是代理权的产生基础不是代理人与被代理人之间的信任关系，而是法律的直接规定；二是代理权限比较广泛；三是不允许代理人任意辞任；四是被代理人不具备作出同意表示的意思能力。

委托代理人原则上不得转委托，因为委托代理权产生的基础是代理人与被代理人之间的信任关系，所以代理人原则上应当亲自实施代理行为。但在下列情况下可以转委托：①转委托的目的必须是被代理人的利益需要。②转委托原则上应当取得被代理人的同意，包括事先取得被代理人授权和事后得到被代理人追认。③在紧急情况下，代理人为了维护被代理人的利益而转委托的，不论被代理人是否同意，均依法产生转委托的法律效力。关于委托代理中的复代理，《民法总则》第 169 条规定："代理人需要转委托第三

① 苏号朋：《民法总论》，法律出版社 2006 年版，第 334 页。
② 李永军：《民法总论》，法律出版社 2006 年版，第 674 页。

人代理的，应当取得被代理人的同意或者追认。转委托代理经被代理人同意或者追认的，被代理人可以就代理事务直接指示转委托的第三人，代理人仅就第三人的选任以及对第三人的指示承担责任。转委托代理未经被代理人同意或者追认的，代理人应当对转委托的第三人的行为承担责任，但是在紧急情况下代理人为了维护被代理人的利益需要转委托第三人代理的除外。”《合同法》第 400 条规定：“受托人应当亲自处理委托事务。经委托人同意，受托人可以转委托。转委托经同意的，委托人可以就委托事务直接指示转委托的第三人，受托人仅就第三人的选任及其对第三人的指示承担责任。转委托未经同意的，受托人应当对转委托的第三人的行为承担责任，但在紧急情况下受托人为维护委托人的利益需要转委托的除外。”《民法通则》意见第 80 条对 “紧急情况” 作了解释：“紧急情况” 是指 “由于急病、通讯联络中断等特殊原因，委托代理人自己不能办理代理事项，又不能与被代理人及时取得联系，如不及时转托他人代理，会给被代理人的利益造成损失或者扩大损失的”。

第四节 无权代理

一、无权代理的概念与特征

（一）无权代理的概念

无权代理是指行为人没有代理权而以他人名义与第三人进行民事活动的行为。无权代理的含义有广义和狭义之分。广义的无权代理，是指没有代理权，但又具备代理行为其他特征的行为。广义的无权代理，包括表见代理和狭义的无权代理。本节中的无权代理指的是狭义的无权代理。

无权代理不同于滥用代理权，其主要区别是：第一，性质不同。无权代理是没有代理权而进行所谓的代理；而滥用代理权则是有权代理，但代理人不正当行使代理权。第二，情形不同。无权代理包括没有代理权、超越代理权或者代理权终止后的代理；而滥用代理权则包括自己代理、双方代理以及代理人与第三人恶意串通损害被代理人利益的行为。第三，法律后果不同。无权代理并非绝对不能产生代理的法律效果；而滥用代理权的行为，或者属于无效的民事行为，或者属于可撤销的民事行为。

无权代理应当具备以下构成要件：①行为人以他人名义实施民事法律行为时没有代理权；②行为人所为行为具备代理行为的表面特征，即行为人是以他人名义与第三人实施民事法律行为；③行为人与第三人所为的行为不是违法行为；④行为人与第三人均具有相应的民事行为能力。

（二）无权代理的特征

与有权代理相比，无权代理仅具有代理的形式，而无代理的实质。从无权代理的含义来看，有以下几个特征。

（1）行为人在与第三人实施民事法律行为时，是以“被代理人”的名义进行的，即表面上符合代理行为的特征。无权代理尽管是没有代理权的行为，但它仍然是以他人的名义进行的行为，如果行为人不是以他人的名义，而是以自己的名义进行民事活动，其行为结果只能由自己承担，与代理毫无关系。例如，甲委托乙为其保管电脑，乙在保管期间，谎称电脑是自己的，将电脑卖给丙，乙的行为不是无权代理，而是无权处分。

（2）行为人没有代理权。这是无权代理最重要的特征。包括没有代理权、超越代理权以及代理权已终止三种情形。

（3）根据法律规定，无权代理并不是当然无效的行为，而是效力未定的行为，如被代理人事后追认，可以使无权代理转化为有权代理，被代理人因此承担相应的法律后果。

二、无权代理的类型

《民法总则》第171条第1款规定："行为人没有代理权、超越代理权或者代理权终止后，仍然实施代理行为，未经被代理人追认的，对被代理人不发生效力。"

由此看出，无权代理有以下情形。

1. 行为人自始不具有代理权的"代理"行为

行为人既未基于他人的委托而取得委托代理权，也未基于法律的规定而取得法定代理权，但行为人却以被代理人的名义与第三人实施民事行为。这是典型的无权代理。

2. 超越代理权的"代理"行为

代理人虽然有代理权，但擅自超越代理权限范围进行民事活动，即其所实施的代理行为，不在其代理权限范围之内。就其超越代理权限所实施的代理行为，成立无权代理。

3. 代理权终止后的"代理"行为

代理人本来有代理权，但代理权因某种原因而消灭后，行为人继续以被代理人的名义与第三人进行民事行为，属无权代理。

三、无权代理的法律后果

一方面，由于行为人未取得代理权，其实施所谓的代理行为往往有害于被代理人，因而如果要求被代理人承担其行为后果，对被代理人不公平。因此，在无权代理行为给被代理人造成损害的情况下，被代理人不应当承担其后果。但是，无权代理行为并非绝对不利于被代理人，当该行为给被代理人带来利益时，则应当允许被代理人选择。另一方面，如前所述，代理人与被代理人之间的关系是代理的内部关系，第三人往往很难明悉代理权授予及相关情况，因而第三人根据代理权的表面现象认定代理人有代理权并与其进行交易，应当认定第三人尽了谨慎义务，在这种情况下，为保障交易安全和维护交易秩序，不应一概确定无权代理行为无效。因此，无权代理应属于效力未定的民事行为，由此产生相应的法律后果。《民法总则》第171条规定："行为人没有代理权、超越代理权或者代理权终止后，仍然实施代理行为，未经被代理人追认的，对被代理人不发生效力。相对人可以催告被代理人自收到通知之日起一个月内予以追认。被代理人未作表示的，视为拒绝追认。行为人实施的行为被追认前，善意相对人有撤销的权利。撤销应当以通知的方式作出。行为人实施的行为未被追认的，善意相对人有权请求行为人履行债务或者就其受到的损害请求行为人赔偿，但是赔偿的范围不得超过被代理人追认时相对人所能获得的利益。相对人知道或者应当知道行为人无权代理的，相对人和行为人按照各自的过错承担责任。”无权代理应属于效力未定的民事行为，由此产生以下三种法律后果。

1. 因被代理人的追认而有效

所谓追认，是指行为人以被代理人的名义与第三人实施民事法律行为之后，被代理人表示承认的单方意思表示。追认权是一种形成权。追认的意思表示一旦作出，行为人的无权代理即转化为有权代理，代理行为的后果归属于被代理人。被代理人追认的意思表示可以明示也可以默示，追认的意思表示可以向行为人为之，也可以向第三人为之，或者公告为之。无权代理人实施了多项无权代理行为，被代理人可以追认其中一项或多项，但是对某一项无权代理行为的追认，应当是概括的，不能只追认利益的方面而不追认不利益的方面①。

2. 因被代理人不追认而对被代理人无效

对于无权代理行为，被代理人有追认的权利，也有拒绝追认的权利。《合同法》第48条第1款规定：“行为人没有代理权、超越代理权或者代理权终止后以被代理人名义订立的合同，未经被代理人追认，对被代理人不发生效力，由行为人承担责任。”《民法总则》第171条第1款规定：“行为人没有代理权、超越代理权或者代理权终止后，仍然实施代理行为，未经被代理人追认的，对被代理人不发生效力。”第3款规定：“行为人实施的行为未被追认的，善意相对人有权请求行为人履行债务或者就其受到的损害请求行为人赔偿，但是赔偿的范围不得超过被代理人追认时相对人所能获得的利益。”第4款规定：“相对人知道或者应当知道行为人无权代理的，相对人和行为人按照各自的过错承担责任。”

3. 因第三人的撤销而无效

在无权代理行为发生之后，第三人不必静待被代理人的追认，而可以在被代理人追认之前，行使催告权和撤销权。催告是第三人请求被代理人在特定时间内作出承认或拒绝行为人的所谓代理行为的意思表示。撤销是第三人撤销其与行为人所实施的民事行为的意思表示。一经撤销，无权代理行为便由效力待定的行为变为无效行为。撤销应当符合以下条件：第一，必须在被代理人追认之前作出撤销的意思表示；第二，第三人在与行为人实施民事法律行为时不知其无代理权，即其主观为善意；第三，撤销的意思表示应当以通知的方式作出。《民法总则》第171条第2款规定：“相对人可以催告被代理人自收到通知之日起一个月内予以追认。被代理人未作表示的，视为拒绝追认。行为人实施的行为被追认前，善意相对人有撤销的权利。撤销应当以通知的方式作出。”

① 魏振瀛：《民法》，北京大学出版社、高等教育出版社2016年版，第189页。

第五节 表见代理

一、表见代理的概念

表见代理，是指行为人虽无代理权，因被代理人的行为足以使善意第三人相信行为人具有相应的代理权而与行为人进行民事法律行为，被代理人承担行为人代理行为法律后果的代理。例如，甲是乙企业的销售人员，随身携带盖有乙企业公章的空白合同书，便于随时对外签约。后甲因收取回扣被乙企业除名，但空白合同书未收回。甲以此合同书与丙公司签订购销协议，则该协议对乙企业产生法律约束力。《民法总则》第 172 条规定："行为人没有代理权、超越代理权或者代理权终止后，仍然实施代理行为，相对人有理由相信行为人有代理权的，代理行为有效。"

由此可见，表见代理是无权代理的一种，属于广义上的无权代理。表见代理与上一节所述无权代理的区别主要表现在如下方面。

1. 构成要件不同

无权代理是代理人根本没有代理权而进行代理行为，且其行为不可能使第三人相信其有代理权。而在表见代理的情况下，无权代理人在进行代理行为时，善意第三人有理由相信其有代理权。

2. 法律效果不同

在无权代理情况下，被代理人享有追认权，行为人的无权代理行为只有经被代理人追认，被代理人才承担后果；被代理人如果拒绝追认，则无须承担后果。因此，无权代理行为的效力取决于被代理人是否追认，在被代理人追认之前，无权代理行为处于效力待定状态。而在表见代理的情况下，行为人的代理行为无须经被代理人追认，直接由被代理人承担后果。因此，表见代理中的被代理人不享有追认权，表见代理虽属无权代理，却是有效代理，产生有权代理的法律效果。

3. 立法旨意的着重点不同

虽然两者都是为了维护交易秩序和保障交易安全，但着重点不同：无权代理不当然对被代理人有效，所以着重体现了对无过错的被代理人的保护；而表见代理作为特殊的无权代理，因被代理人的行为造成了行为人有代理权的假象，且该假象足以使善意第三人相信行为人具有相应的代理权，所以着重体现了对善意第三人的保护。

表见代理总体上可分为三大类，即没有代理权的表见代理、超越代理权的表见代理和代理权终止后的表见代理。

现实中，没有代理权的表见代理主要有五种：一是被代理人曾向第三人声明授予他人代理权，但事实上并未授权。例如，甲公司董事长与乙电脑公司经理交谈时表示，本月将委托其员工李某到乙公司签订购买电脑的合同，但并未正式授权给李某，后来李某以甲公司名义与乙电脑公司签订了买卖合同。二是被代理人将具有代理权证明意义的空白合同文本、合同专用章、空白委托书、印鉴等交给行为人，使行为人得以凭借其代理人身份实施民事活动。三是企业法人的分支机构、办事处未经授权以法人名义进行民事活动。四是承包人以发包人的名义进行经营活动。五是被代理人知道行为人以被代理人的名义实施民事行为而不予否认。

超越代理权的表见代理：行为人具有某种代理权，但其超出代理权限而从事代理活动，其越权代理的事项属无权代理。一般来说，发生这种表见代理主要因为授权委托书中记载的授权范围不明确。在这种情况下，虽然被代理人对代理人授予了特定范围的代理权，但第三人很难了解，而客观的外在表现能使善意第三人误信行为人对其所为的事项具有代理权，并与其实施民事法律行为，从而构成表见代理。例如，甲公司授权乙为其签订购买服装的合同，但授权委托书中并未载明购买何种服装，乙持授权委托书与丙服装厂签订男装200套和童装100套的合同，因童装的销路一向不好，货到后甲公司拒收童装。在这种情况下，如果给第三人造成损失，被代理人应当向第三人承担民事责任。

代理权终止后的表见代理：行为人本来有代理权，但由于某种原因代理权已经终止。在这种情况下，他仍然以代理人的身份实施民事法律行为，此时其代理行为则属无权代理。如果因被代理人的过失，使善意第三人不知代理权已终止，相信代理权仍然存续，可构成表见代理。例如，王某是甲公司的业务员，甲公司与乙公司的业务往来均由王某办理。后来，王某因严重违纪被辞退，甲公司也收回了王某手中的空白合同书、合同章等。但3日后王某凭私刻的公章及自己制作的空白合同书到乙公司以甲公司名义订立合同，并约定次日提货，10日内付款。10日期满乙公司并未收到货款，乙公司找到甲公司，甲公司因未收到货而不认可。本案中，王某的行为构成表见代理，因为甲乙两公司的业务往来均由王某办理，甲公司取消王某代理人资格应当通知乙公司，而其未通知，说明其未尽到充分的注意义务，因而应当承担后果。

二、表见代理的构成要件

表见代理虽然属于广义上的无权代理，但发生有权代理的法律效果，所以必须符合代理的表面要件：①无权代理人须以被代理人的名义进行民事活动，并能出示证明自己作为代理人及有代理权的相关文件；②行为人须具有相应的民事行为能力；③行为人所实施的行为不是违法行为；④行为人所实施的行为或者是向第三人作出意思表示，或者是受领第三人的意思表示。

此外，表见代理还应当具备以下特别构成要件。

1. 须行为人没有代理权而以被代理人的名义与第三人实施民事法律行为

一方面，行为人没有代理权。如前所述，表见代理本质上属于无权代理，如果行为人有代理权，则属于有权代理，而非表见代理。所谓没有代理权，指其实施代理行为当时没有代理权或对于所实施的代理行为没有代理权。至于该无权代理人此前是否曾经拥有代理权，或当时是否有实施其他法律行为的代理权，均非所问[①]。另一方面，行为人以被代理人的名义实施民事法律行为。如果行为人不是以被代理人的名义与第三人实施

① 梁慧星：《民法总论》，法律出版社2007年版，第233页。

民事法律行为，则与代理无关。

2. 须存在足以使第三人相信行为人有代理权的表面现象，这是构成表见代理的关键

如行为人持有被代理人的介绍信、盖有公司印章的空白合同；或者被代理人曾向第三人表示授予行为人代理权，但其后并未授予；或者被代理人允许行为人挂靠在自己的名义下从事经营活动或将本公司的营业执照或公章出借给行为人，导致第三人相信行为人拥有代理权，等等。尽管行为人没有代理权，但是依一般人的正常思维，在具有上述表象的情况下，都会相信行为人与被代理人之间存在代理关系，行为人已经取得了被代理人的授权。此外，行为人与被代理人之间的亲属关系、合伙关系、雇用关系等，也可成为使第三人相信行为人有代理权的事实与理由①。

3. 第三人善意且无过失，这是表见代理的主观构成要件

所谓“第三人善意且无过失”，应从两方面看：其一，第三人是善意的，即第三人在与无权代理人实施民事法律行为时出于正当目的，并且确实不知其无代理权，如果第三人明知行为人无代理权仍与其实施民事行为，则为恶意，不构成表见代理。其二，第三人须无过失，即第三人已尽认真审查行为人有无代理权的义务。如果第三人未审查或审查不认真，则第三人有过错，法律没有必要对其予以保护，所以不构成表见代理。例如，甲公司委托乙前往丙厂采购男装，乙觉得丙厂生产的女装市场看好，便自作主张以甲公司的名义向丙厂订购，丙厂未问乙的代理权限，便与之订立了买卖合同，则不构成表见代理，乙无权代理行为的后果并不当然由甲公司承担。

4. 行为人与第三人实施的行为具备民事法律行为的有效要件

表见代理是有效代理，发生有权代理的法律效力，因此，表见代理应具备民事法律行为的有效要件，否则，不构成表见代理。例如，甲授权乙代其买一辆进口轿车，后来甲撤回了对乙的授权，但未及时收回乙手中的授权委托书，乙持此授权委托书以甲的名义与丙公司签订进口轿车的合同，而该轿车是走私车，则该合同无效，乙的行为不构成表见代理。

5. 被代理人有过失

表见代理是否应当以被代理人主观上有过失为构成要件之一，有两种不同的观点。一种观点认为，表见代理须以被代理人存在过失为要件，即被代理人以自己的过失行为使行为人表面上有代理权，并使第三人基于该表象相信行为人有代理权。被代理人的过失表现为被代理人表达了足以使第三人相信其有授权意义的意思，或实施了足以使第三人相信其有授权意义的行为，发生了外观授权的事实，换言之，被代理人应当预见自己的行为会使第三人误信行为人有代理权而未能预见，或虽已预见但未采取适当措施加以避免。例如，被代理人将自己的合同专用章或盖有印章的空白合同书交给行为人，但撤回代理权后，未及时收回。如果被代理人对行为人有代理权的表面假象的形成没有过错，则不构成表见代理，如行为人盗用他人的介绍信、合同专用章或盖有印章的空白合同书

① 刘凯湘：《民法总论》，北京大学出版社 2006 年版，第 354 页。

以他人名义签订合同的，则不构成表见代理[①]。另一种观点认为，表见代理的成立不以被代理人主观上有过失为必要条件，即使被代理人没有过失，只要客观上有使第三人相信行为人有代理权的依据，即可构成表见代理[②]。本书认为，强调被代理人有过失作为表见代理构成要件是合理的，理由有二：第一，如前所述，第三人善意无过失是表见代理的要件之一，如果不以被代理人的有过失作为构成要件，那么就会让无过失的被代理人向无过失的第三人承担行为人无权代理行为的后果，对被代理人是不公平的。第二，实践中，表见代理的发生均与被代理人的过错有关。

三、表见代理的法律后果

1. 发生有权代理的后果

表见代理成立后，其在法律上产生的后果同有权代理的法律后果一样，即被代理人应当受到表见代理人与第三人所实施的民事法律行为的约束，行使该行为所设定的权利并履行该行为所设定的义务，被代理人不得以行为人没有代理权为由进行抗辩。例如，甲公司经常派业务员乙与丙公司订立合同。乙调离后，又持盖有甲公司公章的合同书与尚不知其已调离的丙公司订立一份合同，并按照通常做法提走货物，后逃匿。对此甲公司并不知情。本案中，乙的行为符合表见代理的构成要件，因而甲公司作为被代理人必须接受这一事实，不得以乙已经调离为由拒绝履行合同义务。

2. 第三人有权撤销该行为

第三人在得知行为人属无权代理后，有权放弃向被代理人主张表见代理的效力，而主张狭义的无权代理，要求无权代理人向其履行所实施的民事法律行为的义务或者要求无权代理人赔偿其因此所遭受的损失。在因委托书授权不明而导致的表见代理中，表见代理人向第三人承担了民事责任之后，有权向被代理人追偿。

3. 代理人对被代理人承担民事赔偿责任

被代理人因表见代理而向第三人承担民事责任所遭受的损失，有权根据是否与代理人有委托关系、代理人是否超越代理权以及代理权是否已经终止等不同的情况，以及无权代理人的过错情况，依法请求无权代理人给予相应的赔偿。

4. 无权代理人对被代理人的费用返还请求权

实践中，并非所有的表见代理的法律后果都必然对被代理人不利，当表见代理的法律后果使被代理人从中受益时，无权代理人有权根据是否有委托关系以及委托关系是否有偿，要求被代理人支付因实施代理行为所支出的合理费用。

---

① 刘凯湘：《民法总论》，北京大学出版社 2006 年版，第 355 页。

② 魏振瀛：《民法》，北京大学出版社、高等教育出版社 2007 年版，第 188 页。

第七章 民事责任

通过本章的学习，要求理解和掌握民事责任的概念、特征、功能及类型，了解民事责任的各种形式及其适用。

第一节 民事责任的界定

一、民事责任的含义

汉语里的责任有多种含义：第一种含义为职责，如岗位责任制，相当于英文中的responsibility；第二种含义为义务，如法律上的保证责任、举证责任等，相当于英文obligation；第三种含义为法律责任，意为当事人违反了法定或约定的义务，而依法应接受的某种制裁，相当于英文 liability。民法学中的民事责任指的就是第三种含义。民事责任不同于民事义务，所谓民事义务，是指一方为保证他方民事权利的实现，应当为一定的行为或者不为一定的行为[①]。民事责任则是不履行民事义务所应承担的法律后果。虽然民事责任和民事义务在内容上经常具有一致性，但仍存在本质的区别：民事义务的履行为社会所倡导和鼓励，民事责任的承担则体现了社会对不履行民事义务的谴责。

民法对民事权利的保护通过两个途径进行：①通过赋予或确认民事主体的民事权利，保障民事权利的行使和实现；②建立民事责任制度。民事权利的实现有赖于对方当事人的作为或者不作为义务的履行，如果当事人不履行义务，则通过民事责任制度强制其履行义务，以确保民事权利的实现。民事责任是保护民事权利、促进民事主体履行民事义务的重要法律手段。我国《民法总则》第 176 条规定：“民事主体依照法律规定和当事人约定，履行民事义务，承担民事责任。”《侵权责任法》第 2 条第 1 款规定：“侵害民事权益，应当依照本法承担侵权责任。”《合同法》第 107 条规定：“当事人一方不履行合同义务或者履行合同义务不符合约定的，应当承担继续履行、采取补救措施或者赔偿损失等违约责任。”通过上述法律规定，我国民法已经建立起了较为完善的民事责任制度，有力地保障了民事主体的权利和利益，保障了民事法律关系的正常运行。

二、民事责任的特征

（1）民事责任的强制性。民事责任是民法规定的对民事违法行为人所采取的一种以

① 王利明：《民法》，中国人民大学出版社 2007 年版，第 746 页。

恢复被侵害的权利为目的并与一定的民事制裁措施相联系的国家强制措施。与道德责任相比，民事责任是通过国家强制力来保证实施的；与普通的民事义务相比较，民事责任含有国家的强制性，是以国家强制力来保证民事权利的实现。民事责任的强制性表现在：第一，民事主体违反合同或者不履行其他义务，或者侵害民事权益，法律规定其应当承担民事责任；第二，当民事主体不主动承担民事责任时，国家有关权力机关强制其承担责任、履行民事义务。

（2）民事责任的财产性。民法的一个重要任务是调整平等主体之间的财产关系，而民法所调整的人身关系虽然不具有直接的财产内容，但与财产有着密切的联系，在一定条件下，可以衍化出财产关系，所以民事主体之间的权利义务关系大都与经济利益相联系，违反民事法律规范和不履行民事义务的行为往往会给他人造成财产上的损失。因此，民事责任的承担更多地体现在经济方面，这是民事责任与其他法律责任的主要区别。当然，由于民法同时也调整平等主体之间的人身关系，所以在某些情况下，民事责任还体现在非财产内容上。民事责任是一种财产责任为主、非财产责任为辅的责任。从我国《民法总则》的规定来看，民事责任主要是财产责任，但是也规定了一些辅助性的其他责任，如消除影响、恢复名誉、赔礼道歉等。《合同法》和《侵权责任法》也规定了多种民事责任形式。

（3）民事责任的补偿性。民法是私法，它调整的民事法律关系是平等的社会关系，因此，在义务人不履行义务时，主要分割的是私人的利益，按照平等原则，补偿受损失人的损失，即可符合平等的要求。因此，民事责任主要具有补偿性的特征，一般不具有惩罚性的特征。我国《民法总则》《合同法》《侵权责任法》规定的 10 余种民事责任的承担方式都体现了民事责任的补偿性质，而刑事责任、行政责任的主要目的是惩罚和制裁。

三、民事责任与其他法律责任的区别

法律责任通常分为民事责任、刑事责任和行政责任。民事责任与另两种法律责任的区别主要在于以下三点。

（1）强制程度不同。刑事责任和行政责任通常由国家有关权力机构追究，直接体现了国家的强制力，不存在当事人的调解或者和解。民事责任更多地体现的是威慑力，是一种间接的强制，主要体现在两个方面：其一，当事人自己可以主动承担民事责任，无须强制机构的介入；其二，当事人可以就民事责任的内容、承担方式等进行协商、调解与和解。

（2）责任性质不同。刑事责任和行政责任体现了国家对某种行为的否定性评价，目的在于惩罚犯罪和行政违法行为，属于惩罚性责任。民事责任以弥补受害人所受损失为目标，主要属于补偿性责任。

（3）承担方式不同。刑事责任的承担方式为刑罚，如死刑、无期徒刑、有期徒刑、拘役、管制、罚金、剥夺政治权利等。行政责任的承担方式主要表现为行政拘留、罚款等。民事责任的承担方式为：停止侵害，排除妨碍，消除危险，返还财产，恢复原状，修理、重作、更换，继续履行，赔偿损失，支付违约金，消除影响、恢复名誉，赔礼道歉等。

四、民事责任的功能

（一）补偿功能

补偿功能是民事责任的主要功能。民法是调整平等主体之间的人身关系和财产关系的法律规范，平等主体的属性决定了民事责任应遵循补偿原则，任何一方当事人没有惩罚对方的权利。民事责任的基本原则就是恢复被侵害的权利，使当事人之间的权利义务归于平衡。民法的补偿功能体现在对当事人的违约和侵权损害赔偿的处理上。从违约民事责任来看，《合同法》第 113 条第 1 款规定："当事人一方不履行合同义务或者履行合同义务不符合约定，给对方造成损失的，损失赔偿额应当相当于因违约所造成的损失，包括合同履行后可以获得的利益，但不得超过违反合同一方订立合同时预见到或者应当预见到的因违反合同可能造成的损失。"其中"损失赔偿额应当相当于因违约所造成的损失"已经清楚地指明了违约损害赔偿的基本原则，即"填平式"违约损害赔偿原则。该原则还体现在《合同法》关于违约金条款的规定上，该法第 114 条第 2 款规定："约定的违约金低于造成的损失的，当事人可以请求人民法院或者仲裁机构予以增加；约定的违约金过分高于造成的损失的，当事人可以请求人民法院或者仲裁机构予以适当减少。"另外在违约金和定金的关系上，《合同法》第 116 条规定："当事人既约定违约金，又约定定金的，一方违约时，对方可以选择适用违约金或者定金条款。"该条明确排除了违约金和定金的双重适用，从而避免惩罚性违约损害赔偿的发生。由此可见，在我国目前的法律制度中，对违约损害赔偿采纳了补偿性原则，明确排除了惩罚性违约损害赔偿原则的适用。当然，作为例外规定，我国对消费者这一特殊的民事主体给予了特别保护，反映在《消费者权益保护法》中，该法规定经营者提供商品或者服务有欺诈行为的，应当按照消费者的要求增加赔偿其受到的损失，增加赔偿的金额为消费者购买商品的价款或者接受服务的费用的 3 倍。从理论上分析，该种制度安排是对特殊违约损害的惩罚性赔偿，但这仅仅是一种例外规定。

侵权包括侵害人身权和侵害财产权两种情况。《侵权责任法》第 16 条规定，"侵害他人造成人身损害的，应当赔偿医疗费、护理费、交通费等为治疗和康复支出的合理费用，以及因误工减少的收入。造成残疾的，还应当赔偿残疾生活辅助具费和残疾赔偿金。造成死亡的，还应当赔偿丧葬费和死亡赔偿金"。该法第 19 条规定，"侵害他人财产的，财产损失按照损失发生时的市场价格或者其他方式计算"。该法第 20 条又进一步规定了侵害他人人身权益造成财产损失的，按照被侵权人因此受到的损失赔偿。从上述法律规定的赔偿项目和赔偿标准来看，侵权损害赔偿仍然是补偿性质的损害赔偿。至于不当得利的返还责任和无因管理的相关费用的返还责任，均属于补偿性质的责任。

（二）惩罚功能

对于违约和侵权的当事人来说，由于其先前的行为导致了相对人的损失，法律通过一定的规则，将这些损失的补偿责任分配给违约或侵权者或不当得利者，这种制度安排从受害者角度来看是一种补偿，而从加害者角度来看，则无疑是一种惩罚。在多数侵权情况下，侵权者往往并没有从侵权中获得财产收益，但相应的侵权责任却难以避免，呈现出明显的惩罚性。贝卡利亚说过：刑罚的威慑力不在于刑罚的严酷性，而在于其不可避免性。不仅刑法如此，民法亦然。另外，出于保护某些特定利益的考虑，我国相关法律已经出现了惩罚性损害赔偿的制度安排，例如，上文所述的《消费者权益保护法》即是其例，再如《中华人民共和国食品安全法》第 148 条第 2 款规定："生产不符合食品安全标准的食品或者经营明知是不符合食品安全标准的食品，消费者除要求赔偿损失外，还可以向生产者或者经营者要求支付价款十倍或者损失三倍的赔偿金；增加赔偿的金额不足一千元的，为一千元。但是，食品的标签、说明书存在不影响食品安全且不会对消费者造成误导的瑕疵的除外。"该法确定的赔偿金亦属惩罚性赔偿的制度安排。

（三）预防功能

民事责任的预防功能是其主要的社会功能之一。由于民事责任制度的存在，任何当事人在民事法律关系中必须履行法定或约定的义务，否则即要承担相应的民事责任。民事责任的存在，无疑是悬在民事法律关系当事人头上的"达摩克利斯"之剑。正是民事责任的存在，才有效地督促当事人履行义务，保障民事活动的正常进行。

第二节　民事责任的类型

一、违约责任、侵权责任和其他责任

根据民事责任的产生依据不同，可以将民事责任分成违约责任、侵权责任和其他责任。所谓违约责任，指的是当事人不履行合同义务或者其履行不符合当事人约定的条件而承担的民事责任。所谓侵权责任，指的是侵害他人人身或者财产所产生的民事责任。其他责任指的是除违约责任和侵权责任以外的民事责任，如基于不当得利和无因管理而产生的民事责任，等等。

二、财产责任与非财产责任

根据承担的民事责任的内容是否属于财产性质之标准，可以将民事责任划分为财产责任与非财产责任。财产责任是指以财产为内容的责任，如赔偿损失、返还财产等；非财产责任是指不以财产为内容的责任，如赔礼道歉、停止侵害、恢复名誉等。财产责任主要用于财产损害，有时也适用于精神损害，而非财产责任多适用于非财产损害赔偿。

三、过错责任与无过错责任

根据民事责任的归责原则不同，可以将民事责任分成过错责任与无过错责任。过错责任是指因为行为人主观上存在过错，而且事实上也给他人造成了损害而应承担的责任。过错责任是民法的基本责任形式。《侵权责任法》第 6 条第 1 款规定：“行为人因过错侵害他人民事权益，应当承担侵权责任。”

无过错责任是指行为人损害他人民事权益，不论行为人有无过错，法律规定应当承担侵权责任的，就必须依照其规定承担责任的责任形式。无过错责任又称危险责任，侵权人承担责任不以过错为要件。无过错责任归责原则的基本思想不在于对不法行为的制裁，而在于“不幸损害”的合理分配。无过错责任是由法律特别规定的，无过错责任只能适用于法律所规定的特殊侵权责任。《侵权责任法》第 7 条规定：“行为人损害他人民事权益，不论行为人有无过错，法律规定应当承担侵权责任的，依照其规定。”

四、无限责任与有限责任

根据当事人承担财产责任的范围划分，可以将民事责任分为无限责任和有限责任。所谓无限责任，指的是责任人以自己所有的财产承担的责任，如基于合伙所发生的债务责任。所谓有限责任，指的是责任人只在法律规定的财产限额内承担的民事责任。我国《公司法》第 3 条第 2 款规定，“有限责任公司的股东以其认缴的出资额为限对公司承担责任；股份有限公司的股东以其认购的股份为限对公司承担责任”，即是其适例。

五、单独责任与共同责任

根据责任人的人数及内在关系的不同，可以将民事责任分成单独责任和共同责任。单独责任指的是由单个责任人独自承担的民事责任。共同责任指的是由两个以上的责任主体共同承担的民事责任。根据共同责任人之间是否有连带关系，共同责任又可以分为按份责任、连带责任和补充责任。按份责任指的是责任人按照法律的规定或合同的约定各自承担一定份额的民事责任。《民法总则》第 177 条规定：“二人以上依法承担按份责任，能够确定责任大小的，各自承担相应的责任；难以确定责任大小的，平均承担责任。”连带责任指的是责任人对权利人的请求不分份额、不分先后地承担的民事责任，连带责任由法律规定或者当事人约定。《民法总则》第 178 条规定：“二人以上依法承担连带责任的权利人有权请求部分或者全部连带责任人承担责任。连带责任人的责任份额根据各自责任大小确定；难以确定责任大小的，平均承担责任。实际承担责任超过自己责任份额的连带责任人，有权向其他连带责任人追偿。”补充责任是指责任人的财产不足以承担其应负的民事责任时，由其他有关的人对不足部分依法予以补充的责任。《侵权责任法》第 37 条规定：“宾馆、商场、银行、车站、娱乐场所等公共场所的管理人或者群众性活动的组织者，未尽到安全保障义务，造成他人损害的，应当承担侵权责任。因第三人的行为造成他人损害的，由第三人承担侵权责任；管理人或者组织者未尽到安全保障义务的，承担相应的补充责任。”《侵权责任法》第 40 条规定：“无民事行为能力人或者限制民事行为能力人在幼儿园、学校或者其他教育机构学习、生活期间，受到幼儿园、学校或者其他教育机构以外的人员人身损害的，由侵权人承担侵权责任；幼儿园、学校或者其他教育机构未尽到管理职责的，承担相应的补充责任。”

第三节 民事责任的形式

我国民法中民事责任的承担方式主要见诸《民法总则》《合同法》《侵权责任法》。《民法总则》规定了 11 种责任方式，这 11 种方式已经包含了《侵权责任法》中规定的 8 种方式，鉴于《民法总则》在我国民法体系中的基础性地位，这 11 种民事责任形式无疑构成了我国民事责任制度的基础。除此之外，我国《合同法》也规定了一些新的民事责任承担方式，它们共同构成了我国民事责任的体系。这些责任方式，可以合并适用，也可以单独适用，必须根据法律的精神和具体条件而定。兹分述如下。

一、《民法总则》规定的承担民事责任的方式

根据《民法总则》第 179 条并结合《侵权责任法》第 15 条的规定，承担民事责任的方式主要有以下 11 种。

（一）停止侵害

停止侵害是适用于侵权行为的一种基本的民事责任形式，如民事主体的人身权、物权、知识产权等正在遭受他人不法侵害时，该民事主体有权请求侵权行为人停止侵害，以防止侵害结果继续扩大。这种形式不适用于违约责任。

（二）排除妨碍

违法行为人的行为没有直接侵害权利人的权利，但使权利人无法行使或不能正常行使自己的财产权利或人身权利时，受害人有权要求排除妨碍。不论侵害人的妨碍有无过错，侵害人有义务立即排除对受害人行使权利的妨碍，如搬走妨碍邻居通行的障碍物，排除对别人电视信号的干扰物等。如果违法行为人自己不排除妨碍，受害人可以向人民法院提起排除妨碍的诉讼，只要妨碍存在，人民法院即应责令违法行为人排除。这也是适用于侵权行为的责任形式。

（三）消除危险

消除危险，是指行为人的行为对他人的人身或财产造成某种损害危险时，权利人有权要求施加危险方消除危险或请求法院强制消除该危险，以避免损害后果发生，这是保护公共财产和他人人身与财产安全的重要方法，如要求除去暴露在外的电源线、修缮即将倒塌的墙壁等。这也是适用于侵权行为的责任形式。

（四）返还财产

返还财产，是指权利人要求财产占有人返还其无法律依据占有的权利人的财产。无

法律依据占有权利人的财产既包括占有人侵权行为而占有，也包括因民事行为无效或被撤销、解除时占有人基于该民事行为而取得的对方的财产。返还财产应具备以下条件：第一，权利人必须是财产所有人或经营权人；第二，侵权人必须是非法占有人，对于合法占有人，不能要求返还；第三，原物须存在，如果被非法侵占的财产已不存在，则不能要求返还财产，而应当请求赔偿损失；第四，在一般情况下，不能要求善意有偿取得该财产的第三人返还，即如果原物已由非法占有人有偿转让给第三人，为维护交易的安全，一般应保护善意第三人的利益；第五，权利人可以直接向侵权人行使请求权，也可以向法院起诉，但须在诉讼时效期间内提起诉讼，否则人民法院不予保护。这种责任方式既适用于违约责任，也适用于侵权责任。

（五）恢复原状

恢复原状有广义和狭义之分。广义的恢复原状是指恢复权利被侵犯前的原来的状态，如返还财产、恢复名誉都可以是恢复原状。狭义的恢复原状仅指将损坏的财产修复。我国民法的恢复原状即指狭义而言。损坏公私财物的违法行为人，首先应当承担恢复原状的民事责任，但须具备以下两个条件：第一，须有修复的可能；第二，须有修复的必要。如果财产被破坏得已无法修复或虽可修复但修复费用比该财产原价值还要高，则不能适用恢复原状的民事责任，而应当赔偿损失。

（六）修理、重作、更换

修理、重作、更换主要是违反合同应承担的民事责任，是违反合同后的补救措施。如修建的房屋不合要求，即应无偿地进行修理；加工制作的定作物不合标准，虽经修理仍不能用的，即应重作，重作同恢复原状不同，如果违法行为人将损坏的他人财产修理复原，承担的则是恢复原状的责任。如果不能修理或不便重作，则应负责更换。

（七）继续履行

继续履行主要是指违反合同应承担的民事责任，是违反合同后的补救措施。继续履行，又称强制履行，是指当事人一方不履行合同义务或者履行合同义务不符合约定时，经另一方当事人的请求，法律强制其按照合同的约定继续履行合同的义务。其通常适用的对象是交付金钱、财物、票证、房屋、土地等。如果合同已经不能履行，则无论是事实上的不能，还是法律上的不能，都不应再有强制继续履行责任的发生。

（八）赔偿损失

赔偿损失，是指行为人因违反民事义务致人损害，应以财产赔偿受害人所受的损失。它是最基本、适用范围最广泛的责任形式，可以适用于违约责任、缔约过失责任和侵权责任。赔偿损失适用于违约责任，赔偿额应相当于对方因违约所受的损失，不仅包括实际受到的损失，还包括履行合同可以得到的利益，从而使对方的利益达到合同获得适当履行的状态。违约损害赔偿受可预见规则的限制，即损失赔偿额不得超过违反合同一方订立合同时预见到或者应当预见到的因违反合同可能造成的损失。赔偿损失适用于缔约上的过失责任主要是赔偿对方的信赖利益的损失，使对方的利益恢复到合同订立之前的状态。赔偿损失适用于侵权责任时主要是赔偿受害人因侵权行为所受的损失，使受害人的利益恢复到侵权行为发生之前的状态。

赔偿损失的形式包括如下方面。

（1）财产损害赔偿与精神损害赔偿。财产损害赔偿即赔偿受害人所受的财产损失。对精神损害给予财产赔偿，是现代法律进步的表现，也是人的自身价值得以体现的一种方式。精神损害的赔偿数额的确定，应考虑以下因素：侵权人的过错程度，法律另有规定的除外；侵害的手段、场合、行为方式等具体情节；侵权行为所造成的后果；侵权人的获利情况；侵权人承担责任的经济能力；受诉法院所在地平均生活水平。但是，法律、行政法规对残疾赔偿金、死亡赔偿金等有明确规定的，适用法律、行政法规的规定。

（2）补偿性损害赔偿与惩罚性损害赔偿。补偿性损害赔偿是指赔偿数额与实际损害相当的赔偿。民法上损害赔偿制度的功能在于补偿受害人所受的损害，使其利益恢复到未曾受到损害的状态。因此，补偿性赔偿应当坚持全面赔偿原则，使赔偿范围与损失大小相当，换言之，即赔偿以造成的实际损害为限，损失多少、赔偿多少。

惩罚性损害赔偿是指由法律规定或者法院裁判赔偿数额超出实际损害的赔偿。如《消费者权益保护法》规定："经营者提供商品或者服务有欺诈行为的，应当按照消费者的要求增加赔偿其受到的损失，增加赔偿的金额为消费者购买商品的价款或接受服务的费用的三倍。"此条款创设了合同责任中的惩罚性赔偿。《最高人民法院关于审理商品房买卖合同纠纷案件适用法律若干问题的解释》第 8 条和第 9 条中也规定了惩罚性赔偿，赔偿额为不超过已付购房款的 1 倍。

（九）支付违约金

支付违约金是违反合同所承担的民事责任形式，它只适用于合同当事人有违约金约定或者法律规定违反合同应支付违约金的情形。《合同法》第 114 条前两款规定，"当事人可以约定一方违约时应当根据违约情况向对方支付一定数额的违约金，也可以约定因违约产生的损失赔偿额的计算方法。约定的违约金低于造成的损失的，当事人可以请求人民法院或者仲裁机构予以增加；约定的违约金过分高于造成的损失的，当事人可以请求人民法院或者仲裁机构予以适当减少"。从这些规定来看，我国《合同法》中规定的违约金属于预先约定的损害赔偿数额或计算方法，仍属于补偿性质。

（十）消除影响、恢复名誉

消除影响、恢复名誉主要适用于对姓名权、名誉权等人格权及对知识产权中人身权的侵犯。这种责任也要求责任人有过错，否则不承担责任。一般说来，在什么范围内损害的，就应当在什么范围内消除影响。

（十一）赔礼道歉

赔礼道歉作为人身权受侵害时对受害人实施救济的一种责任方式，是我国民事法律的创设。其是指责令违法行为人向受害人公开认错。它与一般道义上的赔礼道歉不同，是在国家强制力的威胁下实施的。单纯的赔礼道歉虽不会给受害人的财产带来什么好处，但能使受害人在心理上得到平衡，也反映了国家、社会对侵权人不法行为的强烈谴责[①]。

二、《合同法》中规定的承担民事责任的方式

（一）继续履行

根据《合同法》第107条的规定，当事人一方不履行合同义务或者履行合同义务不符合约定的，应当承担继续履行、采取补救措施或者赔偿损失等违约责任。

（二）采取补救措施

采取补救措施是基于《合同法》第107条的规定而产生的。由于合同类型的多样性和违约行为的复杂性，理论上认为，补救措施包括但不限于《民法总则》规定的诸如排除妨碍，消除危险，停止侵害，返还财产，恢复原状，修理、重作、更换，支付违约金，消除影响、恢复名誉，赔礼道歉等方式，因此，应该认为“采取补救措施”为一种新的民事责任承担方式。

（三）减少价款和报酬

根据《合同法》第111条的规定，质量不符合约定的，应当按照当事人的约定承担违约责任。对违约责任没有约定或者约定不明确，依照本法第61条的规定仍不能确定的，受损害方根据标的的性质以及损失的大小，可以合理选择要求对方承担修理、更换、重作、退货、减少价款或者报酬等违约责任。

（四）不利价格制裁

根据《合同法》第63条的规定，执行政府定价或者政府指导价的，在合同约定的交付期限内政府价格调整时，按照交付时的价格计价。逾期交付标的物的，遇价格上涨时，按照原价格执行；价格下降时，按照新价格执行。逾期提取标的物或者逾期付款的，遇价格上涨时，按照新价格执行；价格下降时，按照原价格执行。

（五）定金罚则

根据《合同法》第115条的规定，当事人可以依照《担保法》约定一方向对方给付定金作为债权的担保。债务人履行债务后，定金应当抵作价款或者收回。给付定金的一方不履行约定的债务的，无权要求返还定金；收受定金的一方不履行约定的债务的，应当双倍返还定金。

① 刘云生、宋宗宇：《民法学》，重庆大学出版社2003年版，第476-478页。

第八章　诉讼时效和期限

时间是民法的一个重要因素，民法中一切关系和行为都必须在一定时间和空间内发生与展开。因此，以规范普通生活为目的的民法，必然要规范时间问题。民法上跟时间有关的制度有二：时效和期限。此制度不仅关乎当事人权利的存在、变更、消灭与保护，更关系到民法典的体系结构，是需要认真研究和学习的理论之一。学习过程中要注意把握时效的种类，诉讼时效的适用范围，诉讼时效和除斥期间的区别，期间的计算方法等。

第一节　民事时效

一、民事时效的概念

民事时效，通常称为时效，顾名思义，就是指时间的效力。对于其定义，学者间见解大同小异，我国大陆学者通常认为时效是指一定的事实状态在法定期间内持续存在，从而产生与该事实状态相适应的法律效力的法律制度[①]。但也有学者从法律事实的角度给予定义，如台湾著名民法学者王泽鉴先生就认为“时效者，一定的事实状态，继续一定期间，而产生一定法律上效果的法律事实”[②]。本书从大陆学者通说。时效制度是各国法律所普遍承认的法律制度，其最早起源于罗马法。早在公元前 451 年至公元前 450 年制定的《十二铜表法》就确认了时效，并发展出两种类型：取得时效和消灭时效。两者在效果上具有重大区别，观念价值也各不相同，但中世纪注释法学将其综合为一个统一概念。近代民法以法国为代表采取了综合规定的体例，奥地利民法、日本民法承之。德国民法重新恢复罗马法的分割体例，在总则部分规定了消灭时效，在物权部分规定了取得时效。1929～1931 年颁布的《中华民国民法典》采之。我国《民法通则》没有承认取得时效，规定了诉讼时效，即消灭时效。2007 年颁布的《物权法》也没有规定取得时效制度。2017 年 3 月 15 日通过的《民法总则》保持了这一传统，仍然只规定了诉讼时效。

一般而言，时效具有如下几个特点：第一，时效以一定事实状态的持续存在为前提。法律之所以赋予时效一定的法律后果，是因为一定的事实状态持续不断，无论这种事实状态与真实权利状态是否相符，但民事主体已经按照这种状态生活，具有了一定的社会

---

① 王利明：《民法总则研究》，中国人民大学出版社 2003 年版，第 699 页；梁慧星：《民法总论》（第二版）法律出版社 2001 年版第 237 页；魏振瀛主编：《民法》，北京大学出版社，高等教育出版社 2000 年版，第 190 页。

② 王泽鉴：《民法总则》，中国政法大学出版社 2001 年版，第 516 页。

稳定性，因此需要从法律上对这种事实状态进行规制，从而产生了时效制度①。在时效制度中，占有他人财产的事实状态持续相当时间，占有人便可以被视为真实权利人；如果不行使权利的事实状态持续相当时间，便认为未行使的权利已经消灭。第二，时效以一定期间的经过为要素。在取得时效中，一定期间的经过，将使无权占有人取得一定法律上的权利。在消灭时效中，一定期间的经过，将使权利人丧失一定法律上的权利。时效是以经过一定时间为构成要素的法律事实，通常是指在一定期间始终存在某种影响权利的产生、变更和终止的事实状态。它的效果必须是导致某一权利发生、变更或者消灭。第三，时效为法律事实。时效究竟属于事件还是自然事实中的状态，学者有不同的看法。有人认为属于状态，有人则认为应当属于事件。笔者认为，时效作为一定事实状态经过一定期限的事实是客观存在的，与当事人的有意志的行为在性质上是不同的。所以，不能将其归入行为的范畴，而应当将其归入行为之外的法律事实。因为时效的要件是权利不行使的状态持续一定时间，所以不属于事件而应当属于状态。

须注意的是，各国民法上的时效制度，原则上属于强行性规定，当事人不得约定不受时效限制或变更法定的时效期间。对此，《民法总则》第 197 条也作了明确规定：诉讼时效的期间、计算方法以及中止、中断的事由由法律规定，当事人约定无效。当事人对诉讼时效利益的预先放弃无效。

二、民事时效的分类

前已述及，根据引起时效发生的事实状态的不同以及由此导致的法律效果的不同，民事时效可以分为两类：取得时效和消灭时效。取得时效，又称为占有时效，指占有他人的动产、不动产或者其他财产权的事实状态满一定期间后，就可以取得其所有权或者其他财产权的制度。承认取得时效的理由，通说认为，在于保护长期存在的事实状态，以谋求社会的安定。法律的本来目的是要保护真正的权利人，一般情形是，权利受到相反事实状态破坏时，应当去除破坏状态，以保护真正的权利人。但是，当与真实权利相反的事实状态长期存在后，人们对这种事实必定建立了信任并在此前提下发生各种复杂的交往关系，此时便产生了真正权利人利益保护和社会信赖利益保护的平衡问题。传统民法选择了社会信赖优先，在善意占有的基础上，承认取得时效，直接将长期的事实状态承认为权利关系，使无权利人取代真正权利人成为新权利人②。消灭时效，又称为诉讼时效，指权利人不行使权利的事实状态持续经过法定期间，即依法发生权利不受法律保护的制度。对于消灭时效制度存在的理由，《德国民法典》立法理由书第一卷作了最好的说明："请求权消灭时效之原因与宗旨，乃使人勿去纠缠于陈年旧账之请求权。不过有些事实可能已年代久远，一方亦已长期缄口不提，而今一方却以此类事实为依据，向对方主张权利，这是民事交往难以接受的。因为时间已使此类事实黯然失色，对方欲举出于己有利之免责事由并获致成功，纵然并非全然不能，亦属难矣。就常规而言，此类要求或者自身并不成立，或已具结完案。消灭时效之宗旨，并非在于侵夺权利人之权

① 洪逊欣：《中国民法总则》，台北三民书局 1992 年版，第 554 页。

② 谢在全：《民法物权论》，中国政法大学出版社 1999 年版，第 146 页。

利，而是在于给予义务人一保护手段，使其毋需详察事物即得对抗不成立之请求权。消灭时效乃达到目的之手段，而非目的本身。于具体情形，若消灭时效于实体公正有损，即若权利人因消灭时效届满失却其本无瑕疵之请求权，此亦属关系人须向公共利益付出之代价，亦难谓严酷也。”[①]取得时效和消灭时效虽然同为时效制度，都是指一定的事实状态、持续一定的时间，产生一定的法律后果。但二者的区别也比较明显：其一，构成要件不同。取得时效以和平、公然、持续占有他人财产的事实状态为要件，消灭时效以权利不行使的事实状态为要件。其二，适用对象不同。取得时效的适用对象主要是物权，而消灭时效主要适用于请求权，具体包括基于债权的请求权、基于侵权行为的请求权、基于无因管理的请求权、基于不当得利的请求权以及其他债权请求权。其三，法律后果不同。根据我国法律的规定，消灭时效期间届满后，权利人丧失的是请求法院保护其民事权利的权利，学者大都称之为胜诉权。但权利人的实体权利并没有消灭，这种权利变成了“自然权利”。而取得时效制度设立的目的就在于确定财产权的归属。该制度的设定，解决了消灭时效未能解决的财产归属的不确定问题，消除了在消灭时效届满后出现的财产权利与其具体权能相分离的状态。

三、民事时效的意义

时效制度的建立意味着：在取得时效，只要符合一定条件，他人之物便会成为自己之物；而在消灭时效，债务人本应当履行的义务就可以拒绝履行。其意义何在？我们认为，这种表面上看起来与道德规范和民法诚信原则相悖的制度，其意义主要表现为以下几个方面。

（一）谋求社会法律秩序的稳定

一种事实状态，无论是权利不行使的状态还是占有的事实状态，如果长期持续存在，必然以此为基础发生种种法律关系，多年后若仍然允许原权利人主张权利，必将推翻已经形成的各种法律关系，造成社会秩序的紊乱。时效制度的实行，会使原权利人的权利因法定期间的经过而丧失，使长期存在的事实状态合法化，自然有利于稳定社会法律秩序。

（二）督促权利人及时行使权利

罗马法谚云：权利上的睡眠者，不值得保护。权利人虽然享有权利，但不主动行使之，不利于物尽其用。因此，无论是取得时效还是消灭时效都具有促使权利人积极行使权利，从而提高物的使用效率的功能。

（三）有利于证据的收集

时效制度方便案件的审理。民事案件证据的收集通常较为复杂，时间越长，诉累越重，证据灭失的可能性也越大，如果没有时间的限制，原权利人举证负担沉重，法院也会增加审判的负担，当事人和法官往往花费了大量的人力物力后，也未必能够找到具有

① ［德］梅迪库斯：《德国民法总论》，邵建东译，法律出版社 2001 年版，第 91-92 页。

一定证明价值的证据。所以，时效制度可以避免当事人举证和法院查证的困难，有利于及时收集证据并解决纠纷。

第二节 诉讼时效

一、诉讼时效的概念与效力

（一）诉讼时效的概念

诉讼时效制度是从《苏俄民法典》移植到我国的一项民法制度。从《民法通则》确立诉讼时效制度，经由最高人民法院的司法解释，到《民法总则》第九章的规定，该制度在我国得以全面建立和完善并形成了比较鲜明的中国特色。学者一般认为，诉讼时效是指权利人在法定期间内不行使权利，即丧失请求人民法院依法保护其民事权利的法律制度。我国现行法上，与诉讼时效类似的法律制度还有除斥期间[①]。所谓除斥期间，又称预定期间，是法律规定某种权利的存续期间，权利人在此期间内不行使权利，期间届满后，便发生该权利消灭的法律后果。如《合同法》第 193 条规定，因受赠人的违法行为致使赠与人死亡或者丧失民事行为能力的，赠与人的继承人或者法定代理人可以撤销赠与，但撤销权人应在其知道或者应当知道撤销原因之日起 6 个月内行使。这里 6 个月期间的规定，就属于除斥期间而不是诉讼时效。诉讼时效和除斥期间都是以一定的事实状态的存在和一定期间的经过为条件而发生一定的法律后果，其目的都是督促权利人及时行使权利及维护法律秩序。但二者又有不同，其区别主要在于：①期间性质不同。诉讼时效的期间是可变期间，可以中止、中断或延长；除斥期间为不变期间，不能中止、中断或延长。②法律后果不同。依据《民法通则》的规定，诉讼时效届满后，实体权利本身并不因此而消灭，仅仅发生受法院保护的权利消灭或者抗辩权产生的效力；而除斥期间届满后，消灭的是实体权利本身。也正因为如此，诉讼时效的抗辩只能在诉讼中由当事人援引，法院不得主动依照职权进行审查；对除斥期间而言，由于其届满将导致实体权利消灭，法院裁判时应当主动依法审查。③起算时间不同。诉讼时效期间自权利人能行使请求权之时起算，这是因为，时效制度设立的目的就是针对权利不行使的状况所采取的惩罚措施。如果权利人不知道权利受到侵害，法律就不能对侵害人进行惩罚；但除斥期间只是权利的存续期间，并不考虑权利是否行使的问题，所以，除斥期间一般自权利成立之时起算。④适用范围不同。诉讼时效制度主要适用于请求权，除斥期间制度主要适用于形成权。由于适用的权利范围不同，所以它们的适用将具有不同的法律效果。

---

①《民法总则》第 199 条规定：法律规定或者当事人约定的撤销权、解除权等权利的存续期间，除法律另有规定外，自权利人知道或者应当知道权利产生之日起计算，不适用有关诉讼时效中止、中断和延长的规定。存续期间届满，撤销权、解除权等权利消灭。需注意的是，《民法总则》并没有明确使用"除斥期间"一词，但学者通说认为此条的内容无疑是关于除斥期间的规定。

（二）诉讼时效的效力

诉讼时效的效力，指诉讼时效届满后产生的法律后果，也就是权利人丧失何种权利的问题。纵观世界各国立法，可以归纳为三种类型：其一，实体权消灭主义。此种立法将诉讼时效的效力规定为直接消灭实体权，其代表为《日本民法典》。该法典第 167 条规定：债权，因 10 年间不行使而消灭，债权或者所有权以外的财产权，因 20 年间不行使而消灭。其二，诉权消灭主义。此种主张是德国学者萨维尼首先提出。萨维尼认为，诉讼时效完成后，权利本身仍然存在，仅仅诉权归于消灭。时效届满后的权利，因诉权消灭不能请求法院为强制执行，即所谓自然债。属于此种主义的立法，有《法国民法典》、苏俄 1922 年民法典和匈牙利民法典。如《法国民法典》第 2262 条规定，一切物权或者债权的诉权，均经过 30 年的时效而消灭。其三，抗辩权发生主义。此种主张认为，时效完成后，权利人的实体权利本身并不消灭，但义务人却可以取得拒绝履行的抗辩权，如果义务人自愿履行的，视为抛弃其抗辩权，履行行为仍然有效。属于此种主义的立法，有《德国民法典》、中华民国民法典等。如《德国民法典》第 222 条规定，消灭时效完成后，义务人有拒绝给付的权利①。

我国《民法通则》第 138 条规定："超过诉讼时效期间，当事人自愿履行的，不受诉讼时效限制。"对于这一规定，我国学者都认为不属于实体权消灭主义，但究竟是诉权消灭主义还是胜诉权消灭主义抑或抗辩权发生主义，则有不同见解。梁慧星先生认为属于诉权消灭主义②，魏振瀛教授主编的《民法》中则认为此条规定系采胜诉权消灭论③，王利明教授则认为应当将诉讼时效届满的后果分为时效发生的直接后果和时效抗辩援引后的后果，前者称为直接效果，后者称为本体效果④。还有学者认为，"诉讼时效完成，只是使义务人取得拒绝履行抗辩权。请求权人仍然可以起诉，如果义务人主张时效抗辩，其起诉不予保护，如果义务人不主张时效抗辩，则请求权人仍然可以胜诉。"⑤2008 年颁布的《最高人民法院关于审理民事案件适用诉讼时效制度若干问题的规定》第 1 条规定当事人可以对债权请求权提出诉讼时效抗辩。《民法总则》第 192 条也规定：诉讼时效期间届满的，义务人可以提出不履行义务的抗辩。诉讼时效期间届满后，义务人同意履行的，不得以诉讼时效期间届满为由抗辩；义务人已自愿履行的，不得请求返还。至此，我国立法已经明确采纳了抗辩权发生说。

二、诉讼时效的种类

对于诉讼时效的种类，根据《民法总则》的规定，学者一般认为包括以下几种。

---

① 除了这三种观点外，也有学者认为还应包括胜诉权消灭主义这一立法模式。参见王利明：《民法总则研究》，中国人民大学出版社 2003 年版，第 744 页。

② 梁慧星：《民法总论》（第二版），法律出版社 2001 年版，第 241 页。

③ 魏振瀛主编：《民法》，北京大学出版社，高等教育出版社 2000 年版，第 194 页。

④ 王利明：《民法总则研究》，中国人民大学出版社 2003 年版，第 745 页。

⑤ 龙卫球：《民法总论》（第二版），中国法制出版社 2002 年版，第 627 页。

（一）普通诉讼时效

普通诉讼时效指由民事基本法统一规定的，普遍适用于法律没有作特殊诉讼时效规定的各种民事法律关系的时效。除特别法另有规定外，所有的民事法律关系皆适用普通时效。《民法总则》第 188 条第 1 款规定：“向人民法院请求保护民事权利的诉讼时效期间为 3 年。法律另有规定的，依照其规定。”此款即是关于普通诉讼时效期间的规定。较之《民法通则》第 135 条，该条主要在两方面作出了修改。一是将普通诉讼时效期间延长为 3 年；二是结合《民法通则》第 141 条的规定，将《民法通则》规定的“法律另有规定的除外”修改为“法律另有规定的，依照其规定”。后者主要是语言表述风格的变化。

（二）特别诉讼时效

特别诉讼时效指由民事基本法或特别法规定的仅仅适用于某些民事法律关系的诉讼时效。按照特别法优先于普通法的一般规则，符合特别诉讼时效规定的情况的，应当适用特别诉讼时效。我国立法对于特别诉讼时效的规定，主要有以下几种：①1 年的诉讼时效期间。《海商法》第 257 条第 1 款规定的海上货物运输赔偿请求权、第 260 条规定的海上拖航合同请求权、第 263 条规定的共同海损分摊请求权；《中华人民共和国拍卖法》第 61 条规定的因拍卖标的存在瑕疵未声明而请求赔偿的诉讼时效期间；《保险法》第 26 条规定的人寿保险以外的其他保险的保险金赔付请求权。需说明的是，《民法通则》第 136 条规定的诉讼时效期间为 1 年的几种情况，已经被《民法总则》第 188 条第 1 款所修改，因此，身体受到伤害要求赔偿、出售质量不合格商品未声明、延付或者拒付租金以及寄存财物被丢失或者毁损四种情形，除非特别法有专门规定，将适用 3 年的普通诉讼时效期间。②两年的诉讼时效期间。《国家赔偿法》第 39 条规定的国家赔偿请求权；《产品质量法》第 45 条规定的产品缺陷损害赔偿请求权；《专利法》第 68 条规定的专利权侵权诉讼时效；《继承法》第 8 条规定的继承权纠纷提起诉讼的期间等。③3 年的诉讼时效期间。《环境保护法》第 66 条规定的提起环境损害赔偿诉讼的时效期间；《海商法》第 265 条规定的油污损害请求权；《中华人民共和国民用航空器法》第 171 条规定的地面第三人损害赔偿诉讼时效。④4 年的诉讼时效期间。《合同法》第 129 条规定，因国际货物买卖合同和技术进出口合同发生纠纷，要求保护权利的诉讼时效期间为 4 年。⑤5 年的诉讼时效期间。《保险法》第 26 条规定的人寿保险金赔付请求权。

（三）最长诉讼时效

最长诉讼时效指时效期间为 20 年的诉讼时效。《民法总则》第 188 条第 2 款第 3 句规定，自权利受到损害之日起超过 20 年的，人民法院不予保护；有特殊情况的，人民法院可以根据权利人的申请决定延长。该规定源于《民法通则》第 137 条第 2 句和第 3 句的规定。除了将“权利被侵害”改为“权利受到损害”以及删去了“延长”之后的“诉讼时效期间”几个字外，最重要的变化是将《民法通则》第 137 条第 2 句与第 3 句之间的句号改为分号，明确了此处的诉讼时效期间的延长，针对的是最长诉讼时效。与此同时，增加了“根据权利人的申请决定”延长，明确了其并非是法院依照职权延长，而是依当事人之申请。

三、诉讼时效的适用范围与起算

（一）诉讼时效的适用范围

诉讼时效的适用范围，也称为诉讼时效的客体，指哪些权利应当适用诉讼时效。世界各国对这一问题规定得颇不一致。根据《德国民法典》第194条的规定，德国民法诉讼时效仅仅适用于请求权。《日本民法典》第167条规定，债权和其他非所有权之财产权为消灭时效的客体。我国《民法通则》第135条并未规定“向人民法院请求保护”的“民事权利”的范围，《民法总则》第188条也是如此。依照体系解释，第188条规定的“权利”并不等于《民法总则》第五章规定的所有的民事权利，指的是请求权。诉讼时效不适用于支配权，是因为支配权体现为权利人对客体的管领，一般不直接涉及与第三人的关系。形成权不适用诉讼时效，是因为形成权可以权利人单方面的意志或者行为使法律关系产生、变更和消灭，不需要相对人的配合。而抗辩权之所以不适用诉讼时效，是因为抗辩权是对抗请求权的权利，与请求权相伴而生，当对方行使请求权时，权利人即可以以抗辩权对抗，而当对方不行使请求权时，权利人自然无须行使抗辩权，所以法律无须特别规定诉讼时效来规范抗辩权的行使。

诉讼时效的客体为请求权，但并非一切请求权均适用诉讼时效。一般认为请求权因种类不同能否适用诉讼时效也不同。

1. 债权请求权

债权请求权作为诉讼时效的客体已经没有争议。其中，基于合同债权的请求权，如履行请求权、损害赔偿请求权、违约请求权、利息请求权、定金返还请求权等；基于侵权行为的请求权，主要是损害赔偿请求权；基于无因管理的请求权，包括必要费用请求权、损害赔偿请求权；基于不当得利的请求权，主要是不当得利返还请求权；其他债权请求权，如防卫过当、避险过当的赔偿请求权。

2. 物上请求权

物上请求权，又称为物权请求权。对于物上请求权是否适用诉讼时效，有不同的观点：①否定说。认为债权以请求权为主要内容，物权以全面支配标的物为主要内容，有物权必有物上请求权，二者关系密切，物权不消灭，由物权产生的物上请求权也就不消灭，因此物上请求权不适用诉讼时效。②肯定说。认为诉讼时效作为总则的一般规定当然适用于物上请求权，其理由在于物上请求权虽然从属于物权，但也有独立性，具有请求权的特性，出于督促权利人及时行使权利、稳定法律秩序的需要，应当适用诉讼时效。③折中说。认为物权请求权中的排除妨害请求权、消除危险请求权、物权确认请求权依其性质不适用诉讼时效，返还原物请求权、恢复原状请求权应当适用诉讼时效①。最终，《民法总则》在第196条前两项规定，请求停止侵害、排除妨碍、消除危险以及不动产

① 梁慧星：《民法总论》（第二版），法律出版社2001年版，第244页。但梁教授并没有给出如此划分的理由。

物权和登记的动产物权的权利人请求返还财产的请求权，不适用诉讼时效。

3. 基于身份关系产生的请求权

基于身份关系的请求权，包括夫妻同居请求权、离婚请求权、解除收养关系请求权等，应当不适用诉讼时效。《民法总则》第 196 条第三项规定的请求支付抚养费、赡养费或者扶养费的请求权也不适用诉讼时效。这三种情形请求权的内容为一定数额的金钱给付，属于债权性质的请求权，但具有强烈的人身性质和养老育幼的稳定社会、保护家庭弱势成员的功能，因此不适用诉讼时效。

4. 基于相邻关系产生的请求权一般不适用诉讼时效

因为相邻关系本身并非独立的权利，而是从属于不动产的。故基于相邻关系产生的请求权，不应适用诉讼时效，但如果违反相邻关系而产生损害赔偿请求权，则适用诉讼时效。

（二）诉讼时效的起算

《民法总则》第 188 条第 2 款前段规定，诉讼时效期间自权利人知道或者应当知道权利受到损害以及义务人之日起计算。法律另有规定的，依照其规定。该规定源于《民法通则》第 137 条，并将《民法通则》规定的“知道或者应当知道权利被侵害时起”调整为“知道或者应当知道权利受到损害以及义务人之日起”。该规定吸收了学说中关于“权利人知道或者应当知道其权利遭受侵害还应当包括知道具体的侵权人”的主张，进一步明确了自权利得以行使时开始起算普通诉讼时效期间。所谓“知道”权利遭受了侵害，指权利人现实地于主观上已明了自己权利被侵害事实的发生；所谓“应当知道”权利遭受了侵害，指权利人尽管于主观上不明了其权利已被侵害的事实，但他对权利被侵害的不知情，是出于对自己的权利未尽必要注意的情况。实际生活中，民事案件千差万别，具体案件中诉讼时效的起算点也不相同。对此《民法总则》没有进一步规定，学者大多认为应当根据不同情况来认定诉讼时效的起算。

（1）有约定履行期限的债权请求权，从期限届满之日的第二天开始起算。

（2）没有履行期限的债权请求权，从债权人主张权利时起算；债权人给对方必要的准备时间的，从该期限届满之日的第二天开始起算。

（3）附条件的债权请求权，从条件成就时开始起算。

（4）附期限的债权请求权，从期限到达时开始起算。

（5）标的为不作为的请求权，从义务人有违反行为之时开始起算。

（6）因侵权行为而发生的请求权，从受害人知道或者应当知道其权利被侵害时起算。

（7）因违约行为而发生的强制实际履行请求权、损害赔偿请求权和违约金请求权，从违约行为成立之时起算。

诉讼时效的起算，法律有特别规定的，依照法律的特别规定。如《民法总则》第 189 条规定，当事人约定同一债务分期履行的，诉讼时效期间自最后一期履行期限届满之日起计算；第 190 条规定，无民事行为能力人或者限制民事行为能力人对其法定代理人的请求权的诉讼时效期间，自该法定代理终止之日起计算；第 191 条规定，未成年人遭受性侵害的损害赔偿请求权的诉讼时效期间，自受害人年满 18 周岁之日起计算。《海商法》第 258 条规定："就海上旅客运输向承运人要求赔偿的请求权，时效期间为二年，分别依照下列规定计算：（一）有关旅客人身伤害的请求权，自旅客离船或者应当离船之日起计算；（二）有关旅客死亡的请求权，发生在运送期间的，自旅客应当离船之日起计算；因运送期间内的伤害而导致旅客离船后死亡的，自旅客死亡之日起计算，但是此期限自离船之日起不得超过三年；（三）有关行李灭失或者损坏的请求权，自旅客离船或者应当离船之日起计算。"

四、诉讼时效的中止、中断和延长

（一）诉讼时效的中止

1. 诉讼时效中止的概念

诉讼时效的中止，指在诉讼时效期间进行中，因发生一定的法定事由使权利人不能行使请求权，暂时停止计算诉讼时效期间，待阻碍时效期间进行的法定事由消除之日起满 6 个月，诉讼时效期间届满的一项制度。《民法总则》第 194 条规定："在诉讼时效期间的最后六个月内，因下列障碍，不能行使请求权的，诉讼时效中止：（一）不可抗力；（二）无民事行为能力人或者限制民事行为能力人没有法定代理人，或者法定代理人死亡、丧失民事行为能力、丧失代理权；（三）继承开始后未确定继承人或者遗产管理人；（四）权利人被义务人或者其他人控制；（五）其他导致权利人不能行使请求权的障碍。自中止时效的原因消除之日起满六个月，诉讼时效期间届满。"诉讼时效制度的目的，在于使怠于行使权利者承担不利后果。但权利人不行使权利，并非出于怠惰，而是因为不得已的事由时，使权利人承担与怠于行使权利者同样的不利后果，未免失之不公。因此时效立法中有中止制度之设，以求衡平。《民法总则》较之《民法通则》的规定，进一步细化了诉讼时效中止的事由，并修改了诉讼时效中止后的法律效果。

2. 诉讼时效中止的法定事由

依《民法总则》的规定，时效中止的法定事由如下：①不可抗力。不可抗力为不能预见、不能避免且不能克服的客观情况。如地震、战争、火山爆发等。发生不可抗力时，权利人主观上要求行使权利，但客观上无法行使，法律予之以中止的救济手段。②无民事行为能力人或者限制民事行为能力人没有法定代理人，或者法定代理人死亡、丧失民事行为能力、丧失代理权。③继承开始后未确定继承人或者遗产管理人。④权利人被义务人或者其他人控制。⑤其他导致权利人不能行使请求权的障碍。其中"其他障碍"的规定继承了《民法通则》第 139 条的立法精神，用兜底条款方式对无法穷尽的影响请求权行使的时效进程障碍作出概括性规定，学界也多赞成此种赋予法院裁量权的做法。

3. 诉讼时效中止的时间

关于诉讼时效何时才能发生中止的问题，各国民事立法大致有两种规定：一是在时效进行中的任何时间都可以发生时效中止，如《法国民法典》；另一种规定只有法定事由出现在时效期间的最后一定期限内才发生中止，如《俄罗斯联邦民法典》。依《民法总则》的规定，诉讼时效期间可以中止的时间，为诉讼时效期间的最后6个月内。在时效期间最后6个月前的期间发生法定中止事由的，并不能使诉讼时效期间中止，因为权利人还有足够的时间行使权利。只有中止事由发生于期间的最后6个月内时，才可使诉讼时效期间中止。因为此时发生中止事由，可能导致权利人无足够的时间行使权利。显然，我国采取的是后一种立法方式。

4.诉讼时效中止的效力

关于诉讼时效中止的效力，也有两种立法模式：一种立法是规定在中止事由消除后再经过法定的特别期限。另一种立法是规定在中止事由消除后，时效期间继续计算。根据《民法总则》第194条第2款的规定，我国采纳了第一种立法模式，即自中止时效的原因消除之日起满6个月，诉讼时效期间届满。这种“延期届满”的规定与《民法通则》第139条不同，其并非中止事由消除后“继续计算”，此点变化务必注意。

（二）诉讼时效的中断

1. 诉讼时效中断的概念

诉讼时效中断，指在诉讼时效进行期间，因发生一定的法定事由，使已经经过的时效期间统归无效，待时效期间中断的事由消除后，诉讼时效期间重新计算。

2. 诉讼时效中断的法定事由

依《民法总则》第195条的规定，可使诉讼时效期间中断的法定事由主要有以下四种情况。

（1）权利人向义务人提出履行请求。《民法通则》称之为“当事人一方提出要求”。因为诉讼、仲裁已经为本条第3项规定，这里仅指权利人在诉讼或者仲裁程序外请求义务人履行义务。权利人向义务人提出履行请求，表明权利人并未怠于行使其权利，是对诉讼时效期间进行的事实状态的否定，故发生时效中断的效力[①]。这里的“请求”应作广义理解，包括书面的、口头的、直接的、间接的都可以。这里的“义务人”不限于义务人本人，也包括代理人、财产代管人、清算组织等。

（2）义务人同意履行义务。即义务人对权利人表示承认其权利的存在，愿意履行义务。义务人对权利人的认诺表示，可以各种方式作出。以口头或书面方式对权利人或其代理人作出分期履行、部分履行、请求延期给付、提供担保、支付利息或租金等承诺或者行为的，在法律上都构成同意履行。

（3）权利人提起诉讼或者申请仲裁。较之《民法通则》第140条，本条增加了申请仲裁作为诉讼时效中断的事由。提起诉讼或者申请仲裁，与向义务人请求履行一样，表明权利人已经积极行使其请求权，与诉讼时效进行的状态相反，故应当发生时效中断的效力。

（4）与提起诉讼或者申请仲裁具有同等效力的其他情形。根据《最高人民法院关于审理民事案件适用诉讼时效制度若干问题的规定》第13条的规定，申请仲裁；申请支付令；申请破产、申报破产债权；为主张权利而申请宣告义务人失踪或死亡；申请诉前

① 参见佟柔主编：《中国民法》，法律出版社1990年版，第614页。

财产保全、诉前临时禁令等诉前措施；申请强制执行；申请追加当事人或者被通知参加诉讼；在诉讼中主张抵销等均被认为与提起诉讼具有同等诉讼时效中断效力的事项。

3. 诉讼时效中断的效力

诉讼时效中断的效力，在于使此前已经进行的时效期间归于无效并重新计算时效期间。对于诉讼时效何时起发生中断以及何时起开始重新计算，因中断事由不同，其时点也有不同。《民法总则》第 195 条将《民法通则》中的“中断时起”改为“从中断、有关程序终结时起”亦有此意。具体来说，在权利人向义务人提出履行请求和义务人同意履行义务的情况下，其意思表示生效时，中断即发生，诉讼时效期间从中断时起重新计算。在权利人提起诉讼或者申请仲裁，或者作出与提起诉讼或申请仲裁具有同等效力的其他行为时，已经经过的诉讼时效期间中断，但是要等到诉讼、仲裁等程序终结时才重新计算诉讼时效期间。

（三）诉讼时效的延长

关于诉讼时效期间的延长，虽然《民法通则》将其与最长诉讼时效期间一起规定在该法第 137 条，但《民法通则》意见第 175 条规定，诉讼时效期间的延长，既可以适用于普通诉讼时效，也可以适用于短期诉讼时效和最长诉讼时效。在《民法总则》出台之前，学者对于诉讼时效可否延长争论较大。最终《民法总则》采纳了肯定说的意见，在第 188 条第 2 款后半段作了规定，并将其适用限定在最长诉讼时效期间。原因在于，普通诉讼时效期间存在中止和中断，足以对权利人提供保障，没有必要再另行设置延长制度；但最长诉讼时效期间不适用中止和中断规则，故设置延长制度以平衡时效法定主义的僵化。

诉讼时效期间的延长，依该条的规定，只有“特殊情况”才可以延长。因为 20 年的最长诉讼时效已是时效之例外，而在此基础上的延长更是例外之例外，所以应当对“特殊情况”严格限制。具体哪些情形构成诉讼时效期间延长的特殊情况，仍有待于司法实践进一步发展、整理。除了上述“特殊情况”要件外，最长诉讼时效期间的延长，还需要具备以下条件：其一，须诉讼时效期间已届满。若未届满，无须延长。其二，须权利人请求法院延长诉讼时效期间。依《民法总则》第 193 条，最长诉讼时效期间的延长当然也属于诉讼时效的规定，法院不得主动适用。

第三节 期　　限

一、期限的概念

期限，指权利义务产生、变更和终止的时间，分为期日和期间。期日，指一定的时间点。如某年某月某日等。期间，指一定的时间段，即自某一时间点始至某一时间点止的时间段。如自某年某月某日至某年某月某日。任何民事法律关系的发生、变更和消灭都在一定的时间内进行。没有期限，即不能确知和确定权利义务的产生、变更、消灭与持续的时间，因此，期限在民法上具有重要意义。具体而言，期限具有以下法律意义：

①期限是确定民事主体权利能力和行为能力开始与终止的尺度，如自然人出生之日，即是其享有权利能力之时；自然人死亡之日，即是其民事权利能力和民事行为能力消灭之时。②期限是作出法律推定的根据，如失踪人下落不明的期间，即为作出宣告死亡推定的根据。③期限是确定权利的取得或丧失的根据，如所有权转移的时间、时效期间等。④期限是行使权利和履行义务的时间段，合同履行期限即属此种期限。⑤期限是法律行为效力的起点或终点。

二、期限的种类

期限一般可以分为以下几种：①法定期限，是由法律直接规定的期限，如时效期间即是。②指定期限，是由法院或有关机关确定的期限。如法院或仲裁机关指定的债务履行期日或期间、宣告死亡的期日即是。③约定期限，是当事人自行约定的期限，如附期限法律行为中所附的期限即是。

三、期限的确定和计算

（一）期限的确定

期限的确定，大体有下列几种方式：①规定日历上的某一具体时刻为期限。②规定一定的具体时间段为期限。③规定某一必然发生的事件的发生时刻为期限。④规定以当事人提出请求的时间为期限。

（二）期限的计算

期日为不可分的特定时间点，不发生计算问题。所谓不可分，要依照生活观念而定，不能理解为几何学上的点，它可以有实际的长度，但在观念上应当被点化。例如，某日、某月、某年之类，只需特定化，或者说在时间流上被当作一点加以指定，使其在观念上静态化，不问该时期之长短，便可以构成不可分。因此，期日可以是日，可以是月，也可以是年等。

期间为一定的时间段，存在计算方法问题。就期间的计算，有自然计算法和历法计算法两种。前者以实际的精确时间计算，以时、分、秒为计算单位；一天为 24 小时；后者以天为计算单位，以日历所定的日、月、年计算。依《民法总则》第十章关于期间计算的规定，我国民法的期间计算法兼采二者。以小时为单位的，自法律规定或者当事人约定的时间为起点，经过规定的期间所达到的时间为届满点；以日、月、年为单位的，开始的当天不算入，自下一日开始计算，期间的最后一天算至当日的第 24 时。有业务时间的，算至业务活动停止之时。最后一天为法定休假日的，以法定休假日结束的次日为期间的最后一天。当事人非以月、年的第一天为起算点的，则一个月以 30 天计，一年以 365 天计。当事人对期间的计算方法有约定的，从其约定。

在期限的计算中，有“以上”“以下”“以内”“届满”用语的，均包括本数；有“不满”“超过”“以外”用语的，均不包括本数。

第九章　人　身　权

人身权是总括性权利，人身权与财产权制度构成民法的两大支柱。人身权关乎民事主体的存在和发展，涉及社会公共利益，具有重要意义。

第一节　人身权概论

一、人身权的概念、特征

（一）人身权的概念

人身权是民事主体依法享有并与其自身不可分离，以人格关系和身份关系所体现的非财产利益为内容的民事权利。人身权为人格权和身份权的合称，与民法中的财产权相对，又称人身非财产权，是法律赋予的最基本民事权利，是民事主体从事民事法律行为，设定、取得、变更或者放弃其他民事权利的基础和前提，不可转让和抛弃。例如，只有具有近亲属的身份才有法定继承权。

人身权以民事主体的人身为依托，以特定的人身利益为内容，因而称为身上权。而各种财产权的对象及其发生则是指向人身之外的物或行为，属于身外权。

人身权是民事人身关系在法律上的体现和受法律调整的结果。它无直接的财产内容，不能体现为金钱，法律救济首先应采取非财产的方式；即使进行金钱赔偿，也是为了补偿人身侵权带来的物质损失或进行精神抚慰，而非与损害的人身权利存在等价关系。

（二）人身权的特征

1. 人身权是固有权

自然人和法人等作为民事主体从事民事活动，必须具有法律上的人格，由法律平等地赋予各种人身权，才能以自己名义从事民事活动和获取经济利益。因此，人身权和民事主体的存在具有同步性。

人身权的享有来自法律的赋予，与民事主体的意志无关。而一般的民事权利则不同，往往需要民事主体有意识、有目的地从事某种具体的民事活动才能获得，因而民事权利可能不同。

人身权是民法调整人身关系的法律形式，它赋予权利主体享有与其人身不可分离的人身利益，他人不得侵犯。

2. 人身权是非财产权

人身权的客体无直接财产内容，体现民事主体的社会价值、生存价值和道德价值等精神利益，人身权是非财产权。它是满足民事主体生存和发展的基本需求，是法律对民事主体进入社会和参与法律关系的资格的确认。

人身权与财产权存在一定的联系。其一，人身权是某些财产权取得和发生的依据与前提。例如，亲权等身份权是遗产继承权取得的前提。其二，某些人身权可以转化为财产权。例如，法人可以有偿转让其名称权而获得财产收益。其三，人身权受到损害一般可以获得财产性补偿。人身损害通常会造成物质损失，或者需要以物质赔偿去救济精神损害。人身权与财产权存在一定联系，是民事立法中人身侵权损害，特别是精神损害赔偿适用物质赔偿原则等规定确立的主要原因和依据之一。在人身损害赔偿案件中，民事主体往往更关注物质赔偿，它具有补偿性和惩罚性双重功能。随着社会发展和科技进步，某些人格权出现商品化的趋势，使得人格权和财产权的联系更为直接①。在自然人、法人的人格权的商业化利用过程中，无疑需要通过合同来规范相对人的权利义务关系②，这种合同利益主要是经济利益，应以合同法而非侵权法为主要依据。

3. 人身权具有必备性和人身不可分离性

人身权是保障民事主体的精神利益得以实现的法律形式，而该精神利益依附于自然人的人身和法人的组织体，离开了权利主体，其精神利益就无从附着，人身权也就失去了存在的基础。人格权也是民事主体进入社会、发挥创造性去改造社会的基础，民事主体无人格权，就无法实现人类生存发展的目标。

身份权也是民事主体必须具备的权利，但重要性及其与民事主体人身的联系程度不及人格权。

4. 人身权具有法定性

人身权是权利主体对其特定的人身利益享有的权利，这种权利的享有和行使，不仅关系到权利主体的法律地位，而且对社会根本利益影响很大。因此，各国立法都采取法定主义原则，即法律明文规定了人身权的种类及其效力范围，权利主体只能依法享有人身权，而不能自由创设人身权。我国亦采取法定主义原则③。另外，法律对人身权的行使也有一定限制，如合同中约定造成对方人身伤害免责的条款无效。

5. 人身权是绝对权

人身权的权利主体特定；但义务主体不特定，且负有不得侵犯他人人身权的不作为义务。人身权的实现不必借助他人的积极行为，只要他人不加侵犯、妨碍，人身权就可实现，人身权是绝对权或对世权。应当注意，在身份权中的某些派生权利，不完全属于

① 赵宾，李林启，张艳：《人格权商品化法律问题研究》，知识产权出版社2009年版，第40页。

② 姚辉：《人格权法论》，中国人民大学出版社2011年版，第388页。

③ 郑立，王作堂：《民法学》，北京大学出版社1995年版，第574页。

绝对权的性质，如亲属权中的抚养请求权[1]。

6. 人身权是支配权

支配权又称管领权，是权利主体可以直接支配权利客体而具有排他性的权利。人身权的主体享有直接支配、管领其人格利益和身份利益的权利，并有权排除他人的干涉、阻碍、侵犯，权利的实现无须他人协助。

7. 人身权是专属权

人身权专属于特定的主体，这是人身权对其主体的特殊要求。人身权和民事主体的不可分离性决定了人身权的不可转让性，让与或放弃人身权意味着让与或放弃其人格，这决不允许，也不可能。除法律另有规定外，不得以任何形式转让、放弃或对人身权加以限制和剥夺。某些情况下，民事主体可以转让其具体人身权中的某一部分内容，但其权利本身不能转让。作为例外，法人的名称使用权可以全部转让。

二、人身权的分类

（一）人格权和身份权

这是以人身权的客体不同进行的最基本分类。

1. 人格权

所谓人格权，是指民事主体依法固有，为维护自身独立人格所必备的，以人格利益为客体的权利[2]。

以人格权的客体是一般人格利益还是特别人格利益为标准，可将人格权分为一般人格权和特别人格权[3]。区分一般人格权与特别人格权的法律实益在于，对某种人格利益，法律对特别人格权作出规定的，即应适用该规定；法律无规定的，则适用关于一般人格权的规定。

人格权可分为物质性人格权和精神性人格权。物质性人格权是指民事主体对物质性人格利益所享有的人身权，包括生命权、健康权和身体权。物质性人格权的主体只能是自然人[4]。精神性人格权是指民事主体对其精神性人格利益所享有的人身权，包括姓名权（名称权）、肖像权、自由权、名誉权、隐私权、信用权、贞操权、婚姻自主权等。这种分类的实益在于，二者内容和表现形式有很大差异，侵权行为、损害后果、救济手段等也不同。

2. 身份权

身份权是民事主体基于某种特定的身份而享有的民事权利。

根据身份关系的不同，身份权可以分为亲属法上的身份权和亲属法外的身份权，前

① 杨立新：《人身权法论》，人民法院出版社 2002 年版，第 66 页。

② 王利明：《人格权法新论》，吉林人民出版社 1994 年版，第 10 页。

③ 王利明：《民法》，中国人民大学出版社 2000 年版，第 511 页。

④ 李显冬：《人身权法案例重述》，中国政法大学出版社 2007 年版，第 19 页。

者包括配偶权、亲权、亲属权，后者包括知识产权中的人身权和荣誉权等。

（二）与财产权有关的人身权和与财产权无关的人身权

这是依据人身权的内容与财产权的关联程度所作的分类。

与财产权有关的财产权，是指可以产生一定的财产利益或者作为某种财产权益产生前提的人身权。这类人身权主要包括在知识产权中，如名称权、信用权、著作权、发现权、发明权等。这类人身权具有与财产权共同发生并有必然联系的特点①。

与财产权无关的人身权，是指仅以民事主体的特定人身利益为客体而不体现财产利益的人身权。这种人身权本身并不必然地同时引起某种财产权的发生或有着必然联系。一般来说，人格权与财产权无关，但有些人格权如企业法人的名称权、名誉权等，则与财产权有关。

（三）自然人的人身权和法人的人身权

这是基于享有权利的主体不同而作的分类。自然人的人身权更广泛、丰富和复杂，法人因其本身特点，不可能享有基于自然人的自然属性所享有的人身权。

三、人身权的意义

为了维护人的价值、尊严和安全，重视和加强对人身权的保障，已成为现代立法的发展趋势①。人身权已经成为民法体系中的一个独具特色的、完整的、严密的分支系统。

（1）人身权制度确立、保护民事主体的人身权不受侵犯，为人类的繁衍和延续提供了前提条件。人身权是民事主体依法享有的最基本的民事权利，也是人们赖以生存的不可缺少的社会条件。只有生命和健康得到保障，人们才能实现其自身价值和社会价值，人类社会才能不断向前发展。

（2）法律上确认和保护人身权，加强了人们对自我人格的认识和自身社会价值的理解，同时也保障他人的人身权。民法把人身权、人格尊严、人身自由规范化，要求人们既要正确行使自己的权利，又要尊重他人的权利，有助于提高全社会公民的道德水平和法律素质。同时，人身权制度还提供了一个权利制衡机制，为发展个人之间的和睦关系，协调个人利益之间及个人利益与社会利益的冲突提供了实现的条件和解决纠纷的途径，尤其是对权利意识、社会责任感的培养以及和谐有序的社会秩序的形成将起到重要作用。

（3）有利于保护基本人权。“人权”一词在国内法上大致相当于各国宪法上规定的“公民的基本权利”②。各项具体人身权是基本人权在民法领域的体现。如生存权是首要人权，生存权有赖于生命权和健康权的拥有并得到严格的保护③。人身权制度是对宪法规定的基本人权的具体化和实现途径，反映一国人权发展状况和实现程度。

---

① 杨振山：《中国民法教程》，中国政法大学出版社 1995 年版，第 156 页。

② 彭万林：《民法学》，中国政法大学出版社 1999 年版，第 196 页。

③ 王利明：《民法》，中国人民大学出版社 2000 年版，第 509 页。

(4) 建立和维护正常、有序的社会关系的需要。人与人之间彼此区分和相互尊重是形成正常、有序的社会关系的前提，而彼此区分有赖于姓名和名称，尊重的内容即为个人享有的自由、名誉、隐私、肖像等基本人格利益。家庭是组成社会的基本单位，家庭关系的稳定关乎社会关系的和谐，家庭成员之间互享身份权对于稳定家庭关系必不可少。通过人身权法律制度保护人格权和身份权，有利于社会关系的有序状态的建立和维持以及受到破坏后的恢复。

(5) 有助于社会主义市场经济的发展。民法规定人身权就是法律赋予和保障民事主体的独立法律人格，确认和保护民事主体的人身权，为我国社会主义市场经济的发展创造了良好的主体条件，必然会促进社会主义市场经济的发展。

第二节 人 格 权

人格权与民事主体的人身联系最密切，既是自然权利又是法定权利[①]。人格权的法律概念及其作为一项独立的制度，直至 20 世纪才逐步形成。人格权制度的发展历史，经历了一个从具体人格权到一般人格权的发展、演变过程。一般人格权是从具体人格权抽象、概括而来[②]。

一、人格权的概念和性质

(一) 人格权的概念

所谓人格权是指民事主体依法固有、并以人格利益为内容，为维护其独立人格所必备的非财产性基本权利。

人格权因自然人和法人的不同而有较大差异。某些专属于自然人的人格权，法人不能享有，比如生命权、健康权、身体权、肖像权等。故自然人的人格权无论其内容和范围都是法人无法比拟的，构成人格权制度的主干。即使自然人和法人都享有的人格权，在权利内容、享有方式、损害后果、法律救济方式等方面也往往有所区别，例如，名誉权受到侵犯，只有自然人才会遭受精神损害和获得精神抚慰金。自然人的人格权因出生而取得，因死亡而消灭，不得让与或抛弃。法人的人格权因成立而取得，因终止而消灭。

(二) 人格权的性质

1. 人格权的自然属性

第一，人格权是民事主体与生俱来的权利。人格权始终与民事主体相伴随。自然人出生或非自然人成立，自然享有人格权，无须民事主体的积极行为或意思表示，也不需要法律的特别程序，只要其成为法律认可的“人”，就当然享有人格权。

① 王利明：《人格权法新论》，吉林人民出版社 1994 年版，第 7 页。

② 王利明，杨立新，姚辉：《人格权法》，法律出版社 1997 年版，第 4 页。

第二，人格权具有平等性。人格权是民事主体平等享有和必备的权利，具有普遍性和概括性。不论自然人的年龄、智力、能力、社会地位、种族、肤色、信仰等有何不同，也不论非自然人的性质、资产、实力、规模等有何差别，都平等地享有人格权。

第三，人格权与民事主体的人身不可分离。人格权是民事主体固有和必备的权利，具有专属性，与人身的联系程度非常密切，民事主体只能享有这些权利，不得转让和抛弃。人格权是民事主体享有其他一切权利的基础和前提，没有人格权的保障，民事主体就难以生存。

第四，人格权不能随意限制和剥夺。作为民事主体的基本权利，人格权是民事主体赖以存在的基础，应是法律保护的重点。对人格权保护的重视程度和范围，反映了一个国家的民主和文明程度。民事主体的人格独立、自由和尊严受到普遍尊重，甚至法律也不能剥夺。即使触犯刑律的人，只要犯罪嫌疑人的生命不被剥夺，其人格尊严和一些具体的人格权就不能被剥夺。

2. 人格权的法定属性

第一，人格权需要法律的确认和保护。人格权若无法律的确认和保护，不能成为民事主体的真正权利。自然权利只有变为法定权利，才有法律拘束力，并为法律所保障，权利受侵犯，才能寻求法律救济。

第二，人格利益受到法律确认和保护的范围，在不同的国家和不同的历史时期有所不同。任何社会的民事主体所享有的人格权，均受到其所处的特定社会的政治经济制度、经济发展水平、历史文化传统等因素制约，在不同的国家和不同的历史时期，人格利益保护的需要、范围和方式不同。

第三，人格权属于法定的权利。人格权作为基本权利，必然受到宪法的确认和保护，也受到其他法律部门的确认和保护。人格权在本质上是私权利，由民法的人格权制度对人格权进行集中保护。

二、一般人格权

（一）一般人格权的概念和特征

一般人格权是相对于具体人格权而言的。它是指民事主体依法享有，以概括体现为人格独立、人格自由、人格平等、人格尊严的一般人格利益为客体的总括性权利，是对具体人格权的抽象和高度概括，产生和决定各种具体的人格权。一般人格权的具体化，便是具体的人格权。

一般人格权是具有“兜底条款”性质的概括性权利，在法律未作具体规定时可适用，具有填补法律漏洞的作用。它是一种开放性的权利，其具体内容很难事先确定，它的出现是人格权不断扩展和发展的结果，是加强对民事主体价值和尊严保护的法技术创造，本质上是一般条款①。

一般人格权与各种具体人格权相比较，具有以下法律特征。

① 赵宾，李林启，张艳：《人格权商品化法律问题研究》，知识产权出版社2009年版，第19页。

1. 权利主体具有普遍性

一般人格权是民事主体生存所必需的权利，它体现了个人的本质属性和文明社会对个人作为人的承认。任何民事主体都毫无例外地享有一般人格权，且一般人格权是平等的。而在各种具体人格权的享有上，基于权利主体及权利构成上的不同而有差别。

2. 权利客体具有高度概括性

一般人格权的客体是一般人格利益，具有高度的概括性：一般人格利益本身具有概括性，一般人格利益超越具体的人格利益，不能成为具体的人格权的客体；一般人格利益是对所有具体人格权客体的概括，任何一种具体人格利益都可以概括到一般人格利益之中；具体人格权所不能涵括的人格利益，都可以纳入一般人格权的保护客体之中。故一般人格权是具体人格权的基础和渊源，产生和规定具体人格权，法律确定一般人格权的概念，必将有助于大大拓宽人格权的范围[①]。

3. 权利内容有广泛性

一般人格权具有概括性和抽象性的特点，其内容不仅涵盖了所有的具体人格权，还包含具体人格权所没有的内容。故一般人格权制度为补充和完善法律对具体人格权规定的不足，提供了切实可靠的法律依据。

4. 一般人格权是人的基本权利

一般人格权虽然是对具体人格权的概括，但它不是具体人格权的简单相加，而是人身权中一个独立和基本的民事权利。一方面，它决定和派生各种具体的人格权；另一方面，它更为抽象和具有概括性，体现着人格权的基本价值和全部内容，具有具体人格权不能涵盖的内容，成为人身权中最具抽象意义和典型性的基本人格权。它的这一属性使人格权制度成为一个具有开放性、不胜枚举的权利体系，同时满足了人格权保护和发展的双重需要。

（二）一般人格权的内容

1. 人格独立

民事主体享有人格权，是以人格的独立为前提，以基于独立人格所产生的人格利益为客体的。人格独立是一般人格权的首要内容。

人格独立是指人的客观地位，就是民事主体对其人格独立地享有，在人格上一律平等。在法律面前，任何民事主体都享有平等的主体资格，具有独立的人格，不受他人的支配、干涉和控制。

首先，民事主体独立地享有和支配自己的人格。主体人格生而平等，每个人都可依精神和物质生活的需要，独自享有和自由支配自己的人格；他人不得享有和支配，否则就是否定他人的独立人格，使他人无法以民事主体的身份独立参加民事活动，享受权利和承担义务。当然，无民事行为能力人或限制民事行为能力人需要其法定代理人代为进行民事活动，甚至支配其人格利益，这是为了更好地实现和保护其利益，并非支配和否

① 王利明，杨立新：《人格权与新闻侵权》，中国方正出版社 1995 年版，第 101 页。

定其人格；相反，法定代理权的产生以被代理人享有人格权为前提。

其次，民事主体的人格不受他人干涉和控制。干涉和控制他人人格，是对他人人格利益的侵犯，必然会损害其人格权；同时也是对人格独立的干涉和控制，造成人的地位不平等，是对“法律面前人人平等”原则的否定。

2. 人格自由

人格自由是私法上的抽象自由，既非公法上的自由，也非私法上的具体自由权，是指民事主体的人格不受约束、控制的状态，是人的主观状态，包括人格的自由地位和自由权利，是权利主体自主参加社会活动、享有权利、行使权利的基本前提和基础。权利主体丧失人格自由，就无法行使任何权利，不能从事任何社会活动，只能沦为他人的财产。

人格自由包括保持和发展人格自由两个方面。保持自己人格自由是民事主体保持自己做人的自由，侵害了他人人格自由，就是侵害他人的主体资格。发展人格自由，对自然人来说，可以促进其自主性人格的释放，并可以通过不断学习，进行体育锻炼，加强道德修养等发展和完善自己的人格，他人不能非法进行干涉。

3. 人格平等

人格平等即一个人不论其社会地位和身份如何，都平等地享有人格权。法律面前人人平等，作为一种理念，主要是指资格平等、机会平等，实质上就是人格平等。

民事主体人格平等，并不意味着在具体的民事法律关系中，每个人的民事权利和义务完全相同，因每个人的能力、智力、努力程度、身体状况以及对各种机会的把握能力等存在差异，最终结果就不同。

4. 人格尊严

人格尊严是一般人格权中最重要的内容，它是一个极抽象的概念，是指民事主体作为一个“人”所应有的最起码的社会地位，并且应受到社会和他人最起码的尊重。

首先，人格尊严是人的一种观念，是民事主体基于其社会地位、自身价值和自我感觉，对自身价值的认识。人格尊严具有主观因素。

其次，人格尊严是他人和社会对特定主体作为人的尊重。这是对人的最起码的做人资格的评价和尊重。不同的民事主体因智力、社会地位、信用、资产状况等因素的差异而获得不同的社会评价，但所有民事主体的人格尊严是一样的。人格尊严具有客观因素。

人的主观认识和客观评价相结合，才能构成完整的人格尊严。

（三）一般人格权制度的功能

1. 解释功能

一般人格权具有高度抽象性和概括性，蕴含人格权的基本理念和价值追求，是对具体人格权的具有指导意义的基本权利。以一般人格权的基本原则和基本特征为标准，对具体人格权进行解释，有助于对具体人格权的把握和法律适用。

2. 创造功能

一般人格权是具体人格权的源泉，从中可以引出各种具体的人格权。具体人格权的种类在不断增多，这些权利得到法律的确认，都渊源于一般人格权的概念、原理和内容。法官在保护具体人格权未包括的人格利益时，根据一般人格权的原理，依法自由裁量，就可能产生新的具体人格权。立法者根据社会需要，从一般人格权中可以发展出具体人格权。

3. 补充功能

一般人格权既涵盖具体人格权的全部内容，又不以具体人格权的内容为限，是一种富有充分弹性、对人格利益无所不包的权利。各国民法对人格权采取法定主义原则，由于法律的滞后性和漏洞，可能出现现行法律确认的具体人格权制度不能给予保护或难以归于那类具体人格权进行保护的情形，可根据一般人格权制度予以保护，故能对具体人格权制度的不足起到积极的补充作用，属于“兜底条款”。

我国《宪法》第37条第10款规定：“中华人民共和国公民的人身自由不受侵犯。”《宪法》第38条前段规定：“中华人民共和国公民的人格尊严不受侵犯。”这是《宪法》对一般人格权的确认。但民法上却未确立一般人格权制度。我国《民法通则》第5章第4节规定了人格权，但未规定一般人格权。2003年3月8日颁布的《最高人民法院关于确定民事侵权精神损害赔偿责任若干问题的解释》第1条第2款规定：“违反社会公共利益、社会公德侵害他人隐私或者其他人身利益，受害人以侵权为由向人民法院起诉请求赔偿精神损害的，人民法院应当依法予以受理。”这一规定虽不明确，但仍有限地认可了一般人格权①。我国《侵权责任法》第22条规定：“侵害他人人身权益，造成他人严重精神损害的，被侵权人可以请求精神损害赔偿。”亦从侵权法的角度体现了对一般人格权的保护。

三、生命权

（一）生命权的概念和特征

法律上的生命，是指自然人的生命，是人体维持其生存的基本的物质活动能力。它是人的最高人格利益，具有至高无上的人格价值，是人的第一尊严。

生命权是以自然人的生命维系和生命安全的利益为内容的权利。它是一种独立的人格权。

生命权有以下特征。

1. 生命权以自然人的生命安全为客体

生命权维护生命的正常活动，保障生命不受非法剥夺的人格利益。生命权受侵害，须以生命不可逆转的丧失为标准。

① 李开国：《民法原理与实务》，中国政法大学出版社2002年版，第142页。

2. 生命权以维护人的生命活动延续为基本内容

生命权维护人体生命安全不受非法侵害，防止人为地终止他人生命。侵害生命权，将使人的生命活动不能延续而导致死亡。

3. 生命权保护的对象是人的生命活动能力

人体蛋白质的新陈代谢能力保证人体不间断地与周围环境进行物质交换，使人体生长、发育、运动、繁殖，保持其生命活动能力。人的生命活动能力是一项独立的人格利益[①]。

（二）生命权的内容

1. 生命安全维护权

第一，维护生命的延续。生命是人的最高人格利益，生命权的首要内容就是维护生命的延续，保护人的生命不受外来非法侵害。生命安全维护权的实质是，法律保护人的安全利益，禁止非法剥夺他人的生命。

第二，防止生命危险发生。有危及生命安全的危险和行为发生时，生命权人或者他人可以采取正当防卫或紧急避险等措施制止不法侵害行为，保护生命权人的生命，排除危险。生命权人还有权请求司法机关依法消除生命危险。

第三，改变生命安全环境。当周围环境对人的生命构成危险，但该危险尚未发生时，生命权人有权要求改变环境，消除危险。改变生命危险环境，可以由权利人自行改变，也可以要求危险环境的管理人、占有人改变。当负有改变威胁生命安全危险环境的责任人不予改变时，权利人有权拒绝进入该危险环境或拒绝在该环境内作业、生活等。当然，依法负有特定职责的人，不得以危险环境为由，而拒绝履行职责。如消防队员不得拒绝灭火，公安人员不得拒绝执行追捕、侦查任务，军人不得临阵脱逃。

第四，提升生命质量。传统的生命权仅仅以维持和排除对生命的威胁为内容。但人不仅要活着，更要有尊严地去活，追求一种健康长寿的生活方式，故从自然环境、社会环境和人自身价值提高等方面提升生命质量，应成为生命权的重要内容，只有这样才能正确反映当代社会的发展要求和人们的普遍追求。

此外，在生命权遭到侵害后，生命权人的主体资格消灭，生命权人的近亲属可以请求司法机关依法救济生命损害，这对防止危害后果的发生、维护生命安全也有积极作用。

2. 生命利益支配权

生命权人是否有生命利益支配权，实际上意味着生命权人可否处分自己的生命。一般认为公民无权处分自己的生命，否则就给自杀行为提供了合法依据。但如果一概否定这种权利，则为社会公共利益、他人利益或个人气节而慷慨赴死以及现代“安乐死”制度就没有合法依据。无论从维护社会利益的角度，还是从人道主义出发，都应当有限地承认生命利益支配权。

① 杨立新：《人格权法》，中国法制出版社2006年版，第132、133页。

四、健康权

（一）健康权的概念和特征

健康权是指自然人享有的维持自身身体组织的完整和生理机能的健全，保证有机体生理机能正常运转并充分发挥其功能，以维持人体生命活动的利益为内容的人格权。

健康权有以下特征。

1. 健康权以人体生理机能的正常运作和功能正常发挥为具体内容

侵害自然人的肌体构造的完整，通常会影响生理机能的正常运作和功能的正常发挥，构成对健康权的侵害。当人的身体和健康都受损害时，以认定为健康权损害为宜。因为健康权保护的人格利益更重大，能给予受害人更充分的保护。另外，健康权保护自然人身体功能的正常发挥，以使其行动自如，但不是保护身体、意志不受外界约束，这是健康权和自由权的区别[①]。

2. 健康权以维持人体的正常生命活动为根本利益

健康权维护人体机能的完整性，进而维持人体的正常生命活动；而生命权以维护生命活动的延续为根本利益。故健康权和生命权不同。在司法实践中，无论主观上是以侵害健康还是以侵害生命为目标，只要客观上生命尚存，就认定为侵犯健康权；如果生命丧失，就认定为侵犯生命权。

（二）健康权的内容

1. 健康维护权

首先，自然人有保持自己健康的权利。即通过各种体育活动和心理调适，使自己的身心健康状况保持完好状态，当生理、心理的机能和功能出现不正常时，及时进行医治，使健康状况达到完好或恢复到原有状态。这些权利的行使，不受他人的干涉或限制。自然人有权获得必要的医疗待遇和及时的医疗服务，医疗机构负有救治责任。自然人还对公共卫生领域享有必要权利，如对突发、重大公共卫生事件的知情权和参与权等。

其次，自然人的健康权受到不法侵害，有权获得法律保护。权利主体以外的任何人都负有不得侵害他人健康权的法定义务。受害人有权寻求法律救济。

2. 劳动能力保持权

劳动能力是人们创造物质财富和精神财富的能力，是劳动者脑力和体力的总和，也是人们获取物质财富、满足衣食住行的前提。它是健康权的基本内容之一，而非独立的人格利益[②]。自然人有权保有和发展自己的劳动能力，也有权利用它满足自己和社会的需要，当这些权利受到不法侵害，受害人可以请求法律保护。

健康权受到损害，可能导致劳动能力的贬损，判断劳动能力是否减少，应当以脑力和体力两种能力的因素的综合考察为判断标准。残疾赔偿金的计算标准就是以受害人丧

① 王利明，杨立新，姚辉：《人格权法》，法律出版社1997年版，第62、63页。

② 杨立新：《人身权法论》，中国检察出版社1996年版，第433页。

失劳动能力的程度，导致的收入减少来确定损失数额的。

3. 健康利益支配权

健康利益支配权是指自然人有权支配自己的健康利益，即有权放弃健康或故意恶化自己的健康状况。在人类的基本道德观念中以及传统的民法理论上，都不承认这项权利①。但有学者认为，权利的放弃，并不是支配权的唯一内容，健康权的支配权同样如此，除放弃健康以外，权利人对健康权其他各项内容的行使，都体现了健康权的支配权性质。对于放弃健康的行为，不能认为其违法，但为维护其权益，从人道主义立场出发，可以进行强制治疗。在强制治疗时，应当进行说法教育，不应采取暴力手段②。对于患有性病、麻风病等恶性传染病患者进行强制治疗，对吸毒者进行强制戒毒等强制性改善自然人健康状态的措施，是对个人健康利益的维护而不是侵犯，同时具有阻却违法和维护社会利益的目的，故不仅当事人不得主张侵权，而且可以依法采取必要的强制手段。我们认为，自然人应当享有健康利益支配权，当然，法律可以在某些方面进行限制。

五、身体权

（一）身体权的概念

法律意义上的身体，专指自然人的生理组织的整体，即躯体。身体包括主体部分和附属部分。主体部分由人的头颅、躯干、肌体的总体构成，包括肌体、器官和其他组织，是身体的基本内容；附属部分是毛发、指（趾）甲等附着于身体的其他人体组织。身体是一个完整的整体，具有完整性和完全性的基本特征。破坏了身体的完整性和完全性，就破坏了身体的有机构成。

所谓身体权，是指自然人维护其身体完整并支配其肌体、器官和其他身体组织的具体人格权。

（二）身体权的法律特征

1. 身体权以自然人的身体及其利益为客体

身体是自然人享受法律人格的物质基础，离开了身体，自然人无任何权利可言，不能具有法律上的人格。自然人的身体权以身体及利益为客体，保持身体的完全性、完整性。任何人破坏自然人身体的完整性，就构成对自然人身体的侵害。

2. 自然人对自己身体的组成部分有支配权

传统理论并不承认身体权中包含自然人对自己肌体、器官和其他组织的支配权，只承认身体完整性不得破坏，不得将身体的组成部分予以转让。但随着科学技术的发展和现代伦理的演进，允许自然人就属于自己身体组成的血液、皮肤甚至个别器官转让给他人，被承认是一种支配权。只有自然人本人才享有这种权利，其他任何人都无权决定其

① 魏振瀛：《民法》，北京大学出版社、高等教育出版社 2000 年版，第 646 页。

② 王利明，杨立新，姚辉：《人格权法》，法律出版社 1997 年版，第 65 页。

转让。如果他人违背自然人的意志，强行索取、使用自然人身体的组成部分，就是侵害了自然人的身体权。

3. 身体权是自然人享有的一种独立的人格权

对身体权的侵害常常会同时侵害生命权或健康权，此时应依照侵害生命权或健康权的行为处理。但对身体权的侵害，有时并未造成伤害和死亡后果，例如，非法剪人毛发、指（趾）甲，非法击打他人身体而未造成明显伤害。为了使自然人的人身得到充分的法律保护，应当承认身体权是一种与生命权和健康权并存的独立人格权。《最高人民法院关于确定民事侵权精神损害赔偿责任若干问题的解释》第一次规定了身体权。

（三）身体权的内容

1. 身体完整维护权

自然人有权维护自己的身体完整，其他任何人不得侵犯这种完整性。自然人的身体不受任何非法侵犯。

2. 身体器官和其他身体组织的支配权

在不违反法律和社会伦理的情况下，自然人有权支配自己的器官或组织，如捐献血液、骨髓、角膜甚至大型器官（如肾脏）等。但这种支配是有限制的，其前提是对器官和组织不能进行有偿转让，也不能因此危及人的生命健康，因为人体器官和组织成为商品违背社会的伦理道德，也为法律所不容。

（四）对尸体的法律保护

自然人死后，对其尸体应当予以法律保护，其主要理论依据是对自然人生前的人格利益予以保护的延伸。自然人死前，对其身体享有身体权；死后身体成为尸体，其对尸体所享有的人格利益仍然应当予以保护。当然，法律的保护也考虑到对死者的尊重、死者家属的感情以及社会风俗、伦理道德等因素。

对尸体的保护方法包括两方面。

1. 有权合法利用和处置尸体

自然人生前采用遗嘱方式对自己死后的遗体安置、利用进行安排，是自然人行使身体权的表现，应受法律保护。自然人死亡，生前对遗体没有个人意愿的，由其近亲属进行安置和利用。但不论哪种利用，都不得违反法律、违背公共秩序和善良风俗。另外，还可依据法律规定对尸体进行利用，如为查清死因、侦破案件而对尸体进行解剖。合法利用尸体可以有偿，也可以无偿。

2. 禁止非法损害、利用尸体和其他侵害尸体的行为

侵害尸体的行为包括：第一，非法损害尸体，如为报复、泄愤而损害尸体。第二，非法利用尸体，如未经死者近亲属同意或无死者遗嘱，又无合法的强制理由，而擅自将尸体、器官或组织进行解剖、移植或其他利用。第三，其他侵害尸体的行为，如盗墓毁尸、盗窃骨灰、非法陈列和侮辱尸体、他人将尸体冒名火化等。

六、人身自由权

（一）人身自由权的概念和特征

一般意义上的自由权包括两部分：一是政治自由权，由国家宪法加以规定，属于国家法的范畴，主要由刑法、行政法等予以保障，诸如言论自由、出版自由、结社自由、集会游行示威自由、宗教信仰自由等；二是民事自由权，由国家宪法作出原则性规定，由民法作出具体规定并主要由民法予以保障，属于民法权利，包括婚姻自由、契约自由、人身自由等。作为民法上人格权的自由权，是人身自由权。

人身自由权，是指自然人依法享有的维护其行动和思想自主，不受他人非法剥夺、限制或妨碍的具体人格权。

人身自由权有以下特征。

1. 人身自由权是自然人行使其他民事权利的重要前提

一个人丧失了人身自由权，就无法作为民事主体正常参加民事活动，为自己取得和行使各种权利。故人身自由权是行使其他人身权、财产权的前提和基本保障。

2. 人身自由权只能为自然人所享有

人身自由权是为了保障自然人的身体、行动自由和思想自主方面的权利。而自然人所具有的身体和思想都是法人不具有的，法人不可能享有专属于自然人享有的人身不受非法拘禁、逮捕和搜查等权利。诚然，法人也有自由参加民事活动的权利，可以通过经营自主权加以保障。

3. 人身自由权不是绝对的

人身自由权只能在法律规定的范围内行使，一个人在行使自己的自由权时，不能妨害他人的自由权。在一定条件下，法律还可以限制甚至剥夺自然人的人身自由权。

关于自由权的性质，存在政治权利说、一般人格权说、具体人格权说三种不同的学说。我们认为，自由权既是政治权利，同时又是民事权利。作为民事权利，从有利于保护自然人的权利角度考虑，应当将自由权作为一种具体的人格权。

（二）人身自由权的内容

1. 身体自由权

身体自由权，又称运动的自由权，指自然人依法享有自愿支配自己外在身体的行动，并排除他人非法干涉的权利。一方面，自然人享有对自己身体本身行动自由的支配权，非经法定程序不得对自然人进行拘禁、逮捕和身体搜查；另一方面，自然人享有按照自己的意志和利益，在法定范围内作为和不作为的权利，即有进行各种事务性行为的自由。非法限制或剥夺自然人的身体自由，都是侵权行为。

2. 精神自由权

精神自由权，又称意志自由权或思想自由权，是指自然人依法享有按照其自由意志支配自己内在精神活动，并排除他人非法干涉的权利。自然人的行动都是由意志支配的，民事主体地位的获得也决定于其意志。自然人按照自己的意志和利益从事正当的思维活动，观察社会现象，是进行正确的民事活动的前提，因为意志不自由，意思表示就不真实，会影响法律关系的有效设立。自然人只有享有精神自由权，其作为民事主体的地位和尊严才能得到真正的保障，各项民事活动才能有效进行，民事法律关系才能有效建立。

七、姓名权与名称权

（一）姓名权

1. 姓名权的概念

姓名权是自然人依法享有的决定、使用和依照规定改变自己姓名，并排除他人干涉和非法使用的权利。

2. 姓名权的内容

第一，姓名决定权。姓名决定权又称命名权，是指自然人有权决定自己的姓名，任何人无权干涉的权利，这是自然人享有的基本人格权利。自然人出生时由其父母确定其姓名，这是其父母实施亲权的代理行为，每个人成年后都有权决定随父姓、随母姓或采用其他姓；有权决定自己的名字，包括自己的本名（又称真名，即在户籍管理机关登记在册并公布使用的名字）、别名、笔名、艺名，甚至外文名字。

第二，姓名使用权。自然人依法享有使用自己的姓名或不使用自己姓名的权利，其设立姓名的目的在于表现个人特征，并与其他社会成员相区别，同时为自己取得权利和设定义务。自然人对自己的姓名享有专有使用权，有权按照本人的意愿使用本名或其他姓名，要求他人正确使用自己的姓名。任何人无权阻止自然人姓名的使用或未经权利人同意而擅自使用其姓名。但自然人姓名的使用权也有一定的限制，凡具有法律意义的证件、契据、文书及向司法机关做证的场合，一般要求自然人必须使用真实姓名。

第三，姓名的变更权。姓名的变更权又称姓名变动权，是指自然人享有依法改变自己姓名的权利。自然人无论出于何种原因改变姓名，只要法律允许即可。变更姓名会影响到他人和社会的利益，故必须按有关规定办理，且需到户口登记机关办理更名手续。

3. 侵害姓名权的行为

侵害姓名权的行为，主要有以下情形：①非法干涉他人行使姓名权，如不准子女成年后变更自己的本名。但合法干涉不构成侵权，如未成年人父母反对未成年人改名的，不应视为侵害姓名权。②盗用他人的姓名，即未经他人授权同意而擅自使用其姓名。③假冒他人姓名，是指使用他人的姓名冒充他人进行某种活动。

（二）名称权

1. 名称权的概念

名称权是指自然人以外的其他民事主体依法享有的决定、使用、改变和转让自己的名称，并排除他人非法干涉的一种人格权。名称是自然人以外的民事主体具有法律人格的标志，是与其他民事主体相区别的符号。不享有名称权，民事主体资格不能取得。

从事商业活动的民事主体的名称权是具有明显财产利益的人格权，例如，名牌企业的名称具有很高的商业价值，企业的名称往往代表企业的信誉，为企业带来较高的商业利润。另外，商业名称权具有可转让性，可通过转让商业名称而获得收益。因此，商业名称权是一种无形财产权。

2. *名称权的内容*

第一，名称设定权。法人和非法人团体有权为自己设定名称，他人无权干涉，这是名称权最基本的内容。名称权的设定较之自然人有诸多限制，如企业只准使用一个名称，名称应由字号或商号、行业或经营特点、组织形式依次组成，不得使用欺骗或使人误解的文字等。法人特别是企业法人必须设定名称并依法将名称予以登记，非经依法登记，不发生效力，不享有名称权。个体工商户、个人合伙，是否设定名称，依其自愿。

第二，名称使用权。名称经登记后，名称权的主体就享有对其名称的独占使用权，受到法律的保护。在登记机关的主管辖区内，同行业的经营者不得登记或使用相同名称，否则构成侵权。

第三，名称变更权。名称权主体在使用其名称的过程中，可以依法变更自己的名称。可以是部分变更，也可以是全部变更，但必须依法进行变更登记，其程序与设定程序相同。名称一经变更登记后，原登记的名称视为撤销，不得继续使用，应当使用新登记的名称进行经营活动。

第四，名称转让权。根据我国法律，企业法人、个人合伙、个体工商户有权转让其名称。这是一个例外规定，其他社会团体的名称不得转让。名称转让可以是部分转让，即将名称使用权转让给他人使用；也可以是全部转让，即将名称使用权全部转让给他人所有。当然，原权利人可以使用新的名称。

此外，私人企业主死亡后，继承人继承其企业，也同时继承企业名称权。

3. *侵害名称权的行为*

名称权是一种专有权，具有较强的独占性和排他性。对于名称权的侵害，主要表现为干涉、盗用和假冒。由于名称权代表民事主体的信誉，并会带来经济利益，故在实践中主要是为了谋求不正当的利益而盗用、假冒他人的名称。侵害名称权往往会给权利人带来直接财产损失，损失是可以计算的，因此主要采取赔偿损失的法律救济手段。

八、肖像权

（一）肖像权的概念和特征

肖像是指通过绘画、照相、雕塑、录像、电影艺术等表现形式将自然人的外貌在物质载体上再现的视觉形象。它反映肖像者的真实形象和特征，与特定人的人格不可分离。

肖像权是指自然人享有的以其肖像所体现的人格利益为内容的人格权。肖像权所体现的人格利益包括物质利益和精神利益两部分。

肖像权具有如下特征。

1. 肖像权的权利主体只能是特定的自然人

肖像是自然人形象的人格标识，反映其外貌属性。只有自然人才具有反映其生理特征的外貌属性，法人及非法人团体都不具有这种生理属性，故肖像权只能由特定的自然人享有。

2. 肖像权所体现的基本利益是精神利益

肖像以造型代表民事主体的人格，通过特定自然人基本形象的外在反映和再现，来展示特定自然人形象的社会评价，关系到特定人的人格尊严。人之所以具有法律上的人格，形象权的精神利益是最重要的内容之一。任何歪曲、毁损、玷污他人肖像的行为，都将使其精神利益受到损害，人格尊严受到侵害。

3. 肖像权具有明显的财产内容

肖像权所具有的物质利益，是肖像权所体现的一项重要内容。肖像权与其他人格权相比，与财产有着密切的关系。自然人的肖像，具有美学和标志价值，这种价值能够转化为财产利益，如以肖像作广告宣传或作为商标注册，会给企业带来经济效益，所以法律赋予肖像权人以许可他人使用其肖像并获取报酬的权利。这种物质利益不是肖像权的主要内容，而是由肖像权的精神利益所派生、转化的利益，具有附属性。

4. 肖像权是自然人专属的权利

肖像权的专有性，一是体现形象再现的专有性，即自然人享有是否允许他人再现自己形象的权利。以偷拍、偷画等方式取得他人的肖像，是对肖像专有权的侵犯。二是体现肖像使用的处分性。肖像的使用权，原则上属于肖像权人，肖像权的处分，是肖像权人对其肖像使用权的转让。未经肖像权人同意而擅自使用其肖像，是一种侵权行为。但肖像权的专有性是相对的，法律准许在一定情况下，可以不经肖像权人同意而使用其肖像。

5. 肖像权的客体即肖像具有可重复利用性和再生性

肖像具有很多表现形式，且可不断重复利用，并可重复和重新制作，还可为他人拥有。这是肖像权与其他人格权的一个重要区别。

6. 肖像权是一种标识性人格权

每一个自然人都存在形象差异，社会广泛利用肖像，通过外貌形象进行个体辨识，确定某人的身份，故肖像权经常是被动地行使。

（二）肖像权的内容

1. 制作专有权

肖像权人对自己的肖像享有制作专有权。一方面，肖像权人可以根据自己、他人或社会的需要，以任何合法形式由自己或他人制作自己的肖像；另一方面，肖像权人有权禁止他人非法制作自己的肖像，除了法律有特别规定外，未经许可而制作他人肖像，构成侵权。肖像制作专有权是肖像权的基本权利，是肖像权其他权利的基础。

2. 肖像拥有权

自然人有权拥有自己的肖像。未经自然人许可，他人不得拥有其肖像，也不得损害他人的肖像。

3. 使用专有权

肖像权人可以使用自己的肖像，而他人未经肖像权人同意不得非法使用，肖像权人具有专有使用的权利。具体包括：自然人有权使用自己的肖像以获得精神满足和财产利益，他人不得干涉，但不得违反社会公德和善良风俗；自然人有权将自己的肖像使用权转让给他人使用，但肖像使用权的转让，只能是部分转让，不能全部转让，因为全部转让肖像使用权，等于权利人抛弃了自己的人格利益，而人格利益是不准抛弃的。

自然人肖像权的行使受到一定的限制。凡为了国家利益、社会公共利益以及自然人自身利益而必须使用自然人肖像的，虽未经本人同意，也不属于侵犯肖像权。如国家司法机关在通缉令上使用在逃犯的肖像，为了新闻报道或宣传的目的而使用某人的肖像，为寻找失踪人而公开展示下落不明人的照片等。

4. 利益维护权

肖像权是绝对权、对世权，权利人以外的任何人都负有不得侵害的义务。肖像权受到侵害时，肖像权人有权维护自己的肖像利益。对于恶意毁损、玷污、丑化自然人肖像的行为，权利人有权请求行为人停止侵害，并承担相应的民事责任。任何人以营利为目的使用他人肖像，权利人都有权要求赔偿财产利益的损失。我们认为，即使不以营利为目的，未经肖像权人许可而擅自使用其肖像的，也构成侵权，可以要求赔偿精神和物质损失。

（三）侵害肖像权的行为

侵害肖像权必须具备三个要件：须有制作、使用他人肖像的行为；未经肖像权人同意；无阻却违法事由。

在符合合理使用条件时，未经本人同意而使用其肖像具有阻却违法性，不构成对肖像权的侵害。肖像的合理使用大致分为以下几种情况：使用具有新闻价值的人物的肖像；国家机关为执行公务而强制使用公民的肖像；使用在特定场合出席特定活动的人物的肖像；为了本人的利益或社会公共利益而使用其肖像；为了科学研究和文化教育的目的而在一定范围内使用他人肖像；基于肖像作品著作权的使用①。

侵害肖像权的行为主要表现在：擅自制作他人的肖像，如偷拍；擅自拥有他人的肖像，即未经本人同意，占有他人的肖像，即使不公开使用，也构成侵害肖像权，如照相馆未经顾客同意而留存其照片；未经他人许可而擅自使用他人肖像；以侮辱的方式使用、破坏他人的肖像。

对侵犯肖像权的行为，受害人得自力制止，也可依法请求加害人停止侵害、排除妨碍、消除影响或赔偿损失。

---

① 王利明，杨立新，姚辉：《人格权法》，法律出版社1997年版，第110、111页。

九、名誉权

（一）名誉权的概念

名誉权是指民事主体对自身属性和价值所获得的社会评价进行保有和维护，并享有利益的人格权。

名誉权的主体既包括自然人，也包括法人和非法人团体。这种人格权代表着民事主体的人格尊严，因为名誉的好坏直接关系到民事主体在社会上的地位、尊严和信誉，并可能对其参与民事活动以及其他社会活动的机会产生影响，进而影响到民事主体对民事权利的享有和义务的承担。因此，名誉权是民事主体的重要人格权。

（二）名誉权的法律特征

1. 名誉权的主体是所有民事主体

在具体人格权中，多数权利的主体仅限于自然人，名誉权是少数自然人和非自然人都享有的人格权之一。

自然人和法人的名誉权有许多共性，但也存在一定区别。第一，名誉的内容不同。自然人的名誉主要是对其能力、品行、作风、思想、才干等方面的社会评价，而法人的名誉则是对法人的商业信用、资产经营活动、成果等方面的评价。第二，侵害名誉权的方式不同。对自然人名誉权的侵害主要采用侮辱、诽谤等方式，主要是针对自然人的性格、品德、思想等人格内容；对法人名誉权的侵害通常采用的方式是捏造、散布虚伪事实，损害竞争对手的商业信誉、商品声誉，或者在大众传媒上发表的作品，因内容不实或评论失当而损害法人的形象等。第三，法人的名誉权与自然人的名誉权相比，与财产权的联系更为密切，权利本身的财产性更强。法人名誉良好对其盈利至关重要，而败坏法人名誉必然导致其社会信誉的降低、利润减少，往往直接表现为财产损失。

2. 名誉权的客体是名誉利益

名誉利益是民事主体就其自身属性和自身价值所获得的社会评价。自身属性包括自然人的品德、才能和其他素质，包括法人的经营能力、履约能力、经济效益等状况。这是名誉权区别于其他任何具体人格权的最基本特征。其他人身权的客体，与名誉权的客体毫无相似之处①。

3. 名誉权的基本内容是保有和维护自己的社会评价

名誉权不具有肖像权、名称权那样的使用价值，其主要内容是保有自己的社会评价，维护其名声不受侵害。权利人有权排斥他人对其名誉权的侵害。

4. 名誉权不具有财产性，但与财产利益有关

名誉权不具有直接的财产内容，也不能产生直接的经济利益，但与财产利益有相当的联系。自然人具有良好的名誉，对其就业、晋级、提薪等都有正面影响；如果名誉受损，则有负面影响。企业法人和非法人团体的名誉，在一定意义上就代表了企业的利润

① 杨立新：《人身权法论》，中国检察出版社 1997 年版，第 593 页。

和效益，与自然人相比，其与财产利益的联系更加密切。

（三）名誉权的内容

1. 名誉保有权

民事主体无法对自己的名誉以主观力量进行改变和支配，但有权对自己已获得的名誉予以保有。这种权利包括：保持自己的名誉不降低、不丧失；在知悉自己的名誉处于不佳状态时，有权利凭借自己的实际行动改进这种状态，他人不得干预。

2. 名誉维护权

名誉维护权是名誉权中最重要的内容。一方面，权利人有权维护其名誉，要求他人对其进行客观公正的评价。法律确认民事主体享有名誉权，旨在确认其对自身的名誉享有权利，并能维护自身的名誉不受他人的贬损，使其在社会中获得应有的尊敬和公正的评价。另一方面，权利人有权排斥他人对其名誉权的侵害。侵害行为发生后，权利人可以请求侵权人停止侵害，或者要求司法机关对其名誉权进行法律救济。

3. 名誉利益支配权

名誉权人对于名誉权所体现的利益有权进行支配。民事主体可以利用自己良好的名誉，与他人进行交往，使自己获得更好的社会效益和更大的财产效益。名誉利益的支配权，不包括抛弃权、处分权，不能将名誉利益任意抛弃，也不得任意转让，更不能由继承人继承，这是由名誉权的性质决定的。

（四）侵犯名誉权的行为

1. 侵害名誉权的构成要件

第一，行为人主观上有过错。行为人必须存在主观过错，才能构成侵害他人名誉权。过错包括故意和过失，但并非有过失就构成侵权，如通过正当程序检举，如无诬告目的，虽举报不实，不构成侵权。

第二，向特定的人实施了侮辱、诽谤等贬损他人名誉的不法行为。名誉权的主体是特定的，故侵害名誉权的行为应有特定的侵害对象，即指向特定的人，否则不能认为侵害名誉权。所谓指向特定的人的行为可以指名道姓，也可以暗示等方法使人意识到具体的人。

以侮辱和诽谤等方式侵害他人的名誉的行为，都是法律禁止的。所谓侮辱，是指以语言、文字、暴力等手段公然贬损他人人格，使其名誉受到损害，蒙受耻辱的行为。侮辱具有主观故意，并在公共场合实施，产生较大社会影响的特征。所谓诽谤，是指无中生有，散布捏造的虚假事实，诬蔑他人，损害他人名誉的行为。诽谤行为在主观上可能是故意，也可能是过失。构成诽谤侵权行为的关键在于，散布的事实带有明显的虚假性，纯属无中生有，损害了他人的名誉。

第三，有损害名誉权的损害事实存在。侵权行为的成立，须有损害事实。但名誉损害是一种无形的损害，行为人的行为是否造成受害人的名誉受损，不能以损害后果的显现为判定依据，而应以侵害行为须为第三人知晓为标准，这样才有利于对受害人名誉权的保护。名誉是社会对特定人的评价，贬低他人名誉的行为只有为行为人、受害人之外的第三人知晓，才会导致对受害人的评价的降低，使其名誉权受损。至于第三人知道了该行为后，会不会确实影响该人对受害人的评价的降低，则不影响侵害名誉权的行为的成立。要进一步判断因侵害行为是否使受害人的社会评价有所降低是十分困难的①。

第四，违法行为和损害事实之间存在因果联系。名誉权的违法行为和损害事实之间的因果关系具有特殊性，因为有些侵害名誉权损害事实的出现，不是行为的直接原因，不具有必然性②。我们认为，正是由于损害事实有时不易把握，才以侵害行为为第三人知晓为标准认定侵权行为成立，无须探究侵权行为和损害事实之间的因果关系。因此，若仅仅确定名誉权是否受侵害，只需具备前三个要件即可；如果损害事实明显存在，需要确定侵权人的责任大小，则须具备四个要件。

2. 具体侵害名誉权的行为

侵害名誉权的行为很多，主要包括侮辱、诽谤、新闻报道失实、文学作品使用素材不当、无证据而错告或诬告等。其中因新闻和文学作品引起的名誉侵权时有发生，这类侵权对社会影响较大，对受害人的侵害比较严重，因此应加强对受害人的保护，正确处理新闻自由、文学创作自由与名誉侵权的关系，准确把握它们之间的界限。

第一，因批评文章引起的名誉权侵害。因撰写、发表批评文章引起的名誉权纠纷，若文章反映的问题基本属实，没有侮辱他人人格的内容的，不侵害他人名誉权；文章反映的内容虽基本属实，但有侮辱他人人格的内容，使他人名誉受到损害的，应认定侵权；文章的基本内容失实，使他人的名誉权受到损害的，是侵犯他人名誉权的行为。

第二，因文学作品引起的名誉权侵害。撰写、发表文学作品，不是以生活中特定的人为描写对象，仅是作品中的情节与生活中某人的情况相似，不是侵权；描写真人真事的作品，对特定人进行侮辱、诽谤或披露隐私损害其名誉的，或者虽未写明真实姓名和住址，但事实是以特定人为描写对象，文中有侮辱、诽谤或披露隐私内容，致其名誉受到损害的，是侵害名誉权或隐私权的行为。编辑出版单位在作品被认定为侵害他人名誉或被告知明显属于侵犯他人名誉权后，应刊登声明消除影响或者采取其他补救措施；拒不采取措施或继续刊登的，其行为构成侵权。

第三，新闻单位报道国家机关的公开文书和职权行为引起的名誉权侵害。新闻单位根据国家机关依职权制作的公开的文书和实施的公开的职权行为所作的报道，客观准确，不能认定侵害他人名誉权；报道失实，或者前述文书和职权行为已公开纠正而拒绝更正报道，致使他人名誉受到损害的，属于侵害名誉权的行为。

第四，因提供新闻材料引起的名誉权侵害。主动提供新闻材料，致使他人名誉权受到侵害，属侵权行为；被动接受采访而提供新闻材料，且未经提供者同意公开，新闻单位擅自发表，致使他人名誉受损，对提供材料者一般不认为是侵权，但发表时得到其同意或默许，则构成侵权。

---

① 郑立，王作堂：《民法学》，北京大学出版社 1995 年版，第 604、605 页。

② 杨立新：《人身权法论》，中国检察出版社 1996 年版，第 609 页。

十、隐私权

（一）隐私权的概念和特征

隐私权是指自然人享有的对其私人生活、个人领域及其信息进行支配，其私人生活安宁与私人生活信息依法受到保护，不受他人侵扰、知悉、使用、披露和公开的权利。

我国隐私权观念引进的时间不长，但《宪法》和许多法律中均有隐私权保护性条款。我国民事立法和司法解释虽在不断加强对隐私权的保护，但迟迟未承认隐私权是独立的人格权。有学者指出，隐私权是从保护权利主体内心世界不被干扰、正常生活不受干涉等方面来维护权利主体的人格权的，它是公民保持人格的独立、平等、自由和尊严以及从事社会活动所必不可少的条件。从法律特征上看，隐私权确实具备单独的品格，无法为其他人格权所包容，故应肯定隐私权为一项单独的人格权利，建立和完善我国的隐私权法律制度[①]。2005 年 8 月 28 日修订的《中华人民共和国妇女权益保护法》（以下简称《妇女权益保护法》）第 42 条首次从妇女权益保护的角度，确定隐私权为独立的具体人格权，2009 年 12 月颁布的《侵权责任法》第 2 条从普通主体的角度确立隐私权为独立的具体人格权。

隐私权具有以下特征。

1. 隐私权的主体只能是自然人

隐私权是否仅限于自然人，对此有不同的观点。有学者认为，隐私权是基于个人与社会的相互关系的处理而产生的保有人的内心世界的安宁以及与外界相隔离的宁居环境的权利，它的产生及存在依据，均在于基于人的精神活动而发生的各种利益需求。法人无精神活动可言，故法人无法享有隐私权，换言之，隐私权的主体，仅限于自然人。至于法人尤其是企业法人的商业秘密，则属于企业的无形资产，应属财产权范畴[②]。隐私权是基于自然人特有的生理和心理特性而专属享有的权利，关系到自然人的人格尊严和内心安宁，法人是无法享有的。

2. 隐私权的客体包括私人活动、个人信息和个人领域

私人活动，是一切个人的、与公共利益无关的活动。个人信息也称个人情报资料、个人资讯，包括所有的个人情况、资料。个人领域也称作私人空间，是指个人的隐秘范围。上述内容都应当受到隐私权的保护。

3. 隐私权的内容具有隐秘性

隐私权是以个人生活秘密不被公开为内容的权利，因公开而受侵害。只要未经公开，自然人不愿意公开、披露的信息都构成隐私的内容；如果有关信息已被合法公开，就不再是隐私，隐私权亦将不予保护。当然，如果有关个人信息系被非法泄露，构成侵权，仍不丧失隐秘性。权利主体对隐私享有不公开权，有权排除他人干涉[③]。

---

① 王利明，杨立新，姚辉：《人格权法》，法律出版社 1997 年版，第 146 页。

② 王利明，杨立新，姚辉：《人格权法》，法律出版社 1997 年版，第 147 页。

③ 魏振瀛：《民法》，北京大学出版社、高等教育出版社 2000 年版，第 661 页。

4. 隐私权具有可以放弃性

权利主体有权依据自己的自由意志处分其隐私权，既可以将个人隐私加以披露，也可以允许他人介入自己的个人生活，但不得违背法律、社会公共秩序和善良风俗。这是其他人格权通常不具备的。

5. 隐私权的保护范围受公共利益的限制

隐私权所保护的范围，是与公共利益无关的个人情报、资料，若它们关乎公共利益，就不能作为隐私的内容，如政府官员要对个人财产进行申报和向社会公布。个人隐私必须合乎法律、社会公共道德和社会的需要，对于任何违反法律和公共道德、破坏公序良俗的行为，任何人都有权进行揭露。

（二）隐私权的内容

1. 个人生活安宁权

个人生活安宁权亦称个人生活自由权，是指权利主体按照自己的意志支配个人的私生活，不受他人的干涉和破坏的权利。如自然人的私生活不受非法窥视和骚扰；自然人的住宅不受非法监视、监听、摄影等。保障自然人个人生活的安宁是维护其人格权和人格尊严最重要的内容之一，也是隐私权制度的重要组成部分。

2. 个人生活信息保密权

个人生活信息的内容很广泛，诸如个人的身高、体重、病史、生活经历、信仰、爱好、婚姻、财产状况以及社会关系等情况。权利主体有权禁止他人非法知悉、使用、公开个人生活信息。我国公民经常在各种场合被要求提供各种个人信息，从许多渠道都可查到个人信息，“人肉搜索”可使大量个人隐私暴露无遗，故无论是从个人权利意识，还是社会是否确有需要看，隐私权在我国不被重视，这也是民事法律迟迟不予规定的重要原因。

3. 个人通信秘密权

权利人有权对个人信件、电子邮件、电报、电话、传真的内容加以保密，禁止他人擅自查看、刺探和非法公开。个人通信中，不仅内容可能涉及个人隐私，而且本身就属于个人活动和个人领域的范围，随着信息技术的快速发展，以通信方式进行个人交往越来越普遍，通过非法介入他人通信的方式获取他人隐私的情况日益增多，因此对个人通信秘密的保护，也就是对其隐私权的保护。

4. 个人隐私使用权

权利人有权依法使用或者许可他人使用其隐私，并有权决定使用隐私的方式和范围，不受他人的非法干涉，但权利人对其隐私的使用，不得违反法律的规定、社会公共利益和善良风俗。

（三）侵害隐私权的行为

对自然人隐私权的侵害，主要有以下情形：①非法干涉、监视私人活动，破坏他人生活安宁。个人活动的自由，是隐私的重要内容，权利主体可以自主支配与公共利益无关的私人活动，任何人不得干涉、监视、跟踪、骚扰。对于私人领域，任何人非经法定程序，不得侵入和窥视。②非法刺探、调查、窃取个人情报、资讯。隐私权的重要内容之一，就是私生活秘密只能由权利人自己控制，否则即构成对隐私权的侵害。③擅自公布他人隐私。它包括两种情况：一是非法刺探、调查获得个人隐私后，予以公布；二是因业务或职务关系而掌握他人的秘密而擅自予以泄露。④非法利用他人隐私。即未经隐私权人同意而擅自利用其个人资讯、情报资料的行为，如新闻报道或其他文字作品，内容涉及他人隐私，可构成侵害隐私权。

十一、信用权

（一）信用权的概念和特征

所谓信用权，一般是指民事主体对基于自己的经济能力所获得的社会信赖和评价享有的保有、维护与支配的人格权。

德国民法已将信用权作为一种独立的人格权加以保护[①]，而我国民事法律尚未承认信用权。我们认为，在构建社会主义市场经济体制的过程中，道德缺失带来了信用危机，因此确立信用权制度对提升全社会的信用、促进社会的和谐具有重要意义。党的十六大、十六届三中全会明确了社会信用体系建设的方向和目标，《国务院办公厅关于社会信用体系建设的若干意见》（国办发〔2007〕17 号）要求在全社会加快推进社会信用体系建设，《反不正当竞争法》等法律中已有相应规定。信用权制度是建立信用体系的法律基础，将信用权作为独立人格权符合我国的现实需要和立法趋势。

信用权具有如下特征。

1. 信用权的主体具有广泛性

自然人、法人和其他组织都可享有信用权。自然人的个人信用对其参与社会经济活动具有重要意义，随着社会的发展，对自然人信用权的保护会越来越重要。

2. 信用权的客体具有单一性

信用权的客体是信用，主要体现为社会对民事主体的经济能力的社会评价，而名誉权的客体范围则宽泛得多。

3. 信用权具有明显的财产利益因素

信用权是民事主体对其经济能力所享有的权利，信用利益除了精神利益外，还包含了一定的财产利益因素，它虽然不是直接的财产利益，但在具体的经济活动中，能够带来财产利益，损害信用利益会造成财产利益的损失。因此，信用权具有明显的财产性。

① 杨立新：《人身权法论》，人民法院出版社 2002 年版，第 696、697 页。

（二）信用权的内容

1. 信用保有权

良好的信用体现了社会对民事主体经济能力的肯定性评价和信赖，直接影响到其在社会中的地位和获取经济利益的能力，权利人可以通过自己的努力，增强经济能力，增加社会对其经济能力的信赖，使信用得到不断提高。信用保有权不仅包括有权保持自己的信用不降低、不丧失，而且包括从社会获得更良好的信用。

2. 信用维护权

信用权是绝对权，任何人都不得侵害权利人的信用，否则，权利人有权要求司法机关对信用进行保护，对侵权行为进行制裁。

3. 信用利益支配权

民事主体可以对其信用利益进行支配。民事主体凭借良好的信用参加社会经济活动，能够获取更多的经济利益，例如，获得更多的经济机会，或能以较小的代价获得较大的利益。作为一种人格权，信用权不得抛弃、转让和继承，但民事主体可以用自己的信用为他人提供担保，以补偿他人信用的不足。

第三节 身 份 权

身份权是基本和总括性的民事权利，包括亲属法上和亲属法外的各种身份权。前者包括配偶权、亲权、亲属权、监护权，后者包括荣誉权、著作权人的人身权等。

一、身份权的概念与特征

（一）身份权的概念

身份权是指民事主体基于某种特定的身份而依法享有的一种民事权利。具体是指民事主体因一定的资格、地位或从事某种活动的结果而产生的，为维护民事主体的特定身份利益，依法享有的人身权。

身份权有一个演变过程，现今的身份权已与过去有所不同：①不能将身份权限定在亲属法领域，还应包括基于其他身份而享有的权利。②不仅自然人有身份权，法人和其他组织基于特定的地位、资格或从事某种活动也会享有身份利益，享有身份权。③身份权不包括继承权。财产继承权是财产权，身份关系只是取得财产的原因，与身份权中不具有直接财产内容的身份利益不同。④身份权的客体不是特定身份关系中的对方当事人，而是基于这种关系产生的受法律保护的自身身份利益。

（二）身份权的特征

身份权和人格权同属人身权，都具有专属权、支配权和不具有直接财产内容的特点，但它与人格权相比，具有如下特征。

1. 身份权并非民事主体所固有，而是基于特定身份或一定的行为取得或消灭

人格权是民事主体固有的，而身份权则是随自然人的出生或者是自然人、法人以及其他组织依据一定的行为或事实而取得的权利，并非固有。自然人一出生就与父母、兄弟姐妹、祖父母、外祖父母形成亲属关系，享有身份权，但它不是自然人固有的，而是依其出生构成的亲属关系取得的权利；养父母子女、继父母子女之间的身份权，是基于收养、抚养行为或事实而取得；姻亲的身份权，是基于婚姻行为而取得；著作权则是因智力创造行为而取得。此外，身份权还因一定的行为或事实而丧失或消灭。

身份权只有具备了某种特定的身份才能享有，它不是每一个自然人和法人都同等享有的。

2. 身份权不是民事主体的必备权利

民事主体不享有身份权，依然可以生存，进行民事活动，能够以独立的人格进入社会和从事所有的民事活动。因此，身份权与民事主体的人身的联系不如人格权紧密，但它也是基本民事权利。

3. 身份权的客体是身份利益

身份利益具有多元性。身份权有不同的具体表现形式，且具有不同的身份利益。身份权在客体上的特性还体现在身份利益“不独为权利人之利益，同时为受其行使之相对人之利益而存在”[①]。这种身份利益的双重属性，主要表现在亲属法上的身份权之中。身份权一词只是借用了权利的用语，实为权利义务的集合体，因为民事主体基于特定的身份既享有一定的权利，同时也承担一定的义务[②]。亲属法上的身份权不仅包含身份权人的利益，而且包含身份权关系中相对人的利益，身份权体现的尊敬、相互帮助、体谅等义务，有一定法定性，但更多的是道德性，权利人往往不关注自己的权利，而更在乎对相对人的关心、照顾和其他方面的付出，并从中获得快乐。权利义务并不完全对等，这是其他权利所没有的。

4. 身份权大多与财产权益有着密切的联系

民事主体一般在享有身份权的同时即享有与该身份权相关的财产权，如享有了著作权的人身权，就同时享有了获得报酬的权利。人格权一般不具有财产内容，与财产权益的联系程度不及身份权。

二、具体的身份权

身份权主要包括婚姻家庭中的身份权，即自然人基于在婚姻、家庭关系产生的地位、资格而享有的人身权，主要包括配偶权、亲权、亲属权、监护权。身份权还包括荣誉权、著作权人的身份权。

① 史尚宽：《亲属法论》，台湾荣泰印书馆1980年版，第31页。
② 王利明：《民法》，中国人民大学出版社2000年版，第511页。

（一）配偶权

1. 配偶权的概念

配偶是夫妻之间相互的称谓，以有效的婚姻关系为条件，否则不能互称配偶。

配偶权是指在合法有效的婚姻关系存续期间，夫妻双方基于配偶身份而相互享有的以婚姻关系产生的身份利益为内容的身份权。

2. 配偶权的特征

第一，配偶权的权利主体是配偶双方。配偶权是配偶双方的共同权利，因此，配偶双方均为权利主体。一方面，对于配偶利益由配偶双方支配，任何一方不能就配偶的共同利益进行单独决定；另一方面，双方互享权利，互负义务，权利义务完全一致，任何一方均不享有高于或低于对方的权利。

第二，配偶权的客体是配偶利益。配偶利益的直接内容是身份利益，有学者主张还包括因身份利益而产生的财产利益[①]。身份权中可以包括财产利益，但不应是直接的财产权利，故不包括法律明定的财产权利，如财产共有权、相互继承权，这些权利属于财产权法和继承法调整的范围[②]，因人身权的性质决定了其不具有直接的财产内容，所以不应是配偶权的客体。

第三，配偶权具有支配权的性质。配偶权是一种支配权，但支配的是配偶之间的身份利益，而不是配偶的人身。在古代法律中，配偶之间的权利表现为夫对妻的人身支配。现代法上的配偶权是一种新型的支配权，是夫妻共同对配偶身份利益的支配，是平等和非人身的支配权。

第四，配偶权具有独占性和排他性。我国实行一夫一妻制，有了一个合法婚姻，不允许与第三方再建立婚姻关系，即配偶利益具有独占性，不得与他人共享，否则是无效和非法的。这也决定了夫妻之外的其他人皆为义务主体，都要承担不作为的义务，不得干扰、妨害、侵犯配偶权。

3. 配偶权的内容

第一，独立的姓名权。夫妻在家庭中的地位平等，人格独立，有权各自保留和使用自己的姓名。这是夫妻人身关系的重要组成部分，是配偶各方享有的一项重要权利。姓名权是一种重要的人格权，配偶有无独立的姓名权，关系到配偶有无独立人格和人格权的完整。但法律并不禁止配偶之间在平等、自愿的基础上，就夫妻姓氏作出其他约定。

第二，住所权。配偶有选定婚后住所的权利。这里所说的住所，指婚姻住所或家庭住所，是配偶常住的处所。住所由夫妻双方共同居住，是夫妻共同生活的依托，关系到共同生活的基础，应由双方共同商定。我国《婚姻法》第 9 条规定："登记结婚后，根据男女双方约定，女方可以成为男方家庭的成员，男方可以成为女方家庭的成员。"

第三，同居权。即夫妻双方以配偶身份共同生活的权利。配偶双方有共同的权利和义务，包括夫妻共同寝食、相互扶助和进行性生活。

---

① 李开国：《民法原理与实务》，中国政法出版社 2002 年版，第 168 页。

② 杨立新：《人身权法论》，中国检察出版社 1996 年版，第 768 页。

第四，忠实请求权。夫妻互有要求对方保持贞操的权利。我国《婚姻法》第 4 条规定，夫妻应当互相忠实，互相尊重，这是我国《婚姻法》首次明确规定夫妻忠实义务，它要求配偶之间相互不为婚外性行为，是为保持爱情专一和忠诚而负担的义务，其目的是忠实于配偶。广义上还包括要求对方不得恶意遗弃配偶以及不得为第三人的利益而牺牲、损害配偶的利益的请求权。

第五，职业、学习和社会活动自由权。已婚者以独立的身份，按照本人的意愿决定社会职业、参加学习和社会活动，不受对方的约束。我国《婚姻法》第 15 条规定：“夫妻双方都有参加生产、工作、学习和社会活动的自由，一方不得对他方加以限制或干涉。”

第六，日常事务代理权。日常事务代理权又称家事代理权，是指配偶一方在与第三人就家庭事务进行法律行为时，有权独立于对方行使权利。基于夫妻双方密切的身份关系、相互扶助的义务、共同的财产关系和生活关系，夫妻之间应当相互享有日常事务代理权。配偶一方代表家庭所为的行为，对方配偶亦须承担其后果，配偶双方对其行为承担共同的连带责任。因夫妻之间的相互代理权无须对方授权和事先同意，故应有范围限制，学者们对其范围有不同见解。而《最高人民法院关于适用〈中华人民共和国婚姻法〉若干问题的解释（一）》第 17 条（二）规定：“夫或妻非因日常生活需要对夫妻共同财产做重要处理决定，夫妻双方应当平等协商，取得一致意见。他人有理由相信其为夫妻双方共同意思表示的，另一方不得以不同意或不知道为由对抗善意第三人。”可见，法律层面是以“日常生活需要”和“重要处理决定”为条件，实务中对不动产等价值较大的财产的处分一般排除在日常事务代理权之外。

第七，相互抚养、扶助权。配偶之间享有互相抚养、扶助的权利和义务。夫妻之间的抚养，是指夫妻在物质上和生活上互相扶助、互相供养。这种权利和义务完全平等，有抚养能力的一方必须履行这一义务。扶助权要求在婚姻关系存续期间，夫妻之间有相互协作和救助的权利与义务。

除上述权利外，配偶权还包括监护和收养子女权等。

（二）亲权

1. 亲权的概念

亲权是指父母对未成年子女在人身和财产方面的保护和教育的权利与义务。亲权的产生基于两种法律事实：一是父母生育子女的事实；二是法律拟制，包括继父母和继子女形成扶养关系以及收养两种情形。

在立法体例上，大陆法系国家普遍设有亲权制；而英美法系国家亲权和监护权不分，统称监护；社会主义国家多未设亲权制度，但有亲权的实际内容[①]。我国《婚姻法》第 23 条规定：“父母有保护和教育未成年子女的权利和义务。”设立了亲权。

2. 亲权的特征

第一，亲权是基于父母身份而取得的一种身份权。亲权基于父母身份而取得，父母身份的取得包括因生育、收养、婚姻而产生。养父母对养子女、继父母对继子女也享有

① 彭万林：《民法学》，中国政法大学出版社 1999 年版，第 216 页。

亲权。由于亲权是对未成年子女的教育和保护权，在子女成年后，父母亲权丧失。

第二，亲权为父母所专有，以教育和保护未成年子女为目的。亲权只能为父母所享有。父母都是未成年子女的亲权人，在父母一方死亡或被剥夺亲权时，一般由另一方行使亲权；在父母离婚时，由法院确定子女监护方行使亲权。未成年人正处于身体的生长发育阶段，需要关心他们的身心健康和在生活等方面进行照顾，法律设定亲权制度，主要是为了维护未成年人的利益。亲权具有一定的支配性质，以教育、保护未成年人为目的，对亲权利益进行支配。因此，父母的亲权，并非无限制，亲权的行使，仅限于监护子女必要之范围且符合子女之利益始可[①]。

第三，亲权的性质是基本身份权。亲权不是单一性权利，而是由若干具体权利构成的综合性权利，可以派生出许多权利。它与配偶权和亲属权并列，共同构成亲属法上的身份权。

第四，亲权既是权利又是义务，是权利和义务的综合体。亲权作为父母与未成年子女之间的身份权，一方面，是父母对未成年子女进行管教和保护的权利；另一方面，亲权的行使又具有职责的性质，是法定的义务，父母有义务对未成年子女进行管教和保护。因而，亲权不得非法抛弃、转让和剥夺，也不得滥用，必须出于维护未成年人利益的目的。

第五，亲权具有绝对性和支配性。亲权的行使不需要借助他人的积极行为，任何人不得随意侵害亲权，亲权具有绝对性。亲权人对未成年子女的人身和财产都有一定的支配权，可以对子女财产进行适当处分，必要时可以对子女进行惩戒。

3. 亲权的内容

（1）对未成年子女人身方面的权利，具体包括如下方面。

第一，保护和教育的权利。父母对未成年子女人身方面享有保护和教育的权利与义务。保护是指对未成年子女的身心健康和生命安全予以关怀与维护，如疾病防治、生活照料、人身安全防范以及人身遭受侵害时的保护等；教育是指对未成年子女的学习、心理和操守方面的培育与管教，如不允许未成年子女阅读不健康的读物，防止他们沾染赌博、吸毒等不良习气。

第二，住所决定权。父母对未成年子女的居所和住所有权进行指定，未成年子女不得随意离开父母指定的住所和居所。该权利旨在保障未成年子女的人身安全，当然也有身心健康的考虑。

第三，惩戒权。父母对于未成年子女在必要时可予以适当的惩戒，它是基于教育、保护的人身照顾权，特别是基于教育权而产生的权利。如果未成年子女不听从管教，犯有劣迹，亲权人进行必要的惩戒，可以使其改恶从善。但惩戒应以不损伤未成年人的身心健康为原则，否则是滥用惩戒权，可以剥夺其亲权。亲权人可以自己进行惩戒，也可以送交行政机关予以行政处罚。

第四，未成年子女身份行为及身上事项的同意权和代理权。未成年子女为无民事行为能力人或限制民事行为能力人，不能独立行使身份行为和决定身上事项，必须由父母

① 李志敏：《比较家庭法》，北京大学出版社 1988 年版，第 228 页。

代理和同意，方能行使。这一权利主要包括以下内容：一是职业许可。未成年人从事职业，必须经父母同意，但以未成年人年满 16 周岁为条件。国务院颁布的《禁止使用童工规定》第 3 条第 1 款规定："不满 16 周岁的未成年人的父母或者其他监护人应当保护其身心健康，保障其接受义务教育的权利，不得允许其被用人单位非法招用。"二是收养、送养的承诺。三是身上事项的代理。如人身伤害的索赔由父母代理，因病需手术治疗时须经父母同意。

（2）对未成年子女财产上的权利，具体包括如下方面。

第一，财产行为代理权。亲权人是未成年子女的法定代理人，对其财产行为享有代理权。未成年人由于没有民事行为能力或民事行为能力欠缺，需要法定代理人行使代理权，其目的是维护未成年子女的利益，故损害未成年子女利益的代理行为无效。

第二，管理权。父母对未成年子女因继承、受赠或其他途径获得的个人财产享有管理的权利。管理行为包括保存、利用、改良等行为。父母在行使管理权时，应负与管理自己的事项相同的注意义务，否则，在造成未成年子女的财产损失时应予以赔偿。

第三，使用收益权。亲权人在不毁损、变更未成年子女享有的物或权利的前提下，有支配、利用财产并获取收益的权利。行使这种权利的目的，应当是维护未成年子女的财产权益。

第四，处分权。为了未成年子女的利益和需要，父母可以处分子女的财产，否则不得进行处分。父母实施财产处分行为不利于子女利益时，属于无权代理，不生效；若造成子女利益损失的，还应当赔偿损失。

（三）亲属权

1. 亲属权的概念

亲属权是指父母与成年子女、祖父母与孙子女、外祖父母与外孙子女以及兄弟姐妹之间，基于身份关系所产生的以人身利益为内容的身份权。

2. 亲属权的特征

首先，亲属权是一种独立的身份权。具有身份权意义的亲属仅指近亲属，可以分为配偶身份关系、亲子关系和其他近亲属关系。其他近亲属关系也是一种身份关系，具有特定的身份利益，应当是独立的身份权。亲属权和亲权、配偶权一样，都具有绝对权、专属权和支配权的属性。

其次，亲属权的客体是亲属关系中特定的身份利益。在近亲属中，配偶的身份利益由配偶权调整，未成年子女和父母的身份利益由亲权法调整。其他的近亲属，包括父母与成年子女、祖父母与孙子女、外祖父母与外孙子女以及兄弟姐妹之间的身份利益，为亲属权的客体。

最后，亲属权具有绝对权和相对权的双重特征。亲属之间对亲属身份利益具有独占权，除了特定的近亲属，其他任何人不得侵害，都负有不作为义务，是绝对权。但是，亲属身份利益又是存在于相对的亲属之间，权利义务由相对的近亲属享有和承担，离开相对的近亲属，就不存在亲属权。

3. 亲属权的内容

第一，尊重、帮助、体谅权。近亲属之间具有密切的血缘联系和天然亲情，晚辈要尊敬和孝敬长辈，长辈要爱护晚辈，亲属之间要相互帮助、相互体谅，当对方发生困难时，不向其提出过高的要求，并尽可能提供帮助。

第二，抚养、扶养权。我国《婚姻法》规定，有负担能力的祖父母、外祖父母，对于父母已经死亡或父母无力抚养的孙子女、外孙子女有抚养义务；有负担能力的兄、姐对未成年的弟妹有扶养义务。抚养或扶养不仅包括经济上的资助，还包括精神上的扶助、身体上的照顾等。

第三，赡养权。成年子女对父母有赡养的义务，包括生子女、养子女和有抚养关系的继子女对其生父母、养父母、继父母的赡养义务。有负担能力的孙子女、外孙子女，对于子女已经死亡或子女无力赡养的祖父母、外祖父母，有赡养的义务。赡养不仅限于经济上的资助，还包括精神上的安慰、身体上的看护等内容。

第四，代理权。根据我国法律规定，亲属之间有代理权。《民法总则》第 28 条和第 34 条规定，无民事行为能力人或限制民事行为能力人的近亲属可以担任监护人，依法代理被监护人进行民事活动和进行诉讼。《民事诉讼法》第 58 条规定了近亲属的诉讼代理权利，第 85 条规定了同住的成年亲属有代收诉讼文书的权利。

（四）监护权

1. 监护权的概念

监护权是指监护人对于不能得到亲权保护的未成年人和精神病人的人身、财产及其他合法权益，所享有的监督和保护的身份权。

2. 监护权的特征

第一，监护权是身份权。监护人享有监护权，一般是由于监护人与被监护人之间具有特定的身份关系，不是任何人都能担任监护人。正是由于他们之间具有特定身份关系，才能更好地尽自己的职责，保护被监护人的合法权益。显然，监护权是一种身份权。[①]在无近亲属或近亲属无法担任监护人时，无亲属关系的人也可担任监护人，但法律有范围限制，亦需要具有一定的身份。

第二，监护权的主体比亲属法上的其他身份权主体范围广。监护权的主体，主要是被监护人的近亲属。在无近亲属或近亲属不能行使监护权时，被监护人的其他亲属、朋友或者未成年人的父母的所在单位和精神病人的所在单位，被监护人住所地的居民委员会、村民委员会，以及政府的民政机关也可以成为监护人。

第三，监护权的中心内容是义务。监护制度是为了保护无民事行为能力人和限制民事行为能力人的合法权益，而非为了监护人自身的利益，故监护权主要是一种监护职责。监护人不履行监护职责或者侵害被监护人合法权益的，应当承担责任。

① 李由义：《民法学》，北京大学出版社 1988 年版，第 574 页。

3. 监护权的内容

监护权包括对被监护人人身上的权利和财产上的权利两个方面。

第一，对被监护人人身上的权利内容，除了不具有惩戒权外，与亲权相同。具体包括：住所指定权、被监护人身份行为及身上事项的同意权和代理权、对被监护人监督和教育的权利义务。

第二，对被监护人财产上的权利和义务。具体包括：对监护人财产的管理权、使用权和处分权；禁止受让被监护人的财产，但近亲属担任监护人的，不在禁止之列，这是由他们之间的亲密关系决定的，若转让侵害了被监护人的合法利益是无效的。

（五）荣誉权

1. 荣誉权的概念

荣誉权是指民事主体对其获得的荣誉及其利益所享有的保持、支配和维护的权利。

荣誉和名誉一样，都是社会对特定的民事主体的一种评价，在某些方面有一定的关联性，如获得荣誉称号能提高人的名誉，侵害了荣誉权，往往也就侵害了名誉权。

但荣誉权和名誉权仍有很大区别：第一，权利取得的方式不同。名誉权是法律赋予每个民事主体对自己的名誉依法享有的不可侵犯的权利，它不需要任何其他条件即可获得，也不能被限制和剥夺。荣誉权虽是每个民事主体可能获得的权利，但又不是每个人都能实现的，法律规定的荣誉权只是一种资格，它的实际享有需要具备有关条件，需要通过自己的努力，对社会作出突出贡献，并受到国家或者有关社会组织的表彰，被授予荣誉称号时才能获得，在一定条件下还能被剥夺。第二，权利主体的范围不同。名誉权是所有民事主体普遍享有的权利，具有普遍性；而荣誉权只有某些特定的民事主体才能享有，具有专属性。第三，权利开始的时间不同。名誉权从自然人出生和法人成立之时即可享有，荣誉权必须在民事主体获得了某种荣誉称号后才拥有。第四，内容不同。名誉权的客体是社会对每个自然人、法人的品德、生活作风、才干、声望等方面的综合评价；而荣誉权的客体则是国家机关或社会组织对某一特定自然人、法人某方面行为的评价，是特殊的名誉。第五，法律属性不同。名誉权是一种人格权，而荣誉权应归于身份权的范畴。

2. 荣誉权的特征

（1）荣誉权所保障的客体是荣誉及其利益。同名誉一样，荣誉也是一种社会评价。所谓荣誉是指国家或者有关组织因特定的民事主体在社会生产和社会活动中有突出表现而给予的正式的积极评价，如劳动模范、先进工作者、三好学生等。荣誉利益是因荣誉而获得的精神利益和物质利益，如受人尊敬以及自我精神上的满足感，因荣誉而获得的物质奖励等。

（2）荣誉权是一种身份权。荣誉权是具有中国特色的民事权利。关于荣誉权的性质有人格权说、身份权说及双重属性说等诸多不同见解①。

---

① 姚辉：《人格权法论》，中国人民大学出版社 2011 年版，第 197 页。

人格权说的理由在于：其一，荣誉权和名誉权的客体在本质上有共同之处，都是社会对主体的评价，只是荣誉权的客体是一种正式的积极评价。二者都与民事主体的人格密切相关，荣誉在实质意义上反映了社会对某一民事主体的价值的肯定和尊重，具有人格方面的因素。其二，荣誉权保护的目的与其他精神性人格权一样，都是保护民事主体的人格尊严。荣誉的取得给民事主体带来的是精神上的满足、人格利益的充实和社会评价的提高。荣誉体现的是民事主体的人格利益，使其人格更加丰满。

身份权说的理由有二：第一，荣誉权的来源不是与生俱来的固有权，而是基于一定事实受到表彰奖励后取得的身份权。第二，荣誉权的基本作用不是维护民事主体人格之必需，而是维护民事主体的身份利益①。

我们认为，荣誉权确实与特定人的人格存在联系，也关乎人格尊严和人格利益，在侵权和救济方式等方面与人格权中的名誉权有很大相似性，故我国有关法律在列举时常将二者并列。但与特定人的人格有关联不能因此认为属于人格权，否则就会导致享有荣誉权的人和不享有的人人格不平等；而荣誉可以被剥夺，这严重背离人格平等、人格权固有和不可剥夺等人格权的基本理论与原则，这是不可接受的。荣誉权是身份权没有争议，它不能被纳入人格权，身份权说系我国的通说，其他学说只是少数人的观点②。

（3）荣誉权具有继受取得性、楷模性、物质性和稳定性的特点。荣誉是后天经努力取得；荣誉在人们心目中具有楷模作用；荣誉往往伴有直接或间接的物质利益；没有正当理由和经正当程序，荣誉不得被剥夺。这是其他人格权所不具有的。

3. *荣誉权的内容*

（1）荣誉保持权。民事主体对自己所获得的荣誉，包括各种称号、奖励、表彰等，享有荣誉权。荣誉一经获得，即为民事主体终生享有，未经法定程序不得非法撤销或非法剥夺，也不得转让、继承。

（2）荣誉利益支配权。荣誉利益包括精神利益和物质利益。荣誉权的精神利益，是指荣誉权人因获得荣誉而享有的受到尊敬、敬仰、崇拜以及荣耀、满足等精神待遇和精神感受。荣誉权人对荣誉的精神利益享有自主支配权，可以在对外交往中让他人知悉自己获得的荣誉。荣誉权的物质利益是指奖金、奖品、奖杯、奖章等含有价值和使用价值的财物，以及其他具有财产价值的荣誉待遇所体现的财产利益。荣誉权人对应享有的物质利益有获得权，对已获得的物质利益有支配权。

（3）荣誉维护权。民事主体在荣誉遭到非法剥夺，或者荣誉利益受到损害时，有权采取各种措施维护自己的名誉，并可以向司法机关请求法律保护。

4. *侵害荣誉权的行为*

侵害荣誉权的行为主要表现为：不法否定或贬低他人荣誉，如对他人获得的荣誉无端进行质疑和贬低；非法剥夺他人的荣誉称号，如无权剥夺他人荣誉称号的机关、团体、领导人擅自剥夺或越权剥夺他人荣誉称号，非经正式理由和程序剥夺他人荣誉称号；占

① 杨立新：《人身权法论》，人民法院出版社 2002 年版，第 881 页。
② 杨立新：《人身权法论》，人民法院出版社 2002 年版，第 879、880 页。

有或故意毁损他人的荣誉证书、代表荣誉的纪念品；拒发权利人应得的物质奖励。

民事主体的荣誉权受到侵害，有权获得法律救济。法律救济的方法包括恢复荣誉、返还物质利益、赔偿损失等。

（六）著作人身权

知识产权中包含人身权的内容，这种人身权的享有，以创造知识产权的人的特定身份为基础，应属于身份权。

1. 著作人身权的概念

著作人身权是指作者基于作品的创作而享有的以人身利益为内容的权利。它既是作者专属享有的著作权，又是其人身权。

2. 著作人身权的特征

第一，著作人身权是著作权的内容之一。著作权分为著作人身权和著作财产权，这两部分权利结合起来，共同构成完整的著作权。因此著作权是一种混合型的权利。

第二，著作人身权的权利主体是作者。著作人身权是专属权，只有作者才能就著作的身份利益享有权利。作者包括创作作品的自然人、法人和非法人单位。著作人身权与作者的人身密切相连，不能转让和继承。

第三，著作人身权的客体是作者的身份及其利益。著作人身权的客体是作者对于作品的创作身份，以及由此产生的身份利益。著作人身权中有人格因素，但这种人格因素是基于作者的身份关系产生的，且非著作权人身权的主要内容，因此，著作人身权的客体仍然是作者的身份及其利益①。

第四，著作人身权保护期限的特殊性。一般民事权利的保护期限，都是从权利取得时起，到主体死亡或终止时止，但著作权在作者死亡后仍予以适当保护。我国《著作权法》规定，作者的署名权、修改权、保护作品完整权的保护期不受限制；发表权的保护期，为公民作者的终生及其死亡后 50 年，法人或非法人单位作者则为作品初次发表后的50年。

3. 著作人身权的内容

第一，发表权。发表权是指作者决定是否将作品公之于众的权利。当一部作品完成后，该作品是否发表，以什么方式、在什么时间发表，都由作者本人决定。发表权属“一次性的权利”，一经本人同意有效发表，权利便用尽，不再享有发表权。

第二，署名权。署名权也称姓名表示权，是指表明作者身份，在作品上标记姓名的权利。作者依照自己的意志可以署真实姓名，也可以署笔名、艺名或假名，或不署名。

第三，修改权。修改权是指作者对自己的作品进行修改的权利。作者可以自行修改，也可以授权他人修改自己的作品。未经作者许可，他人无权进行修改。

第四，保护作品完整权。保护作品完整权是指作者保护作品不受歪曲、割裂、篡改的权利。作品的完整性，也称作品的同一性，是指作品整体的不可分割性，它体现了作

① 杨立新：《人身权法论》，中国检察出版社 1996 年版，第 901 页。

者的人格和身份利益。侵害作品完整性，会对作者的人身利益造成损害，维护作品完整性，就是维护作者对作品完整的身份利益。

第四节 人身权的法律保护

保护人身权是各个法律部门的共同任务，但主要依靠民法予以实现。人身权的法律保护，是人身权法律制度不可缺少的组成部分，主要通过适用承担民事责任的手段来实现。民事责任包括财产责任和非财产责任。为了对受害人的精神痛苦进行救济，可以采取财产责任手段，由侵权人进行精神损害赔偿。

一、人身权的法律保护概述

人身权的法律保护，是指通过法律规定的方法和程序，保障民事主体在法律规定的范围内，行使自己的人身权利，并依法追究侵害他人人身权利的行为人的法律责任。

人身权是自然人、法人和其他组织作为民事主体、具有独立法律人格的基础。保护人身权不受侵犯，直接关系到社会经济的发展和社会秩序的稳定，故需要对人身权采取民事、行政和刑事多种手段进行全面保护。保护人身权是我国各个法律部门的共同任务。

在对人身权的保护中，要特别重视民法的作用，注意完善民法上的人身权法律制度。首先，人身权的种类及其效力范围由民法直接确认，这是自然人、法人和其他组织享有人身权的依据，也是刑法、行政法对人身权进行保护的依据。其次，从各个法律部门对人身权保护的法律手段来说，行政法和刑法是从社会公共利益出发，对侵害人身权的行为进行行政和刑事制裁来保护人身权；而民法则是以恢复权利人权利的行使和补偿权利人所受到的损害来保护人身权，民法所体现的对受害人权利的救济功能是行政法、刑法手段无法取代的。

二、人身权的民法保护

对人身权的民法保护包括自我保护和国家保护两种途径。人身权的自我保护，又称自力救济，是指民事主体在其人身权受到侵害时，自己采取必要的措施保护其权利。自我保护的手段主要是正当防卫和紧急避险。人身权的国家保护又称公力救济，是指民事主体在其人身权受到侵害时，可以直接向法院起诉，寻求司法救济。

人身权的民法保护，无论是自我保护还是国家保护，都是通过由侵害人承担民事责任的方式实现的，主要包括：停止侵害、恢复名誉、消除影响、赔礼道歉、赔偿损失。

人身权虽然没有直接的财产内容，但有不少人身权与财产权存在联系，如对物质性人格权的损害引起的花费就直接表现为财产损失。除了人身侵权引起的物质损失外，其造成的受害人的精神痛苦和精神损害也可以通过物质手段予以补偿。因此，非财产责任和财产责任可以并用。

三、精神损害赔偿

（一）精神损害赔偿概念

1. 精神损害的概念

关于精神损害的含义，理论上存在广义和狭义两种学说。

广义说认为，精神损害包括精神痛苦和精神利益的损失。精神痛苦主要指自然人因人格受到侵害而遭受生理、心理上的痛苦，导致自然人的精神活动出现障碍，使人产生愤怒、绝望、恐惧、焦虑、不安等不良情绪。精神利益的损失是指自然人和法人的人身利益遭受侵害，如名誉受到毁损、肖像权受到侵害等。狭义说认为，精神损害仅包括精神痛苦。

我们认为，精神损害不应包括精神利益的损失。精神利益的损失，应以非财产性的手段予以恢复和补救，因为进行物质赔偿，将导致人格的商品化，而人格利益不具有财产内容，不能以货币来衡量①。若精神利益的减损导致民事主体物质利益的损失，物质利益的损失应得到赔偿。至于法人，它是一个社会组织，不可能像自然人一样具有思维活动和心理活动，不会产生精神痛苦，其精神利益的损失主要表现为财产利益的损失，不能要求双重赔偿。狭义说也为我国的司法实践所肯定。

2. 精神损害赔偿的概念

精神损害赔偿，是指自然人因其人身权利受到不法侵害而导致精神痛苦，可依法要求侵权人提供一定的财产予以救济。

（二）精神损害赔偿的范围

精神损害赔偿的范围，直接关系到受害人的人身权保护问题。因为人身权无直接的财产内容，人身侵权造成物质利益的损失应予赔偿，但精神损害本身无法用金钱来衡量，对精神损害如果寻求物质赔偿，应当有法律的明确规定。

我国《民法通则》第120条规定，公民的姓名权、肖像权、名誉权、荣誉权受到侵害的，可以要求损害赔偿。该条明确规定了自然人的人身权受损，可以用物质的方法进行法律救济。它被认为是精神损害赔偿的基本法律依据。2010年7月1日施行的《侵权责任法》第22条更是明确规定：“侵害他人人身权益，造成他人严重精神损害的，被侵权人可以请求精神损害赔偿。”2001年3月8日颁布的《最高人民法院关于确定民事侵权精神损害赔偿责任若干问题的解释》（以下简称《解释》）对精神损害赔偿作出了具体的规定。

1. 请求精神损害赔偿的人格权

自然人的生命权、健康权、身体权、姓名权、肖像权、名誉权、荣誉权、人格尊严权、人身自由权遭受非法侵害，可以请求精神损害赔偿。此外，还规定了一个弹性条款：违反社会公共利益和社会公德，侵害他人隐私或者其他人格利益，受害人可以请求赔偿

① 王利明，杨立新，姚辉：《人格权法》，法律出版社1997年版，第224页。

精神损害。可以说，所有自然人的人格利益遭受侵害，都可以请求精神损害赔偿。

2. 请求精神损害赔偿的身份权

《解释》第 2 条规定，非法使被监护人脱离监护，致使亲权和亲属权遭受严重损害，监护人有权请求精神损害赔偿。

3. 死者人身权的法律保护

非法侵害死者的姓名、肖像、名誉、荣誉、隐私和遗骨等人格利益的，死者的配偶、父母、子女有精神损害赔偿请求权。无配偶、父母和子女的，其他近亲属可以提出请求。

此外，我国还将精神损害赔偿的适用范围扩展到具有人格因素的某些财产权场合。《解释》规定，对于侵害具有人格象征意义的特定纪念物品，可以请求解释损害赔偿，这就突破了解释损害赔偿限于人身权利遭受侵害的场合，有条件地扩展到了侵害财产权的场合。目前只有少数国家实行这种解释损害赔偿方法①。

（三）精神损害赔偿的数额

精神损害赔偿在性质上并不是财产补偿，而是对受害人遭受的精神痛苦所给予的物质抚慰。非财产化的精神损害，不能完全客观地用金钱赔偿，但金钱的给付并不只有填补物质利益损害的功能，它还同时具有抚慰和惩罚性质②。因此，对精神损害赔偿，难以确定一个统一、具体的赔偿标准。一般来说，确定精神损害赔偿数额应当遵循适当的财产补偿原则，要求既能对受害人起到抚慰作用，又能对侵权人起到惩罚作用。对于具体案件，需要法官结合实际情况，进行自由裁量。具体确定精神损害赔偿数额应当考虑以下因素：①受害人精神损害的程度；②受害人的身份状况，受害人的身份、职业、知名度及社会地位与其遭受的精神痛苦有很大关系；③侵权行为的方式、方法、时间、场合等具体情节；④侵害人的过错程度；⑤侵权人的认错态度及受害人的谅解程度；⑥侵权人的获利情况及其承担责任的能力；⑦侵权行为造成的社会后果和影响。

① 杨立新：《人身权法论》，中国检察出版社 1996 年版，第 57 页。

② 王利明，杨立新，姚辉：《人格权法》，法律出版社 1997 年版，第 230 页。

第十章　债权总论

债权与物权是相互对应的两大财产权，物权的内容是对物的直接管领和支配，反映的是静态的财产关系，即财产的归属与支配关系，而债权的内容是请求权和受领权，反映的是动态的财产关系，即财产的交易与流转关系。两者之间的关系是：物权是财产流转的前提和结果，债权是财产流转的法律表现。

第一节　债权基本原理

一、债的概念与要素

（一）债的概念

债是民法中最重要的一项法律制度，是社会生活中各种经济流转关系在法律上的反映[①]。我国《民法通则》第 84 条第 1 款规定："债是按照合同的约定或者依照法律的规定，在当事人之间产生的特定的权利和义务关系，享有权利的人是债权人，负有义务的人是债务人。"可见，我国民事立法是把债作为特定当事人之间的一种民事法律关系予以规范的，是指特定当事人之间请求为一定给付的民事法律关系。在这种民事法律关系中，一方享有请求他方为一定行为或不为一定行为的权利，而他方则负有满足该项请求的义务[②]。生活中的各种合同关系、致人损害而引起的赔偿关系等，都是特定当事人之间的一种民事法律关系，因而都是债的关系。在债的法律关系中，享有权利的一方称债权人，负有义务的一方称债务人。

现代法意义上的债，具有如下含义。

1. 债是一种财产法律关系

民事法律关系可分为人身关系与财产关系两大类。债的关系属于财产关系，债权属于财产权。财产关系是指能以而且应当以货币加以衡量和评价的社会关系。

2. 债是特定当事人之间的法律关系

债的当事人即债的主体，包括债权人和债务人，前者享有权利，后者承担义务。一般而言，债权人的权利原则上只对债务人发生效力，而债务人也仅对债权人负担义务。

---

① 李开国：《民法原理与实务》，中国政法大学出版社 2002 年版，第 337 页。

② 郭明瑞：《民法学》，北京大学出版社 2001 年版，第 290 页。

因此，民法理论上将债称为相对的法律关系，将债权称为对人权或相对权[①]。

3. 债是以特定行为（给付）为客体的法律关系

给付是债法上特有的抽象概念，包括诸如支付金钱、交付货物、提供劳务、完成工作、转移权利等各种由债务人所实施的特定行为[②]。

（二）债的要素

债的要素，是指构成债所必须具备的因素。债的要素包括债的主体、债的内容和债的客体三项要素。

1. 债的主体

债的主体，是指参与债的法律关系的当事人，包括权利主体和义务主体。债的权利主体称为债权人，义务主体称为债务人。在某些债中，一方当事人仅享有债权而不负有债务，另一方当事人仅负有债务而不享有债权，而在大多数情况下，双方当事人既互享债权又互负债务。

2. 债的内容

债的内容是指债权人享有的权利和债务人负担的义务的总和，即债权和债务。

3. 债的客体

通说认为，债的客体又称债的标的，是指债权人的权利和债务人的义务共同指向的对象。本书所持观点为，债是以特定行为为客体的法律关系，债的客体就是特定的行为，即给付。

构成债的客体的给付，必须具备以下条件：首先，给付必须合法，即不为法律所禁止。凡违反法律或公序良俗的行为均不得成为债的标的，如以伤害他人或赌博为客体的债。其次，给付必须确定，即给付的内容、方式等能够确定。凡不能确定的给付，不能作为债的标的。给付的确定是指合同成立时，给付是确定的，或者在合同履行时是确定的。再次，给付必须可能。给付不可能，为“标的不能”“履行不能”，是构成合同无效的原因。最后，给付必须适格。即依事物的性质，适于作为债的标的。如果给付不能满足民事主体利益之需要，或者不为民事主体所控制，则被视为不适于债的履行，将导致给付不适格。

债的客体或标的不同于债的标的物。债的标的物是指给付行为所涉及的具体金钱或财物，即给付的具体对象，如房屋买卖合同中的房屋、煤炭运输合同中的煤炭、雇佣合同中的劳务费等。债的标的物是具体的、静态的财物，是债的客体的内容中所包含的东西，是给付的标的；而债的标的（客体）是抽象的、动态的行为。

① 张广兴：《债法总论》，法律出版社 1997 年版，第 20 页。

② 郭明瑞：《民法学》，北京大学出版社 2001 年版，第 291 页。

二、债权与债务

（一）债权及其特点

债权是债的内容的核心，是指债权人得请求债务人为一定给付的权利。债权是重要的民事权利，具有如下特点。

1. 债权是请求权

请求权是指根据权利的内容，权利人得请求相对人为一定行为或不为一定行为的权利。债权即为债权人得向债务人请求其为特定行为的权利。请求权的特征在于权利人如要实现其利益，必须借助于相对人履行义务的行为，在相对人即债务人为给付之前，债权人不能直接支配债权所负载的利益，也不能直接支配债务人的行为，而只能请求债务人履行债务以实现其利益。

2. 债权是相对权

相对权是指权利人只能向特定的相对人主张权利，而不能及于他人。在债的关系中，债权人只能向债务人主张权利，而不能向债务人以外的任何人主张权利。

3. 债权的设定具有任意性

债权的任意性是指当事人在不违反法律的强制性规定和公序良俗的前提下，可以依自己的自由意志，任意设定债权，包括自由选择债的相对人、自由设定债的内容等。民法中的意思自治原则在债法中体现得最为充分①。当然，债权的任意设定仅就意定之债（合同）而言，对于法定之债（侵权损害之债、不当得利之债、无因管理之债、缔约过失之债）的设立，则不具有任意性，只能依法产生。

4. 债权具有期限性

债权的期限性是指债权只在一定的期限内有效存在，而不能永久存续。

5. 债权具有相容性

债权的相容性是指在同一标的上，可以同时并存两个或两个以上内容完全相同的债权②。

6. 债权具有平等性

债权的平等性，是指数个债权人对于同一债务人先后发生的数个普通债权，其效力一律平等，不因其成立先后而在效力上有所区别③。在债务人破产或其财产被法院依诉讼程序强制执行而不足以清偿全部债务时，应以债务人之总和财产，在数个债权人之间按各个债权额比例进行分配清偿。

① 郭明瑞：《民法学》，北京大学出版社 2001 年版，第 293 页。

② 张广兴：《债法总论》，法律出版社 1997 年版，第 26 页。

③ 李开国：《民法理论与实务》，中国政法大学出版社 2002 年版，第 340 页。

（二）债务及其特点

债务是指债务人依照约定或法定应为的给付义务。债务具有如下特点。

1. 债务应具有积极性

债务的积极性是指债务人实施积极的特定行为。债务就其本质来说是债务人负担不利益，债务履行的结果，一方面使债权人的利益得以实现，另一方面又使债务人失去既有利益，处于不利益状态。

2. 债务的内容具有特定性

债务的内容或者由当事人约定，或者由法律直接规定，每一个具体的债务，都有其具体和确定的内容。

3. 债务不具有永久性

债务只能是特定的、有期限的，非经法定理由不得转移于他人承受，并令其永久承担。设定无期限的债务，将会使债务人永久失去人身自由或交易自由，与现代法律精神不符。

三、债的分类

依据不同的标准，可将债分为不同的类型。

（一）法定之债与意定之债

根据债的发生原因及债的内容是否由当事人的意志决定，债可分为法定之债和意定之债。法定之债是指债的发生与内容均由法律加以直接和明确规定的债。法定之债包括侵权损害赔偿之债、不当得利之债、无因管理之债及缔约过失之债。意定之债是指债的发生及其内容完全由当事人依其自由意志决定的债。意定之债主要就是指合同之债以及单方允诺之债，所以，意定之债也称为合同之债或约定之债。

区分法定之债与意定之债的意义在于：其一，前者体现了国家对债的直接干预，即债的发生及效力均由法律直接规定，后者贯彻了意思自治原则，在债的主体、类型、内容、履行期限、履行方式及债务不履行的责任等方面，均由当事人约定；其二，明确了法定之债和意定之债应适用不同的法律规范，即各种合同之债应适用《合同法》，侵权行为之债应适用《侵权责任法》，不当得利之债、无因管理之债以及因遗赠、拾得遗失物等所生之债只能适用相关的法律。

（二）特定物之债与种类物之债

根据债的标的物的属性的不同，债可分为特定物之债和种类物之债。特定物之债是指以特定物为标的物的债，而种类物之债是指以种类物为标的物的债。所谓特定物，是指具有独立特征或被权利人指定，不能由其他物代替的物，它包括独一无二的物和某一类物中被特定化的物。所谓种类物，是指具有共同特征，能以品种、规格、质量、数量等标准加以确定，且能由同种类物代替的物。种类物之债的标的物，在债发生时尚未被确定，只有交付时才被特定化。

区分特定物之债与种类物之债的法律意义在于：其一，特定物之债的履行，若标的物灭失，则发生债的履行不能，债务人的给付义务消灭，转化为损害赔偿的义务；种类物之债通常不存在履行不能的情况。其二，在法律规定或当事人有特别约定的情况下，特定物之债的标的物所有权可自债成立之时转移，标的物意外灭失的风险亦随之转移；种类物之债的标的物所有权只能自交付之时起转移，其意外灭失的风险也将自交付之日起转移。

（三）单一之债与多数人之债

根据债的主体双方的人数，债可分为单一之债和多数人之债。单一之债是指债的双方主体即债权人和债务人都仅为一人的债。多数人之债，是指债的主体至少有一方为二人以上的债。

区分单一之债与多数人之债的法律意义在于：因单一之债的主体双方都只有一人，当事人之间的权利、义务关系比较简单；而多数人之债，当事人之间的关系比较复杂，不仅有债权人和债务人之间的权利义务关系，而且还发生多数债权人或多数债务人之间的内部权利义务关系。

（四）按份之债与连带之债

在多数人之债中，根据各方各自享有的权利或承担的义务以及相互间的关系，可分为按份之债和连带之债。

按份之债，是指债的一方主体为多数人，各自按照一定的份额享有权利或承担义务的债。《民法通则》第 86 条规定："债权人为二人以上的，按照确定的份额分享权利。债务人为二人以上的，按照确定的份额分担义务。"按份之债又可分为按份债权和按份债务。债权人一方为多数人，各债权人按一定份额分享权利的，为按份债权；债务人一方为多数人，各债务人按一定份额分担义务的，为按份债务。按份之债，主要因法律行为而成立。按份之债的标的必须是可分的，即作为债的标的的给付可分为数个给付，而无损于标的的性质和价值。

连带之债，是指债的主体一方或双方为多数人，多数人一方当事人之间对待同一给付有连带关系的债。所谓连带关系，是指对于当事人中一人发生效力的事项对于其他当事人同样发生效力。《民法通则》第 87 条规定："债权人或者债务人一方人数为二人以上的，依照法律的规定或者当事人的约定，享有连带权利的每个债权人，都有权要求债务人履行义务；负有连带义务的每个债务人，都负有清偿全部债务的义务，履行了义务的人，有权要求其他负有连带义务的人偿付他应当承担的份额。"按照这一规定，连带之债包括连带债权和连带债务。债权主体一方为多数人且有连带关系的，为连带债权；债务主体一方为多数人且有连带关系的，为连带债务。连带之债既可因法律的直接规定发生，也可因当事人的约定而发生。

区分按份之债和连带之债的法律意义主要在于：按份之债的多数债权人的债权或债务人的债务各自是独立的，相互间没有连带关系；而连带之债的债权人的权利或债务人的义务是连带的。在按份之债中，任一债权人接受了其应受份额的履行或者任一债务人履行了自己应负担份额的义务后，与其他债权人或债务人均不发生任何权利、义务关系。在连带之债中，连带债权人的任何一人接受了全部履行，或者连带债务人的任何一人清偿了全部债务时，虽然原债归于消灭，但连带债权人或连带债务人在其内部之间则会产生新的按份之债。

（五）简单之债与选择之债

根据债的标的有无选择性，债可分为简单之债与选择之债。简单之债又称不可选择之债，是指债的标的是单一的，当事人只能以该种标的履行而没有选择余地的债。选择之债是指债成立时，确定的标的为两项以上，当事人于履行时可以选择其中一项来履行的债。设定选择之债的目的在于确保债务的履行，或者为将来需要，或者为当事人一方或双方的方便。例如，对商品实行“三包”制度，在出售的商品不符合质量要求时，买受人与出卖人之间就会发生选择之债，或修理、或更换、或退货，当事人须从中选择一种履行。

区分简单之债与选择之债的意义在于：其一，如为简单之债，债务人仅依法律的直接规定或当事人的约定所确定的内容为给付，即具有给付内容的确定性和不可选择性；如为选择之债，则当事人可享有选择权，债的给付内容须待选择后才能确定。其二，选择之债中的选择权属于形成权，债权人享有选择权的称为选择债权，债务人享有选择权的称为选择债务，民事实践中以选择债务居多，即除了有约定或法律有特别规定外，选择权原则上属于债务人。当事人一经行使选择权，选择之债便成为确定内容的简单之债，债务人须依此履行，而选择权人也不得反悔。其三，简单之债的标的无法履行时，发生债的履行不能，而选择之债的某种可选择的标的无法履行时，不发生债的履行不能，当事人可以在其余的标的中选择其中之一履行，只有在各个可选择的标的都无法履行时，才发生债的履行不能。

（六）主债与从债

根据两个债之间的关系，债可分为主债和从债。主债是指在两个并存的债中，居于主要地位且能独立存在的债。凡是不能独立存在，而必须以主债的存在为成立前提的债，为从债。主债是相对于从债而言的，所以必须有两个并存的债才有主债存在的意义。两个并存的债之间应当存在牵连关系，一般而言，从债往往是为了担保主债的实现而存在的。

区分主债与从债的法律意义在于：其一，主债是从债的存在依据，没有主债就不会存在从债；其二，从债的效力取决于主债的效力，主债不成立，从债也不成立，主债被撤销或被宣告无效时，从债也随之失去效力；其三，主债消灭，从债也随之消灭。

（七）财物之债与劳务之债

根据债务人的义务是提供财物还是提供劳务，债可分为财物之债和劳务之债。财物之债，是指债务人须给付金钱或实物的债，即债之给付内容为交付财物或支付金钱。劳务之债，是指债务人须提供劳务的债，即债之给付义务为劳务。

区分财物之债与劳务之债的意义在于：其一，当债务人不履行债务时，财物之债可适用强制履行方式，而劳务之债则不宜适用强制履行方式；其二，财物之债在一般情况下均可由第三人履行，而劳务之债除法律另有规定或当事人另有约定外，一般不能由第三人履行。

第二节　债的发生、履行、移转与消灭

一、债的发生

（一）债的发生的概念

债的发生，是指债权债务关系的产生，即一项特定的、新的债权债务关系在当事人之间得以创设。广义上的债的发生，既包括在原本无任何债的关系的当事人之间设定一项新的债，也包括一项已设定的债在新的当事人之间进行移转，即由新的当事人替代原来的当事人承受已经存在的债。狭义上的债的发生，仅指前一种情形，即在原本无任何债的关系的当事人之间设定一项新的债，客观上产生了一项新的债。通常所称债的发生，系采狭义的概念。

（二）债的发生原因

债的发生原因也称债的发生依据，是指产生债的法律事实。在我国，根据《民法通则》以及其他有关法律规范的规定，能够引起债发生的法律事实主要有以下几类。

1. 合同

合同是当事人之间设立、变更、终止民事法律关系的协议。《合同法》第 2 条第 1 款将合同界定为平等主体的自然人、法人、其他组织之间设立、变更、终止民事权利义务关系的协议。依法成立的合同受法律保护，当事人基于合同设立的以债权债务为内容的民事法律关系，称为合同之债。在现实经济生活中，各民事主体主要通过订立合同来明确相互间的权利义务关系，因此，合同是产生债的最常见的、最主要的法律事实。

2. 不当得利

不当得利，是指没有法律上或合同上的根据，以致使他人受到损害而取得的不正当的利益。当发生不当得利的事实时，由于一方取得的利益没有合法的根据，其获得的利益是不正当的；同时，另一方在不存在法律根据和合同约定的情况下而受到不应有的损害，显然有失公允。所以，依照法律规定，受损失的一方有权请求不当得利人返还所得的利益，不当得利人有义务返还其所得利益，当事人之间即发生债权、债务关系。因不当得利所发生的债，称为不当得利之债。

3. 无因管理

无因管理，是指没有法定的或者约定的义务，为避免他人利益受到损失而进行管理

或者服务的行为。对他人事务进行管理或者服务的人是管理人，因管理人管理事务或服务而获得利益的人为受益人，又称本人。无因管理发生后，管理人与受益人之间便产生一种债的法律关系，即无因管理之债。

4. 侵权行为

侵权行为，是指侵害他人财产或人身权利的不法行为。侵害他人财产或人身权利的不法行为人应当依法承担民事责任。依照法律的规定，对于侵害人和受害人之间因侵权行为所生的民事权利义务关系，受害人有权要求侵害人赔偿，侵害人有义务负责赔偿。这种因侵权行为发生的侵害人与受害人之间的债权债务关系被称为侵权损害之债或损害赔偿之债，侵权行为也就成为债的发生根据之一。不过损害赔偿之债并不专指因侵权行为发生的债。

侵权行为是一种单方实施的不合法的行为，不具有合法性，但因侵权行为而发生的债却是合法的，是受法律保护的。应当指出，传统民法将侵权行为作为债的发生原因之一，而我国《民法通则》没有把侵权行为制度纳入债权中，而是规定在“民事责任”一章。这反映了我国法律确认侵权行为法律制度的目的，主要是防止和制裁违法行为，更好地保护公民和法人的合法民事权益，同时也适应了《侵权责任法》有从传统债法中分离出来的趋势。

5. 缔约过失

缔约过失，是指在订立合同过程中，当事人一方因违背诚实信用原则而导致合同不成立、无效、被撤销等，并给对方造成损害的情形。在这种情况下，致人损害的一方当事人需向受损一方承担赔偿责任，这种责任称为缔约过失责任。因缔约过失所生之债即为缔约过失之债。在缔约过程中，因一方当事人的原因而给对方当事人造成的损害，由于当事人之间不存在合法有效的合同关系，受害人自然不得依合同请求损害赔偿，同时，因为侵权行为法所保护的仅为现实存在的权利，而不包括财产及期待利益，因而为缔约而支付的费用或其他损失，以及因合同不成立或无效所丧失的期待利益，在侵权责任法上缺乏救济之道。故此，应将因缔约上的过失给对方造成损失而产生的债权债务的求偿关系，列为一种新的债的发生根据。

6. 单独行为①

单独行为又称单务约束，是指表意人向相对人作出的为自己设定某种义务，使相对人取得某种权利的意思表示。它之所以能引起债的关系的发生，完全在于表意人单方的意思自治。表意人可基于某种物质或精神上的需要，为自己设定单方义务，同时放弃对于相对人给付对价的请求。如遗赠、设定幸运奖等。

7. 债的其他发生根据②

除上述事实外，其他法律事实也可引起债的产生，成为债的发生根据。如遗嘱执行人和受遗赠人之间的保管与交付遗产行为、拾得遗失物的保管与交还行为、因抢救公私

① 张广兴：《债法总论》，法律出版社1997年版，第56-63页。

② 彭万林：《民法学》，中国政法大学出版社1997年版，第580、581页。

财物受损而请求受益人补偿、因防卫或避险行为不当发生不应有损害的受损人求偿以及设立公司的行为等，也能产生债。

二、债的履行

（一）债的履行的概念

债的履行，是指债务人按照合同的约定或者法律的规定全面适当地履行自己所承担的义务的行为。《民法通则》第 84 条第 2 款规定：“债权人有权要求债务人按照合同的约定或者依照法律的规定履行义务。”《合同法》第 60 条第 1 款规定：“当事人应当按照约定全面履行自己的义务。”不同类型的债，其履行的表现形式是不同的。如在买卖合同中，债的履行表现为出卖人交付标的物，买受人支付价款；在货物运输合同中，则表现为承运人将托运货物按照约定的时间和地点运达，托运方支付运费。而不当得利之债的履行表现为不当得利人须将其取得的不当利益返还给受损方。

（二）债的履行原则

债的履行原则，是指债的当事人在履行债时必须遵守的基本原则。本书认为，债的履行原则应包括以下几项。

1. 诚实信用原则

诚实信用原则是自罗马法以来世界各国法律共认的原则，不过其适用范围各有不同。我国《民法通则》和《合同法》都规定了诚实信用，诚实信用原则是债的履行的基本原则。依诚实信用原则，债的当事人在债的履行中应当本着诚实、善意的内心状态维护对方的利益，以对待自己事务的注意对待他人事务，保证法律关系的当事人都能得到自己应得的利益，不得损人利己。对于债务人来说，应当选择有利于债权人的时间、地点和履行方式，按照约定的标的来履行，并履行应当承担的附随义务；对于债权人而言，应当积极协助履行并妥为受领。

2. 实际履行原则

实际履行原则是指当事人按照债的标的来履行而不能任意改变。实际履行原则要求当事人严格按照约定的标的履行，不能用其他标的来代替原标的的履行。另外，实际履行原则还要求债务人不能以支付违约金和赔偿金的方式来代替履行。

3. 适当履行原则

适当履行原则，又称正确履行原则或全面履行原则，它要求当事人按照约定或者法律规定全面适当地履行债。当事人是否适当履行债，是决定当事人是否承担不履行责任的界限。适当履行不仅要求债务人严格按照债的标的实际履行，而且还要求按照债的履行期限、地点、方式来履行，即在适当的时间、用适当的方法、在适当的地点履行。

4. 协作履行原则

协作履行原则，是指当事人双方不仅要适当地履行义务，而且应按照诚实信用原则的要求协助对方履行义务。一般认为，协作履行原则主要表现在以下几个方面：①债的当事人各方都应严格按照规定或约定的条件履行自己的义务。履行自己义务的同时，方便协作了他人。②债权人应尽力协助债务人履行义务，为债务人履行义务创造必要的条件。③遇有不能按原规定履行的情况时，应按法律规定或合同的约定采取积极措施，避免或者减少损失的发生或扩大。④当事人发生纠纷时，各自应主动承担责任而不互相推诿。

5. 经济合理原则

经济合理原则要求当事人履行债务时，要讲求经济效益，要从整体和国家、社会的利益出发。合同当事人的根本利益和目标是一致的，相互间是一种互惠互利的协作关系。一般说来，合同当事人在订立合同时都能充分考虑各自的利益，合同内容本身会符合经济合理的要求。因此，当事人严格地按合同的约定履行，也就体现了经济合理原则。但是，在合同约定不够具体或不符合经济合理的要求，以及合同订立后情势发生了变更等情况下，当事人就应遵循经济合理的原则履行合同，尽量为对方节省开支，以最节省的方式取得最大的效益，避免当事人的利益遭受损失及社会财富发生不应有的浪费。

（三）债的履行的内容

1. 履行给付义务

履行给付义务，是指债务人依照债的内容，在债务履行期届至时全部、适当地履行，即债的履行的主体、履行的标的、履行的期限、履行的地点和履行的方式都是适当的、完全的，否则不能成立有效的给付。

（1）履行主体。债的主体和债的履行主体并非同一概念。债的主体是债权人和债务人；而债的履行主体则指履行债务的人和接受履行的人①。

当债的履行主体涉及第三人时，往往是由债的当事人在合同中加以约定而形成的。根据《合同法》的规定，债的履行中的第三人包括向第三人履行和由第三人履行两种情况：①当事人约定由债务人向第三人履行债务的，第三人为接受履行主体。若债务人最终未向第三人履行债务或者履行债务不符合约定，债务人应当向债权人而非向第三人承担违约责任，第三人也不能向债务人主张违约责任，因为第三人并非债的当事人，而只是债的接受履行主体。②当事人约定由第三人向债权人履行债务的，第三人为履行主体，若第三人最终未履行债务或者履行债务不符合约定，债权人只能向债务人主张违约责任，而不能向第三人主张违约责任。

（2）履行标的。债的履行标的与债的标的不同，债的履行标的是指债的给付对象，即债务人向债权人履行给付义务时具体交付的对象。履行标的可以是物，也可以是完成工作，还可以是提供劳务等。当事人严格按照约定的标的履行义务，是债的实际履行原则的要求。只有在法律规定或者合同约定允许以其他标的代替履行时，债务人才可以其他标的履行。

（3）履行期限。履行期限，是指债务人向债权人履行义务和债权人接受债务人履行的时间。履行期限可以是具体的某一期日，也可以是某一期间。对于履行期限，法律法

① 郭明瑞：《民法学》，北京大学出版社2001年版，第321页。

规有规定时，依其规定；有约定时，依其约定。如果当事人在合同中未约定履行期限，可由当事人事后协议补充。如果合同约定的履行期限不明确，当事人又协商不成的，债务人可以随时向债权人履行义务，债权人也可以随时要求债务人履行义务，但都应当给对方必要的准备时间。

（4）履行地点。履行地点，是指义务人履行义务和债权人接受履行的地点。履行地点在法律上有特别规定时，依其规定，例如，《票据法》第 23 条第 3 款规定："汇票上未记载付款地的，付款人的营业场所、住所或者经常居住地为付款地。"履行地点也可由习惯确定，例如，车站、码头物品寄存，应在该寄存场所履行债务。履行地点还可由债的性质确定，例如，不作为债务的履行地点应在债权人的所在地。在按上述规则仍不能确定履行地点时，按照法律规定，如果当事人对履行地点约定不明确，给付货币的，在接受给付一方的所在地履行；交付不动产的，在不动产所在地履行；其他标的，在履行义务一方的所在地履行；但标的物为工程项目和建筑物的，应在标的物所在地履行。

（5）履行方式。履行方式是指法律规定或合同约定的债务人履行义务的方法，如标的物的交付方法、工作成果的完成方法、运输方法、价款或酬金的支付方法等。履行方式与当事人的权益密切相关，履行方式不符合要求，有可能造成标的物缺陷、费用增加、迟延履行等后果。因债的性质和内容不同，其履行方式也不同。有的债应一次性全部履行，如一次性交货的买卖合同；有的债应分次、分部分履行，如分批发放贷款的借款合同；有的债应定期履行，如按月交租的房屋租赁合同。对履行方式约定不明确的，应按照有利于实现合同目的的方式履行。债权人可以拒绝债务人部分履行债务，除非部分履行不损害债权人的利益。

2. *履行附随义务*

附随义务，是指给付义务以外的，随债的关系发展依诚实信用原则而产生的义务，又称附从义务①。我国《合同法》第 60 条第 2 款规定，当事人应当遵循诚实信用原则，根据合同的性质、目的和交易习惯履行通知、协助、保密等义务。附随义务与主给付义务的区别主要有三：①主给付义务是自始就确定的，它决定着债的类型；而附随义务是随着债的关系的发展，于个别情况下要求当事人一方有所作为或不作为，以维持相对人的利益，于任何债的关系均可发生，不受特定债的关系类型的限制。②主给付义务构成双务合同中的对待给付，享有同时履行抗辩权；而附随义务则无。③主给付义务不履行，债权人有权解除合同；而附随义务不履行，债权人原则上不得解除合同，对所受损害可根据不完全给付的规定，请求损害赔偿。

附随义务，归纳起来大致包括以下几项。

（1）注意义务。债务人应尽善良管理人或者所持如同处理自己的事务一样的注意。债务人的注意程度因其地位、职业、判断能力以及债务的性质而有所不同。

（2）告知与通知义务。当事人对有关对方利益的重大事项负有告知与通知的义务。例如，债务人交付仪器设备的，应告知装配、使用及维修方法；债务人履行不能时，应告知履行不能的原因等；遇有不可抗力发生时应及时向对方通报有关情况等。

① 李开国：《民法理论与实务》，中国政法大学出版社 2002 年版，第 351 页。

（3）照顾义务。照顾义务可分为对债权人的照顾义务、对特定第三人的照顾义务和对标的物的照顾义务。对于前者，如有多种履行方式时，债务人应选择方便债权人受领的方式履行；对于后者，如出卖易碎物品应妥善为其包装；而对于特定第三人的照顾，如从事危险作业的，应避免其他人在场。

（4）协助义务。依照诚实信用原则，当债务人的履行在性质上需要债权人的协助时，债权人即负有协助履行的义务。协助义务主要是指为对方的履行提供方便和条件。例如，债权人应及时验收，无故不得拖延。

（5）保密义务。对涉及一方利益的尚不被人知晓的情况，他方负有保密的义务，不得向外披露。例如，技术秘密的使用方应对第三方保守该技术秘密，代理人不得披露委托人的商业秘密等。

（6）不作为义务。根据债的内容和性质，债务人对某些债务应承担某种不作为义务。如出租车司机承载客人后，不应中途搭载其他人①。

（四）债的不履行

债的不履行又称债务违反，是指债务人没有依照债的内容履行给付的行为。债一经有效成立，即具有法律约束力，债务人应全面适当地履行债务，债务人违反此义务，即构成债务违反，债务人要承担相应的民事责任。通说认为，债的不履行有四种形态：给付不能、给付拒绝、给付迟延和不完全给付。

1. 给付不能

给付不能，又称履行不能，是指债务人由于某种原因，现实上已不可能履行债务②。

2. 给付拒绝

给付拒绝，亦称拒绝给付，是指债务人能够给付而故意不给付的意思表示③。给付拒绝的表示，可以在履行期到来之前为之，也可以在履行期届至或者发生迟延以后为之；既可以是明示的，也可以是默示的。但债务人有权拒绝的，如拒绝履行超过诉讼时效的债务，则不构成给付拒绝。

3. 给付迟延

给付迟延，又称履行迟延，是指债务人对已届履行期的能履行的债务，因可归责债务人的事由而未给付的情况④。给付迟延并不意味着债务人永远不履行，在许多情况下，债务人迟延一段时间后仍会履行债务，因此，它既不同于给付拒绝，也不同于给付不能。

4. 不完全给付

不完全给付，亦称不良给付或不当履行，是指债务人虽为给付，但其给付有瑕疵或者给债权人造成其他损害的情况⑤。

---

① 郭明瑞：《民法学》，北京大学出版社 2001 年版，第 324 页。
② 郭明瑞：《民法学》，北京大学出版社 2001 年版，第 325 页。
③ 李开国：《民法原理与实务》，中国政法大学出版社 2002 年版，第 352 页。
④ 郭明瑞：《民法学》，北京大学出版社 2001 年版，第 327 页。
⑤ 郭明瑞：《民法学》，北京大学出版社 2001 年版，第 328 页。

三、债的移转

（一）债的移转概述

债的移转，是指在不改变债的内容的前提下，债权或者债务由第三人予以承受的法律制度[①]。债的移转属债的变更范畴。广义的债的变更，包括债的主体、客体和内容的变更。狭义的债的变更，仅指债的内容或客体的变更。现代民法所称的债的变更多指狭义而言，而将债的主体的变更分立出来，称为债的移转[②]。债的移转的实质是债权或债务在不同的民事主体之间的转移，亦即由新的债权人或债务人代替原债权人或债务人。

债的转移，依不同的标准划分为不同的类型。

1. 依债的转移发生的原因划分，可分为法律行为上的移转、法律上的移转和裁判上的移转

（1）法律行为上的移转，是指因法律行为而产生的债的移转，其中有因合同产生的，也有因单方行为产生的，如遗赠。其中最主要的是签订合同的行为。

（2）法律上的移转，是指因法律规定而产生的债的移转，如继承。

（3）裁判上的移转，是指因法院的裁判而产生的债的移转。

2. 依债的移转的内容划分，可分为概括承受和特定承受

（1）概括承受，是指债权与债务作为财产的整体而移转，系指由合同当事人一方将债权债务一并移转给第三人，由第三人概括地接受这些债权债务。概括承受有两种方式：一种是合同转让，即依当事人之间的约定而发生的债权债务的移转。如《合同法》第 88 条规定的当事人一方经对方同意，可以将自己在合同中的权利和义务一并转让给第三人。另一种是因企业的合并或分立而发生的债权债务的移转。如依《合同法》第 90 条规定的当事人订立合同后合并的，由合并后的法人或者其他组织行使合同权利，履行合同义务；当事人订立合同分立的，除债权人和债务人另有约定的以外，由分立后的法人或者其他组织对合同的权利和义务享有连带债权，承担连带债务。

（2）特定承受，是指债权或债务单独发生的移转，即债权让与或债务承担。因法律行为发生的债的移转包括债权让与、债务承担、债的概括承受三种方式。我国《民法通则》第 91 条对债的移转有所规定，但其不足之处有三：一是规定合同的转让不得牟利，这显然与市场经济的价值规律不相符合；二是规定凡合同权利、义务移转均需取得合同另一方同意，未区分债权让与与债务承担；三是未规定债权债务移转的具体规则[③]。而我国《合同法》第 79 条至第 89 条对合同债权债务的移转作了较为详细的规定。

（二）债权让与

债权让与，是指不改变债的内容，债权人将其享有的债权转移于第三人享有。其中的债权人称作转让人，第三人称作受让人。

---

① 郭明瑞：《民法学》，北京大学出版社 2001 年版，第 346 页。

② 李开国：《民法原理与实务》，中国政法大学出版社 2002 年版，第 364 页。

③ 郭明瑞：《民法学》，北京大学出版社 2001 年版，第 346、347 页。

债权让与的方式有权利全部转让和部分转让两种。全部转让是指债权人将债权完全转让给第三人，第三人将完全取代债权人的地位而成为债的当事人，原债权债务关系消灭，新的债权债务关系产生。部分转让是指债权人将债权的一部分转让给第三人，第三人作为受让人加入原债权债务关系中来，与原债权人共同享有债权。因债的内容保持不变，通常情况下，债权让与对债务人并无不利，故各国民法均承认债权原则上可以让与。

债权让与的条件如下：①须有有效存在的债权，且债权的让与不改变债的内容。②债权的让与人与受让人应当就债权让与达成合意。③让与的债权须具有可让与性。并非一切债权均可作为让与的标的。根据《合同法》第79条的规定，下列债权不得让与：①根据合同性质不得转让的债权。如基于特别信任关系而必须由特定人受领的债权，如因雇佣、委托、培训、咨询等产生的债权，或者以特定的债权人为基础发生的合同权利，如以某个特定演员的演出活动为基础所订立的演出合同产生的债权等。②按照当事人的约定不得转让的债权。③依照法律规定不得转让的债权。法律规定不得转让的债权，当然不能转让。如以特定身份为基础的债权，如抚养费的请求权，或者公法上的债权，如抚恤金债权、退休金债权、劳动保险金债权等。

依《合同法》的规定，债权让与无须征得债务人的同意，但需将债权让与的情况通知债务人。而且债权让与虽为债权人对其权利的处分，但权利的行使不得损害债务人的利益，债权让与给债务人造成损害的，债务人可以主张债权让与无效或请求损害赔偿。

（三）债务承担

债务承担，是指在不改变债的内容的前提下，债权人、债务人通过与第三人订立转让债务的协议，将债务全部或部分地移转给第三人承担的现象①。

债务承担，按照承担后原债务人是否免责为标准，可以分为免责的债务承担和并存的债务承担。免责的债务承担，指债务人经债权人同意，将其债务部分或全部移转给第三人负担，第三人取代原债务人的地位而承担该部分债务，使债务人脱离该部分债的关系的债务承担方式。《合同法》第84条规定："债务人将合同的义务全部或者部分转移给第三人的，应当经债权人同意。"并存的债务承担，是指债务人并不脱离债的关系，而由第三人加入债的关系中与债务人共同承担债务的债务承担方式②。严格说来，这并非债的主体变更，而是增加债务人的人数，由于第三人的加入，债务人增加，成为多数债务人之债。在并存的债务承担中，由于原债务人没有脱离债的关系，对债权人的利益不会发生影响，因而原则上无须债权人的同意，只要债务人或第三人通知债权人即可发生效力③。

免责债务承担的条件是：①须存在有效的债务。②被移转的债务应具有可移转性。债务的可移转性，是债务承担的前提条件，不具有可移转性的债务，不能成为债务承担合同的标的。依照当事人的约定或法律规定或根据债的性质不能移转的债务，不能移转

---

① 崔建远：《合同法》，法律出版社2000年版，第185页。

② 崔建远：《合同法》，法律出版社2000年版，第186页。

③ 张广兴，韩世远著《合同法总则》（下），法律出版社1999年版，第28页。

于他人。③第三人须与债权人或者债务人就债务的移转达成合意。④债务承担须经债权人同意。第三人与债权人订立债务承担合同本身即表明债权人同意，不需另外的表示[①]。在第三人与债务人订立债务承担合同时，则必须经债权人同意。因为债的关系是建立在债权人对债务人的履行能力的了解和信任基础上的，债务人的支付能力对于债权人权利的实现至关重要。如果债务人未经债权人同意而将债务移转于第三人，而该第三人无足够的资力和信用履行债务时，债权人的利益将毫无保障。我国《合同法》第 84 条也对此作了规定，即债务人在移转合同义务于第三人时，应当征得债权人的同意，但这仅适用于免责的债务承担。对于并存的债务承担，由于第三人对债的关系的加入，并未导致原债务人脱离债的关系，且第三人对债的关系的加入，有利于加强对债权人利益的保护，增加了债权实现的可能性，所以第三人与债务人订立并存的债务承担合同，不必征得债权人的同意，但应通知债权人。

（四）债的概括承受

债的概括承受，是指债的一方主体将其债权债务一并移转于第三人。债的概括承受，可为全部债权债务移转，也可为一部分债权债务移转。在后者，可因对方当事人的同意而确定原当事人和承受人的份额；如无明确约定，在原当事人和承受人之间发生连带关系[②]。

债的概括承受，可以是基于当事人之间的合同而产生的，称为意定概括承受；也可以是基于法律的直接规定而产生的，称作法定概括承受。

债的概括承受可分为两种情况：一是合同承受；二是企业合并承受。

合同承受，是指一方当事人与他人订立合同后，依照其与第三人的约定，并经对方当事人的同意，将合同上的权利义务全部或者部分地转移于第三人，由第三人承受自己在合同上的地位，全部或者部分地享受权利并承担义务。合同承受也可因法律的规定而发生，如《合同法》第 229 条规定：“租赁物在租赁期间发生所有权变动的，不影响租赁合同的效力。”这就是说，出租方将财产所有权移转给第三方时，租赁合同对财产新的所有人继续有效，俗称“买卖不破租赁”原则。

企业合并，是指原存的两个以上的企业合并为一个企业。我国《公司法》第 172 条规定的公司合并包括两种情形：一为吸收合并，即一个公司将原存的其他公司吸收为自己的一部分，被吸收的公司解散；二为新设合并，即两个以上的公司合并成立一个新的公司，合并各方解散。无论企业合并的原因是什么，合并活动都会对合并前企业所享有的债权和负担的债务发生影响，为了保证相对人对合并企业的利益，法律规定在此种情况下，发生债权债务移转的法律效果。为此，《民法通则》第 44 条第 2 款规定：“企业法人分立、合并，它的权利和义务由变更后的法人享有和承担。”我国《合同法》第 90 条也规定，当事人订立合同后合并的，由合并后的法人或者其他组织行使合同权利、履行合同义务。企业合并后，原企业债权债务的移转，属于法定移转，无须征得对方当事人的同意，仅依合并后企业的通知或公告，即对债权人发生法律效力。

① 崔建远：《合同法》，法律出版社 2000 年版，第 190 页。
② 李仁玉：《民法》，法律出版社 2001 年版，第 168 页。

四、债的消灭

（一）债的消灭概述

债的消灭，又称债的终止，是指债的当事人之间的债权债务关系客观上不复存在。债的关系为动态的关系，其终点就是债的消灭。

（二）债的消灭的原因和种类

债的消灭的原因，是指引起债的消灭的各种事由。我国《民法通则》对此未作规定，但《合同法》第 91 条则规定了七种合同终止的事由，“有下列情形之一的，合同的权利义务终止：（一）债务已经按照约定履行；（二）合同解除；（三）债务相互抵销；（四）债务人依法将标的物提存；（五）债权人免除债务；（六）债权债务同归于一人；（七）法律规定或者当事人约定终止的其他情形”。其中，前六种是列举性的规定，第七种是概括性的规定。

从性质上看，债的消灭的原因可分为两类：一类是根据当事人意思所产生的事由，如合同的合意解除、债务抵销等；一类是由法律规定的事由，如法定解除、债务的混同等。债消灭的原因分述如下。

1. 清偿

清偿是指能达到消灭债权效果的给付，即债务已经按照约定履行。清偿是债的消灭的最基本、最常见、最重要的原因。债务人履行债务，属于清偿；第三人为满足债权人的利益而为给付的，也属清偿。此外，债权人通过申请强制执行或者实现担保物权而满足债权的，在性质上也为受到清偿①。

2. 抵销

抵销是指二人互负债务且给付种类相同时，在对等数额内使各自的债权债务相互消灭的制度。用作抵销的债，也即抵销人的债权，称为主动债权或抵销债权或反对债权；被抵销的债权，即债权人的债权，又称受动债权或主债权。②《合同法》第 99 条规定：“当事人互负到期债务，该债务的标的物种类、品质相同的，任何一方可以将自己的债务与对方的债务抵销，但依照法律规定或者按照合同性质不得抵销的除外。当事人主张抵销的，应当通知对方。通知自到达对方时生效。抵销不得附条件或者附期限。”

抵销可以产生债的消灭的法律后果，当事人之间只需抵销的意思表示，就可产生债务清偿的法律效果。因此，抵销是一种特殊的债的消灭的方式。抵销的意义，首先在于方便当事人，抵销使当事人本应履行的债务不再履行，从而简便债权满足的方式，节省了费用；其次抵销还有保护债权人权利的作用，这一点在破产程序中表现得尤为突出，当债务人破产时，债权人可向债务人主张抵销，以避免破产清算时按比例分配给自己带

① 崔建远：《合同法》，法律出版社 2000 年版，第 215 页。

② 崔建远：《合同法》，法律出版社 2000 年版，第 220、221 页。

来的不利[①]。

3. 提存

提存是指由于债权人的原因而无法向其交付标的物时，债务人将该标的物交给提存部门而使债得以消灭的制度。债权人对于债务人的给付负有协助和受领的义务。当债权人无正当理由拒不受领时，虽负有迟延责任，但债务人的债务却不能消灭，其时刻处于准备履行状态，对债务人有失公平，法律为结束这一状态，特设提存制度作为解决这一问题的方法。

提存的前提是债务人无法向债权人清偿，因此，凡因债权人一方的原因致使债务人无法清偿的事实，均为提存的合法原因。根据《合同法》第 101 条的规定，提存的法定事由主要有以下几项：①债权人无正当理由拒绝受领。②债权人下落不明。③债权人死亡未确定继承人或者丧失民事行为能力而未确定监护人。④法律规定的其他情形。例如，《合同法》第 70 条规定："债权人分立、合并或者变更住所没有通知债务人，致使履行债务发生困难的，债务人可以中止履行或者将标的物提存。"

4. 混同

混同，指因债权债务同归一人，致使债权债务关系归于消灭的事实。民法上的混同还包括两种情形：一是所有权与其他物权同归一人，其他物权因混同而消灭；二是主债务与保证债务同归一人，保证债务为主债务吸收而消灭[②]。《合同法》第 106 条规定："债权和债务同归于一人的，合同的权利义务终止，但涉及第三人利益的除外。"

混同为一种事实，无须任何意思表示，只要有债权与债务同归一人的事实，即发生债的关系消灭的效果。

5. 债务免除

债务免除，指债权人为抛弃债权而对债务人为一方意思表示并发生债务消灭效力的单独行为[③]。从理论上说，民法强调当事人的自由意思，在不损害他人利益的前提下，权利人可以自由处分自己的权利。权利人对自己权利积极的抛弃或者消极的不行使，均无不可，法律不得强制权利人行使权利。债权人既然可以单方面抛弃自己的权利，当然也可任意免除债务人的债务。《合同法》第 105 条规定："债权人免除债务人部分或者全部债务的，合同的权利义务部分或者全部终止。"

债务免除一般包括如下条件：①免除人应当有行为能力且对债权享有处分权。②免除须依免除人意思表示。③免除须由债权人向债务人表示。④债权人的免除的意思表示不得撤回。

---

① 郭明瑞：《民法学》，北京大学出版社 2001 年版，第 357 页。

② 张广兴，韩世远：《合同法总则》（下），法律出版社 1999 年版，第 77、78 页。

③ 张广兴，韩世远：《合同法总则》（下），法律出版社 1999 年版，第 75 页。

第三节 债的保全

一、债的保全的含义与意义

债的关系成立后，债务人便负有履行债务的义务，其全部财产便成为债务履行的一般担保，民法上称之为“责任财产”[①]。债的保全，也称责任财产的保全，是债权人为确保其债权的实现，而防止债务人财产减少的一种手段。债的保全涉及第三人，其效力属于债的对外效力。一般而言，债以相对性为原则（债权人不得直接支配债务人的人身、行为及其财产，也不得直接支配第三人的人身、行为及其财产，更不得干涉债务人与第三人的民事法律行为）[②]。但债的保全突破了债的相对性原则，使债权人的权利涉及第三人的行为或者财产。

债的保全制度起源于罗马法上的撤销之诉，《法国民法典》继受了这一制度并创设了代位权制度，并为其他国家所承袭。我国《合同法》借鉴国外立法的先进经验，明文规定的债的保全制度有代位权和撤销权两项。

债的保全，是指法律为防止因债务人的财产不当减少而给债权人的债权带来危害，允许债权人代债务人之位向第三人行使债务人的权利，或者请求法院撤销债务人单方实施或与第三人实施的法律行为的法律制度。其中，债权人代债务人之位是以自己的名义向第三人行使债务人的权利的法律制度，称为债权人的代位权制度；债权人请求法院撤销债务人单方实施或与第三人实施的法律行为的制度，称为债权人的撤销权制度。

债的保全具有重大意义。债权本为相对权，其效力只能限于特定的债权人和债务人，对第三人不能发生效力，债权人不得依其享有的债权而对任何第三人主张权利。但在某种情形下，债务人实施的与第三人有关的行为可能会涉及和影响债权人权利的行使与实现，为此，必须让债权的效力加以适当的扩张，使债权的效力能及于第三人，以免债权人的正当合法权益遭受不应有的损害，这样便形成了为确保债权人债权实现的债的保全制度。所以，法律设立债的保全制度的宗旨在于从积极的角度为债权的实现提供有效的法律保障。

二、债权人的代位权

（一）债权人的代位权的概念

债权人的代位权，是指当债务人怠于行使其对第三人享有的权利而害及债权人的债权时，债权人为保全自己的债权，以自己的名义代位行使债务人对第三人的权利之权利。我国《合同法》第73条第1款规定：“因债务人怠于行使其到期债权，对债权人造成损害的，债权人可以向人民法院请求以自己的名义代位行使债务人的债权，但该债权专属于债务人自身的除外。”

---

① 李开国：《民法原理与实务》，中国政法大学出版社2002年版，第354页。

② 崔建远：《合同法》，法律出版社2000年版，第124页。

（二）债权人的代位权的成立要件

依最高人民法院的解释，债权人提起代位权诉讼，应当符合下列条件：①债权人对债务人的债权合法；②债务人怠于行使其到期债权，对债权人造成损害；③债务人的债权已到期；④债务人的债权不是专属于债务人自身的债权。因此，债权人的代位权的成立要件应包括以下几个方面的内容。

1. 债权人对债务人的债权合法

非法债权不受法律保护，债权人不得就此行使代位权。

2. 债务人须对第三人享有权利

债务人对于第三人的权利，为债权人的代位权的标的。债权人的代位权属于涉及第三人的权利，若债务人享有的权利与第三人无涉，自不得成为代位权的行使对象[①]。按《合同法》第73条的规定，代位权的标的，是指债务人的到期债权，如合同债权、不当得利返还请求权、基于无因管理而生的偿还请求权等。

3. 债务人的债权不是专属于债务人自身的债权

债权人代位行使的债务人的权利，必须是非专属于债务人自身的权利，专属于债务人自身的权利不得为债权人代位行使。依《最高人民法院关于适用〈中华人民共和国合同法〉若干问题的解释（一）》第12条的解释，专属于债务人自身的债权，是指基于扶养关系、抚养关系、赡养关系、继承关系产生的给付请求权和劳动报酬、退休金、养老金、抚恤金、安置费、人寿保险、人身伤害赔偿请求权等权利。

4. 债务人的债权已到期

在债务人迟延履行以前，债权人的债权能否实现难以预料，若在这种情形下允许债权人行使代位权，则对于债务人的干预实属不当，因此，对于未到期的债权，债权人原则上不得行使代位权。但在这一原则之外也有例外，例如，消灭时效的中断，买回权的行使，破产时的债权申报等[②]。因为在此情形下，若债务人不及时行使其权利，且又无资力清偿其债务，则债权人的债权已经有不能实现的现实危险，此时已发生保全债权的必要。

5. 债务人怠于行使其权利，对债权人造成损害

所谓“怠于行使”是指应行使并且能行使而不行使，至于不行使的理由为何，则在所不问。

（三）债权人的代位权行使的效力

传统民法理论认为，债权人代位权行使的效果直接归属于债务人；如果债务人怠于受领，债权人可代位受领，但债务人仍有权请求债权人交付所受领的财产。然而依照《最高人民法院关于适用〈中华人民共和国合同法〉若干问题的解释（一）》的规定，在代

① 崔建远：《合同法》，法律出版社2000年版，第126页。

② 李开国：《民法原理与实务》，中国政法大学出版社2002年版，第356页。

位权诉讼中，债权人向次债务人提起的代位权诉讼经人民法院审理后认定代位权成立的，由次债务人向债权人履行清偿义务，债权人与债务人、债务人与次债务人之间相应的债权债务关系即予消灭。依此规定，债权人可以直接受领次债务人的清偿，这一规定突破了传统民法理论的框架，它有利于简化诉讼程序，节约诉讼成本，最大限度发挥代位权制度的意义①。

三、债权人的撤销权

（一）债权人的撤销权的概念

债权人的撤销权与代位权均为债的保全措施，但代位权是对债务人消极地不行使权利而使财产减少害及债权人的行为的救济，而撤销权是对于因债务人的积极行为使财产减少而害及债权人的行为的救济。所谓债权人的撤销权，又称废罢诉权，是指债权人对于债务人所为危害债权实现的行为，有请求人民法院撤销该行为的权利②。我国《合同法》第 74 条第 1 款规定："因债务人放弃其到期债权或者无偿转让财产，对债权人造成损害的，债权人可以请求人民法院撤销债务人的行为。债务人以明显不合理的低价转让财产，对债权人造成损害，并且受让人知道该情形的，债权人也可以请求人民法院撤销债务人的行为。"

与债权人的代位权一样，撤销权也是债的效力扩张的体现，其宗旨在于强化债权实现的保障机制，以最终实现民法的诚实信用之理念。

（二）债权人的撤销权的成立要件

债权人的撤销权的成立要件，因债务人所为的行为系无偿行为抑或有偿行为而有所不同。在无偿行为场合，只需具备客观要件即可，而在有偿行为的情况下，必须同时具备客观要件与主观要件③。

1. 客观要件

客观要件包括以下四个方面。

（1）须有债务人减少财产的行为。所谓债务人减少财产的行为，依《合同法》第 74 条第 1 款的规定，包括放弃其到期债权，无偿转让财产和以明显不合理的低价转让财产。

（2）须债务人的行为有害债权。所谓有害债权，是指债务人实施上述减少财产的行为后，将减弱其对债权人的清偿能力，以致使债权人的债权有不能实现之虞。债务人减弱清偿能力一般包括两种情况：一为减少积极财产，如让与所有权、设定他物权、免除债务；二为增加消极财产，如债务人新负担的债务。

（3）债务人的行为须以财产为标的。债务人的行为，非以财产为标的者不得予以撤销，如结婚、收养或终止收养、继承权的抛弃或承认、以提供劳务为目的的法律行为等，均不得作为撤销权的标的。

① 郭明瑞：《民法学》，北京大学出版社 2001 年版，第 334 页。

② 李开国：《民法原理与实务》，中国政法大学出版社 2002 年版，第 357 页。

③ 李仁玉：《民法》，法律出版社 2001 年版，第 146 页。

（4）债务人的作为须在债权成立后所为。在债权人债权成立之前的债务人的行为，尽管实际减少了财产，但由于债务人的行为不会害及债权人，故不存在撤销的前提。

2. 主观要件

在有偿行为场合，债权人撤销权的成立还以债务人主观上有恶意为要件。

（三）债权人撤销权的除斥期间

债权人的撤销权应在一定的期限内行使，因为撤销权是为了保护债权人的利益的，如果债权人自愿接受债务人行为的后果，则法律准许这种行为有效。如果债权人长期不行使撤销权，在债务人的行为产生的法律效力生效后的很长时间再提出撤销，则会使一些合同的效力长期处于不稳定的状态，不利于社会经济秩序的稳定。因此，《合同法》第 75 条规定："撤销权自债权人知道或者应当知道撤销事由之日起一年内行使。自债务人的行为发生之日起五年内没有行使撤销权的，该撤销权消灭。"该规定中的一年期间就属于除斥期间。

第四节 债 的 担 保

一、债的担保的概念与特征

（一）债的担保的概念

在民法理论上，债具有平等性，即债不具有物权的排他效力，债权人对债务人拥有的债权，不以其成立的先后而有优先受偿之次序，均平等地受债务人全部财产的担保，此为债的一般担保理论。在一般担保的情形中，因债务人不断设立新的债，而给债权人的债权实现造成危险，因此，在一般担保之外，要设定特别担保以保障特定的债权。本节所指的债的担保，专指债的特别担保，而非债的一般担保。

债的担保，是指法律为保证特定债权人利益的实现而特别规定的以第三人的信用或者以特定财产保障债务人履行义务、债权人实现权利的制度[①]。我国《民法通则》第 89 条规定的债的担保，是关于债的担保的原则性和一般制度性规定。1995 年颁布的《担保法》是重要的民事单行法，是关于担保制度的专门立法。2007 年颁布的《物权法》中关于担保物权的规定对担保法的相关规定进行了一定的修改，进一步完善了债的担保制度。债的担保制度是债法中的重要制度。债的担保不仅是保障债权人权利实现的最为有效的措施，而且还促进了经济交易，有利于社会经济的发展。

债的担保，与债的保全相比，其根本目的是相同的，即都是通过一定的形式，保障债权的实现。但两者也存在明显的不同：首先，二者的着眼点不同。债的保全着眼于债的履行之中，而债的担保着眼于债的产生之初。其次，债的担保在于双方的约定或法定，一般须订立从属于主合同的从合同，少数依法律规定，而债的保全则完全依法律规定。最后，债的担保在债务不履行时，债权人可自行处理担保物，而债的保全则必须依法定

① 李开国：《民法原理与实务》，中国政法大学出版社 2002 年版，第 359 页。

程序申请人民法院裁决。

（二）债的担保的特征

1. 债的担保具有从属性

所谓从属性，是指担保之债与被担保之债形成主从关系及补充关系。债的担保一经有效成立，就在主债关系的基础上补充了某种权利义务关系，如保证法律关系、抵押法律关系、质押法律关系、定金法律关系等。当然，在主债关系因适当履行等正常终止时，从属的、补充的义务并不实际履行；只有在主债务不履行时，从属的、补充的义务才履行，使主债权得以实现。因此，担保之债是从债，被担保之债是主债。主债无效，担保之债亦不能存在。

2. 债的担保具有自愿性

债的担保，有的是由法律直接规定的，称为法定担保。但在一般情况下，债的担保是由当事人通过合同自愿设立的。在《担保法》规定的五种担保方式中，只有留置是由法律直接规定的，称之为法定担保。

3. 债的担保具有明确的目的性

债的担保是保障债权人利益的，不论设定何种担保，当事人设立担保的目的都是确保债权人的利益能够得到满足。具体而言，在人的担保的情况下，通过扩张一般担保的财产数量，不但把债务人的全部财产作为责任财产，还把保证人的全部财产纳入可以履行债务的范畴或列入可以承担责任的系列，从而大大增强了债权实现的可能性。在物的担保情况下，通过使债权人对债务人或第三人的特定财产享有优先受偿权的形式来使债权得到满足。在金钱担保的情况下通过金钱得失的规则效力使当事人产生心理压力，为避免自己的金钱损失而积极履行债务，保障债权实现。

二、债的担保种类

债的担保种类，也就是担保的方法，是指当事人用以担保债权的手段。一般包括人的担保、物的担保和金钱担保。

1. 人的担保

人的担保，是指以第三人的信用担保债的履行的担保方式，其形式就是保证。它是由保证人以自己的信用担保债务人履行债务的担保。保证的成立实际上扩大了债务人清偿债务的责任财产的范围。

2. 物的担保

物的担保，是指直接以一定的财物作为债权担保的担保方式。为担保债的履行而在一定财产上设定的权利，称为担保物权。《民法通则》中规定的担保物权包括抵押权和留置权。《担保法》和《物权法》中区分了抵押权与质权，规定了抵押权、质权和留置权三种担保物权。抵押权、质权一般由当事人自行设定，又称约定担保物权。留置权是直接基于法律规定的条件而发生的，因此称为法定担保物权。

3. 金钱担保

金钱担保，是在债务以外交付一定数额的金钱，该金钱的得失与债务履行与否联系在一起，使双方当事人产生心理压力，从而促使其积极履行债务，保障债权实现的方式，其形式就是定金。

依照我国《民法通则》和《担保法》的规定，债的担保方式有保证、定金、抵押、质押、留置五种。其中，后三种担保方式属于担保物权的性质。

三、保证

（一）保证的概念和特征

作为债的担保的保证是指由第三人向债权人担保，在债务人不履行债务时，由其按照约定负责履行或者承担全部或一部分责任的一种担保方式。在保证担保关系中，负责履行或承担担保责任的第三人称为保证人，其债务被担保的人称为被保证人；这里的债权人既是主债的债权人又是保证合同从债的债权人；按照约定履行债务或承担责任被称为保证债务或保证责任①。我国《担保法》第6条规定："本法所称保证，是指保证人和债权人约定，当债务人不履行债务时，保证人按照约定履行债务或者承担责任的行为。"

依据法律的有关规定，保证具有如下含义。

1. 保证是一种双方的民事法律行为

仅有一方的意思表示就可以成立的法律行为，不为债权法上的保证担保。如票据法上的保证则不属于债权法上的保证，而属于一种特别法上的担保。

2. 保证是担保债务人履行债务的行为

保证是保证人以自己的信用担保债务人履行债务的，因而保证人只能是债务人以外的第三人，而不能是债务人本人。

3. 保证是约定于债务人不履行债务时由保证人承担保证责任的行为

保证人承担的保证责任，也就是保证人向债权人承担的保证债务。

保证具有如下特征。

1. 保证具有附从性

保证的附从性表现在：第一，保证合同以主合同的有效存在为存在前提；第二，保证的范围与强度从属于主债务，不得大于或强于主债务；第三，保证债权随主债权的转移而转移，但保证合同另有约定的除外；第四，保证债务随主债务的消灭而消灭。

2. 保证具有独立性

保证人的保证债务虽与主债务之间形成主从关系，但保证债务并不是主债务的一部分，而是独立于主债务的单独债务。保证的独立性表现在：第一，保证债务的范围和强度可以不同于主债务，可以有自己独立的变更或消灭的原因；第二，主债务人与债权人

① 李开国：《民法原理与实务》，中国政法大学出版社2002年版，第360页。

之间诉讼的判决，其效力不能当然及于保证人；第三，基于保证合同而发生的抗辩权，债务人不得享有，保证人得单独行使其抗辩权；第四，债权人免除保证人保证债务的，主债务人的债务仍然存在；第五，保证合同无效的，主债务的效力不受影响。

3. 保证具有补充性

保证债务是对主债务的补充和加强，因而具有补充性。只有在主债务人不履行债务时，保证人才负履行保证债务的责任。因此，债权人请求保证人履行保证债务时，应当证明主债务人未履行债务的事实①。

4. 保证具有单务性

保证合同为单务合同，在保证当事人双方之间，只有保证人一方负担义务，而不享有权利；债权人一方只享有权利，而不负担任何义务。因而，在保证中不发生义务履行的顺序问题。

（二）保证合同的当事人

保证合同的当事人为保证人和债权人。保证合同的债权人可以是一切享有债权的人，而保证人一般应是具有民事行为能力或偿债能力的自然人、法人或其他组织。

学校、幼儿园、医院等以公益为目的的事业单位、社会团体不得做保证人，但从事经营活动的事业单位、社会团体作为保证人的，如无其他导致保证合同无效的情况，保证合同有效。

国家机关不得为保证人，但经国务院批准为使用外国政府或者国际经济组织贷款进行转贷的除外。

（三）保证合同的内容和形式

根据《担保法》第 15 条的规定，保证合同一般应具有以下内容或条款。

1. 被保证的主债权种类、数额

被保证的主债权种类，如借款合同中的还本付息债权、买卖合同中的请求交付标的物或支付价款的债权等。

2. 债务人履行债务的期限

债务人履行债务的期限是衡量债务人是否违约的标准之一，也是保证人是否实际承担保证责任的因素之一，因而应该明确规定。它有两种情形：一为期日，二为期间。

3. 保证的方式

保证方式包括一般保证和连带责任保证。未约定时，以连带责任保证论。

4. 保证担保的范围

保证担保的范围依当事人在保证合同中的约定；无约定时按《担保法》第 21 条的规定处理，即包括主债权及利息、违约金、损害赔偿金和实现债权的费用。

---

① 李开国：《民法原理与实务》，中国政法大学出版社 2002 年版，第 361 页。

5. 保证的期间

保证期间为保证责任的存续期间，保证合同应明确约定。无此约定的，在连带责任保证的情况下，债权人有权自主债务履行期届满之日起 6 个月内要求保证人承担保证责任；在一般保证场合，保证期间为主债务履行期届满之日起 6 个月。保证合同约定的保证期间早于或等于主债务履行期限的，视为没有约定，保证期间为主债务履行期届满之日起 6 个月。保证合同约定保证人承担保证责任，直至主债务本息还清时为止等类似内容的，视为约定不明，保证期间为主债务履行期届满之日起 2 年。

6. 双方认为需要约定的其他事项

双方认为需要约定的其他事项，主要是指赔偿损失的范围及计算方法，是否设立反担保等。

关于保证合同的形式，《担保法》第 13 条要求保证合同采取书面形式。实践中有以下观点。

（1）保证人与债权人就保证问题依法达成书面协议的，保证合同成立。

（2）保证人以书面形式向债权人表示，当被保证人不履行债务时，由其代为履行或者承担连带责任并为债权人接受的，保证合同成立。

（3）保证人在债权人与被保证人签订的订有保证条款的主合同上，以保证人的身份签字或者盖章；或者主合同中虽没有保证条款，但保证人在主合同上以保证人的身份签字或者盖章的，视为保证合同成立①。

（四）保证的分类

1. 一般保证和连带责任保证

依保证方式，保证可分为一般保证和连带责任保证。一般保证是指当事人在保证合同中约定，只有在债务人不能履行债务时，才由保证人代为履行的保证方式。换言之，债权人首先应向债务人追偿债务，而不能直接向保证人主张权利，保证人在主债务纠纷未经审判或仲裁并就债务人财产依法强制执行前，有权拒绝对债权人承担责任，保证人的这一抗辩权称为先诉抗辩权或检索抗辩权。

连带责任保证是指债务人在主合同规定的履行期届满而没有履行债务的，债权人可以要求债务人履行债务，也可以要求保证人承担责任。一般保证中的保证人的责任是补充性的，保证人享有先诉抗辩权，而连带责任保证的保证人不享有这一权利。一旦债务人不能履行到期债务，债权人可以直接起诉保证人，要求其承担履行债务的责任，债权人对保证人享有检索权。因此，连带责任保证是一种比一般保证更为严格的保证方式。

当事人可以在保证合同中约定采用哪一种保证方式。如果当事人对保证方式没有约定或约定不明的，以连带责任保证论。

2. 单独保证和共同保证

依保证人的数量，保证可分为单独保证和共同保证。单独保证是指只有一个保证人

---

① 李仁玉：《民法》，法律出版社 2001 年版，第 153 页。

担保同一债权的保证。共同保证是指两个以上的保证人担保同一债权的保证。共同保证要求两个条件：一是保证人必须是2人以上，至于是自然人还是法人抑或法律认可的其他组织，在所不问；二是数个保证人担保同一债务。如果数个保证人分别保证各自的债务，彼此之间无关联，仍为单独保证，而非共同保证。数个保证人与债权人签订一个保证合同固然可以成立共同保证，而签订数个保证合同共同担保同一债权也可以成立共同保证，并且这些合同是同时成立还是先后成立，彼此间有无意思联络，均在所不问。

关于共同保证的效力，《担保法》第12条规定："同一债务有两个以上保证人的，保证人应当按照保证合同约定的保证份额，承担保证责任。没有约定保证份额的，保证人承担连带责任，债权人可以要求任何一个保证人承担全部保证责任，保证人都负有担保全部债权实现的义务。已经承担保证责任的保证人，有权向债务人追偿，或者要求承担连带责任的其他保证人清偿其应当承担的份额。"

3. 有限保证和无限保证

依当事人是否约定保证担保的范围，保证可分为有限保证和无限保证。所谓有限保证，是指当事人自由约定担保范围的保证。当然，该约定的范围不得超出主债务的范围，这是由保证的附从性决定的①。所谓无限保证，是指当事人未特别约定保证担保的范围，而是依据法律的规定确定该范围的保证。《担保法》第21条规定，当事人对保证担保的范围没有约定或者约定不明确的，保证人应当对全部债务承担责任。其保证范围包括主债务的全部、利息债务、违约金、损害赔偿金和实现债权的费用等。

4. 将来债务的保证和既存债务的保证

依被担保的债务是否为既存债务，保证可分为将来债务的保证和既存债务的保证。前者是指为将来存在的债权债务设定的保证，如最高额保证；后者是指为已经存在的债权债务设定的保证，这是保证的常态。

（五）保证的效力

保证的效力涉及以下几个问题。

1. 保证责任的范围

保证责任的范围，亦即保证担保的范围。《担保法》第21条第1款对此规定："保证担保的范围包括主债权及利息、违约金、损害赔偿金和实现债权的费用。保证合同另有约定的，按照约定。"当事人可以约定保证责任范围的大小，选择其中一项或数项或全部进行担保，还可以约定只保证缔结保证合同时已存的债权，而不及于后扩张的部分。

2. 保证责任的期间

当事人可以在保证合同中约定保证人承担保证责任的期间。未约定期间的，一般保证为主债务履行期届满之日起6个月；连带责任保证也为主债务履行期届满之日起6个月。在此期间若债权人只对债务人而未对保证人要求承担责任的，保证人的保证责任得以免除。

---

① 李仁玉：《民法》，法律出版社2001年版，第154页。

3. 主合同内容的变更对保证责任的影响

如果债权人与债务人协议变更主合同，应取得保证人的书面同意，否则保证人不再承担保证责任。

4. 主合同当事人变更对保证责任的影响

在保证期间内，如果债权人依法将主债权转让给第三人，不影响保证的效力，保证人仍应在原保证担保的范围内继续承担保证责任，如果债权人许可债务人转让债务给第三人，应取得保证人的书面同意，否则保证人不再承担保证责任。

5. 债权人的权利

债权人的权利是在主债务人不履行债务时，得请求保证人履行保证债务即承担保证责任。债权人的权利行使，以在保证期间内主张权利为必要。在保证期间内，债权人未向保证人主张权利，保证人可免除承担保证责任。

6. 保证人的权利

由于保证合同是单务合同，保证人对债权人不享有请求给付的权利，所享有的只是抗辩权或者其他防御性的权利。主要有：①主债务人的抗辩权。《担保法》第20条规定，一般保证和连带责任保证的保证人享有债务人的抗辩权。债务人放弃对债务的抗辩权的，保证人仍有权抗辩。②保证人享有一般债务人应享有的权利，如合同无效、得撤销、未到期等抗辩权。③保证人特别享有的先诉抗辩权。先诉抗辩权，是指保证人于债权人未就主债务人的财产强制执行而无效果前，对于债权人拒绝清偿保证债务的权利。但是，连带责任保证的保证人不享有先诉抗辩权[①]。④保证人的代位求偿权（追偿权）。保证人代替债务人履行债务后，债权人与债务人之间的债权债务关系消灭，保证人取得代位求偿的权利，即保证人得以自己的名义，在其代为履行的范围内，向债务人追偿。

（六）最高额保证

最高额保证是指保证人于约定的最高债权额的限度内就一定期间连续发生的债权所提供的保证。最高额保证是保证担保中一种特殊形式的保证[②]。我国《担保法》第14条规定："保证人与债权人可以就单个主合同分别订立保证合同，也可以协议在最高债权额限度内就一定期间连续发生的借款合同或者某项商品交易合同设立一个保证合同。"

（七）保证责任的消灭

保证的消灭是指保证关系的消灭，或保证人保证之债的消灭，是指对已经存在的保证责任基于法律的规定或当事人的约定加以除去的现象。保证责任因下列原因而消灭。

1. 主债务消灭

依照主债与从债的关系，当主债务因债务人的履行或与履行具有同等效力的事实

① 李开国：《民法原理与实务》，中国政法大学出版社2002年版，第362页。

② 郭明瑞：《民法学》，北京大学出版社2001年版，第341页。

（如免除、混同、抵销、提存等）而消灭时，作为从债的保证之债也随之消灭。

2. 保证责任期间届满

在保证合同约定的保证责任期间届满前，或在未约定时依照法律规定的保证期间届满前，债权人未向保证人主张权利的，保证之债消灭。

3. 保证合同解除

如果保证人与债权人达成协议，解除保证合同，则保证之债消灭。

4. 保证责任免除

保证责任的免除包括单方免除与法定免除。单方免除是指债权人以单方的意思表示免除保证人的保证责任；法定免除是指根据法律的规定免除保证人的保证责任。法定免除的情形有如下几种。

（1）主合同当事人双方恶意串通，骗取保证人提供保证的，保证人不承担保证责任。

（2）主合同债权人采取欺诈、胁迫等手段，使保证人在违背真实意思的情况下提供保证的，保证人不承担保证责任。

（3）债权人许可债务人转让债务而未经保证人同意的，保证人对转让的债务不承担保证责任。但是，保证人仍应对未转让部分债务承担保证责任。债权人依法将主债权转让给第三人的，保证债权同时转让，保证人在原保证担保的范围内对受让人承担保证责任。但是，保证人与债权人事先约定，仅对特定的债权人承担保证责任，或者禁止债权转让的，保证人不再承担保证责任。

（4）债权人与债务人协议变更主合同，但未经保证人同意，如果变更加重了债务人的债务的，保证人对加重部分不承担保证责任。如果对主合同的变动减轻了债务人的债务的，保证人仍应对变更后的合同承担保证责任。债权人与债务人对主合同的履行期限作了变动，未经保证人书面同意的，保证期间为原合同约定或者法律规定的期间。债权人与债务人协议变更主合同内容，但并未实际履行的，保证人仍应承担保证责任。主合同当事人双方协议“贷新还旧”，除保证人知道或应当知道外，保证人不承担保证责任。但新贷与旧贷系同一保证人保证的，保证人仍应承担保证责任。

（5）同一债权既有保证又有物的担保的情况下，债权人放弃物的担保时，保证人在债权人放弃权利的范围内免除保证责任。

（6）在一般保证的情况下，保证期间届满，债权人未对债务人提起诉讼或者申请仲裁的，保证人免除保证责任。保证人在主债权履行期间届满后，向债权人提供了债务人可供执行财产的真实情况的，债权人放弃或怠于行使权利，致使该财产不能被执行，保证人可请求人民法院在其提供可执行财产的实际价值范围内，免除其保证责任。在连带责任保证的情况下，保证期间届满，债权人未要求保证人承担保证责任的，保证人免除保证责任。

四、定金

（一）定金的概念

定金，指合同当事人约定的，为确保合同的履行，当事人一方于合同成立时或未履行前，预先给付对方一定数额金钱的担保方式[①]。我国《民法通则》第 89 条第（三）项及《担保法》第 89 条都对定金作出了明确的规定。《担保法》第 89 条规定："当事人可以约定一方向对方给付定金作为债权的担保。债务人履行债务后，定金应当抵作价款或者收回。给付定金的一方不履行约定的债务的，无权要求返还定金；收受定金的一方不履行约定的债务的，应当双倍返还定金。"

由于合同履行与否与该金钱的得失挂钩，从而使当事人产生心理压力，因此，定金既指一种债的担保方式，也指作为定金担保方式的那笔预先给付的金钱。与人的担保和物的担保不同，定金属于金钱担保。

（二）定金与违约金、预付款的区别

定金和违约金都是一方应给付给对方的一定款项，都有督促当事人履行合同的作用，但二者也有不同，其区别主要表现为以下几方面。

（1）定金须于合同履行前交付，而违约金只能发生违约行为以后交付。

（2）定金有证约和预先给付的作用，而违约金没有。

（3）定金主要起担保作用，而违约金主要是违反合同的民事责任形式。

若当事人在合同中既约定了定金条款，又约定了违约金条款，则不能同时执行定金条款和违约金条款，而由守约方选择其一适用。

定金与预付款都是在合同履行前一方当事人预先给付对方一定数额的金钱，都有预先给付的性质，而且在合同履行后，都可以抵作价款。但二者有着根本的区别，表现在如下方面。

（1）定金是合同的担保方式，主要作用是担保合同履行；而预付款的主要作用是为了对方履行合同，提供资金上的帮助，属于履行的一部分。

（2）交付定金的协议是从合同，具有实践性；而交付预付款的协议条款一般为合同内容的一部分，可以是实践性的，也可以是诺成性的。

（3）定金只有在交付后才能成立，而交付预付款的协议只要双方意思表示一致即可成立。

（4）定金合同当事人不履行主合同时，适用定金罚则，而预付款交付后当事人不履行合同的，不发生丧失预付款或双倍返还预付款的效力。

（三）定金的种类

就各国的法律规定来看，概括而言，定金有以下五种。

1. 成约定金

成约定金是指作为合同成立要件的定金。因定金的交付，合同才成立。

2. 证约定金

证约定金是指定金为订立合同的证据。这种定金不是合同的成立要件，仅以证明合同成立为目的。

---

① 郭明瑞：《民法学》，北京大学出版社 2001 年版，第 342 页。

3. 违约定金

违约定金是指交付定金的当事人若不履行债务，接受定金的当事人可以没收定金。这种定金和违约金都具有间接强制债务履行的效力。违约定金通常兼有证约定金的作用。

4. 解约定金

解约定金是指以定金作为保留合同解除权的代价，也就是交付定金的当事人可以抛弃定金以解除合同，而接受定金的当事人也可以双倍返还定金来解除合同。

5. 立约定金

立约定金是指为保证正式缔约的定金。应解释为交付定金的当事人若拒绝立约，则丧失定金；接受定金的当事人若拒绝立约，则应加倍偿还定金。

（四）定金的成立条件

定金一般由当事人订立定金合同约定。定金合同除具备合同成立的一般条件外，还须具备以下条件。

（1）定金合同以主合同（主债）的有效成立为前提条件。这是由定金合同的从属性决定的，主合同无效时，定金合同亦无效。

（2）定金合同以定金的交付为生效要件。定金合同为实践性合同，如果只有双方当事人的意思表示一致，而没有一方向另一方交付定金的交付行为，定金合同不能生效。定金只能在合同履行前交付，因而具有预先给付的性质。收受一方提出异议并拒绝接受定金的，定金合同不生效。

（3）定金的数额由当事人约定，但不得超过主合同标的额的20%。对于超过的部分，不按定金处理。当事人实际交付的定金数额多于或少于约定数额，视为变更定金合同。收受一方提出异议并拒绝接受定金的，定金合同不生效。

（五）定金的效力

定金给付后，发生以下三方面的效力。

1. 证约效力

定金具有证明合同成立的效力，定金给付后，如无相反证明，主合同视为成立。

2. 充抵价金或返还的效力

主合同履行后，主债消灭，作为从债的定金也消灭，给付定金一方可以请求接受定金一方返还其定金，或以定金充抵应给付之价金。在定金抵作价款时，实际上是一种抵销。

3. 定金罚则的效力

在合同不履行时，适用定金罚则，即若交付定金一方不履行合同的，则丧失定金；接受定金一方不履行合同的，应当双倍返还对方定金。这是定金的主要效力，体现的是定金的担保性质。

适用定金罚则应以当事人有过错为前提，换言之，合同的不履行须有可归责于当事人的事由时，才能适用定金罚则。

因合同关系以外第三人的过错致使主合同不能履行的，适用定金罚则。受定金处罚的一方当事人，可依法向第三人追偿。因不可抗力、意外事件致使主合同不能履行的，不适用定金罚则①。

五、抵押

（一）抵押与抵押权的概念

抵押是指债务人或第三人对债权人以一定财产作为清偿债务担保的法律行为。抵押设定后，在债务人到期不履行债务时，抵押权人有权依照法律规定以抵押物折价或变卖的价款较其他债权人优先受偿。

抵押物可以是动产或不动产，但法律禁止流通或禁止强制执行的财产不得作为抵押物。因此，抵押可分为动产抵押和不动产抵押两种。

抵押权是指债权人对于债务人或者第三人不移转占有而提供担保的财产，在债务人不履行债务时，得以其变卖之价金优先受清偿的权利。其中，提供担保财产的债务人或第三人，称为抵押人；享有抵押权的人，称为抵押权人；抵押人所提供的担保财产，称为抵押物。

（二）抵押权的设立

1. 抵押财产

可以抵押的财产包括债务人或者第三人有权处分的下列财产：①建筑物和其他土地附着物；②建设用地使用权；③以招标、拍卖、公开协商等方式取得的荒地等土地承包经营权；④生产设备、原材料、半成品、产品；⑤正在建造的建筑物、船舶、航空器；⑥交通运输工具；⑦法律、行政法规未禁止抵押的其他财产。

不得抵押的财产包括：①土地所有权；②耕地、宅基地、自留地、自留山等集体所有的土地使用权，但法律规定可以抵押的除外；③学校、幼儿园、医院等以公益为目的的事业单位、社会团体的教育设施、医疗卫生设施和其他社会公益设施；④所有权、使用权不明或有争议的财产；⑤依法被查封、扣押、监管的财产；⑥法律、行政法规规定不得抵押的其他财产。

2. 抵押登记

抵押登记是指特定登记机关根据当事人的申请，将抵押的有关情况记载于特定簿册中的行为。

对抵押权之登记效力的主张，有登记要件主义和登记对抗主义两种。登记要件主义是指抵押权的成立除当事人之间存在抵押合同外，还必须进行登记，否则不产生抵押权成立之效力；登记对抗主义是指抵押权的成立只需在当事人间达成抵押合意即可。但对

---

① 李仁玉：《民法》，法律出版社 2001 年版，第 155 页。

第三人不产生公信力，若要对抗善意第三人，可以进行抵押权登记。我国采取了以登记要件主义为主、以登记对抗主义为辅的原则。具体而言：①以建筑物和其他土地附着物；建设用地使用权；以招标、拍卖、公开协商等方式取得的荒山、荒沟、荒丘、荒滩等土地承包经营权；正在建造的建筑物抵押的，应当办理抵押登记，抵押权自登记时发生效力。②以生产设备、原材料、半成品、产品；交通运输工具或者正在建造的船舶、飞行器抵押的，抵押权自抵押合同生效时发生效力；未经登记，不得对抗善意第三人。③企业、个体工商户、农业生产经营者以现有的以及将有的生产设备、原材料、半成品和产品进行动产抵押的，应当向动产所在地的工商行政管理部门办理登记。抵押权自抵押合同生效时发生效力；未经登记，不得对抗善意第三人，也不得对抗正常经营活动中已支付合理价款并取得抵押财产的买受人。

办理抵押物登记的机关为：①以无地上定着物的土地使用权抵押的，为核发土地使用权证书的土地管理部门；②以城市房地产或者乡（镇）、村企业的产房为建筑物抵押的，为县级以上地方人民政府规定的部门；③以林木抵押的，为县级以上林木主管部门；④以航空器、船舶、车辆抵押的，为交通工具的登记部门；⑤以企业的设备和其他动产抵押的，为财产所在地的工商行政管理部门。

（三）抵押权的效力

1. 抵押权所担保的债权的范围

抵押权所担保的债权的范围属于当事人意思自治的范畴，但如当事人未有约定时，依照法律规定。我国《担保法》第 46 条规定，抵押权所担保债权的范围，包括主债权及利息、违约金、损害赔偿金和实行抵押权的费用。抵押合同另有约定的，从其约定。

2. 抵押权效力及于标的物的范围

一般来讲，抵押权效力主要应针对抵押物，但为了维护抵押权标的物的经济效用及其交换价值，以及兼顾双方当事人的利益，对标的物以外的其他物或权利，在一定条件下，也应同为抵押权标的物的范围。所以多数国家的立法例，就抵押权标的物的范围，稍予扩张。抵押权的效力除及于双方当事人约定用于抵押的抵押物外，还包括下列财产和权利：①从物。②从权利。如《城市房地产抵押管理办法》第 4 条规定："以依法取得的房屋所有权抵押的，该房屋占有范围内的土地使用权必须同时抵押。"这就是抵押权效力及于标的物从权利的一个表现。③孳息。就天然孳息而言，原物的天然孳息在未分离前为原物的出产物，是原物的一部分，自然是抵押权标的物的范围。对于法定孳息而言，应与天然孳息适用同一规则，但抵押权人应履行通知义务的，抵押权的效力自抵押权人履行通知义务后，才能及于该法定孳息。如我国《担保法》第 47 条第 1 款后段规定，抵押权人未将扣押抵押物的事实通知应当清偿法定孳息的义务人的，抵押权的效力不及于该孳息。④抵押物的代位物或代偿物。具体包括：①损害赔偿金；②保险赔偿金，但抵押人在保险合同中指定第三人为保险金请求权人的除外；③征用补偿金或者赔偿金；④供作抵押的房屋因倒塌而成为动产时，依物上代位法理，该动产也属抵押物的代位物。我国《担保法》第 58 条规定：抵押物灭失时，因灭失所得的赔偿金，应作为抵押财产。第 49 条第 3 款规定：抵押人转让抵押物所得的价款，应当向抵押权人提前清偿所担保的债权或者向与抵押权人约定的第三人提存。由此可见，我国抵押物之代位物包括赔偿金及价款两部分。

3. 抵押人的权利

抵押人的权利包括：①设定数个抵押权的权利。为尽量发挥财产的担保价值，近现代各国立法大多允许抵押人就同一抵押物设定数个抵押权。因为抵押权依登记先后而确定其顺序，先次序抵押权不受后次序抵押权的影响，所以抵押权的再设定，没有被禁止的道理。②设定用益权的权利。不动产所有人设定抵押权后，可以就同一不动产再设定用益权。但是，抵押人设定用益权时，如影响抵押权人所支配抵押物的交换价值的，对于抵押权人不发生效力。③将抵押物让与他人的权利。所有人不因他物权的设定而丧失所有权，所以，所有人就其所有物仍有法律上的处分权能，也就是说，抵押人不因抵押权的设定而丧失对抵押物法律上的处分权。另外，抵押物的所有权虽经让与，但基于抵押权的追及效力，抵押权并不因此而受到影响。我国《担保法》第 49 条第 1 款规定：抵押期间，抵押人转让已办理登记的抵押物的，应当通知抵押权人并告知受让人转让物已经抵押的情况；抵押人未通知抵押权人或者未告知受让人的，转让行为无效。

4. 抵押权人的权利

抵押权人的权利主要包括：①抵押权人的次序权。先次序抵押权人较后次序的抵押权人优先受偿。后次序抵押权实质上是就前一次序抵押权优先受偿后剩余的标的物价值的受偿权。②抵押权人的处分权。包括抵押权人的让与处分权、抛弃抵押权、将抵押权供作担保，以及抵押权次序的让与、抛弃和变更等，狭义的抵押权人的处分，仅指抵押权的让与、供作担保及抛弃等。③抵押权人的保全及物权请求权。包括抵押物价值减少防止权、抵押物价值减少补救请求权、抵押权人的妨害除去请求权。如《德国民法典》规定：因土地毁损致抵押权的担保受危害时，债权人得在适当期间要求抵押人排除妨害。即使没有该项立法的国家，也可以通过“物权法请求权”原理支持抵押权人的妨害除去请求权。④抵押权人的实行权。指抵押权人在债权已届清偿期而债务人不履行债务时，处分抵押物以优先取偿的行为。依照我国《民法通则》和《担保法》的规定，抵押权人变价抵押物以取偿，主要有三种方法：①协议取得抵押物的所有权；②拍卖抵押物；③以其他形式变卖抵押物。

（四）抵押权的消灭

抵押权的消灭，是指抵押权人对抵押物具有的支配力的终止。抵押权的消灭，除因物权的一般消灭原因，还有以下较为特殊的原因。

1. 抵押权因被担保的主债权消灭而消灭

抵押权具有从属性，主债权一旦因清偿、抵销、免除等原因而消灭时，抵押权也就随之消灭。

2. 抵押权因行使而消灭

抵押权人行使抵押权时，无论所担保的债权是否因行使而全部受偿，抵押权均归消灭。

3. 抵押权因除斥期间的经过而消灭

抵押权为物权，原则上既不得因所担保之债权罹于消灭时效而消灭，同时也不得因除斥期间之经过而消灭。但是，近现代民法从尽快确定各种复杂法律关系的实际需要出发，也例外地承认抵押权因一定期间的经过而消灭。

六、质押

（一）质押与质权的概念

质押是指债务人或者第三人将其动产或权利移交债权人占有，将该动产或权利作为债权的担保，当债务人不履行债务时，债权人有权依照法律规定，以其占有的财产优先受偿。

在我国，质押可分为动产质押和权利质押两种。动产质押是指以可移动的物为标的物的质押；权利质押是指以可转让的权利为标的物的质押。

质权是指债权人为担保其债权而占有债务人或第三人提供的财产，于债务人不履行债务时，得以其所占有的标的物的价值优先于其他债权人受偿的担保物权。其中，债务人或第三人用于担保的财产为质权的标的，称为质物；占有质物的债权人为质权人；提供财产设定质权的人为出质人。

（二）动产质权

1. 动产质权的概念

动产质权是指质权人对债务人或第三人提供的用以担保的动产予以占有，并就其变卖的价金优先受偿的权利。

动产质权的动产，应为可让与的特定物。性质上不可转让或法律禁止流通的财产，不能成为质物。限制流通物可为质物，但在实现质权时，应由特定部门收购。

2. 动产质权的效力

（1）动产质权担保的债权的范围。一般由当事人于质押合同中确立，若合同中未明确的，一般应包括：原债权、利息、违约金、损害赔偿金、质物的保管费以及实现质权的费用。从质权所担保债权的范围来看，要比抵押权的范围广泛，究其原因，主要是质权须转移占有，质权人占有质物后，当然产生质物的保管费及质物隐蔽瑕疵可能造成损害的赔偿问题，而抵押权不转移占有，当然不会有上述问题。

（2）对于质权效力所及的标的物范围。一般认为，质权的效力除及于标的物本身外，还包括标的物的从物、孳息、代位物等。

（3）出质人的权利。主要包括：①质物的收益权。质权人占有质物后，有权收取质物的收益，但质权人与出质人在质押合同中另有约定的除外。②质物的法律处分权。出质人虽然丧失对质权的占有，但并未丧失质物的所有权，出质人仍可以简易交付或指示交付的方式，将质物转让如出卖、赠与等，亦可将质物再行设质。此行为并不影响质权人的质权。但是，因质物已为质权人占有，故出质人并无质物事实上的处分权。③对质权人的抗辩权。出质人不仅享有债务人享有的一切抗辩权，而且享有属于保证人得享有的抗辩权。债务人抛弃其对债权人享有的抗辩权时，出质人对债权人的抗辩也不丧失。④除去权利侵害及返还质物的请求权。质权人不能妥善保管质物或其他行为可能使质物灭失或毁损的，出质人可以要求将质物提存或另行提供担保而请求返还质物，也可提前清偿债权而要求返还质物；债务人履行债务后，请求返还的质物受到损坏的，出质人有权要求质权人赔偿。

（4）质权人的权利。主要包括：①占有并留置质物的权利。质权以质权人占有标的物为成立和存续要件，只要债权未受清偿，质权人就得拒绝出质人的返还请求，即使质物转让与第三人，质权人也得拒绝第三人之交付的请求权。②质物的孳息收取权。质权人有权收取质物的孳息，包括天然孳息与法定孳息，但质押合同另有约定的除外。但是，质权人收取的孳息，并非取得孳息的所有权，其性质仍属质权的范围，为动产质权效力所及的标的物之一。③偿还费用请求权。质权人对因保管质物所支付的必要费用，享有偿还请求权。对于经出质人同意而为有益行为支出的费用，在质押期满后质权人对其增加价值范围内享有偿还请求权。④质权保全权。当质物有损坏或价值明显减少的可能足以危害质权人利益时，质权人可以要求出质人提供相应担保。出质人不提供的，质权人可以拍卖或变卖质物，并与出质人协议将拍卖或变卖所得价款用于提前清偿所担保的债权，或者与出质人约定向第三人提存。⑤转质权。转质权是指质权人为担保自己或他人的债务，将质物交与债权人设定新的质权。质权人是否享有转质权，各国规定不一，法国和德国民法未规定转质权，但学说上承认质权人的转质权，瑞士和日本民法则对转质权有明文规定，我国民法没有关于转质权的规定，学者们普遍认为质权人应当有转质权，立法和实务上亦有必要吸纳转质权制度[①]。⑥质权的处分权。质权人可以任意抛弃其质权，但不得损害第三人的权利。质权亦可随主债权一并为让与或供他债权担保。⑦优先受偿权。优先受偿权是实现质权担保作用的最后方式。质权人较债务人一般债权优先受偿，前顺序质权人较后顺序质权人优先受偿。质物所有人破产时，质权人有别除权，质物不得列入破产财产。

3. 动产质权的消灭

动产质权消灭的原因主要有以下法律事实：①因被担保的债权消灭而消灭。质权是从权利，主债权消灭，质权当然消灭。②因质权的抛弃及质物的任意返还而消灭。返还质物须出于质权人自己的意见，其返还质物的原因在所不问，但出质人如果非基于质权人自己意思而占有质物，如以窃取、强盗等方式取回质物的，质权人并不丧失质权；质权人由于受欺诈致动机上错误而返还质物时，则其丧失质权，但此时则构成质权侵害应依质权受侵害救济方法处理。③因丧失对质物占有而消灭。质权人的质物因遗失或为第三人侵夺，得请求不法占有者返还质物，此情形下，质权并未丧失。若质物为第三人善

① 钱明星：《物权法原理》，北京大学出版社 1994 年版，第 365 页。

意取得或确定已无法取回，则质权消灭。若第三人取得的不是所有权而是限制物权，质权并不消灭，但第三人的权利优于质权。④因质权标的物的灭失而消灭。动产质权因质物灭失而消灭，但因质物灭失收到赔偿金时，则发生物上代位，质权人得就赔偿金取偿；质物被征用或被没收的，质权亦消灭。⑤因质权的实行而消灭。质权人于债权已届清偿期而未受清偿时，得处分质物，实行质权，此时质权人无论是否受完全清偿，动产质权皆归于消灭。

（三）权利质权

1. 权利质权的概念

权利质权是以财产所有权以及可让与的财产权为标的而成立的质权。除特殊规定外，权利质权一般准用动产质权的规定，故被称为准质权，动产质权与权利质权已经发展成我国质押制度中两个彼此独立的权利类型。

2. 权利质权与动产质权的区别

（1）标的不同。动产质权的标的为有形动产，即动产。权利质权的标的为无形财产，即权利。我国《担保法》将权利质权的标的分为四类：①汇票、支票、本票、债券、存款单、仓单、提单；②依法可转让的股份、股票；③依法可转让的商标专用权、专利权、著作权中的财产权；④依法可质押的其他权利。

（2）设定方式不完全相同。动产质权设定方式为质押契约与交付质物。权利质权设定方式除质押契约与交付质物方式外，还有以登记方式设定，或以通知方式设定。

（3）质权保全与实行方式不同。保全动产质权方式为质权人对质物的实际管领，权利质权保全方式为对出质人处分权利的法律限制；动产质权的实行只能采取折价、拍卖或变卖方式，而权利质权除上述方法外，还可以采取由质权人取代出质人的地位，向入质权利主体直接行使入质权利，使自己的债权优先受偿。

3. 权利质权的效力

（1）权利质权的担保范围。权利质权的担保范围与动产质权的担保范围大体相同，包括主债权、主债权利息、主债权行使不能产生的赔偿请求、质押标的保管费以及实行质权的费用，当事人另有约定的除外。

（2）对于权利质权效力所及的标的物范围，一般及于质押标的的全部和物上代位物。其中：①以债权出质的，除非当事人就质权对债权的支配另有约定外，债权所生的利息、违约金、赔偿金以及物权的担保利益都属于质权支配的范围。②以公司股权出质的，股份式股票的分配盈余亦属于质权支配范围。③以知识产权出质的，因质权的效力是限制出质人对质押标的处分，故出质人处分质押标的须经质权人同意，且所得收益亦为质权的支配范围。此外，质押标的灭失所取得的赔偿金或对应给付，构成质押标的的代位物或代替物，亦属质权的支配范围。

（3）质权人的权利。主要有：①占有或者留置权利凭证。②质押标的收益权。如债权的利息、专利权的许可使用费等，但首先用于充抵收取孳息的费用，超出部分，可为债权担保取偿。③转质权。与动产质权的转质大体相同。④权利的保全权。若质押标的价值降低或者因为质押标的处分行为将导致质押标的价值降低或者危害权利质权存在，质权人有保全质权的权利①。⑤权利质权侵害的救济权。如有关权利凭证因遗失、被盗等原因灭失的，有通过挂失止付、公示催告等方法获得救济的权利；义务人不履行义务的，质权人有权要求赔偿。⑥变价质押标的和优先受偿。

（4）质权人的义务。主要有：①保管可转移占有的质押标的的义务。②不得损害出质人对质押标的的合理权利。如出质人在出质前对知识产权的客体已为某种使用或者已许可他人为某种使用，其对知识产权客体的使用，在原范围内质权人无权干涉。③质押标的的返还。权利质权消灭时，质权人应将质押标的返还给出质人或者通知有关登记机关注销质押登记。

4. 权利质权的消灭

权利质权消灭的原因主要有：①质权标的的权利归于消灭。权利质权的标的消灭，质权也当然消灭。但质权标的可以通过某种方式得到救济，如公示催告等，则标的上的质权并未消灭。②第三人原始取得质权标的的权利。第三人因时效而取得质权标的的权利或利益，质权应归于消灭，因为此种取得为原始取得；无记名证券因被盗或遗失，而使第三人依即时取得的规则取得其权利时，其上的质权也应归于消灭。③质权标的的返还。质权人将占有的质押标的或依其取得方式将质押标的归还于出质人，质权即告消灭。④质权的实现。质权人实现其质权，债权已受清偿，质权当然消灭。

七、留置

（一）留置与留置权的概念

留置是我国经济生活中较普遍存在的一种担保形式，其设定的目的是督促债务人及时履行义务，在债务人清偿债务之前，债权人有占有留置物的权利。当规定的留置期限届满后，债务人仍然不履行债务的，债权人可以依照法律规定折价或者拍卖、变卖留置物，并以所得价款得到清偿。如果债务人在规定期限内履行了义务，债权人应当返还留置物，不得滥用留置权。

一般认为，留置是指权利人非因侵权行为而占有他人财产，与该财产有关联的债权未受清偿前，对该项财产享有扣留并置于其控制之下的权利。留置权是指债权人按照合同约定依法占有债务人的动产，债务人不按照合同约定的期限履行债务的，债权人有权依照法律规定留置该财产，以留置财产折价或者以拍卖、变卖该留置物的所得价款得到优先清偿。

我国《民法通则》第89条第四项规定："债权人因为合同而占有债务人财产，债务人不按合同给付款项超过约定期限的，债权人对其占有的财产享有留置权。"《担保法》第82条规定："债权人按照合同约定占有债务人的动产，债务人不按合同约定的期限履行债务的，债权人有权留置该财产，以该财产折价或者以拍卖、变卖该财产的价款优先受偿。"根据《担保法》第84条和《合同法》第422条的规定，因保管合同、运输合同、

① 申卫星：《物权法》，吉林大学出版社1999年版，第18页。

加工承揽合同以及行纪合同发生的债权，债务人不履行债务的，债权人有留置权。《物权法》第 230 条规定："债务人不履行到期债务，债权人可以留置已经合法占有的债务人的动产，并有权就该动产优先受偿。"《物权法》第 231 条规定："债权人留置的动产，应当与债权属于同一法律关系，但企业之间留置的除外。"

（二）留置权的取得

在我国，留置权为法定担保物权，只能依法律规定产生，不能由当事人约定设立。留置权的取得要件，可分为积极要件和消极要件。

1. 留置权取得的积极要件

（1）须债权人占有债务人的动产。《民法通则》和《担保法》规定债权人因合同占有"债务人的财产"，但该财产是否须为债务人所有，并不明确。我国学者认为，这里"债务人的财产"应理解为基于合同关系由债务人交付债权人占有的财产，并非指债务人所有的财产。《担保法》明确规定债权人占有的财产须为债务人之动产，不动产不得留置。

（2）须债权的发生与该动产有牵连关系。留置权的目的在于留置债务人的财产，迫使债务人履行债务，以实现债权受偿。但是，如果允许债权人任意留置债务人所有的、与债权的发生没有关系的财产，对债权人的利益保护过于绝对，有违公平原则，所以债权人占有财产应以存在牵连关系为必要条件。我国民法上的留置权成立的牵连关系，直接体现为债权和留置权占有的取得之间的关联，即债权和标的物的占有取得因"同一合同关系"而发生①。但是，在商事留置权上，根据《物权法》第 231 条的规定，企业之间留置，可以不受留置物与债权属于同一法律关系的约束。

（3）债权已届清偿期。留置权是基于公平观念，于债务人未清偿其债务前，债权人得留置债务人的动产而拒绝返还的权利，否则易产生债权人滥用权利。所以，各国均规定债权须届期满为留置权成立要件。

2. 留置权取得的消极要件

（1）债务人与债权人在合同中明确表示债权人不得留置标的物的，债权人不得留置。留置权虽为法定担保物权，不得由当事人随意设立，但可依当事人合意排除其适用。我国《担保法》第 84 条第 3 款明确规定：当事人可以在合同中约定不得留置的物。

（2）留置债务人财产不违反公共秩序或善良风俗。我国《民法通则》和《担保法》虽未明文规定，但其是民事活动应遵循的一般原则，留置债务人财产亦应遵守之。

（3）留置财产与债权人所承担义务不相抵触。如果债权人在合同中的义务即是交付标的物，则债权人不得以债务人不履行义务为由行使留置权。否则，与其所承担义务的本旨相违背。

---

① 王利明：《民法新论》(下)，中国政法大学出版社 1998 年版，第 330 页。

（三）留置权的效力

1. 留置权效力的范围

（1）留置权所担保债权的范围。由于留置权系法定担保物权，故其担保的债权，必须与留置物有牵连关系，而不得由当事人约定[①]。一般而言，凡与留置物有牵连关系的债权，均属留置权担保的范围，如原债权、利息、迟延利息，实行留置权的费用、因留置物瑕疵而产生的损害赔偿、保管留置物所支出的必要费用等。

（2）留置权效力所及标的物的范围。除留置物本身外，一般应包括从物、孳息、代位物。

2. 留置权人的权利义务

（1）留置权人的权利，主要有：①留置财产的占有权。占有留置物是留置权人的基本权利，也是留置权的基本效力。但是，留置权人留置财产价值应与债务人之债务价值相当，若留置物为不可分物，则留置为物之全部，若留置物为可分物，则留置权人不得超值留置。②留置物孳息收取权。留置物有孳息时，无论为法定孳息还是天然孳息，债权人均有权收取。但留置权人只能以收取的孳息优先受偿，而不能直接取得孳息的所有权。③保管费用求偿权。因留置权人对留置物管理所支出的费用系为留置物所有人利益支出的必要费用，所以，留置权人可要求债务人予以偿还。④留置权的实行权。留置权的实行，可分为变价权和优先受偿权。但留置权人行使该权利，须以债务人不履行债务超过一定期限为必要，即该权利为留置权的第二次效力。

（2）留置权人的义务，主要有：①保管留置物的义务。②不得擅自使用留置物或为其他处分行为的义务。③返还留置物的义务。当留置物所担保的债权消灭，或者债权虽未消灭，但债务人另行提供担保而留置权消灭时，留置权人应返还留置物。

3. 留置物所有人的权利义务

（1）留置物所有人的权利，主要有：①损害赔偿请求权与留置物返还请求权。此是与留置权人保管和返还留置权的义务相对应的。②就留置物为法律上的处分权利。留置物所有人虽丧失对留置物的占有，但并未丧失所有权，仍可将留置物让与第三人。但是，留置权继续存在于留置物上，债权人留置权并不消灭，留置权人与新的所有人之间继续存在留置关系。③留置物所有人有提供相当担保而使留置权消灭的权利，但须取得留置权人的同意。

（2）留置物所有人的义务，主要有：①支付留置权人保管留置物花费的费用。②因留置物隐蔽瑕疵致留置权人损害的赔偿义务。

（四）留置权的实行

留置权实行是指留置权人行使留置权，以使其债权得以优先受偿的行为。

1. 留置权实行的要件

（1）债务人不履行债务超过一定期限。此期限可由当事人自行约定，但不得少于法

① 陈华彬：《物权法原理》，国家行政学院出版社 1998 年版，第 747 页。

定期限。我国《担保法》规定的法定期限为 2 个月。

（2）通知债务人于确定期限内履行其义务。债权人未为此项通知，不得实行其留置权。

（3）债务人于确定期限仍未履行义务，且未提供其他担保。

2. 留置权实行方法

依我国有关法律规定，留置权的实行方法主要有折价、拍卖和变卖方式。留置权人处分留置物所得价款，偿还债务后有余额的，应将其返还给留置物所有人；无法返还的，应当予以提存。若不足以偿还债务的，留置权人可就未受偿部分向债务人要求继续清偿，不过此时债权变为普通债权。

（五）留置权的消灭

留置权具有物权性和担保性，因此，物权的一般消灭原因（如标的物灭失、混同、抛弃）以及担保物权的一般消灭原因（如主债权消灭、担保物的实行）对留置权均适用。以下仅就其特殊的原因加以说明。

1. 债务人提供新的担保

债务人另行提供担保，留置权消灭。但另提供的担保应经留置权人同意。

2. 丧失对留置物的占有

留置权以债权人对留置物的占有关系为其成立与存续的要件，因此，留置权必因丧失占有而消灭。但因他人非法原因使留置权人丧失对留置物的占有，留置权人得请求不法占有者返还留置物，此情形下占有权并未丧失，留置权并未消灭。

3. 债权清偿期的延缓

留置权的成立，应以债权已届清偿期而未获清偿为前提，若债权人同意延缓债权清偿期，则无留置权存在的余地。但是当债务人在未请求返还留置物以前，延缓的清偿期又已届至时，债权人仍可以行使新的留置权[①]。此与前一个留置权并无关系。

第五节 不当得利之债

一、不当得利概说

（一）不当得利的概念

《民法通则》第 92 条规定："没有合法根据，取得不当利益，造成他人损失的，应当将取得的不当利益返还受损失的人。"所谓不当得利，就是指没有合法根据取得利益，致他人受有损失的事实[②]。在这一事实中，取得不当利益的一方称为受益人或不当得利人，受到损失的一方称为受害人或受损人。因不当得利而产生的权利义务关系，为不

① 谢在全：《民法物权论》(下)，三民书局 1992 年版，第 425 页。

② 张广兴：《债法总论》，法律出版社 1997 年版，第 85 页。

当得利之债。在不当得利之债中，不当得利人（受益人）应将其所得利益返还给受损失的人。

（二）不当得利的性质

关于不当得利的性质，学者们认识不一。有的认为不当得利属于事件；有的认为不当得利属于行为。但是，通说认为，不当得利属于事件而非行为，因为不当得利在本质上是一种客观发生的事实，与当事人的意志无关。尽管发生不当得利的原因有事件也有行为，但是不当得利本身都是与受益人的意志无关的，即不是由受益人的意志决定取得的，受益人取得不当利益的主观状态如何，并不影响不当得利事实的成立。其次，在不当得利中受益人的义务是由法律直接规定的，法律规定不当得利之债的目的，并不在于要制裁受益人的不当得利的“行为”，而是在于要纠正受益人“得利”这一不正常、不合理的现象，调整无法律原因的财产利益的变动①。

二、不当得利的成立条件

不当得利的成立成条件包括以下四个方面。

1. 须一方受有利益

一方受益，是不当得利的必要条件，没有一方利益的取得，也就不会发生不当得利。一方受有利益，是指一方当事人因一定的事实结果而使其得到一定的财产利益。受有利益是指财产的增加，包括财产的积极增加和消极增加②。前者指财产或权利范围的扩大，如财产权利的取得、财产权的扩张及其效力的加强、财产权利限制的消灭、取得财产的占有以及债务消灭等。后者指财产本应减少而没有减少，如本应支出的费用而没有支出、本应负担的债务不再负担或少承担以及本应设定的权利限制而没有设定等。

2. 须他方受有损失

他方利益受损，是构成不当得利的另一必要条件。如果一方获得利益，而无他方受损，则不构成不当得利，如拾得他人废弃之物并不构成不当得利。他方利益受损，既包括积极损失，也包括消极损失。积极损失，又称直接损失，是指现有财产利益的减少；消极损失，又称间接损失，是指财产应增加而未增加，亦即应得财产利益的损失。

3. 须一方受利益与他方受损失间有因果关系

所谓受利益与受损失间有因果关系，是指他方的损失是因一方受益造成的，一方受益是他方受损的原因，受益与受损之间有变动的关联性。至于损失和利益的范围是否相同，损失和利益的表现形式是否一致，损失和利益是否同时发生，则在所不问。

4. 须无合法根据

罗马法将无合法根据称为无原因，德国、日本的民法称之为无法律上的原因，瑞士

---

① 郭明瑞：《民法学》，北京大学出版社 2001 年版，第 311、312 页。

② 张俊浩：《民法学原理》，中国政法大学出版社 1997 年版，第 846 页。

民法称之为无适法原因①，我国《民法通则》称之为“没有合法根据”。没有合法根据，是不当得利构成的实质性条件。所谓无合法根据，是指受益没有合法根据，并不要求取得权利或取得财产也无合法根据。当事人于取得利益时没有合法根据，其利益的取得当然为没有合法根据；其取得利益时虽有合法根据，但其后该根据丧失的，该利益的取得也为没有合法根据。

三、不当得利的基本类型

依利益的取得是否基于给付行为，可将不当得利分为基于给付而发生的不当得利和基于给付以外的事实而发生的不当得利两类。

（一）基于给付而发生的不当得利

给付是一方将其财产利益移转给另一方的行为。给付以一定的目的而为之，或者是为了清偿债务，或者是为了直接创立一种债的关系。欠缺给付目的而增加他人的财产，受益人即构成不当得利。因给付而发生的不当得利包括以下几种情形。

1. 给付的目的自始不存在

给付的目的自始不存在是指一方为履行自己的义务而向受益人给付，但该义务自始就不存在。这种情形主要有两种形态：一是非债清偿，二是作为给付原因的行为不成立、无效或者被撤销。如甲误认为与乙有买卖合同而将货物交付给乙。

但在下列情形下，当事人一方虽没有给付义务而给付，另一方的得利也不为不当得利。

（1）履行道德义务而为的给付。如养子女对其生父母的法定赡养义务虽因收养而解除，若该养子女仍赡养其生父母，则属于尽道德义务，对于因此而支出的费用，养子女不得以不当得利请求返还。

（2）为履行未到期债务而交付财产。债务未到清偿期，债务人本无清偿的义务，若债务人主动提前清偿而债权人受领时，即使债务人因此失去利益而债权人得到利益，也不为不当得利。

（3）明知无给付义务而交付财产。一方明知自己没有给付义务而向他人交付财产的，对方接受该财产不为不当得利，此种情形应视为赠与。

（4）因不法债务交付的财产。不法债务是不受法律保护的，“债务人”没有给付财产的法律义务，“债权人”也没有得到财产的权利。但给付一方给付财产的，不能以不当得利请求对方返还，对方也不能取得该财产，该财产应依法由有关机关予以收缴。

2. 给付的目的未达到

给付目的未达到是指为实现将来的某种目的而为给付，但该目的日后未实现。如债权人以受偿的目的将债务清偿的收据交付给债务人而其后债务人并未清偿债务等。

3. 给付的目的嗣后消灭

当事人一方的给付原有法律目的，但于给付后该法律目的消灭时，因给付而取得的

① 张广兴：《债法总论》，法律出版社 1997 年版，第 95 页。

财产利益也就成为无法律原因的受益。如当事人一方为担保合同的履行而向对方给付定金，而其后该合同被确认为无效。

（二）基于给付以外的事实而发生的不当得利

基于给付以外的事实而发生的不当得利是指非基于给付的不当得利，包括以下几种情况。

1. 基于受益人自己的行为而发生的不当得利

例如，无权处分他人之物而为处分，无权消费他人之物而为消费，即构成侵害他人权益而自己受益，权利人可请求该受益人返还不当得利。由于该情形下的不当得利往往是因受益人侵害他人的合法权益而发生的，因此，这种情形下受益人的行为也可能构成侵权行为。

2. 基于受损人的行为而发生的不当得利

例如，误认他人的牲畜为自己的牲畜而加以饲养；误将他人事务视为自己的事务而为管理所支出的费用，对他方而言构成不当得利，受损人可向因该行为而受益的人请求返还不当得利。

3. 基于第三人的行为而发生的不当得利

例如，甲以乙的饲料饲养丙的牲畜，受损人乙可请求受益人丙返还该不当得利；在债权让与通知前，债务人向原债权人清偿而致受让人损失的情形。

4. 基于自然事件而发生的不当得利

例如，甲鱼塘内的鱼因暴雨池水漫溢流入乙的养鱼塘内；丙栽种的果树上生长的果实落入丁的院内，则乙、丁基于事件的发生所获得的利益即为不当得利，甲、丙可以请求返还。

5. 基于法律规定而发生的不当得利

例如，在发生添附时，一方可基于法律规定而取得他方之物的所有权，但另一方不能因此而受损，取得所有权的一方，须向另一方返还所取得的利益[①]。

四、不当得利之债的效力

（一）不当得利之债主体间的效力

不当得利一经成立，受损人与受益人之间即发生债权债务关系，受损人有权请求受益人返还不当得利，受益人负有返还不当得利的义务，如受益人死亡的，依继承法的规定，其继承人负返还不当得利的义务[②]。

（二）不当得利之债返还请求权的标的及范围的效力

根据《民法通则》第 92 条的规定，不当得利返还请求权的标的为受有利益一方所

① 郭明瑞：《民法学》，北京大学出版社 2001 年版，第 315、316 页。

② 李开国：《民法原理与实务》，中国政法大学出版社 2002 年版，第 409 页。

取得的不当利益。根据《民法通则》意见第 131 条的规定，“返还的不当利益，应当包括原物和原物所生的孳息。利用不当得利所取得的其他利益，扣除劳务管理费用后，应当予以收缴”。受益人返还的不当利益，可以是原物、原物所生的孳息、原物的价金、使用原物所取得的利益，也可以是其他利益。不当得利的返还以返还原物为原则，以偿还价额为例外。只有在原物毁损、灭失等情况下，在不能返还原物时，才能以偿还价额的方式进行。

不当得利返还请求权的标的范围，也就是受益人返还义务的范围。义务人返还义务的范围依其受利益是否为善意而有所不同。

1. *受益人为善意时的利益返还*

受益人为善意，即受益人不知情，是指受益人于取得利益时不知道自己取得利益无合法的根据。于此情形下，若受损人的损失大于受益人取得的利益，则受益人返还的利益仅以现存利益为限。利益已不存在时，受益人不负返还义务。受益人受有的利益大于受损人的损失时，受益人返还的利益范围以受损人受到的损失为准。

2. *受益人为恶意时的利益返还*

受益人为恶意，又称受益人知情，是指受益人于受有利益时知道其取得利益是没有合法根据的。于此情形下，受益人应当返还其所取得的全部利益，即使其利益已不存在，也应负责返还。若受益人所得的利益少于受损人的损失时，受益人除返还其所得的全部实际利益外，还须就其损失与得利的差额另加赔偿。

第六节 无因管理之债

一、无因管理概说

（一）无因管理的概念

无因管理作为债的一种发生根据，是指没有法定的或者约定的义务，为避免他人利益受损而进行管理或者服务的法律事实[①]。其中，进行管理或者服务的人称为管理人，接受事务管理或者服务的一方称为本人。因本人一般从管理人的管理或者服务中受益，所以又称为受益人。

我国《民法通则》第 93 条规定：“没有法定的或者约定的义务，为避免他人利益受损进行管理或者服务的，有权要求受益人偿付由此而支付的必要费用。”依此规定，无因管理在管理人和本人之间形成无因管理之债。法律确立无因管理制度的直接目的，是赋予无因管理行为合法性，而对不合无因管理要件的对他人事务的干涉行为，则不承认其合法性。所以，无因管理实质上是法律赋予没有根据而管理他人事务的某些行为阻却违法性[②]。

---

① 李开国：《民法原理与实务》，中国政法大学出版社 2002 年版，第 409、410 页。

② 郭明瑞：《民法学》，北京大学出版社 2001 年版，第 305 页。

（二）无因管理的性质

通说认为，无因管理就其性质而言是一种事实行为，而非民事法律行为。在无因管理中，管理人虽有管理的意思，即有为他人谋利益的意思，但该意思不是以设立民事法律关系为目的的意思，也不要求必须表示出来，不具有民事法律行为要素的意思表示。

二、无因管理的成立条件

无因管理的成立须具备以下三个条件。

1. 管理他人事务

管理他人事务，是无因管理成立的前提条件。没有对他人事务的管理，当然不会成立无因管理。管理他人事务，既包括对他人事务的管理行为，如对他人财物的保存、利用、改良、管领、处分等；也包括对他人提供服务，如为他人提供劳务帮助。管理人所管理的事务，包括有关人们生活利益的一切事项，既可以是经济性的事项，也可以是非经济性的事项[①]。管理的事务可以是事实行为，如将危急病人送往医院，也可以是法律行为，如雇人修缮房屋；可以是继续性的行为，也可以是一次性的行为；既可以是民事法律行为，也可以是事实行为。无因管理中的事务必须是他人事务，管理人管理自己的事务，无论其管理是为了何人的利益，都不能构成无因管理。

但管理下列事务的，一般不发生无因管理：①违法的或者违背社会公德的行为，如为他人看管赃物；②不足以发生民事法律后果的纯粹道义上的、宗教上的或者其他一般性的生活事务，如接待他人的朋友；③单纯的不作为行为；④依照法律规定须由本人实施或者须经本人授权才能实施的行为，如放弃继承权的事务[②]。

2. 有为他人利益而管理的意思

为他人管理的意思，是构成无因管理的主观要件，同时它也是无因管理阻却违法性的根本原因和区分无因管理与侵权行为的主要依据。管理的意思，是指管理人于管理事务时所具有的为他人谋利益的意思。判断管理人是否具有为他人利益管理的意思，可以从动机和后果两个方面考察。从动机上看，管理人必须是为了避免他人利益受损失而进行管理或服务；从后果上看，管理人管理或服务行为所取得的利益最终归属本人享有，而不是为管理人享有[③]。

管理人是否具有为他人谋利益而为管理的意思，应由管理人负举证责任。管理人主观上同时既有为他人的目的又有为自己的动机，客观上自己也同时受益的，仍可成立无因管理。例如，为避免邻居的房屋倒塌而为之修缮，管理人同时有为避免自己房屋和人身遭受危险的意思，而且也使自己享有免受危险的利益，仍不影响无因管理的成立。但是，如果管理人纯粹为自己的利益而管理他人的事务，即使本人未从其管理中受有利益，也不能构成无因管理。管理人将他人的事务作为自己的事务进行管理的，如符合不当得

---

① 李开国：《民法原理与实务》，中国政法大学出版社 2002 年版，第 410 页。

② 郭明瑞：《民法学》，北京大学出版社 2001 年版，第 306、307 页。

③ 李开国：《民法原理与实务》，中国政法大学出版社 2002 年版，第 410 页。

利的要件，可成立不当得利；如构成对他人事务的不法干涉和侵犯，则构成侵权行为。

3. 没有法定或约定的义务

没有法定或约定的义务是构成无因管理的重要条件。无因管理上的“无因”是指无法律上的原因，即无法律意义上的义务，包括法定义务和约定义务。所谓法定的义务，是指法律直接规定的义务，这里的法律不限于民法，也包括其他法律。例如，父母管理未成年子女的事务，失踪人的财产代管人管理失踪人的财产，是民法上直接规定的义务；消防队员抢救遭受火灾的他人财物，警察收留走失的儿童，是为行政法上直接规定的义务。所谓约定的义务，是指管理人与本人约定的义务，也就是基于当事人双方的合同而产生的义务，如受托人管理委托人的事务即是基于双方的委托合同而产生的义务。如果管理他人事务是管理人的法定义务或者依合同约定而实施的，则不构成无因管理。管理人虽有义务，如超过其义务的范围而处理事务时，就其超过部分，仍属于无义务，可构成无因管理。

管理人有无管理他人事务的义务，应依管理人着手管理时的客观事实而定，而不能以管理人主观的判断为标准。管理人原无管理的义务，但于管理时有义务的，不能成立无因管理；反之，管理人原有管理义务，但于管理时已没有义务的，则自没有义务时起成立无因管理。如果负有义务而管理人误认没有义务，其管理不构成无因管理；如果本无义务而管理人误认有义务，其管理可构成无因管理。

三、无因管理之债的效力

无因管理成立后，在管理人与本人之间产生债权债务关系，即无因管理之债。无因管理之债发生于管理人开始管理之时，即管理人着手管理他人事务时起，即发生妥为管理等义务，而本人于事务管理结束或管理过程中，负有向管理人支付费用、补偿损失等给付义务。下面主要从管理人和本人的义务的角度来说明无因管理的效力。

（一）管理人的义务

管理人的义务，是指管理人着手管理事务后依法承担的义务。无因管理的管理人原本无管理的义务，但因无因管理的成立，管理人也就承担了一定的义务。管理人的义务主要表现在以下几个方面。

1. 适当管理义务

管理人在管理他人事务时，应尽适当管理的义务。管理是否适当，应以本人的管理要求、管理的社会常识、管理人所具有的管理知识水平等综合因素进行判断。总之，管理人应当以有利于本人的方法进行管理。

管理人未尽注意义务，管理不适当，给本人造成不应有损失的，应当依法承担相应的民事责任。

2. 通知义务

管理开始后，管理人应将管理开始的事实通知本人。管理人的通知义务以有可能和有必要为限。如果管理人不知本人是谁，或不知本人的住址、本人下落不明或其他原因无法通知的，则免除通知义务。管理人发出通知后应中止管理行为，听候本人的指示，但紧急事务除外。管理人未履行通知义务的，对因其不通知所造成的损失应负赔偿责任。

3. 报告与结算义务

管理人于开始管理后应及时地将管理的有关情况报告给本人，尤其是管理过程中发生的财务支出情况，应列明清单，并应本人的要求予以说明。管理人的报告义务也应以管理人能够报告为限。管理关系终止时，管理人应向本人报告事务管理的始末，并将管理事务所取得的各种利益，如取得的权利、物品、金钱及孳息等转移于本人。管理人若为自己的目的而使用本人金钱的，应自使用之日起支付利息①。

（二）本人的义务

本人应当承担的义务也就是管理人的权利。本人的义务主要是偿还管理人支出的费用，所以管理人的权利主要是得请求本人偿付由管理事务所支出的必要费用。本人的义务主要表现在以下几个方面。

1. 偿还必要费用

根据《民法通则》第 93 条的规定和《最高人民法院关于贯彻执行〈中华人民共和国民法通则〉若干问题的意见（试行）》第 132 条的解释，必要费用“包括在管理或者服务活动中直接支出的费用，以及在该活动中受到的实际损失”。因此，管理人有权请求本人偿还的必要费用包括两部分：一是管理人在管理事务中直接支出的费用；二是管理人在事务管理中受到的实际损失。

2. 补偿损失

管理人因管理本人事务而受到的损失，应由本人给予补偿，它不受本人对该损失有无过错的影响，但此项损失的发生应与管理事务的行为有因果关系，且应以实际损失为限。管理人在管理中受到的实际损失，并非全部由本人偿付，除管理人处于急迫危险状况外，管理人对该损失的造成有过错的，应适当减轻本人的责任；如果管理人对损失的发生没有过错，而该损失又大于本人因无因管理所得到的利益，则应从公平原则出发，由双方分担责任。

3. 清偿必要的债务

管理人在管理事务过程中，以自己的名义为本人负担的债务，本人应当负责清偿，例如，甲以自己的名义雇请丙修缮乙的危房，甲有权请求乙直接向丙支付修缮费用。但该债务应以必要的或对本人有益的为限。对于管理人所设立的不必要债务，本人不应承担，而应由管理人自行清偿②。

---

① 郭明瑞：《民法学》，北京大学出版社 2001 年版，第 308-310 页。

② 郭明瑞：《民法学》，北京大学出版社 2001 年版，第 310、311 页。

第十一章 物权通论

《物权法》作为调整财产归属与利用关系的基本财产法，在民事法律体系中居于十分重要的地位。《物权法》不仅涉及“国计”，而且对“民生”给予特别关注。对《物权法》的学习应从其基本理论、概念开始。

第一节 物权基本原理

一、物权的概念和特征

（一）物权的概念

“物权”一词最早起源于罗马法[①]。但罗马法上的对物之诉主要是从程式诉讼的便利考虑的，目的并不在于区分物权和债权[②]。物权和债权是中世纪注释法学派在对物之诉和对人之诉进行解释时引申出来的概念，并将物权形式分为完全物权和他物权两种。

我国《物权法》第 2 条第 3 款规定，“本法所称物权，是指权利人依法对特定的物享有直接支配和排他的权利，包括所有权、用益物权和担保物权”。该款前半句是对物权概念的法律界定。一般而言，对于物权的概念不在民法典中对其作出规定，而是将其交由学者解释。我国在立法上对物权的概念予以界定，有助于公众明确物权的内容和效力，对于提高公众的物权意识和区分物权与债权具有重要的意义。

（二）物权的特征

1. 物权的主体是特定的权利人

《物权法》第 2 条中“权利人”的表述具有高度的概括性，实际上可将各种民事主体纳入 “权利人”的范围中，不仅可以包括民事法律所规定的自然人、法人，而且还可以包括国家、村民小组、业主委员会等难以被归入自然人和法人范畴的权利人。这种表述，不仅符合我国公有制为主体多种所有制并存的经济形态，而且也能适应因社会经济发展而出现一些新型物权人的需要。

2. 物权的客体主要是物

物权的客体主要是物，包括以下两层含义：一是作为物权客体的物必须是特定的，

---

① 罗马法曾确认了所有权、役权、永佃权、地上权、抵押权、质权等物权形式。

② Vinding Kruse， The Right of Property，Oxford University Press 1953， p.131.

必须具有可以被特别认定的性质，如果物难以被特定化，则不能为物权所支配，也就不能成为物权法上所称的物。这一原则被称为物权客体特定性原则或物权特定主义①。二是作为物权客体的物必须是独立的，即该物可以单独、个别的存在。物的一部分原则上不能独立成为物权的客体，数个物也不能作为一个物而成为物权的客体。

物权的客体主要分为动产和不动产。《物权法》第2条第2款规定："本法所称物，包括动产和不动产。法律规定权利作为物权客体的，依照其规定。"不动产是指土地以及土地之上的房屋、林木等定着物；动产是指不动产以外的物。各国民法一般是先确定不动产，而不动产以外的物属于动产。动产和不动产都是有体物，从这个意义上说，物权的客体主要是有体物。但是，在法律有特别规定的情况下，权利也可以作为物权的客体，如《物权法》第223条规定知识产权中的财产权可以出质。至于《物权法》第122条、第123条规定的海域使用权、探矿权、采矿权、取水权、养殖权、捕捞权，这些权利的客体是否为无形财产，尽管在学理上仍有争论，但它们作为物权法保护的客体已被立法所确认。

物权的概念是一个不断发展的概念，从罗马法时代到近代，物权的客体主要是有体物，但随着经济的发展，一些虽不属于有体物，但能为人力所直接支配的物，如热、电、声、光、气等也被认为是物权的客体。随着时代的发展和经济的进步，物权的客体范围也会逐步扩大。

3. 物权在本质是一种支配权

物权是权利人对物直接支配的权利。所谓直接支配，从客观上说是指权利人对于物的控制状态，表现为自己或他人对物进行占有、使用、收益、处分。所有人和使用权人在依法行使其权利时，一般不需要取得义务人的同意，也不需要义务人的协助就可以实现其权利，任何人非经权利人的同意不得对物权进行侵害或加以干涉。

物权人对物的支配还表现为对物的使用价值和交换价值的支配，对使用价值的支配表现为用益物权，对交换价值的支配表现为担保物权。物权所体现的利益一般可分为三种：一是所有权人所享有的利益，包括物的最终归属及占有、使用、收益和处分物的利益，所有人所享有的是物的全部利益；二是用益物权人所享有的利益是物的使用价值，通过对物的使用从而获得一定的收益；三是担保物权人所享有的利益是依法获取物的交换价值，即债务人到期未履行义务时债权人可依法处置担保物并就所得的价金首先满足其债权受偿。

4. 物权是排他的权利

物权的排他效力具有多种含义，主要是指物权具有对世效力，即任何人都负有不得侵害物权的义务。物权的效力可以对抗权利人之外的一切人，任何人都负有不得妨碍权利人行使权利的义务，无论何人非法取得所有权人的财产都有返还的义务，否则就构成了对权利人所享有物权的侵犯。物权的排他性与支配性是密切联系在一起的，排他性以支配性为基础，同时又可以有效地保障物权的支配性，有了排他性，物权可以对抗任何

① 梁慧星，陈华彬：《物权法》，法律出版社2004年版，第25页。

第三人的不法行为，这就有力地维护了物权的支配效力。

物权是支配权，且具有排他效力，因此物权才得以具有优先效力和追及效力。

二、物权的分类

《物权法》第2条第3款规定："本法所称物权，是指权利人依法对特定的物享有直接支配和排他的权利，包括所有权、用益物权和担保物权。"因此，我国立法上对物权的最基本分类是把物权分为所有权和他物权，他物权包括用益物权和担保物权。

（一）所有权

所有权是指所有人依法享有的对其财产进行占有、使用、收益和处分的权利，是所有人在法律规定的范围内独占性地支配其财产的权利，所有权是一切他物权成立的基础，具有全面、最高的支配力。按照我国《物权法》的规定，所有权根据归属主体可分为国家所有权、集体所有权和私人所有权。

（二）他物权

所谓他物权，又称有期物权、定限物权，是指根据法律规定和当事人的约定，由非所有人在所有人的物上享有的占有、使用和收益的权利以及在特殊情况下依法享有的一定的处分权，包括用益物权和担保物权。他物权与所有权一样，也具有直接支配并排除他人干涉的性质，并能产生优先效力和追及效力。但是，在法律上他物权具有如下特点。

（1）他物权是由所有权派生出来的权利，是以所有权的存在为前提的。他物权的取得一般是基于所有权人的授权。他物权的内容是从所有权权能中分离出来的部分权能，在通常情况下，所有权的各项权能与所有人发生分离后可以产生由非所有人享有的独立的他物权。他物权的内容不得超出从所有权中分离出来的权能内容。

（2）权利主体是非所有人，即所有人以外的公民、法人或其他主体。但是，在他物权设定以后，所有人通常仍享有对其所有物的最终处分权，也可以享有对所有物的部分收益权。因此，非所有人享有他物权后并不能取代所有人的地位而成为所有人。

（3）权利的内容是受限制的、不完全的。非所有人行使财产的处分权，既受法律规定的限制，也受所有人意志的限制，没有法律的依据或所有人的授权，不能行使处分权。所有权是没有期限的，但他物权是有期限的。

三、物权的客体

《物权法》第2条第2款规定："本法所称物，包括不动产和动产。法律规定权利作为物权客体的，依照其规定。"因此，物权客体的物具有如下特点。

1. 物权的客体首先是特定的物

物权的客体必须是特定物，是因为物权是权利人支配特定物的权利，标的物不特定化，权利人也就无从支配；而且，物权的转移要采取登记或交付的方式，如果标的物不能特定，则无法登记或交付。物的特定性也是物权区别于债权的重要表现。例如，在债权关系中，买受人与出卖人约定买卖一部某型号的手机，在订立合同的当时，出卖人不需要把该手机从其他手机中分离出来，也就是说这部手机可以不是特定的；但在物权关系中，一个人对一部手机拥有所有权，这部手机必须是特定的。

2. 物权的客体主要是有体物

有体物是指具有一定的物质形体，能够为人们所感知的物，而无体物是指不能触觉的物。《德国民法典》和《日本民法典》等均规定，民法所规定的物，为有体物。但随着社会的发展，一些传统上不被认为是有体物，但能为人力所直接支配的物，如热、电、声、光、气等也被认为可以作为物权的客体。

3. 物权的客体原则上是单一物或独立物

所谓单一物，是指在形态上能够单独地、个别地存在的物。与单一物相对应的概念为集合物，集合物分为两种：一是事实上的集合物，或称物件集合，是指因为当事人的意思或经济上的目的，多数单一物或合成物集合成一体；二是法律上的集合物，亦称为权利义务的集合，或集合财产，是指多数物和权利在法律上被视为一体。《物权法》第181条规定了浮动担保制度，就承认了集合物在例外情况下可以成为物权的客体。

物权的客体必须是独立物。所谓独立物，是指在物理上、观念上、法律上能够与其他的物区别开而独立存在的物①。物理上的独立物是指物必须在现实形态上与其他物相区分并为主体所实际占有和控制。但是，随着社会的发展，独立物的概念在发展，即使其不具有物理上的独立性，也可以根据交易上的观念或法律上的规定作为标准，确定某物具有独立性。

4. 物权的客体可以包括权利

《物权法》第2条第2款中所说的“法律规定权利作为物权客体的，依照其规定”，主要是指担保物权中的权利质权。在权利质权中，质权的客体并非物，而是特定的权利，如汇票、支票、本票、存款单、仓单、提单等记载的债权，以及注册商标专用权、专利权、著作权等知识产权中的财产权等。

四、物权的效力

物权的效力是指物权所特有的功能和作用②。通常认为，物权具有排他效力、优先效力、追及效力和妨碍排除效力。

（一）物权的排他效力

物权的排他效力是指一物之上不能成立两个或两个以上的所有权，也不能成立两个或两个以上同以占有为内容的他物权。物权的排他效力，主要体现在以下几个方面。

（1）所有权的排他性，即一物之上只能存在一个所有权，而不能并存数个所有权。由于所有权是对物的全面支配权，同一标的物上，不可能存在两个相同的全面支配权，

① 崔建远：《我国物权法应选取的结构原则》，《法制与社会发展》1995年第3期。

② 王利明，尹飞，程啸：《中国物权法教程》，中国人民法院出版社2007年版，第7页。

所以所有权之间具有成立上的绝对排他效力，这就是所谓的“一物一权”原则。当然，所有权所具有的排他效力，并不排斥“共有”，即数人共同享有对某物的所有权。此外，“一物一权”原则并不排除同一物上一个所有权消灭后再行成立他人的所有权，而是要求在同一时点上一物上只能有一个所有权。

（2）他物权的排他性，即同一物上不得成立两个或两个以上同以占有为内容的他物权，如在设定海域使用权后就不能再设定海域养殖权。但在同一个物上可以成立内容上不相互矛盾的他物权，如一物之上可以成立多个抵押权。

（3）对世效力和不可侵害性。物权的对世效力是指物权的效力可以对抗权利人之外的一切不特定的人。在物权关系中，权利人是特定的，义务人是不特定的，权利人享有的权利可以对抗权利人之外的一切人，任何人都负有不得侵害或妨碍权利人行使权利的义务。物权人行使权利，有权排斥他人的侵害和妨碍，在物权受到侵害时，物权人可以针对任何侵害人主张权利，物权人有权行使物权请求权，以排除他人的侵害并恢复对物权应有的圆满支配状态。

（二）物权的优先效力

物权的优先效力，称为优先权①。对此，学者有不同的理解，一般认为，物权的优先效力主要包括如下内容。

（1）对外的优先效力。物权对外的优先效力即在同一标的物之上同时存在物权和债权时，不论物权成立在先或在后，物权均具有优先于债权的效力。

（2）对内的优先效力。物权的对内效力是指能够相容的物权之间的效力。对内的优先效力是指当同一物上有多项他物权并存时，应当根据法律规定和物权设立的时间先后确定优先的效力。一般而言，应当依照成立时间先后的顺序规则，确定物权相互之间的效力顺序，对此《物权法》第199条第1款规定：“同一财产向两个以上债权人抵押的，拍卖、变卖抵押财产所得的价款依照下列规定清偿：（一）抵押权已登记的，按照登记的先后顺序清偿；顺序相同的，按照债权比例清偿。”在某些情况下，基于公共利益或社会政策等因素的考虑，法律可规定某些发生在后的物权有优先于发生在前的某些物权的效力，如《海商法》中关于船舶优先权优先于船舶抵押权的规定。

（3）同一物之上既存在某种具有物权效力的债权又存在某种不具有物权效力的债权。原则上，具有物权效力的债权优先于不具有物权效力的债权，如办理了预告登记的债权的效力优先于没有办理登记的债权的效力。

（4）同一物上既存在某种物权，也存在某种兼具有物权性质和债权性质的权利时，前一种物权应具有优先于后一种权利的效力。如法律规定出租人转让其出租的房屋，承租人在同等的条件下享有优先购买该房屋的权利，体现出了“租赁权物权化”的色彩，但并不改变租赁权在本质上仍是具有物权性质的债权的权利属性。而当承租人的优先购买权与房屋共有人享有的优先购买权发生冲突时，后者应当优先。因为，共有人所享有的优先购买权是基于所有权而产生的，而租赁权人所享有的优先购买权是基于主要作为

① 郑玉波：《民法物权》，台湾地区作者印行，1963年版，第22页。

一种债权的租赁权而产生的，按照物权优先于债权的原则，前一种优先购买权应具有优先于后一种优先购买权的效力。

（三）物权的追及效力

物权的追及效力是指物权的标的物不论辗转流通到何人之手，所有人均可依法向物的占有人索取，请求返还原物。一方面，物权具有追及的效力是相对于债权而言的，它是在与债权的比较中所确定的独有的效力。债权原则上不具有追及效力，债权的标的物在没有转移所有权之前，由债务人非法转让或第三人非法占有时，债权人不得请求物的占有人返还财产，只能请求债务人履行债务或承担违约责任。另一方面，物权的追及效力需要通过行使物权请求权得以实现。

应当指出的是，物权的追及效力并不是绝对的，《物权法》第 106 条规定了善意取得制度，物权的追及效力应当受到善意取得适用的限制。

（四）物权的妨碍排除效力

物权的妨碍排除效力是指当物权人的权利遭受其他人的侵害或者妨碍时，物权人基于物权请求权，得请求他人排除妨碍，以恢复权利人对物的正常支配。妨碍排除效力是物权在法律上的救济力或保护力，从权利的角度看，可称为“排除妨碍请求权”或“物上请求权”。《物权法》规定了停止侵害请求权、返还原物请求权、排除妨碍请求权、消除危险请求权。

物权请求权是基于物权而生的一项独立请求权，而物权不仅存在于自己所有的物上，在他人所有物上也可能存在。因此，不仅基于所有权可以产生物权请求权，用益物权、担保物权人等基于其限定物权也可以产生物权请求权，如建设用地使用权人在权利受到妨害的时候，也可以行使排除妨害请求权。

物权请求权是否适用诉讼时效，是一个尚存争议的问题。学界有肯定说、否定说、折衷说等主张。本书赞成否定说的主张，即对于物权请求权不应当适用诉讼时效，因为物权请求权是基于物权而产生的独立请求权，而不是基于债权关系产生的请求权，如果认可物权请求权适用诉讼时效，则妨害状态存在一定时期以后，物权人再主张返还原物或排除妨害等请求权时，其主张将丧失法律的保护，这会使诉讼时效（或称消灭时效）制度与取得时效制度发生重叠，也不符合诉讼时效制度的立法目的。更何况我国民法规定的诉讼时效期间过短，如果认可物权请求权适用诉讼时效，将使得对物权的保护很不严密和周全，有悖于物权的本意。

五、物权与债权的联系和区分

债权与物权是相互对应的两大财产权。物权的内容是对物的直接管领和支配，反映的是静态的财产关系，即财产的归属和支配关系；而债权的内容是请求权和受领权，反映的是动态的财产关系，即财产的交易和移转关系。

物权与债权之间的联系可以概括为：物权是财产流转的前提和结果，债权是财产流转的法律表现。具体体现在如下几个方面。

（1）物权与债权关系的相对化。具体表现在：一是债权物权化。即债权逐渐具有了物权的某些特征，如法定性、排他性等。其典型有二：①租赁权的物权化使得“买卖不破租赁”；②预告登记制度使得经预告登记的债权具有物权的效力。二是物权债权化。即物权逐渐具有了债权的某些特征，如意定性、相对性等。例如，物权的证券化就使这些证券所代表的物权的绝对性淡化。

（2）债权法对物权关系的类推适用。如债权请求权尤其是债务不履行所生请求权原则上可类推适用于物权请求权。

（3）物权与债权具有功能上的互补关系，表现为二者的互用、互换、互动。由于物权法采取物权法定主义，对于那些法律没有规定的物权类型，常可以通过债权来满足社会经济生活的需要；对于那些违反物权法定主义规定创设的“物权”，虽不发生物权的效力，但可以转换为相应的债权，产生债权的效力；此外担保物权与债权的联系最为紧密，二者互相促动，担保物权一方面旨在保障债权的实现，另一方面具有诱导债权发生的功能（如最高额抵押权），同时债权又可以成为担保物权（如权利质权）的标的。

物权与债权的区别也是十分明显的，具体表现为如下方面。

（1）从权利所反映的社会关系的性质上看，物权是静态财产权，债权是动态财产权。物权反映的是物的归属与支配关系，即静态财产关系，而债权反映的是财产的流转关系，即由一个主体转移到另一个主体的关系；物权保护财产的静的安全，债权保护财产的动的安全。物权是财产流转的前提和结果，债权则是财产流转的法律表现。

（2）从权利的发生上看，物权只能依合法行为发生，且采取物权法定原则，当事人不得设立法律规定以外的物权；而在债权的发生上，既有法定之债（如侵权行为之债、不当得利之债、无因管理之债等），也有约定之债（如契约之债），且多为约定之债。对于约定之债的发生则采取契约自由原则，只要当事人不违反法律的强制性规定和公序良俗，便可通过合意自由创设各种债权。

（3）从主体权利效力的范围上看，物权为对世权，债权为对人权。物权关系是特定的权利主体和不特定的义务主体之间的一种法律关系，它确认的是所有人与所有人以外的一切人之间的关系，其义务主体是不特定的，因此，物权为绝对权或称对世权；而债权是特定的当事人之间的法律关系，其主体双方都是特定的，债权人的权利原则上只对债务人主张，因此，债权为相对权或对人权。

（4）从权利的作用和实现方式上看，物权为支配权，债权为请求权。物权得由权利人自己对物的支配而实现，即不需借助义务人的积极行为即可实现对物的占有、使用、收益和处分；而债权人的权利主要表现为要求债务人为一定行为或不为一定行为，一般情况下，债权人债权的实现须依靠债务人的履行行为。

（5）从权利的效力上看，物权具有排他效力、优先效力、追及效力，并有物上请求权；而债权既无排他性，也无优先性和追及性，对债权的保护也只能适用债的保护方式。

依物权的排他性，在同一标的物上不能有两个或两个以上互不相容的物权存在，且物权可直接排除他人不法之妨碍；而按照债权的相容性，在同一标的物上，允许同时或先后设立数个内容相同的债权，不发生排他效力。依物权的优先性，当同一标的物上并存数个相容的物权时，先成立的物权一般优先于后成立的物权；而按照债权的平等性，各个债权不论成立先后，均应平等受偿。依物权的追及效力，物权的标的物无论辗转落于何人之手，一般而言物权人都可追及其物而行使其权利；而债权则没有追及效力，债权人对其标的物没有直接支配权，当债权的标的物被第三人占有时，不论其占有是否合法，债权人一般不得直接向该第三人请求返还，只能向债务人主张履行债务或承担违约责任。

（6）从权利的客体上看，物权的客体是物，债权的客体是给付行为。物权的客体是物，该物必须在事实上、法律上能够为民事主体占有、使用、收益、处分。此外，在某些情况下，一定的权利也可以成为物权的客体。债权的客体则是给付，即债务人的某种特定行为。

第二节　物权法概要

一、物权法的概念

物权法是大陆法系特有的概念，但在《德国民法典》之前并没有人提出物权概念并在此基础上建立起一个完整的物权法。《德国民法典》将物作为权利客体移到总则部分，并将物权、债权和继承权作为三种不同性质的财产权，分别成编加以规定，至此，物权法开始形成具有自身独立体系的、内容完整的法律，并成为民法中的一项重要制度。英美法系既无民法概念也无物权法概念，有关物权的法律规范被称为财产法，并与《合同法》《侵权责任法》等相对应。由此可见，大陆法系更重视法律逻辑，而英美法系更重视社会生活的实际经验。

我国《物权法》第 2 条第 1 款规定：“因物的归属和利用而产生的民事关系，适用本法。”由此可知，物权法是调整平等主体之间因物的归属和利用而产生的民事关系的法律规范的总和。这一概念包括如下含义。

1. 物权法是调整平等主体之间的民事关系的法律

《物权法》第 2 条强调物权法调整“民事关系”，亦即表明了物权法属民法的范畴，而平等性是民事关系的基本特征，因此，作为民法体系一部分的物权法，在调整财产关系问题上应强调民事主体之间的平等性。

2. 物权法是调整财产关系的基本法

财产关系通常包括多个方面，可概括为财产的归属与支配的静态财产关系和财产流转的动态财产关系。物权并不调整所有的财产关系，而只调整物的归属和利用的关系，物权法正是要通过明确物的归属和利用来发挥其作为基本财产法的功能。而且，物权法作为保护财产的基本法律，对于保护公民基本人权具有重要的意义。

3. 物权法是确认和保护物权的法律

物权法所要解决的问题是：物归谁所有、如何利用该物以及对物如何保护，即确认产权、物尽其用和保护物权，即所谓的“定分止争”。

4. 物权法是因物的归属和利用而产生的民事关系的法律规范的总和

从广义上说，凡是以调整人对物的支配关系为内容的法律规范都是物权法的范畴，所以，广义上的物权法也称为实质意义上的物权法。从狭义上说，物权法是指《物权法》的法律条文中对物权制度的规定，又称形式意义上的物权法。狭义上的物权法是以一个成文法典的形式出现的物权法规范的体系。而广义的物权法则除《物权法》的规定外，还包括《宪法》中关于所有制、土地及其他自然资源权属的规定，《民法通则》中关于"所有权及与所有权相关的财产权"的规定，以及《土地管理法》《中华人民共和国城市房地产管理法》《中华人民共和国草原法》《森林法》《中华人民共和国矿产资源法》《中华人民共和国水法》《中华人民共和国渔业法》《中华人民共和国文物保护法》《担保法》等法律法规中对物权的规定。

二、物权法的调整对象

根据我国《物权法》第2条第1款规定，我们可以抽取概括出物权法的调整对象，即物权法调整的对象是平等主体之间因物的归属和利用而产生的财产关系。

1. 物权法调整因物的归属而产生的社会关系

因物的归属而产生的社会关系主要包括因物权的设定而产生的关系、因物权的转移而产生的关系与因确认和保护物权而产生的关系三种。确认物权归属就是要界定产权、定分止争，这是保护各类物权人权利的前提。

2. 物权法调整物的利用关系

物的利用是指对动产、不动产的使用价值与交换价值进行支配并享有其利益。物权法的一个重要功能就是物尽其用，最有效地利用物的价值，因此，物权的利用关系已成为物权法重要的调整对象。

三、物权法的性质

物权法与合同法是调整财产关系最基本的法律，但合同法只调整交易关系，对于交易前提的界定和结果的保护，难以发挥作用，需要通过物权法确认物的归属的法律规制。物权法是调整物的归属关系及因对物的占有、利用而发生的财产关系的法律规范。物权法具有如下性质。

1. 物权法是私法

一般而言，私法规范的是平等主体之间的民事关系，公法规范的是非平等主体之间的法律关系。私法强调对公民、法人的合法民事权利的保护，充分尊重民事主体在法定的范围内所享有的行为自由，尊重民事主体依法对自己的民事权利和利益所作出的处分①。而公法则更注重公权力对民事关系的干预和对社会生活的管理。尽管物权法越来越重视对物权的行使、转移等方面问题的干预，但物权法作为民法的一部分，其性质

① 梁慧星：《民法总论》，法律出版社1995年版，第29页。

应为私法，在本质上属于私法的范畴。

2. 物权法主要是强行法

所谓强行法是指不能由当事人通过协议对法律规定加以改变的法律规制的统称。物权法的强行性集中体现在物权的类型、公示方法、物权效力等方面，即这些内容必须由法律规定，当事人不能通过协议对其进行改变。物权法的强行性同时还体现在不动产物权的行使越来越多地受到国家的干预。而合同法为任意法，即绝大多数规范属于任意性规范，可以由当事人通过协议对其加以改变。

3. 物权法是民事普通法

所谓民事普通法是指规定一般事项、适用全国领域，并没有时间限制的民事法律。而民事特别法是指规定特定事项、适用特定领域，或在适用时间上有限制的民事法律。物权法是民事普通法而非民事特别法，也就是说物权法所规范的是具有相当普遍性或一定程度的规定性的事项，它从维护国家基本经济制度出发，确认各种基本的财产权，因此，从这个意义上说，物权法是有关财产关系的最基本的普通民事法。

4. 物权法具有固有法性

物权法的固有法性，是指各国的物权法往往因为民族文化、历史传统的不同而呈现差异性。物权制度与一国的历史传统和现行的经济体制息息相关，所以不具有债权法那样的普遍性质。例如，我国物权法中规定的土地所有权制度和用益物权制度，是由我国的经济体制决定的，与其他国家的规定差异较大。诚然，在经济全球化的今天，物权法也出现了国际化的趋势，大陆法系国家的物权制度基本具有相同的法律框架，两大法系之间也出现了关于财产制度的趋同趋势，例如，浮动担保制度最早出现在英美法系中，但现今已经被许多大陆法系国家的立法或判例所认可。

四、物权法的功能

物权法的功能是指物权法在社会生活中所能发挥的应有作用，亦即物权法应当具有的作用和应当达到的目标。简单来说，物权法的主要功能主要涉及三方面的问题，即物归谁所有、怎样利用和受到侵害后如何保护。物权法通过确认和保护物权，从而维护国家的基本经济制度，规范市场经济秩序。概括起来，物权法具有如下五个方面的功能。

1. 确认物权

物权法主要调整因物的归属与利用而产生的社会关系，所以，物权法的首要功能在于确认物权，特别是确认所有权。确认物权的实质就是明确物的归属，从而定分止争。定分止争是有效利用资源的前提，因此有人称债法是“关系规范”，物权法是“定分规范”[①]。

2. 保护物权

物权法的立法宗旨就是保护物权。法律本身虽然不能直接创造财产，但可以通过确

① 苏永钦：《物权法定主义松动下的民事财产权体系》，《月旦民商法杂志》2005年第8期。

认和保护财产来鼓励创造财富。古人云：有恒产者有恒心。如果缺乏完备的物权法，就不能形成一整套对财产予以保护的完整规则，就不会形成所谓的恒产。物权法所确立的平等保护原则以及物权请求权等规定，对各类物权的确认和保护将产生激励作用，调动人们创造、积累和爱护财产的积极性，从而实现对物权的特别保护，促进社会经济的发展。

3. 维护基本经济制度

任何国家的物权法都是以维护其基本经济制度为目的的。物权法通过确认和保护物权，可以有效地巩固基本经济制度，维护社会秩序。我国物权法设专章规定了所有权制度，根据我国的经济体制和立法的现实需求，对国家所有权、集体所有权和私人的财产所有权作出了较为明确完备的规定，并贯彻平等保护原则，对各类财产所有权进行一体对待，实行平等保护，从而有利于维护宪法所确立的以公有制为主体、多种所有制经济共同发展的基本经济制度。

4. 维护市场经济秩序

物权法不仅是确认和保护所有制关系的法律，也是规范市场经济的基本法律规则。物权法对于维护市场经济秩序的作用主要在于维护交易安全，突出地体现在四个方面：一是通过确认物权类型，为交易的顺利进行提供前提；二是通过确认物权法定原则和公示公信原则，保护交易安全和正常的交易秩序；三是通过确立物权变动的规则，规范交易主体如何取得物权，实现交易目的；四是通过确立善意取得制度，为第三人消除交易中的风险，减少交易中的权利纠纷，从而保护交易安全，维护交易的正常秩序。

5. 提高财产的使用效率，实现物尽其用

现代各国物权法十分重视对物的充分有效利用。所谓物尽其用就是通过明确权利人对物的权利和对物的保护，充分发挥物的效用。由于资源的有限性，人类已十分关注对物的合理充分利用，因此，物尽其用是物权法的一项基本任务。

五、制定《物权法》的意义

我国《物权法》第 1 条就开宗明义地宣示：“为了维护国家基本经济制度，维护社会主义市场经济秩序，明确物的归属，发挥物的效用，保护权利人的物权，根据宪法，制定本法。”这条规定，既确定了《物权法》的立法宗旨和根本依据，又体现了《物权法》的基本精神和主要内容。我们由此可以作出判断：制定《物权法》，既涉及国家的基本经济制度，又关系广大人民的切身利益；既是我国经济社会发展的迫切需要，又是我国经济社会发展的法制保障。《物权法》的颁布至少具有如下意义。

1. 《物权法》奠定了依法治国、保护人权的基础

《物权法》以民事基本法的形式对物权法律制度作出了较为详尽的安排，从而相对地确认了公民的各项基本财产权利，这就为公民的基本人权保障和法制社会的建设奠定了基础。财产权与生命权、自由权并称为公民的三大基本权利，保护合法的财产权就是保护公民的基本人权，就是保护公民基本的生产和生活条件。

2. 由《物权法》在法律体系中的特殊性和独特功能所决定，《物权法》从民法角度对所有权的保护就是对现实生活中所有制的维护

财产是人类生产、生存的物质基础，又是人类社会文明进步的物质基础。《物权法》作为一项重要的民事法律制度，其功能主要体现在两个方面：一是通过明确物的归属，发挥定分止争的作用；二是通过明确权利人对物享有的权利和对物权的保护，发挥物尽其用的作用。《物权法》专章规定所有权制度，并对国家所有权、集体所有权和私人财产所有权设置了比较完备而明确的规范，对于各类财产所有权一体对待、贯彻平等保护原则，这既是我国社会主义基本经济制度的基本内容，也是维护我国基本经济制度的立法措施。

3. 《物权法》的制定从民法角度为发展社会主义市场经济提供了重要的法制保障

从世界范围来看，衡量一种经济体制是否属于真正的市场经济体制，关键要看市场是否在资源配置中发挥基础性作用，反映在法律制度上，就是要看规范市场经济的民商法律制度是否建立健全。《物权法》不仅确认了各类物权，构建了产权制度的基本框架，为市场交易确立了法律前提，为市场的正常运行奠定了基础，而且通过确立的平等保护原则，来维护市场主体在经济运行中的平等地位和基本财产权利，符合市场经济的内在要求。我国是发展中的大国，目前又处在经济体制转换、产业结构调整和经济快速发展的时期。适应经济运行机制和经济管理方式的根本转变，适时制定《物权法》，通过确认物的归属，明确所有权和用益物权、担保物权的内容，保障所有市场主体的平等法律地位和发展权利，依法保护权利人的物权，对于从民法角度保障社会主义市场经济的发展，具有重大而深远的意义。

4. 《物权法》的制定从民法角度为维护好、实现好、发展好最广大人民的根本利益提供了重要的法制保障

合理调整社会利益关系，基础在于保护合法财产。也就是说，不论是谁，只要他的财产是合法的，都要给予保护，任何单位或者个人都不得侵犯；不论是谁，只要他侵犯了国家的、集体的和他人的合法财产，就要依法承担法律责任。因此，在社会利益格局发生深刻调整的形势下，适时制定《物权法》，通过制度安排，正确把握和妥善处理最广大人民的根本利益、现阶段群众的共同利益和不同群体的特殊利益的关系，正确反映各方面群众的共同利益，统筹兼顾不同群体的特殊利益，对于从民法角度维护好、实现好、发展好最广大人民的根本利益，具有重大而深远的意义。

5. 制定《物权法》是完善社会主义市场经济法律体系的重要步骤

我国要建成中国特色的社会主义法律体系，就需要尽快制定和颁行民法典，而《物权法》实际上是制定民法典的核心部分。从目前情况来看，我国已颁行了《民法通则》《合同法》等重要民事基本法，并在现实生活中发挥了重要的作用。《物权法》的制定使我国调整财产关系的法律基本制定完毕，有助于民法典的制定和中国特色社会主义法律体系的形成。

第三节 物权法的基本原则

物权法的基本原则是指贯穿物权法始终的、统帅物权法全部内容的基本精神。基本原则是统领一般法律规则的高级法律规则，具有概括性、抽象性和统帅性的特点。我国物权法最重要的基本原则可以概括为三项：平等保护原则、物权法定原则和公示公信原则。其中，平等保护原则是物权法的基本原则，是制定我国《物权法》的基本指导思想，而物权法定原则和公示公信原则主要是确认物权以及物权变动的规则，它们虽然也反映了物权法的基本特点，但不像平等保护原则那样直接反映物权法的私法本质和我国基本经济制度的要求。

一、平等保护原则

物权法上的平等保护原则，是指物权的主体在法律地位上的平等，依法享有平等的权利，遵守相同的规定，其物权受到侵害以后受到物权法的平等保护。事实上，由于物权法是私法，是调整平等主体之间的财产归属和利用关系的法律规范，所以，物权法的主体当然应当是平等的，对于不同的物权主体，法律应当平等保护。因此，平等保护本是物权法的应有之义，本无须法律特别强调，但是我国正处在经济体制的转型时期，计划经济时代所遗留下来的国家所有权优先的观念仍在相当程度上产生影响，在这样的背景下，我国在法律上明文规定平等保护的原则对于保护公民的合法私有财产、明确物权法的私法性质具有特别重要的意义。

物权法的平等保护原则包括如下方面。

1. 法律地位平等

《物权法》第 3 条第 3 款规定："国家实行社会主义市场经济，保障一切市场主体的平等法律地位和发展权利。"这就是说，一切进入市场的主体，在法律地位上都是平等的，即使是国家所有权也不例外，不存在谁高谁低的问题。《物权法》第 4 条规定："国家、集体、私人的物权和其他权利人的物权受法律保护，任何单位和个人不得侵犯。"这就是说，即使是没有进入交易领域的财产，都要同等地受到法律的确认和保护，无论是国家、集体的物权，还是私人的、其他权利人的物权，在受到侵害以后都要受到物权法的平等保护。

2. 适用规则上的平等性

除了法律另有规定以外，任何物权主体在取得、设定、转移物权时都应遵循共同的规则，各类物权人在行使物权时，也应当平等地遵循物权法规定的规则，不应因物权主体的身份不同而有所差别，国家所有权并不具有高于集体所有权或私人所有权的效力。

3. 保护的平等性

保护的平等性包括两个方面：一是在物权发生冲突的情况下，针对各个主体都应当适用平等的规则解决纠纷，即使是国家与其他主体发生产权纠纷，当事人也有权请求法院明晰产权、确认归属。二是在物权受到侵害后，各物权主体都应受到平等的保护，都可以平等地享有物权请求权、侵权请求权以及其他请求权，并通过行使这些权利使自己遭受侵害的财产得到恢复、受损的权利得到补救、遭受的妨碍得以排除。

二、物权法定原则

物权法定原则，是指物权的种类、内容应由法律明确规定，不能由法律之外的其他规范性文件确定，或由当事人通过合同任意设定。我国《物权法》第 5 条规定："物权的种类和内容，由法律规定。"物权法定原则是大陆法系国家物权法所确认的基本原则，它对于界定物权、定分止争、确立物权设立和变动规则，建立物权秩序具有十分重要的意义。物权法定原则包括以下几个方面。

1. 物权种类法定

所谓物权种类法定，又称为"类型强制"，是指物权的类型必须由法律确认。物权种类法定包括如下两层含义：一是物权的具体类型要由法律明确规定，法律之外的规范性文件不得创设物权。这里所说的法律，必须是国家立法机关通过立法程序制定的规范性文件，不包括部门规章、地方性法规等。二是种类法定，既不允许当事人任意创设法律规定之外的物权，也不允许当事人通过约定改变现有的法律规定的物权类型，同时，也不允许当事人创设无名物权。即使当事人创设出所谓新型的物权，或通过合同约定的权利为物权，也不发生物权法上的效力。

2. 物权内容法定

所谓物权内容法定，又称为"类型固定"，是指某一物权具有哪些内容应由法律加以规定，而不能由当事人约定。它包含如下两方面的内容：一是物权的内容必须由法律规定，当事人不得创设与法定物权内容不符的物权。二是物权内容法定同样包含着限制其他国家机关通过规范性文件或司法机关通过个案改变物权内容的情形[①]。

我国《物权法》虽然强调物权法定原则，但这并不意味着物权法定是封闭的、一成不变的，因为《物权法》第 5 条规定包括所有"法律"，而不仅仅限于"物权法"，所以这一规定本身就具有开放性。随着社会经济的发展，不仅《物权法》，其他的特别法，都可以对新形势下出现的一些新型物权，通过确认的方式予以承认，这也符合大陆法系国家物权法定原则缓和的趋势。但是，根据我国《物权法》的规定，禁止在法无明文规定之前就承认所谓新型物权的存在及其效力。违反物权法定原则将会导致物权不能有效设定，即新设的权利不发生物权效力，但并不影响合同的效力。例如，我国《物权法》并未将传统上的典权纳入物权的范围，如果有人就自己的房屋所有权或土地使用权向他人出典，其设立的"典权"不会被认定为物权，不发生物权效力，但是如果当事人所签订的合同符合合同法上规定的有效要件，仍然会在他们之间产生合同法上的约束力。

三、公示公信原则

所谓物权公示原则，是指物权的设立、变动必须依据法定的公示方法予以公开，使

① 王轶：《物权法理解与应用》，人民出版社 2007 年版，第 20 页。

第三人能够及时了解物权的变动情况。《物权法》第6条规定:“不动产物权的设立、变更、转让和消灭,应当依照法律规定登记。动产物权的设立和转让,应当依照法律规定交付。”《物权法》第9条规定:“不动产物权的设立、变更、转让和消灭,经依法登记,发生效力;未经登记,不发生效力,但法律另有规定的除外。”这些规定就是物权的公示原则和公示方法在法律上的反映。

物权的公示方法必须由法律明确规定,不能由当事人任意创设。关于物权公示的方法原则上应采用以下两种方式。

一是对不动产采取登记制度。不动产登记是指登记申请人对不动产物权的设定、转移在专门的登记机关依法定程序进行登记,其目的在于通过登记将不动产物权的设立、转移、变更等情况记载于不动产登记簿上,向公众予以公开,以备相关当事人查阅,使公众了解某项不动产上所形成的物权状态和权利负担情况[①]。所谓例外情形是指土地承包经营权、地役权等不动产物权的设立,在法律有特别规定的情况下,不需要登记也能发生效力,但未经登记,一般不得对抗善意第三人。

二是对动产采取占有和交付制度。占有是指对于物的事实管领状态。占有人实际占有物的,称为直接占有,如所有人对自己的所有物的直接管领;占有人虽未实际占有其物,但对实际占有人享有法定的返还请求权的,称为间接占有,如出借人对借用人享有对于出借物的返还请求权,出借人对出借物为间接占有。无论是直接占有还是间接占有,都可为动产物权的公示方法[②]。交付是指占有的移转,即一方将动产的占有交给另一方。在物权变动的过程中,通过交付转移占有是让与动产物权的公示方法,至于交付行为本身是否为第三人知道并不重要。在现代法制下,交付不仅包括现实交付,也包括观念交付。观念交付主要包括简易交付、指示交付和占有改定。

此外,对于动产、不动产之外的其他权利,《物权法》也规定了相应的公示方法,如有关应收账款的质押、基金份额和股权质押等,应当自到相关部门办理出质登记时设立。

一般来说,物权的公示效力可以分为两大方面:其一是决定物权的变动是否发生或是否能够对抗第三人;其二是权利正确性推定效力和善意保护效力。前者为物权公示的形成力或对抗力,后者为物权公示的公信力。

所谓公信原则,是指对于通过法定的公示方法所公示出来的权利状态,相对人有合理的理由相信其为真实的权利状态,对于依此信赖的当事人与登记权利人进行的交易,法律应当予以承认和保护。由此可见,公信原则实际上是赋予了登记所公示的内容具有公信力。公信主要适用于不动产交易。不动产公信原则主要表现在以下两个方面。

1. 登记记载的权利人在法律上推定其为真正的权利人

《物权法》第16条第1款规定:“不动产登记簿是物权归属和内容的根据。”实际上就是在法律上确立了登记权利的推定效力。换句话说,凡记载于登记簿的权利人,就在法律上推定其为法律上的权利人,如果有人主张登记簿记载错误,应当由其承担相应的

① 权利负担情况是指在物上所设立的他物权,包括用益物权和担保物权。

② 梁慧星,陈华彬:《物权法》,法律出版社2004年版,第90页。

举证责任。这就是所谓的权利的正确性推定性规则[①]。

2. 凡是相对人因信赖登记所记载的权利而与权利人进行的交易，在法律上应当受到确认和保护

对于登记记载的权利和内容，第三人会产生信赖，这种信赖应当受到保护。当然，公信原则的适用也有一些例外，即公信制度不适用于恶意的第三人。恶意是指权利人在从事交易时知道或应当知道交易的另一方并不是真正的权利人，在恶意的情况下，对恶意当事人进行保护就失去了公信原则的应有特点。

与大多数大陆法系国家的立法不同，我国《物权法》第106条规定的善意取得制度既包括了对动产的善意取得，也包括对不动产的善意取得。因此，在我国，在不动产物权移转时，对于相对人信赖的保护主要是通过善意取得制度实现，而并非基于公信原则。

物权法上公示原则与公信原则是相辅相成的，它们的功能都在于确保物权变动快捷、顺畅、安全地完成。公示原则的作用主要在于使人“知”，公信原则在于使人“信”：公示原则只提供给当事人消极的信赖，而公信原则则进一步保护当事人积极的信赖。

第四节　物权的设立、变更、转让和消灭

一、物权的设立

所谓物权的设立，是指当事人依据法律规定的物权类型、物权设定的类型和条件，通过法律行为和其他方式创设某种物权。

物权的设立包括所有权的取得和他物权的设立。在多数情况下，物权的设定必须基于当事人的合意，即双方法律行为，只在极少数情况下，才存在通过单方法律行为设定他物权的情形。

物权的设立又分为物权的原始取得和物权的继受取得。物权的原始取得是指非基于他人既存的权利而取得物权。一般而言，基于事实行为的取得，多为原始取得，如基于先占而取得无主物的所有权。原始取得是物权的绝对发生。物权的继受取得是指基于他人既存的权利而取得物权。一般而言，基于法律行为而取得的物权，属于继受取得[②]，如当事人双方订立合同转移对物的所有权。继受取得是物权的相对发生。

二、物权的变更

物权的变更有广义和狭义的区分，广义上的物权变更包括物权主体、内容、客体的变化；而狭义上的物权变更主要是指物权内容和物权客体的变化，不包括物权主体的变化。物权内容的变更，是指在物权设立后，双方当事人依据法律规定和合同约定变更物权的内容，如建设用地使用权期限的延长或缩短。物权客体的变更，是指在物权设立后，

① 孙宪忠：《德国当代物权法》，法律出版社1997年版，第84页。

② 梁慧星，陈华彬：《物权法》，法律出版社2004年版，第59、60页。

双方当事人基于法律和合同规定变更了物权的客体，如建设用地使用权所及于的土地四周范围的扩大或缩小。

三、物权的转让

所谓物权的转让，是指当事人基于法律或合同规定转移物权，从而实现物权主体的变化。物权转让是最为典型的物权交易形式。物权一般都可以单独转让，但是，如果物权具有从属性，从属物权必须与主权利一同转让。动产物权的转让需要交付，而不动产物权的转让，除非法律另有规定，当事人应办理物权的转移登记手续。

四、物权的消灭

所谓物权的消灭，是指当事人依据法律的规定或合同的约定，通过实施一定的行为暂时或永久性地消灭物权。消灭的原因主要包括混同、抛弃、标的物灭失、添附、当事人合意消灭物权等。

物权的设立、变更、转让和消灭统称为物权的变动。在物权变动中，当事人通常需要订立有关的合同，并通过对合同的履行和必要的登记来实现，因此，就有必要区分合同的效力和登记的效力。设定物权类型和确定物权内容的合同属于债权关系，应由合同法调整，而设定物权与变动物权属于物权关系的范畴，应由物权法调整。按照物权法定原则的要求，当事人违反物权法对于物权的种类与内容、物权变动的公示方法等的规定，将导致其设定与变动物权的行为无效，但这不影响合同的效力[①]。对此，《物权法》第 15 条规定："当事人之间订立有关设立、变更、转让和消灭不动产物权的合同，除法律另有规定或者合同另有约定外，自合同成立时生效；未办理物权登记的，不影响合同效力。"

第五节　不动产登记与动产交付

一、不动产登记

不动产登记是指国家登记机关将不动产物权的设立和变动的事项记载于不动产登记簿并供公众查阅。不动产登记是不动产物权设立和变动的主要公示方法，其目的在于向公众公示不动产物权的设立、变更、转让和消灭的情况，为当事人查阅相关信息提供方便，从而实现提高效率、维护交易安全和交易秩序的目的。

《物权法》第 17 条规定："不动产权属证书是权利人享有该不动产物权的证明。不动产权属证书记载的事项，应当与不动产登记簿一致；记载不一致的，除有证据证明不动产登记簿确有错误外，以不动产登记簿为准。"从实践来看，错误发放权属证书、重复发放权属证书、伪造权属证书的情况时有发生，在权属证书与登记记载内容不一致的

① 梁慧星：《中国物权法草案建议稿》，社会科学文献出版社 2000 年版，第 103 页。

情况下，必须以登记记载内容为准。原因在于：一是不动产物权的设立以记载于登记簿为生效条件，而不以权属证书的颁发为生效条件；二是不动产登记簿最能清晰地展现不动产的权利变动状态，且其对外的公开性使查阅人对其内容产生信赖，从维护交易安全的考虑，这种信赖利益应当得到法律的保护；三是不动产登记簿是由登记机构管理的，对于登记的真实性登记机构可以更好地维护，且登记簿不易伪造、变造或涂改，而权属证书由权利人持有，第三人难以了解，从而无法对权属证书的记载提出异议。因此，在权属证书与登记簿不一致的情况下，原则上应当以登记为准，如果利害关系人提出登记簿本身确有错误，也需根据一定的程序对登记簿的记载加以更正，而不能直接以权属证书的记载为依据。

根据《物权法》第 9 条的规定，不动产登记的效力，以登记生效主义作为一般原则，而以登记对抗主义作为例外。不动产登记的效力包括如下几个方面。

1. 自记载于不动产登记簿之日起，发生物权设立和变动的效力

《物权法》第 14 条规定："不动产的设立、变更、转让和消灭，依照法律规定应当登记的，自记载于不动产登记簿时发生效力。"

2. 权利推定效力

也就是说，登记记载的权利人应当推定为法律上的权利人。当然，登记也可能发生错误，但在错误没有更正之前，只能依据登记作为谁是权利人的推定。"推定"是法律上的假定，如果利害关系人有足够当然证据证明自己是真正的权利人，可以申请登记机构更正登记，也可通过诉讼程序请求法院重新确认权利。

3. 善意保护的效力

在登记申请人办理了登记之后，任何人因为信赖登记而与登记权利人就登记的财产从事了交易，且符合善意取得的构成要件，应当受到善意取得制度的保护，可以取得该不动产的所有权。

《物权法》第 10 条规定："不动产登记，由不动产所在地的登记机构办理。国家对不动产实行统一登记制度。统一登记的范围、登记机构和登记办法，由法律、行政法规规定。"从现实情况来看，在我国，不动产登记事务主要由有关行政机关及其设立的事业单位负责，具体涉及不动产登记的部门主要包括土地管理部门、房地产管理部门、农业管理部门、林业管理部门、矿产管理部门、水资源管理部门和海洋管理部门等。从行政管理职能的充分发挥与管理专业化的角度来看，登记与行政职能部门的设置和职权的结合是必要且有效的，但如果将登记作为公示方法来对待，则现有的登记体制便凸显出诸多弊端。因此，物权法规定实行统一登记制度，其理由在于：第一，建立一套完整的不动产登记程序和规则的需要；第二，为当事人办理登记和查阅登记提供方便；第三，维护交易安全和交易秩序的需要；第四，提高效率的需要。

物权法还规定了更正登记和异议登记制度，使得在登记出现错误的情况下，"真"权利人的权利可以得到充分的保护。《物权法》第 19 条第 1 款规定："权利人、利害关系人认为不动产登记簿记载的事项错误的，可以申请更正登记。不动产登记簿记载的权

利人书面同意更正或者有证据证明登记确有错误的，登记机构应当予以更正。”此为更正登记制度。登记机关适用更正登记，须具备以下几个条件：一是更正登记的申请人为权利人或利害关系人，其中权利人包括所有权人和定限物权人，利害关系人一般指虽然不是该不动产的权利人，但该不动产的归属会影响其经济利益的人，如权利人的继承人、权利人的债权人等。二是申请更正登记的理由是登记簿记载的事项错误，如所有人或共有人的姓名或名称错误，证件号码错误，权利期限错误，对不动产的属性、位置、面积、结构等描述错误等。三是登记机关可直接更正的前提条件是不动产登记簿记载的权利人（或称名义权利人）书面同意更正，或者有证据证明登记确有错误。如果没有这两个前提条件之一，登记机关不能直接进行更正，否则会损害登记簿上记载的权利人的利益，此时，只能适用异议登记。《物权法》第 19 条规定了更正登记制度后，在第 2 款继续规定了异议登记制度：“不动产登记簿记载的权利人不同意更正的，利害关系人可以申请异议登记。登记机构予以异议登记的，申请人在异议登记之日起十五日内不起诉，异议登记失效。”由此可见，异议登记须具备以下条件：一是异议登记的申请人为权利人或利害关系人；二是申请异议登记的理由为登记簿记载的事项错误；三是不动产登记簿记载的权利人不同意更正登记簿，而有证据证明登记确有错误；四是异议登记后 15 日内申请人必须起诉，否则登记失效。为了防止人们滥用异议登记，损害权利人的利益，物权法上还规定了异议登记不当，造成权利人损害的，权利人可以向申请人请求损害赔偿。

由于我国允许在房屋等不动产尚未建成的情况下，即“物”尚未产生的情况下，当事人可签订买卖房屋或其他不动产物权的协议，即所谓的“期房合同”。为了防止出卖方一物多卖，损害买受人的利益，物权法规定为了保障将来实现物权，买受人按照约定可以向登记机构申请预告登记。预告登记后，未经预告登记的权利人同意，处分该不动产的，不发生物权效力。同时规定，预告登记后，债权消灭或者自当事人能够进行不动产登记之日起 3 个月内未申请登记的，预告登记失效。

二、动产交付

《物权法》第 23 条规定：“动产物权的设立和转让，自交付时发生效力，但法律另有规定的除外。”这一规定表明动产物权的变动应当适用交付并转移占有的规则，具体包括如下内容：第一，动产物权的设立和转让的公示方法是交付，也就是说，任何动产物权的变动，除法律有特别规定外，都要根据法律规定的法定公示方法作出交付；第二，交付是动产物权变动法定的公示方法，只要当事人要完成动产物权的变动就必须依法履行交付义务；第三，交付完成将发生动产物权的变动。

交付分为现实交付和观念交付两种。所谓现实交付是指动产物权的出让人将动产的占有实际地转移给受让人，由受让人直接占有该动产。所谓观念交付是指在特殊情况下，法律允许当事人通过当事人特别的约定，并不现实地交付动产，而采用一种变通的交付办法代替实际交付。我国《物权法》第 25 条至 27 条规定了简易交付、指示交付和占有改定三种观念交付的形式。《物权法》第 25 条规定，动产物权设立和转让前，权利人已经依法占有该动产的，物权自法律行为生效时发生效力，此为简易交付或称为无形交付。

例如，甲将一本书借给乙，后甲将该书出卖给乙，由于乙已经事先占有了该书，所以从买卖合同生效时起乙就拥有了对该书的所有权。《物权法》第 26 条规定，动产物权设立和转让前，第三人依法占有该动产的，负有交付义务的人可以通过转让请求第三人返还原物的权利代替交付，此为指示交付。例如，甲将一本书借给乙，后甲将该书出卖给丙，甲可以将返还该书的请求权让与给丙，以代替现实交付。《物权法》第 27 条规定，动产物权转让时，双方又约定由出让人继续占有该动产的，物权自该约定生效时发生效力，此为占有改定。例如，甲将一本书出卖给乙，但甲希望将该书留阅一段时间，可以与乙签订借用或租赁该书的合同，使乙取得间接占有人的地位。

三、船舶、航空器和机动车等物权的变动

《物权法》第 24 条规定：“船舶、航空器和机动车等物权的设立、变更、转让和消灭，未经登记，不得对抗善意第三人。”也就是说，有关船舶、航空器和机动车等动产物权的变动适用登记对抗主义原则，当事人可以办理也可以不办理登记，法律不实行强制登记，允许当事人就公示方法自由选择，但如果当事人不登记，则不能对抗善意第三人。对船舶、航空器和机动车等物权的变动采取登记对抗主义的原因主要在于：一是由于船舶、航空器和机动车在现实生活中始终发生着空间上的移动，在很多情况下实行强制登记对当事人从事交易会造成很多的不便；二是船舶、航空器和机动车等属于动产，权利人通常可以实施有效的占有，不予登记也不会发生很大的权属混乱。从绝大多数国家的立法例来看，对船舶、航空器和机动车等都是采取登记对抗主义，而我国的相关法律亦采取了同样的规则，如《海商法》第 9 条第 1 款规定：“船舶所有权的取得、转让和消灭，应当向船舶登记机关登记，未经登记的，不得对抗第三人。”《物权法》正是在总结我国立法经验和国外立法例的基础上，对船舶、航空器和机动车等物权的变动采取登记对抗主义。

第六节　物权的保护

一、物权保护及《物权法》对物权保护的特点

物权的保护是指通过法律规定的方法和程序，对物权人的物权进行保护。保护物权是现代法治的重要内容，我国《宪法》第 12 条对各类财产的保护作了原则性规定，规定社会主义的公共财产神圣不可侵犯，同时规定“公民的合法的私有财产不受侵害”，这些规定是各部门法保护物权制度的基础。刑法通过运用各种刑罚手段保护物权，行政法通过行政措施和行政处罚等手段处罚破坏物权的行为，而民法通过物权的保护方法和债权的保护方法来保护物权，可以说，对物权的保护是我国各部门法的共同任务。《物权法》专设第 3 章，主要从物权的效力和物权法的特殊规则出发，较为详细地规定了对物权的保护。《物权法》对物权保护规定的特点主要体现在以下几个方面。

（1）规定了在物权受到侵害的情况下，获得救济的多种途径。《物权法》第 32 条规

定："物权受到侵害的，权利人可以通过和解、调解、仲裁、诉讼等途径解决。"也就是说，当物权受到侵害时，权利人既可以采取和解、调解的方式解决物权争议，也可以通过仲裁或诉讼的方式来解决物权争议。

（2）规定了确认物权的请求权，用于解决在物权归属不明的情况下所发生的争议。由于此种请求权在性质上属于民事请求权，而且行使物权的请求权是保护行使物权的前提，对于界定产权、定分止争具有重要的意义。

（3）规定了专门保护物权的方式——物权请求权，包括返还原物、排除妨碍、消除危险、恢复原状四种请求权方式。这些请求权既可以由物权人直接向侵害人提出请求，也可以由物权人向司法机关提起诉讼。

（4）规定了对物权的保护既可采用物权请求权，也可采用侵权请求权，而且这两种方法既可以单独使用也可以合并使用，加大了对物权保护的力度，可以对物权进行全面充分的保护。

（5）针对侵害物权的不同情况，规定了民事、行政和刑事责任，构建了一个保护物权的完整的责任体系。

二、确认物权的请求权

所谓确认物权的请求权，是指利害关系人在物权归属和内容上发生争议时，有权请求确认物权的归属、明确权利内容。《物权法》第 33 条规定："因物权的归属、内容发生争议的，利害关系人可以请求确认权利。"传统物权法中的物权请求权并不包括确认物权的请求权，并认为物权请求权是在权利人已经享有权利、权利界定十分清楚的情况下享有的。但现实的情况是，大量的争议并不是在物权归属明确的情况下需要物权保护，而是就权利本身发生争议，尤其是需要通过物权确认请求权来保护，所以，《物权法》规定了物权确认请求权。该项规定不仅为人民法院解决实践中的纠纷提供了法律依据，而且有助于发挥物权法确认产权、定分止争的功能，使我国保护物权的体系更为完善和有效。

当然，物权的确认并不是一项独立的请求权。因为，一方面，民法上的请求权与某种特定权利的存在是密不可分的，请求权可能是对某种权利遭受侵害后的救济手段，也可能是某种民事权利自身蕴含的内容，但无论如何，请求权都是以实体权利的存在为前提的。然而，物权的确认是因为物权这一权利本身的归属或内容存在争议而产生的，既然物权的归属和内容都存在争议，那么，就不能认为请求确认物权的人当然地享有物权。另一方面，确认物权的请求权只能通过公力救济的方式来实现，常常是通过有关登记机关确认或者向人民法院提起确认之诉。因此，确认物权的请求权与一般的债权有所不同，它本身并不是一项独立的请求权。

物权的确认具有如下特点。

1. 物权的确认是物权保护的前提

通常物权请求权的行使都是以物权人享有物权为基础的，也就是说，在物权人享有物权的情况下才能行使该权利。但在物权的归属发生争议时，当事人是不能直接行使物权请求权的，而必须首先请求确认物权的归属。

2. 确认物权包括对物权归属的确认和对物权内容的确认两个方面

对物权归属的确认包括对所有权的确认和对他物权的确认。对所有权的确认是保护所有权的前提，因为，如果所有权属不清，则无法适用所有权的保护方法。而对他物权的确认也涉及他物权人的利益以及其权利能否实现。对物权的内容的确认是指当事人对物权的内容发生争议后，请求人民法院对物权的内容加以确认。

3. 确认物权的归属必须向有关机关或人民法院提出

在物权的归属发生争议的情况下，可以向登记机关要求办理更正登记，这种更正实际上是对权利的重新确认，因此，更正登记本身具有重新确权的功能。当事人除可要求更正，还可直接向法院提出确权之诉，请求确认物权的归属和内容。就物权法领域而言，确权之诉具体表现在确认物权归属之诉、确认物权的内容之诉、分割共有财产之诉等。上述请求不能由当事人凭私力救济来实现，只能通过公力救济的方法达到确权的目的。

4. 确认物权必须由利害关系人提出

利害关系人包括真正权利人、对物主张权利的人以及与他们有权利义务关系的人。如果允许任何人都主张确认权利，则不利于稳定财产秩序。

另外，需要说明的是，尽管确认物权请求权是一种请求权，但该请求权原则上不应适用诉讼时效的规定，理由在于：第一，从确认请求权的性质来说，确认物权的请求权不同于普通的请求权，它必须以物权的存在为基础，以物权的确定为前提，而确权请求权本身就是为了解决物权的存在与否而产生的，在行使之前权利并未确定。第二，确认请求权并不是在物权遭受侵害之后寻求救济的手段，并不要求对方作出一定的给付。确认请求权的行使并不使对方当事人为一定的行为，它只是在权利发生争议的情况下请求公权力介入，由公法机构确认物权的归属和内容，对当事人的权利作出最终的判断，与私法上的请求权完全不同。第三，从时效的起算点来看，即使承认确权请求权应当适用诉讼时效，也很难确定时效期间的起算点。换言之，确权请求权的诉讼时效是应该从发生权利争议之时起算，还是从法院作出确权判决之日起算，难以确定。因为，在确权之前，权利还没有确定，不能说某人的权利遭受了损害，只能在法院确定权利归属和内容后才能开始计算，但是，如果从法院确定权利归属和内容的判决生效时起算，也就不存在诉讼时效的问题了，因为《物权法》第28条已规定："因人民法院、仲裁委员会的法律文书或者人民政府的征收决定等，导致物权设立、变更、转让或者消灭的，自法律文书或者人民政府的征收决定等生效时发生效力。"

三、物权请求权

物权请求权有广义和狭义之分，狭义的物权请求权是指基于物权而产生的请求权，即物权人在其物被侵害或可能遭受侵害时，有权请求恢复物权的圆满状态或防止侵害；广义的物权请求权除了基于物权而产生的请求权外，还包括占有人的占有保护权。学者一般都是从狭义上理解物权请求权的，即指权利人为恢复物权的圆满状态或者防止侵害的发生，请求义务人为一定行为或不为一定行为的权利。物权请求权依附于物权的独立请求权，只能在物权受到侵害或侵害可能使物权圆满状态受到破坏时行使，包括返还原物、消除危险、排除妨害、恢复原状。

物权请求权具有如下特征。

1. 物权请求权是物权法保护物权的特有方法

物权请求权是一种基于物权而产生的保护物权的请求权，也是物权法为保护物权而特设的一种方法。物权作为一种对物的直接支配权，权利人享有对物进行占有、使用、收益、处分等权能，这些权能可以说是物权的积极权能。为了保障这些权能的实现，就必须赋予物权人在物权遭受侵害时所享有的返还原物、排除妨害等物权请求权。

2. 物权请求权与物权不可分离

物权请求权与物权具有共同的命运，物权请求权随物权的产生而产生，随物权的转移而转移，物权消灭物权请求权也不复存在，且物权请求权不能脱离物权单独转让。

3. 物权请求权主要是为了恢复对物的圆满支配状态

物权请求权之所以不同于侵权请求权，原因在于物权请求权的目的是恢复对物的圆满支配。一方面，物权请求权行使的前提是物权的支配客体仍然客观存在，不能发生灭失，因为在物灭失的情况下物权人只能通过侵权损害赔偿的方式要求侵害人给予损害赔偿。另一方面，物权请求权通常是与有体物的保护联系在一起的，物权尤其是所有权的客体主要是有体物，因此，物权请求权也是基于对有体物的保护而产生的。返还原物、排除妨害、恢复原状都是在物权人所有或占有的有体物受到侵占、妨碍或损害时产生的保护方法。而对于无体财产的占有或妨害，主要采用债的保护方法。

4. 物权请求权的效力优先于债权请求权

在物权受到侵害时，首先应采用物权请求权对物进行保护，因为物权请求权具有优先于债权的效力。

《民法通则》对物权的保护主要采用了债权的保护方法，但在承担责任的具体形式中又包含了物权请求权的内容，如返还原物、停止侵害、排除妨害、消除危险、恢复原状等。也就是说，在《民法通则》建立起来的请求权体系中不存在一个独立的物权请求权，传统的物权请求权的内容为侵权请求权所包容。《物权法》单设物权请求权，对物权的保护既采物权请求权方式又采侵权请求权方式，是对《民法通则》的突破和保护物权方式的完善。通常情况下，当物权人的权利遭受侵害后，物权人应首先行使物权请求权，只有当物权请求权不足以保护物权人的权利时才考虑行使侵权请求权。

物权请求权与侵权请求权的区别在于：第一，功能与目的不同。传统的物权请求权主要是通过行使返还原物请求权、排除妨害请求权和停止侵害请求权，来达到排除物权遭受侵害的事实和可能，恢复或保障物权的圆满状态；在物权保护中，行使侵权请求权就是要求加害人履行损害赔偿之责。第二，要求相对人承担责任的要件不同。表现在：一是归责基础不同。一般侵权行为的受害人要行使基于侵权行为的请求权必须适用过错责任原则，也就是说，受害人要主张权利就必须举证证明加害人具有过错，否则，加害人不承担侵权责任；而适用物权请求权，权利人要求加害人返还财产、停止侵害、排除妨害和恢复原状，都不需要证明相对人具有过错。二是对损害的要求不同。在物权保护中，行使物权请求权的前提是存在损害赔偿之债，没有损害赔偿之债，就失去了行使侵权请求权的基础，即没有损失就没有赔偿；而行使物权请求权的前提是物权遭受侵害或有遭受侵害的可能，而不以造成财产损失为前提，即只要行为人阻碍或妨害物权人行使其物权，不论造成了现实的损害还是对将来行使物权造成妨害，也不论损害是否可以用货币衡量，物权人都有权行使物权请求权。第三，两种请求权保护的期限不同。侵权请求权适用普通的诉讼时效，一般为两年，但是，对于物权请求权则不能适用诉讼时效的规定，因为物权请求权是基于物权而产生的独立请求权，而不是基于债权关系产生的请求权，如果认可物权请求权适用诉讼时效，物权人很容易因为时效期间经过便丧失对物权的法律保护，这不仅使得诉讼时效实际上变成了取得时效，对物权人极为不公，而且也不符合时效制度的立法目的。另外，我国《民法通则》规定的诉讼时效期间过短，如果认可物权请求权适用诉讼时效，将使得对物权的保护很不严密和周全。第四，对物权的保护效力不同。物权请求权来源于物权，是物权效力的内容；侵权请求权的性质为债权，是债权内容。由于物权请求权的效力优先于债权请求权，所以，物权请求权应优先于侵权请求权。当物权人的权利遭受侵害后，物权人应首先行使物权请求权，只有当物权请求权不足以保护物权人的权利时才考虑行使侵权的请求权，如果以侵权请求权代替物权请求权，则损害了物权应具有的优先效力，不利于对物权的保护。

四、各类物权请求权

（一）返还原物请求权

返还原物请求权，是指权利人对物权占有或侵夺其物的人有权要求其返还占有物。《物权法》第34条规定："无权占有不动产或者动产的，权利人可以请求返还原物。"该请求权是由所有权派生出来的，是所有权效力的直接体现。该请求权的构成要件有如下三点。

1. 返还请求权的主体应满足相应要求

返还请求权的主体应为对物有合法占有权益的权利人，既包括所有权人也包括他物权人，只要其所有或有权占有的物被他人非法占有，对物占有的权利人均有权行使该项权利。

2. 返还请求权的相对人为无权占有物的人

所谓无权占有是指相对人无法律上或约定上的根据而占有物权人的财产。如果相对人从某个非所有人处取得占有有一定的根据，但对于所有人而言无占有的权利，所有人仍可对其行使所有物返还请求权。当然，如果占有人能够举证证明其占有是合法的，则可以形成对所有人请求权的抗辩，可拒绝其返还的请求。

3. 请求返还原物应以原物的存在为前提

如果原物已经灭失，权利人只能要求无权占有人承担违约赔偿责任或侵权赔偿责任；如果原物尚存但遭一定毁损，权利人一方面可以请求无权占有人返还，另一方面还可以要求无权占有人承担恢复原状的责任。

（二）排除妨害请求权

排除妨害请求权是指当物权的圆满状态受到占有以外的方式侵害时，权利人对妨害人依法享有请求其排除妨害、使自己的权利恢复圆满状态的权利。《物权法》第 35 条规定："妨害物权或者可能妨害物权的，权利人可以请求排除妨害或者消除危险。"行使该项请求权的要件如下。

1. 被妨害的标的物仍然存在且由权利人占有

排除妨害请求权行使的主体是物权内容受到妨害的权利人，但权利人行使该权利时，必须是被妨害的标的物仍然存在且由权利人占有。

2. 妨害人以占有以外的方法妨害权利人行使所有权

这里所谓的"妨害"是指以占有以外的方法侵害所有权或妨碍权利人行使其所有权。妨害必须是持续的，如果妨害的现状已不复存在，则无权提出排除妨害请求，若因他人的妨害造成其损失，权利人可要求侵害人承担损害赔偿责任。

3. 妨害必须是不正当的

如果行为人实施的某种行为具有法律上或约定上的依据，虽对物权人构成妨碍，权利人也不得请求行为人排除妨害。有时妨害行为虽然是合法的，但如果给他人造成不正当的妨碍，权利人也可以请求排除妨害，因此，妨害正当与否便构成了排除妨害请求权行使的判断标准。一般认为，权利人应当容忍他人轻微的、正当的妨害，这是民事主体应负的一种义务，只有妨害超出了合理的忍耐限度才可行使排除妨害请求权。

（三）消除危险请求权

消除危险请求权，是指因他人的行为可能造成对权利人行使物权的妨碍并构成一定的危险，权利人有权请求消除已经存在危险的权利。《物权法》第 35 条规定："妨害物权或者可能妨害物权的，权利人可以请求排除妨害或者消除危险。"权利人通过行使消除危险请求权，可以预防将来发生对物权的现实危害。法律上的妨害有两种含义：一是指所有人实际面临的现实的妨害；二是指尚未实际发生的但有可能出现的妨害，此种妨害又称危险。对于现实的妨害，权利人可行使排除妨害请求权予以排除，而对于可能出现的妨害，权利人只能行使消除危险请求权予以排除。

（四）恢复原状请求权

恢复原状请求权，是指因他人的行为导致物权人的物遭受毁损后，如果能够进行恢复，物权人享有请求他人采取各种措施使受损物恢复原有状态的权利。《物权法》第 36 条规定："造成不动产或者动产毁损的，权利人可以请求修理、重作、更换或者恢复原状。"行使该项请求权的要件如下。

1. 权利人的动产或不动产受到毁损但有恢复原状的可能

一般来说，财产损失后，如果在经济上还可以利用，行为人应当采取措施恢复财产的原状，如果财产已经灭失或无法恢复原状，或恢复原状费用过高，则只能采取民事损害赔偿的方式。

2. 权利要求应合理

对动产毁损的恢复原状可采用修理、重作、更换的方式。对于不动产毁损的恢复原状则不宜采取重作、更换形式，而应考虑不动产的特点进行修理，以恢复受损不动产的原有状态。

3. 恢复原状的目的是要恢复物权人对物权的圆满支配状态

在所有人的物受到他人侵害的情况下要充分考虑所有人的利益，不能仅仅通过赔偿的方法来解决双方的纷争，因为物有使用价值，该使用价值是无法用金钱赔偿替代的。所以，要充分考虑权利人的要求，允许权利人基于自身利益的考虑，在请求损害赔偿和请求恢复原状之间作出选择，如果受害人认为恢复原状对其有利且有恢复的可能，应首先满足权利人的这种主张。

4. 恢复原状应考虑经济上是否合理

在动产毁损的情况下，虽然可以修理或重作，但如果在经济上极不合理，修理、重作的费用远远超出了更换新的替代物的经济价值，则应考虑加害人的赔偿成本，不能一味满足权利人的要求，而应允许加害人以同等质量的替代物履行恢复原状的义务。

第十二章 侵权责任

民事权利需要救济才能有所保障，所谓无救济即无权利，而侵权责任法则是关于救济权利的法律规范，是民法的重要组成部分。侵权行为是侵权责任产生的依据，本章将在介绍侵权行为的基础上，阐述一般侵权责任和特殊侵权责任的一般理论，使学生把握侵权责任法的基本原理，掌握各类侵权责任的归责原则和构成要件，从而全面理解、深刻领会民法规范。

第一节 侵权责任概述

一、侵权行为的概念与特征

（一）侵权行为的概念

侵权行为，英语称之为 tort，拉丁语称之为 delictum，德语称之为 unerlaubte handlung，法语称之为 delit，日语则称之为“不法行为”。侵权行为是侵权责任体系中一个重要的概念，我国立法上并没有给出对侵权行为的准确定义，由此在学理上关于侵权行为的概念争论很多，学者对侵权行为的定义主要有以下观点。

第一种观点认为，侵权行为是一种侵犯社会公共财产、侵犯他人财产和人身权利的不法行为，是指因作为或不作为而不法侵害他人财产权利和人身权利的行为①。

第二种观点认为，侵权行为就是指行为人由于过错侵害他人的财产、人身，依法应承担民事责任的行为，以及法律特别规定应对受害人承担民事责任的其他致害行为②。

第三种观点认为，侵权行为就是指行为人由于过错侵害他人的财产和人身，依法应承担民事责任的行为，以及依法律特别规定应当承担民事责任的其他损害行为。或者认为，侵权行为就是指行为人由于过错侵害他人的人身和财产并造成损害，违反法定义务，依法应当承担民事责任的行为③。

本书认为，侵权行为是指行为人由于过错，或者在法律特别规定的场合不问过错，违反法律规定的义务，以作为或不作为的方式，侵害他人人身权利和财产权利及其利益，

---

① 杨立新：《侵权损害赔偿》，吉林人民出版社 1990 年版，第 3 页。

② 佟柔：《中国民法》，法律出版社 1990 年版，第 557 页。

③ 王利明：《侵权行为概念之研究》，《法学家》2003 年第 3 期。

依法应当承担损害赔偿等法律后果的行为[①]。

（二）侵权行为的特征

（1）侵权行为是一种违法行为。从违法行为这一性质出发考察，首先，侵权行为不是合法行为，而是一种违反法律规定的行为。侵权行为这一概念的本身，就体现了法律的否定性评价。其次，侵权行为违反的法律是国家关于保护民事主体民事权利的保护性法律规范和禁止侵害民事主体民事权利的禁止性法律规范。最后，侵权行为违法的方式，是违反法律事先规定的义务，包括作为的义务和不作为的义务。

（2）侵权行为是一种有过错的行为。一般情况下侵权行为是具有过错的行为，除在法律特别规定的高度危险作业等特殊场合下的特殊侵权行为可以不具备过错这一主观要件以外，侵权行为都是含有行为人主观故意或过失的违法行为。

（3）侵权行为是侵害他人合法的人身、财产权利或者利益的行为。侵权行为侵害的对象是他人的合法的人身、财产权利或者利益。首先，侵权行为侵害他人的合法人身、财产权利。但是，并不是所有造成他人人身、财产权利损害的都是侵权行为。侵权行为针对的主要是绝对权，如物权、人身权、知识产权等。其次，对他人特定合法利益的侵害也可能构成侵权行为，如造成纯经济利益损失的行为，也可能构成侵权行为。

（4）侵权行为是要承担以损害赔偿为主要形式的侵权责任的行为。侵权行为是造成他人损害的行为，这里的损害不限于有形的损害，也包括各种无形的损害，如精神方面、名誉方面的损害等。因此，侵权责任的形式也不限于损害赔偿，同时还包括赔礼道歉、恢复名誉等。另外，对他人权利的妨碍，也可以解释为损害的内容。在这个意义上，侵权责任的形式又包括排除妨碍、消除影响等。但这些民事责任形式，都不能代替损害赔偿在侵权行为法中的法律地位和作用。

二、侵权责任的概念和特征

（一）侵权责任的概念

侵权责任是侵权行为民事责任的简称，指侵权人对侵害他人人身权利和财产权利及其利益造成损害，依法应当承担的民事责任。侵权行为发生之后，侵权责任已经构成，责任人应承担侵权责任。在《侵权责任法》上，将侵权责任分为一般侵权责任和特殊侵权责任。

（二）侵权责任的特征

（1）侵权责任以侵权行为的发生为前提。侵权责任产生的基础是侵权行为，侵权行为包括作为方式和不作为方式。没有侵权行为则不存在承担侵权责任的问题，即“无行为，无责任”。侵权责任正是侵权行为发生后责任人应承担的法律责任。

（2）侵权责任是责任人承担的民事责任。法律责任包括民事责任、行政责任和刑事责任。侵权行为是民事违法行为，因此侵权责任只是民事责任，而责任人可能承担的行

① 杨立新：《侵权行为法》，复旦大学出版社2005年版，第6页。

政责任或刑事责任则由其他法律规定，《侵权责任法》不作具体规定。

（3）侵权责任是因违反法律规定的义务而应承担的责任。民事义务有法定义务和约定义务，民事责任可分为侵权责任和违约责任。法定义务是通过法律的强制性规范、禁止性规范设定的义务，这种义务对于每个自然人、法人具有普遍的适用性，违反此种义务，即承担侵权责任。而约定义务则是特定当事人之间设定的某种义务，违反约定义务，则承担违约责任。

（4）侵权责任的形式具有多样性。《侵权责任法》规定了承担侵权责任的多种方式，包括停止侵害、排除妨碍、消除危险、返还财产、恢复原状、赔偿损失、消除影响、恢复名誉、赔礼道歉。以上承担侵权责任的方式，可以单独适用，也可以合并适用。因此，侵权责任人除了主要承担赔偿损失、返还财产等财产责任外，在很多情况下，还可能同时承担停止侵害、恢复名誉、消除影响、赔礼道歉等非财产形式的责任。

第二节 侵权行为的归责原则

一、侵权行为归责原则的概念与体系

（一）侵权行为归责原则的概念

侵权行为归责原则是指在损害事实已经发生的情况下，为确定侵权人对自己的行为所造成的损害，以及对自己所管领下的人或物所造成的损害，是否需要承担侵权责任的依据和标准[①]。这种依据和标准体现了法律的价值判断，是确定侵权人是否应承担侵权责任的一般准则，它直接决定着侵权责任的构成要件、举证责任等诸多因素，是确定侵权责任的根据之一。

（二）侵权行为归责原则的体系

侵权行为的归责原则到底有哪些？这是一个有很大争议的问题。一元论观点认为侵权法只有一个归责原则，即过错责任原则[②]。二元论认为，“在相当的历史时期内，侵权行为法的归责原则将是二元制，即过失责任原则与无过失责任原则并存”。而公平责任“多是赔偿标准问题而不是责任依据问题”。所以，它能否作为一种独立的归责原则还大有探讨余地[③]。三元论的第一种观点认为，我国民事法律制度中同时存在三个归责原则：一般侵权损害适用过错责任原则，特殊侵权损害适用无过错责任原则，无民事行为能力人致人损害而监护人不能赔偿的特别案件适用公平责任原则[④]。三元论的第二种有代表性的观点认为侵权法归责原则为过错责任原则、过错推定原则和公平责任原则，无过错责任不是一种独立的归责原则[⑤]。三元论的第三种观点认为侵权法的归责原则包

① 杨立新：《侵权责任法》，法律出版社 2010 年版，第 55 页。

② 张佩霖：《也论侵权损害的归责原则》，《政法论坛》1990 年第 2 期。

③ 米健：《现代侵权行为法归责原则探索》，《现代法学》1985 年第 5 期。

④ 刘淑珍：《试论侵权损害的归责原则》，《法学研究》1984 年第 4 期。

⑤ 王利明：《侵权行为法归责原则研究》，中国政法大学出版社 1992 年版，第 30 页。

括过失责任原则、不问过失责任原则和推定过失责任原则，公平责任原则不是一种独立的归责原则①。三元论的第四种观点认为侵权法的归责原则有过错责任原则、过错推定责任原则和无过错责任原则，公平责任不再作为一种独立的归责原则，只是将其作为一种责任形式②。四元论认为我国侵权责任归责体系由过错责任原则、过错推定原则、严格责任和公平责任构成③。

《侵权责任法》规定侵权责任归责原则是在第 6 条和第 7 条，第 6 条规定："行为人因过错侵害他人民事权益，应当承担侵权责任。根据法律规定推定行为人有过错，行为人不能证明自己没有过错的，应当承担侵权责任。"第 7 条规定："行为人损害他人民事权益，不论行为人有无过错，法律规定应当承担侵权责任的，依照其规定。"而规定"公平分担损失"的是在第 24 条："受害人和行为人对损害的发生都没有过错的，可以根据实际情况，由双方分担损失。"因此，我们认为侵权行为的归责原则有两个：过错责任原则和无过错责任原则。至于过错推定责任和公平责任，都不属于独立的归责原则。因为过错推定仍以过错为归责事由，只是在过错的证明上实行了举证责任倒置，本质上仍属于过错责任原则。公平责任以公平为归责事由，但只适用于极个别的情形，适用范围受到严格限制，因此公平责任不属于独立的归责原则，只是由双方分担损失，而不是由双方分担责任。

二、过错责任原则

（一）过错责任原则的概念

过错责任原则，是以行为人的过错作为承担民事责任的前提的归责原则。一般侵权责任的成立，应当以主观过错为基本要件，缺少这一要件，即使加害人造成了损害事实，并且加害人行为与损害结果之间有因果关系，也不承担民事赔偿责任。从侵权责任发展的历史来看，民事责任的归责原则大体上经历了客观归责和主观归责两个阶段，客观归责原则是古代法中通行的确定责任的原则，只要被确定造成损害，无论其主观上有无过错，都必须承担民事责任。随着人类社会的发展，客观归责逐渐被主观归责原则所替代，即只有在基于故意或过失损害他人利益的情况下，行为人才承担民事责任。德国学者耶林对此作了一个非常形象的比喻："使人负损害赔偿的，不是因为有损害，而是因为有过失，其道理就如同以上学说之原则，使蜡烛燃烧的，不是光而是氧④。"耶林这一论述精彩地描绘了过错要件在侵权责任构成中最终的决定的地位，过错责任原则以过错作为法律价值判断标准，就不仅仅要求将过错作为侵权责任构成的一般要件，而且要求将过错作为侵权责任构成的最终的、决定的要件。《侵权责任法》第 6 条第 1 款规定："行为人因过错侵害他人民事权益，应当承担侵权责任。"

过错责任原则的确立，为民事主体的行为确立了标准。它要求行为人善尽对自己和

① 张俊浩：《民法学原理》，中国政法大学出版社 2000 年版，第 904-907 页。
② 杨立新：《简明类型侵权法讲座》，高等教育出版社 2003 年版，第 95 页。
③ 王利明：《侵权责任法研究》（上卷），中国人民大学出版社 2010 年版，第 195 页。
④ 王泽鉴：《民法学说与判例研究》第 2 册，中国政法大学出版社 1998 年，144-145 页。

他人的谨慎与注意义务，努力避免损害后果，也要求每个人充分尊重他人的权益，体现了对个人权益的尊重；它充分地平衡了“个人自由”和“社会安全”两种利益的关系。过错责任原则设立的根本目的是保护民事主体的人身权利、财产权利不受侵犯，保护民事主体的权利能够平等、自由地行使；通过对因自己的过错而致他人民事权益以损害的不法行为人，课以包括赔偿损失在内的民事责任，以保护自然人和法人的人身权利与财产权利，教育人们遵纪守法，促进精神文明建设和物质文明建设，并预防和减少侵权行为的发生。

（二）过错责任原则的适用

适用过错责任原则，应当注意以下四个问题。

（1）赔偿责任的构成要件为四要件，即违法行为、损害事实、违法行为与损害后果之间的因果关系以及行为人的主观过错。这四个要件缺一不可。

（2）在一般情况下，应当把过错作为不法行为人承担民事赔偿责任的根据，而不是作为确定赔偿范围的根据。只有在某些特殊的情况下，才把过错程度作为确定赔偿责任的根据，即在某些过失案件中，应当区分重大过失和一般过失。如医生在紧急情况下抢救病人，对一般过失所致损害不负责任，但应对重大过失所致损害承担赔偿责任。

（3）当过错出现在几个不同的当事人之间时，加害人一般只对自己的过错行为承担赔偿责任。例如，共同过错的共同加害人对外共同承担连带赔偿责任，对内则根据各自的过错按比例分担责任；受害人具有故意或重大过失而加害人无过错的，加害人不承担赔偿责任；混合过错中双方当事人各有过错，加害人只对自己的过错负责，对因受害人的过错造成的损失不承担赔偿责任。

（4）举证责任由受害人承担。例如，甲的违法行为致乙人身权损害，乙作为受害人，应在提起诉讼时向人民法院提供证据加以证明。经当事人申请，人民法院也可依职权调查取证。在受害人举不出证据或证据不足，人民法院又采集不到充分的证据证明受害人主张的事实时，应当依法驳回原告的诉讼请求。

（三）过错推定

过错推定是过错责任原则的一种特殊表现形式，它是指在适用过错责任原则的前提下，在某些特殊的场合，从损害事实的本身推定行为人有过错，由行为人证明自己没有过错，不能证明的，即由行为人承担赔偿责任。《侵权责任法》第6条第2款规定：“根据法律规定推定行为人有过错，行为人不能证明自己没有过错的，应当承担侵权责任。”因此也可以将过错推定称为过错原则适用中的举证责任倒置规则。因为在一般过错责任原则下，是要由受害人来证明行为人存在过错；而在过错推定的情况下，受害人不需要对行为人的过错举证证明，法律推定行为人存在过错，除非行为人能够证明自己没有过错。在一般情况下，侵权行为人给他人造成损害，看其主观有无过错，有过错则行为人就要承担因自己的行为给他人造成损害的侵权责任。过错推定与过错责任原则都是以行为人主观上有过错作为归责的依据，并无本质上的区别，只是举证责任上实行倒置，但这只是法律为加强对受害人的保护而创造的一种法技术，所以过错推定属于过错责任原则的范畴。

适用过错推定的情况，需要有法律的明确规定。

三、无过错责任原则

（一）无过错责任原则的概念

无过错责任原则又称无过失责任原则，指的是在法律规定的情况下，只要造成损害后果，不考虑行为人的过错，而由行为人承担赔偿责任的归责原则。我国也有学者认为，无过错责任原则是指无论行为人有无过错，法律规定应当承担民事责任的，行为人应当对其加害行为或“准侵权行为”所造成的损害承担民事责任①。《侵权责任法》第7条规定：“行为人损害他人民事权益，不论行为人有无过错，法律规定应当承担侵权责任的，依照其规定。”在法律有明文规定的情况下，即使行为人主观上没有过错，也要让其承担侵权责任，这时行为人承担侵权责任的依据是其从事行业的危险性。正是由于其从事的行业具有高度的危险性，即使其履行了谨慎注意的义务，也可能给他人造成意外的损害，如果这时仍以过错作为其承担责任的依据，显然难为社会所接受。又由于这种责任对行为人来说是一种加重责任，所以法律通过条文明确规定在一些情况下，不以行为人主观是否有过错作为其承担责任的依据，而是以其所从事行业的危险性作为其承担责任的依据，这种归责原则称为无过错责任原则。《侵权责任法》确立无过错责任原则的根本目的，在于切实地保护人民群众人身、财产的安全，更好地保护民事主体的合法权益，促使从事高度危险活动和接触危险物的人、产品生产者和销售者、环境污染的污染者以及动物的饲养人、管理人等行为人，对自己的工作予以高度负责，谨慎小心从事，不断改进技术安全措施，提高工作质量，尽力保障周围人员、环境的安全；一旦造成损害，能迅速及时地查清事实，尽快赔偿人们的人身损害和财产损失。

（二）无过错责任原则的特点

与过错责任原则相比，无过错责任原则具有以下特点。

（1）不考虑行为人在行为时有无主观过错，在认定责任时也无须受害人对行为人具有过错提供证据，行为人也无须对自己没有过错提供证据，即使提供出自己没有过错的证据也应承担责任。

（2）适用无过错责任原则具有法定性，包括侵权行为的法定性和免责事由的法定性。没有法律条款的明文规定，不能构成无过错责任；同时，没有法定的免责事由不能免责。

（3）无过错责任是与过错责任相并列的归责原则，当然并不意味着对等，从法制发展进程看，该无过错责任的归责原则又可称为过错责任归责原则的补充，根据这一归责原则行为人是否承担责任由法律特别规定。

（4）无过错责任的宗旨在于合理补偿受害人的损失。过错责任的发生根据是违反法定义务的当事人或侵权人具有主观过错，因此要求有过错的当事人承担责任可以同时实现惩罚功能和补偿功能。在无过错责任的情况下，由于当事人并无过错，惩罚功能也就

① 张新宝：《侵权行为法》，中国人民大学出版社2006年版，第25页。

失去了目标，只能保留其补偿功能。

（5）无过错责任限制了一般免责事由的适用。在过错责任情况下，当事人可以提出法定免责事由，免除其对损害后果的责任，如不可抗力为过错责任的一般免责事由，但在无过错责任情况下，包括不可抗力在内的法定免责事由的适用都受到限制。《民法总则》第 180 条第 1 款规定："因不可抗力不能履行民事义务的，不承担民事责任。法律另有规定的，依照其规定。"《侵权责任法》第 29 条规定："因不可抗力造成他人损害的，不承担责任。法律另有规定的，依照其规定。"

（6）因果关系是决定无过错责任的关键要件，在过错责任的前提下，行为人是否承担民事责任，最终取决于主观上有无过错，而在无过错归责原则的情况下，行为人是否承担责任并不取决于他有无过错而取决于他的行为与损害后果之间是否有因果关系。

（三）无过错责任原则的适用范围

在侵权法中，无过错责任是伴随着 19 世纪中期机器和事故的大量出现而产生的，被用于工伤事故、交通事故、医疗事故、航空器原子能等危险领域。无论是大陆法系还是英美法系的主要国家中，对工伤事故适用无过错责任是没有异议的。一些国家在 19 世纪末就相继制定了劳工赔偿法。除工伤事故外，依据我国《侵权责任法》的规定，适用无过错责任原则的范围是：①高度危险责任；②产品责任；③环境污染责任；④饲养动物损害责任中的部分责任。

第三节 一般侵权责任的构成要件

一般侵权责任的构成要件，是指构成一般侵权责任所必须具备的条件。具备构成要件，则构成一般侵权责任；欠缺任何一个构成要件，都会导致一般侵权责任的不构成。需要说明的是，本书所谈的侵权责任的构成要件，是以构成损害赔偿责任的侵权责任为背景的。除损害赔偿之外，构成我国《侵权责任法》第 15 条规定的停止侵害、排除妨碍、消除危险等责任的侵权责任，并不需要以损害后果为要件；承担停止侵害、排除妨碍、消除危险、返还财产等责任时，并不需要以过错为要件。

关于一般侵权责任的构成要件，我国学者有不同的看法，主要有三要件说和四要件说两种观点。三要件说认为一般侵权责任构成要件包括行为人的主观过错、损害事实、行为与损害事实之间的因果关系。四要件说认为一般侵权责任构成要件包括行为的违法性、损害事实、违法行为与损害结果之间的因果关系以及行为人的主观过错。三要件说和四要件说之间的对立主要在于，违法性主要是指客观的行为，而过错主要是指主观的心理状态。随着过错概念的客观化，以及违法推定过失的发展，对客观的行为违法和主观的心理状态，已经很难进行区分，尤其是随着现代社会经济和技术的发展，有许多领域对行为标准的确定越来越具体化，要采用各种技术性的标准来确定人们的行为规则，违反了这些规则不仅表明行为具有违法性，而且表明行为人具有过错，所以过错本身可以吸收违法的概念。

对此，我们认为四要件说更为妥当，即侵权民事责任的构成须具备行为的违法性、损害事实、违法行为与损害事实之间的因果关系、违法行为人的主观过错这四个要件，是为我国民法学界所公认的侵权责任构成要件的通说，被广泛地应用于理论研究与实务，也被最高司法机关的司法解释所采用。

一、行为的违法性

（一）行为的概念

行为是人类或人类团体受其意志支配，并且以其自身或者控制、管理物件或他人的动作、活动，表现于客观上的作为或不作为。这里所说的行为是指侵犯他人权利或者合法利益的加害行为本身。应当说明如下两点。

（1）法人的行为并非只是法人的机关于其职务范围内所为的行为，这种界定范围过窄。法人是人类的团体形式，其意志，即为法人机关之意志，其行为，应是其自身的活动和控制管理物件的活动。前者如生产、销售、管理等，后者如对工厂、机器、设备的管理、适用等。法人的上述行为也表现为作为和不作为两种形式①。

（2）自然人、法人行为的基本形式，是其自身的动作或活动。但其控制、管理物件或他人的动作或活动，亦为自然人、法人行为的特殊形式，当由其控制、管理的物件或他人的动作致人损害时，亦构成侵权责任，为替代责任。责任人为控制管理物件或他人的动作或活动的人，如建筑物以及其他设施或者建筑物上的搁置物、悬挂物坠落、倒塌致人损害时，由其管理人承担替代责任，是为他人的行为致害的责任。在这些情况下，物体致害和无行为能力人致害，是其管理人、法定代理人的行为的延伸，亦为自然人和法人的行为。

（二）行为违法性

违法是指行为在客观上与法律规定相悖，主要表现为违反法定义务、违反以保护他人为目的的法律和故意违背善良风俗致人损害。

（1）违反法定义务。违反法定义务，有三种情形：第一，违反绝对权的不可侵义务，是自然人、法人作为他人享有绝对权利的法定义务人时，负有法定的不得侵害该权利的法定义务，侵害该绝对权，即违反该法定的不可侵义务，而具有违法性。第二，违反对合法债权的不可侵义务，第三人对于他人之间的债权并无特定的义务，但是负有不可侵义务。第三，违反对合法利益的不可侵义务，法律规定对一些合法利益予以法律保护，如死者的人格利益和胎儿的利益，任何人都负有不可侵义务。

（2）违反以保护他人为目的的法律。法律有时直接规定对某种权利或者利益的特别保护。违反这种保护他人的法律，也构成违法性。例如，我国《消费者权益保护法》第18条前段规定："经营者应当保证其提供的商品或者服务符合保障人身、财产安全的要求。"按照这一规定，经营者在提供商品的时候，对消费者的人身安全和财产安全负有保障义务，经营者疏于这种保护义务，就违反了以保护他人为目的的法律，构成违法性。

① 杨立新：《侵权行为法》，复旦大学出版社2005年版，第95页。

（3）故意违背善良风俗致人损害。关于违背善良风俗之违法性，本为不当，当故意以其为方法而加害他人时，构成违法。行为既不违反法定义务，亦不违反法律的禁止，但故意违背道德观念善良风俗而直接或间接加害于他人，亦构成违法。

（三）违法行为的形式

违法行为依其方式，可分为作为和不作为。这两种形式，均可构成侵权行为的客观表现形式。

（1）作为。作为的违法行为是侵权行为的主要行为方式。人身权、财产权均为绝对权，其他任何人都负有不得侵害其权利的法定义务，即使债权，第三人也负有不可侵义务。行为人违反不可侵义务而侵害之，即为作为的侵权行为，如伤害他人健康，用语言诽谤他人，侵害他人财产所有权，等等。

（2）不作为。不作为的违法行为亦可构成侵权行为的行为客观方式。确定不作为违法行为的前提，是行为人负有特定的作为义务，这种特定的作为义务，不是一般的道德义务，而是法律要求的具体义务。特定的作为义务的来源为以下三种：第一，来自法律的直接规定。第二，来自业务上或职务上的要求。第三，来自行为人先前的行为。

二、损害事实

（一）损害事实的概念

损害事实是指他人财产或人身所遭受的不利影响，包括财产损害、非财产损害，非财产损害又包括人身损害、精神损害。

在传统民法上，侵权责任的方式就是指侵权损害赔偿。因此，有所谓“无损害则无救济”的说法。但我国《民法总则》将民事责任独立出来，除损害赔偿外，还规定了停止侵害、排除妨碍、返还财产、恢复原状、消除影响、恢复名誉、赔礼道歉等责任形式。因此，在我国民法上，损害事实是侵权损害赔偿责任的构成要件，但并不是所有侵权责任的构成要件[①]。也有学者将损害的范围扩大，认为损害一般应为现实的已经存在的“不利后果”，但是法律另有规定的，即使实际损害尚未出现，也认为存在法律上的损害或者侵权责任的构成不以实际损害已经出现为要件[②]。《最高人民法院关于审理人身损害赔偿案件适用法律若干问题的解释》的起草人认为，“严重威胁他人人身、财产安全的”行为，就是受害人遭受的不利益，因此也是一种实在的损失[③]。

作为侵权民事责任中的损害事实有三个特征：一是损害事实是合法权益受侵害的结果；二是损害事实具有可补救性，即所受损害可通过一定的方式进行补救；三是损害的确定性，即损害事实确实发生，并可通过一定的方式衡量其大小和程度。

---

① 魏振瀛：《民法》，北京大学出版社、高等教育出版社 2006 年版，第 683-684 页。

② 王利明：《民法学》，复旦大学出版社 2004 年版，第 795 页。

③ 黄松有：《最高人民法院人身损害赔偿司法解释的理解和运用》，人民法院出版社 2004 年版，第 243 页。

（二）损害事实的种类

1. 对人身权利及利益的损害事实

侵害人身权的损害事实，最终表现为人格利益损害和身份利益损害两种不同的损害事实种类。因为这两种利益就是人身两大权利种类的客体。

（1）人格利益损害包括人身损害和精神利益损害。

人身损害包括侵害自然人的身体权、健康权、生命权等。这种损害首先表现为自然人的身体、健康损害和生命的丧失这种有形的损害，其次表现为自然人为医治伤害、丧葬死者所支出的费用，这种财产上的损失，也表现为有形的损害。人格利益有形损害可以造成财产上的损失这一特点，给其金钱赔偿提供了准确计算的基础，因而人格利益的有形损害是可以计算，并用金钱准确赔偿的。最后还表现为精神痛苦的损害。造成死者的近亲属的精神痛苦，造成伤者的精神痛苦等，都是这种损害。

精神利益损害包括对名誉权、人格权、隐私权、姓名权、人身自由权等的侵害造成的损害。精神性人格权的客体，均为无形的人格利益，在客观上没有实在的外在形象。

精神利益损害可能表现为三种形态：一是财产利益的损失，包括人格权本身包含的财产利益的损失和为恢复受到侵害的人格而支出的必要费用；二是人格的精神利益遭受的损失，即人格评价的降低，隐私被泄露，自由被限制，肖像或名称被非法使用等；三是受害人的精神创伤和精神痛苦等。

（2）身份利益损害包括亲情关系的损害、身份关系中有关财产利益的损失和精神痛苦以及感情的创伤。

2. 对财产权利的损害事实

对财产的损害包括侵占和损坏。侵占财产是指行为人将他人所有或合法占有的财产转为由自己非法占有，使原所有人或合法占有人丧失所有权或丧失占有。损坏财产是指不转移占有关系，而是破坏所有人或占有人所有或占有之物的价值，使之价值丧失或减少。

财产损害表现为财产损失，包括直接损失和间接损失。直接损失是指受害人现有财产的减少，也就是加害人不法行为侵害受害人的财产权利，致使受害人现有财产直接受到的损失。间接损失是指受害人可得利益的丧失，即应当得到的利益因受不法行为的侵害而没有得到。间接损失有三个特征：一是损失的是一种未来的可得利益，而不是既得利益。在侵害行为发生时，它只具有财产取得的可能性，而不是现实的财产利益。二是这种丧失的未来利益是具有实际意义的，是必得利益而不是假设利益。三是这种可得利益必须是在一定的范围之内，即侵权行为的直接影响所及的范围，超出该范围的，不认为是间接损失。

3. 多重损害事实

一个侵权行为可以形成为数个损害事实，这种情况可以称为多重损害事实。单一的损害事实只产生一个损害赔偿请求权，而多重损害事实中有几个损害事实，就产生几个损害赔偿请求权。研究多重损害事实的数个损害赔偿请求权究竟应怎样行使，是研究多重损害事实的目的。

多重损害事实有以下三种表现形式：一是单一受害主体单一权利的多重损害。例如，一个侵权行为侵害了单独一个人的名誉权，又造成人格利益和精神痛苦的损害。二是单一受害主体多项权利的多重损害。例如，在报刊上未经本人同意公布其幼时患病的病容照片，既侵害了肖像权，又侵害了隐私权。三是一个侵权行为对多个受害主体的权利的多重损害。

三、违法行为与损害后果之间的因果关系

（一）因果关系的概念

因果关系是一个哲学概念，引起某一现象产生的现象叫原因，而被其他现象所引起的现象叫结果，客观现象之间的这种引起与被引起的关系就是事物的因果关系。侵权责任构成中的因果关系，是指违法行为作为原因，损害事实作为结果，在它们之间存在的前者引起后者，后者被前者引起的客观联系。侵权民事责任中的因果关系是特殊的因果关系，它是哲学上因果关系范畴在民事法律上的运用。侵权民事责任中的因果关系，既包括必然的因果关系，也包括偶然导致的因果关系；既存在直接的因果关系，也存在间接的因果关系。

（二）因果关系的认定规则

对于侵权民事责任因果关系的分析和认定，应当分两个步骤进行：首先，确定行为人的行为或者依法由责任人承担责任的事件或行为是否在事实上属于损害事实发生的原因，即事实上的因果关系。其次，确定事实上属于损害事实发生原因的行为或事件在法律上是否能够成为责任人对损害事实承担责任的原因，即法律上的因果关系。

1. 事实因果关系的确认

某一行为和某一损害事实是否存在因果关系，通常可以通过以下几种规则予以确定：第一种是必要条件规则，其基本方式是“要是没有”。如果没有行为或事件的出现，就不会有损害事实的发生。行为或事件是损害发生的必要条件，凡属于损害事实发生的必要条件的行为或事件均系事实因果关系中的原因。第二种规则是实质要素规则，即某种行为或事件虽然不是损害发生的必要条件，但是足以引起损害发生的充分条件，就构成事实上的因果关系。该认定规则不是对必要条件规则的排斥和修正，而是对它的补充，弥补了必要规则的不足。第三种是因果关系的推定规则。在某些情况下，运用通常的规则无法证实事实因果关系，法律规定了特殊的认定规则，这里包括因果关系的推定规则。该规则要求责任人举证证明应当由其承担责任的行为或事件不是造成损害结果发生的原因，如果不能举证，则认定有事实上的因果关系。司法实践中也经常对因果关系进行推定[①]。

① 有这样的一个案例：某小学三年级学生在学校期间被发现跌倒在楼梯井底部，没有证据证明该学生是如何受伤的。经鉴定，结论是该学生高空坠落的可能性较大，则法院推定该学生系从楼梯井上部坠落，遂认定学校未尽安全义务的不作为与损害事实的发生具有因果关系，判决其承担一定的责任。这也是适用因果关系推定的结果。

2. 法律因果关系的确认

在有证据证明行为是损害事实发生事实上的原因时，要确定责任主体是否承担民事责任，还要确认该行为在法律上是否成为损害事实的原因。对于行为能否成为损害事实法律上的原因，进而责任主体是否应当承担侵权民事责任，不同的学者有不同的观点。

第一种观点认为责任人应当对行为或事件造成的直接后果承担责任，否则不应当承担责任，即直接结果说。该观点否认原因和结果关系中存在中介的因素，排除了非直接后果责任承担的可能。而在实际的生活中，由于行为造成的非直接后果是大量存在的。例如，甲追打乙，乙仓皇奔走中被丙的汽车撞上。如果用直接结果说的理论，甲对乙的损害不承担责任，这种认定明显不合理，也不公正。

第二种观点认为原因与结果之间应当是一种必然的联系，只有行为或事件必然地造成损害事实的发生，责任人才承担民事责任，称之为必然因果关系说。同样地，该观点排除了偶然因果关系的适用，凡因偶然性的因素引起的损害不承担责任。在司法实践中，这种观点也存在相当的不足，比较绝对和机械，不能变通解决实际中的一些特殊情况。

第三种观点是可预见说，该观点认为行为人对成为事实上原因的行为承担法律责任的前提是行为所造成的损害结果是他在行为之前所能够预见的，对超出其预见范围的损害结果不承担责任。至于可预见的确定标准，则由法官根据具体案情来确定。这种观点带有一定的主观性。

第四种观点是相当因果关系说。这种学说认为，造成损害的所有条件都具有同等价值，因而都是法律上的原因。一切被确认为事实上原因的行为或者事件都具有法律上的原因力。这种学说比较客观和简易，我国的法律基本上采用了这样的观点。虽然这样的理论有无限扩大归责范围的趋向，但可以通过责任构成的过错要件加以弥补，不会造成责任的无限扩大。我国侵权民事责任构成中过错要素的确定就限定了责任的范围并非是无限扩大，而仅限于与过错有关。就因果关系的认定来说，相当因果关系说比较客观和容易操作，克服了直接因果关系说与必然因果关系说绝对与机械的不足，弥补了可预见说的主观臆断性，有一定的实用性与合理性。

（三）确定因果关系时应注意的问题

（1）审判实践中，法官处理侵权损害纠纷，往往都是从损害结果，即已发生的损害事实入手，去分析、寻找查明这一损害结果是自然因素造成的，还是人的行为造成的。如果是人的行为造成的，则要查明是谁的行为，其行为是否合法，并以此为根据进一步确定是否应追究行为人的民事责任。

（2）违法行为与损害事实之间的因果关系，有时简单明了，一因一果，显而易见。但在更多的情况下，因果关系错综复杂，损害结果的发生可能是人的行为造成的，也可能是自然因素，也可能是二者结合造成的；在人的行为中，可能是一人的行为造成的，也可能是数人的行为共同造成的，也可能是行为人的行为和受害人的行为共同造成的。

（3）要注意分析直接原因和间接原因。直接原因是指必然引起某种后果发生的原因，如以拳击人致人伤害、以铁器砸人致人损害。间接原因是指一般不会引起某种损害后果发生，但因为其他原因的介入而造成损害发生的原因。间接原因的情况十分复杂，不能简单地认为行为人应全部负责或行为人皆不负责，应该实事求是，根据具体情况分析。总之，对于间接原因，应该根据具体情况来决定行为人所应当承担的责任而不应由其负全部责任。

四、行为人主观的过错

（一）过错的概念

所谓过错，是指支配行为人从事违法行为或侵权行为的心理状态，包括故意和过失两种形式。在侵权民事责任中，过错责任是基本的、普遍的归责原则。一般情况下，行为人即使由于自己的行为致他人损害，但若主观上没有过错，就不负侵权责任。因此，我国《侵权责任法》第6条第1款把过错作为侵权责任的基本构成要件。

关于过错究竟是主观概念还是客观概念，学说上有不同的主张。主要有以下三种观点：一是认为过错是主观概念，过错就是违法行为人对自己的行为及其后果所具有的主观心理状态。二是认为过错是客观概念，过错是指任何与善良公民行为相偏离的行为。三是认为过错是综合概念，过错既是一种心理状态，又是一种行为活动，是一种舆论和道德谴责[①]。由于民事责任中，民事损害赔偿不以行为人的主观恶意为必要，所以民事责任中主观过错的认定比刑事责任中的主观要件的认定简单得多。

（二）过错的形式

过错分为故意和过失两种形式。

1. 故意

“故意”一词在民法中大量使用，但在我国民事立法中并没有关于“故意”定义的规定。一般认为，刑法中的故意和民法中的故意相同。故意是指行为人明知自己的行为会发生侵害他人权益的结果，并且希望或者放任这种结果发生的主观状态。故意在侵权责任法中也分为直接故意和间接故意。虽然在侵权法中区分直接故意和间接故意并不是特别必要，因为过失都构成侵权责任，间接故意当然也构成侵权责任，但是在某些场合，确实存在间接故意的情形，区别间接故意与直接故意还是有一定意义的。例如，在与有过失的过失相抵、连带责任和按份责任的责任份额的确定上，直接故意和间接故意的过错程度并不相同，行为人应当承担的责任应当有所区别。

2. 过失

在民事责任中，更加关注的是过失而不是故意，因为大多数民事侵权行为都是过失引起的，而且也更加复杂。过失包括疏忽和懈怠。行为人对自己行为的后果，应当预见或能够预见而没有预见的，为疏忽；行为人对自己行为的结果虽然预见了但轻信能够避免，结果导致损害结果发生的，为懈怠。疏忽和懈怠，都是过失，都是行为人对应负的注意义务的违反，因此，过失就是行为人对受害人应负注意义务的疏忽或懈怠。

对于注意义务的标准，要求如下。

---

① 杨立新：《侵权行为法》，复旦大学出版社2005年版，第114页。

（1）普通人的注意。这种注意义务，是指在通常情况下，以社会一般人在通常情况下能够注意到的认识为标准。如果在通常情况下，一般人也难以注意到的，尽管造成了损害，但只要行为人尽到了注意义务，就无过失。对于一般人在一般情况下能认识到的，行为人却没尽到这种程度的注意义务，就是有过失。

（2）应与处理自己事务为同一注意。应以行为人平日处理自己事务所用的注意为标准。这种标准，以行为人在主观上是否尽到了注意义务为标准。如果行为人证明自己在主观上已经尽到了与处理自己事务一样的注意义务的，为无过失；否则为有过失。

（3）善良管理人的注意。以交易上的一般观念，认为具有相当知识经验的人，对于一定事件的所用注意为标准，客观地加以认定。行为人实际上有无尽此注意的知识和经验，以及他向来对于事物所用的注意程度，在所不问，只有依其职业斟酌，所用的注意程度，应比普通人的注意和处理自己事务为同一注意的要求更高。

这种注意义务，从程度上分为三个层次：第一是重大过失，没有尽到普通人的一般注意义务的，为重大过失。第二是具体轻过失，是指没有尽到与处理自己事务一样的注意义务。第三是抽象轻过失，是指没有尽到善良管理人的注意义务。这种过失是抽象的，不依行为人的主观意志为标准，而以客观上应不应当做到为标准，因此这种注意义务最高。

（三）过错认定

法律对过失注意义务的认定标准趋向于客观化。如果在每个个案中都以具体当事人的情况来认定具体标准，成本将会非常高；同时标准过于灵活，会产生许多弊端。故此，法律会假设一个理性的一般人的注意程度作为标准。客观化标准忽略了人们之间的差异，从而可能使得某些人事实上要承担结果责任，而某些人可能会不承担责任。这一方面是信息成本导致的无奈选择；另一方面如果因此出现极端不公平的情况，法官应当根据具体情况对理性人标准加以调整，以追求实质的公平[①]。

第四节　数人侵权行为与责任

现代社会的侵权行为中加害人为多人的情形极为常见，突出表现在机动车损害责任、产品责任、医疗损害责任及环境污染损害责任等侵权行为中。数人侵权行为可分为共同加害行为，共同危险行为，教唆、帮助行为以及无意思联络的数人侵权行为[②]。

一、共同加害行为与责任

（一）共同加害行为的概念

共同加害行为是侵权行为的一种类型，区别于单独侵权行为，是指侵权行为人为两

① 魏振瀛：《民法》，北京大学出版社、高等教育出版社2006年版，第690页。
② 程啸：《侵权责任法教程》，中国人民大学出版社2011年版，第106页。

人以上的侵权行为，也称狭义的共同侵权行为。《侵权责任法》第 8 条规定："二人以上共同实施侵权行为，造成他人损害的，应当承担连带责任。"一般认为，所谓共同加害行为也称为共同过错、共同致人损害，是指数人基于共同过错而侵害他人的合法权益，依法应当承担连带赔偿责任的侵权行为。

（二）共同加害行为的特征

共同加害行为与单独的侵权行为相比较，具有如下特征。

（1）主体的复数性，即共同加害行为人必须是两个或两个以上的人，是数个行为人共同侵害他人合法权益的行为。因此，行为人必须是两个或者两个以上，否则只能成立单独的侵权行为。共同加害行为人可以是自然人也可以是法人，可以是自然人的共同加害，也可以是法人的共同加害，或者是自然人与法人的共同加害。

（2）主观过错的共同性，即共同加害行为人具有共同致人损害的故意或过失。传统民法上的共同过错仅指行为人主观上须具有共同故意或者意思联络的情形。共同加害行为以共同的过错为必要，这种共同过错可以是共同的故意，也可以是共同的过失，还可以是故意和过失的混合。根据《最高人民法院关于审理人身损害赔偿案件适用法律若干问题的解释》第 3 条第 1 款规定，在没有共同的故意或者共同的过失的情况下，数人侵害行为的直接结合也可以构成共同加害行为。这一规定反映了共同加害行为的范围逐渐扩大的趋势。在特殊情况下，数个行为人之间虽无共同过错，但其侵害行为直接结合发生同一损害后果的，也构成共同加害行为。如果行为人没有共同过错，且其分别实施的数个行为间接结合发生同一损害后果的，不构成共同加害行为，行为人应当根据过错大小或者原因比例各自承担相应的赔偿责任。

（3）行为的共同性。共同致害行为既可能是共同的作为，也可能是共同的不作为。但数人的行为必须相互联系，构成一个统一的致人损害的原因。从因果关系上来看，任何一个共同加害行为人的行为都对结果的产生发挥了作用，即各种行为交织在一起，共同发生了作用，各个人的行为可能对损害结果所起的作用是不相同的，但都和损害结果之间具有因果关系，因而由其承担连带责任是合理的。在数个行为人的行为中，共同行为并不要求每个行为人都实际地共同从事了某种行为，可以是两个人共同决定，由一个人完成；也可以是一个人起主要作用，另一个人起辅助作用。每个人的行为和结果之间并不一定有直接的因果联系。所以，在共同加害中，不是从每个人的个别行为的原因力来判断的，而是从行为的整体对结果的原因力来判断的。

（4）结果的同一性。所谓结果的同一性，首先是指共同加害行为所造成的后果是同一的，如果各个行为人是针对不同的受害人实施了侵权行为，或者即使针对同一受害人，但是不同的权利分别遭受侵害，损害后果在事实上和法律上能够分开，则有可能构成分别的侵权行为或并发的侵权行为，而非共同加害行为。因此共同加害行为的特点就在于数个侵权行为造成了同一的损害后果。换言之，数个共同加害行为与损害结果是不可分割的，如果行为本身是可分的，那么就是单独行为，而不是共同加害。当然，在数个行为人中，可能行为人事先具有明确的分工，也可能事先并没有分工；数人发挥的作用也可能有大小的区别，但只要他们具有共同的过错，就并不影响数个行为人的行为的统一性和不可分割性。即使有人只是参与策划，而没有实际地从事共同加害行为，也应推定其行为与损害后果之间具有因果关系。如果各个人的行为与加害行为之间具有关联共同性，即使是各个人的行为与损害的相当因果关系未得到认定的场合，也应推定各个人的行为与损害之间存在因果关系。

（三）共同加害行为的责任

共同加害行为较之单独侵权行为，加害人主观恶性更大，一般情况下，彼此相互勾结，所造成的损害程度也比较严重，因此共同加害人对受害人承担全部连带责任。共同加害行为中的连带责任指依据法律的直接规定，多名赔偿义务人都有义务向赔偿权利人负全部的赔偿责任的情形。赔偿权利人有权要求一名或数名赔偿义务人承担全部或者部分的赔偿责任，而一名或数名赔偿义务人在承担全部赔偿责任后将免除其他义务人的赔偿责任，同时有向其他义务人追偿的权利。

二、共同危险行为与责任

（一）共同危险行为的概念

共同危险行为又称为准共同侵权行为，是指数个行为人共同实施了侵害他人权利的危险行为，若无法确认何人的行为造成损害，则由行为人承担连带责任的侵权行为。《侵权责任法》第 10 条规定："二人以上实施危及他人人身、财产安全的行为，其中一人或者数人的行为造成他人损害，能够确定具体侵权人的，由侵权人承担责任；不能确定具体侵权人的，行为人承担连带责任。"

（二）共同危险行为的构成要件

（1）行为是由数人实施的。这是共同危险行为成立的基本条件之一。一个人实施的行为即使造成他人损害，也只是一般的侵权行为，不是共同危险行为。如甲企业生产由乙企业销售的产品致人伤害，但不能确定该产品的缺陷是因为甲的生产环节所致，还是由于乙的保管不善所致，甲、乙企业的行为就构成共同危险行为。

（2）行为人的行为具有危险性。共同危险行为的这种危险性，指的是侵害他人人身权利、财产权利的可能性，这种致害他人的可能性可以从行为本身、周围的环境以及行为人所致害可能性的控制条件上加以判断；此外，这一行为没有人为的侵害方向，共同危险行为不针对任何特定的人。数人的行为构成共同危险行为，要求他们每个人的行为都具有危险性，而且均为积极作为行为。消极行为或部分主体的消极行为，不构成共同危险行为，但是可能构成其他类型的侵权责任。

（3）加害人在一个相对明确的范围之内，但不能判明。在共同危险行为发生的具体的时间和空间范围内，有可能实施侵权行为的人的范围是相对明确的。如果可能实施侵权行为人的具体范围难以明确，就不能适用共同危险行为的规定追究责任。如夜晚道路交通事故的责任人逃逸，难以将所有当晚行驶该路段的驾驶员确定为共同危险行为的实施人。共同危险行为所造成的损害后果，不是全体行为人的共同行为，而是其中的某一人或部分人的个别行为所致，这是共同危险行为与共同加害行为的本质区别。在共同危险行为中，并非每个人的行为都与实际损害结果的发生有因果关系，只不过不能判明而已。对于谁为实际致害人，受害人无须证明，仅须证明数人的行为具有危险性即可。

（4）部分人（实际致害人）的过失在共同危险行为人中。全部行为人既不存在共同的故意，也没有意思联络。“如有意思之联络，则其人之行为纵令不能发生该项损害之结果，亦当认为帮助之共同侵权行为。”①有学者认为共同危险行为人对于损害的发生有共同过失，并认为，这种共同过失应从两方面理解：一方面，行为人之间或由于疏忽大意，或由于过于自信而共同地疏于注意义务；另一方面，行为人的共同过失是相对于危险的形成而言的。因共同过失使危险行为紧密联系为一个整体，在实际的损害结果发生后，法律推定各行为人对损害后果的发生具有共同过失②。基于对“主观的共同关系说”的批判，我们认为，此种观点是值得商榷的。首先，疏于共同注意义务的“共同过失”的确是存在的，但不能作为归责的理由。因为这种“共同过失”是针对危险行为的形成而言的，如果据此归责，与民法的过错责任原则不符。其次，共同危险行为人承担连带责任的基础在于法律对全体共同危险行为人都为“惹起人”的推定。慎言之，即法律对全体共同危险人都具有惹起人之过失的推定。此种过失是相对于损害结果而言的，而“共同过失”则是相对危险的形成而言，两者是不同性质的。因此，在构成要件上有意义的是实际致害人（惹起人）的过失，而非“共同过失”。

（三）共同危险行为人

共同危险行为人是共同危险行为的行为主体，是实施共同危险行为，并造成他人损害的数个行为人。

共同危险行为人一般由自然人构成。数个自然人共同实施共同危险行为，该数个自然人构成共同危险主体。在某些情况下，共同危险人也可以由法人构成。例如，数个工厂制造同一产品，该产品中的一个产品致人损害，不能确认是哪家工厂制造的产品造成该损害，对此，该数个工厂为共同危险行为人，应承担共同加害责任。举一个美国著名案例——辛德尔诉阿伯特化学厂案。1982年加利福尼亚州上诉法院改判了该案。辛德尔是一名乳腺癌患者。在她出生前，其母亲服用了当时广为采用的防止流产的乙烯雌粉。后来研究证明，服用乙烯雌粉与患乳腺癌有很大关系，辛德尔就是此药的受害者。当时生产此药的共有 11 家化学工厂，她没有办法证明她的母亲究竟服用哪家化学厂生产的药品。辛德尔提起损害赔偿之诉后，初审法院不予受理，上诉法院则判决当时生产此种药品的 11 家化学工厂的制造商对原告的损害负连带赔偿责任。这虽然是一个产品责任的判例，但它确定赔偿责任的理论依据之一，就是共同危险学说。该数个工厂为共同危险人，应承担共同加害责任③。

共同危险行为人是一个整体。这是其与公共加害人之间的明显区别之一。共同危险行为人没有实行行为、教唆行为和帮助行为的区别，在实施共同危险行为的时候，一般

① 钱国成：《共同侵权行为与特殊侵权行为》，载刁荣华《现代民法基本问题》，汉林出版社 1981 年版，第 61 页。

② 叶知年：《共同危险行为探讨》，《法学杂志》1997 年第 6 期。

③ 杨立新：《侵权行为法》，中国法制出版社 2006 年版，第 100 页。

也没有特别的分工，没有行为轻重的区别。

三、教唆、帮助行为与责任

所谓教唆行为，是指通过语言或行为怂恿、利诱、刺激等方法使被教唆者接受教唆意图的行为。所谓帮助行为，是指通过提供工具、指示目标、给予鼓励等方式在物质上或者精神上协助他人实施侵权行为的行为。教唆人与帮助人在符合以下要件时，应与侵权行为人视为共同加害行为人。

（1）教唆人或帮助人主观上有过错。教唆人或帮助人主观上有过错，即教唆人或者帮助人故意教唆或者帮助他人实施侵权行为，或者因过失而未发现他人正在实施侵权行为予以教唆或者帮助。教唆行为出于故意，这就是说，教唆人不仅认识到自己的教唆行为会使被教唆人产生侵权的意图，并实施侵权行为，而且认识到被教唆人的行为所导致的后果，并希望或放任此种结果发生。教唆人虽为故意教唆，而被教唆人出于过失实施侵权行为，亦可构成共同侵权，例如，明知楼下有人经过，而引诱他人往窗外扔杂物，以至于将他人砸伤。帮助人一般出于故意，他和实行行为人都具有共同致人损害的意思联络，但在特殊情况下，不知他人的行为为侵权行为而提供帮助，若客观上对加害行为起到了辅助作用，亦构成共同侵权。至于帮助人出于故意对加害人提供帮助，加害人不知帮助人提供的帮助，双方没有相互沟通，亦不妨害共同侵权的构成。

（2）教唆或帮助他人实施的侵权行为与损害后果之间具有因果联系。这一点包括两层含义：其一，被教唆人或者被帮助人实施的侵权行为正是教唆的内容或者帮助的对象；其二，正是该侵权行为造成了他人的损害。如果被教唆人或者被帮助人实施的侵权行为不是教唆的内容或者帮助的对象，而是行为人自己另外实施的，那么就该行为所造成的损害而言，不应将教唆人或者帮助人与侵权行为人视为共同侵权人。例如，甲只是教唆乙入室窃取丙的笔记本电脑，但是乙入室后除窃取电脑外，还将丙的妻子丁奸污，就丙的电脑被窃这一损害，甲应与乙视为共同侵权人；而就丁被奸污这一损害，只能由乙单独承担侵权责任，丁所受的损害与甲教唆乙实施的侵权行为没有相当因果关系，就此项损害甲并非共同侵权行为人。

（3）被教唆人或被帮助人属于完全民事行为能力人。《侵权责任法》第 9 条规定："教唆、帮助他人实施侵权行为的，应当与行为人承担连带责任。教唆、帮助无民事行为能力人、限制民事行为能力人实施侵权行为的，应当承担侵权责任；该无民事行为能力人、限制民事行为能力人的监护人未尽到监护责任的，应当承担相应的责任。"若教唆、帮助完全民事行为能力人，则教唆人和实行行为人共同构成侵权行为，承担连带责任。若教唆、帮助无民事行为能力人、限制民事行为能力人实施加害行为的，教唆者、帮助者本人为侵权人，应由教唆者、帮助者独立承担民事责任。

四、无意思联络的数人侵权行为

无意思联络的数人侵权是指没有共同过错的数人，分别实施侵权行为，造成他人同一损害的情形。《侵权责任法》第 11 条规定："二人以上分别实施侵权行为造成同一损害，每个人的侵权行为都足以造成全部损害的，行为人承担连带责任。”第12条规定：“二人以上分别实施侵权行为造成同一损害，能够确定责任大小的，各自承担相应的责任；难以确定责任大小的，平均承担赔偿责任。”因此对无意思联络的数人侵权，行为人可能承担连带责任，也可能承担按份责任，法院在处理时应具体问题具体分析。

第五节 特殊侵权责任

一、特殊侵权责任概述

（一）特殊侵权责任的概念

从文义上看，“特殊侵权责任”首先是侵权责任，其次区别于一般侵权责任，其加害行为主体、责任承担主体、致人损害原因、主观过错乃至于责任构成要件等与一般侵权责任有着显著的区别，体现了保护社会弱者的法律价值取向。

特殊侵权责任，是指责任人基于与自己有关的行为、事件、管理的物件或者其他特别原因致人损害，依法应当承担的民事责任。

（二）特殊侵权责任的特征

与一般侵权责任相比，特殊侵权责任的特征表现在以下几方面。

（1）特殊侵权行为是一种特定主体、特定活动、特定物件致人损害的行为。这些特定的主体、特定的活动、特定的物件均由法律作出明确规定。由于法律是就不同种类的特殊侵权责任具体规定为要件，每种特殊侵权的要件在法律上有着具体、明确的要求，故一些特殊侵权责任的构成要件就不具有普遍性。

（2）特殊侵权责任不以责任人的过错为构成要件。一般情况下，某一民事主体实施了加害行为后，必须同时具备行为违法性、有损害事实存在、加害行为与损害后果之间存在因果关系、加害人有过错这四个要件，该行为人才可能承担侵权民事责任。由于特殊侵权中大多数责任具有“替代性”，加上法律出于保护受害人利益以实现社会公平的目的，所以特殊侵权不以过错为追究责任的主要要件。

（3）特殊侵权责任的加害人与责任人不一致。特殊侵权责任不是损害后果的责任承担者自己实施的致人损害行为，而是由自己监护、管理下的人所实施的致人损害行为或者自己管理的物件致人损害，这种特殊侵权责任的责任人所承担的侵权责任是一种间接责任，又称转承责任或者替代责任，因此，特殊侵权责任中的损害后果的责任承担者与加害行为的实施者不是同一人。

（4）举证责任的特殊性。由于特殊侵权责任适用过错推定责任原则和无过错责任规则，所以，在举证责任上有所不同。一般侵权责任的证明，奉行“谁主张谁举证”的原则，由赔偿权利人负举证责任，赔偿义务人不负此责任。特殊侵权责任实行举证责任倒置，其倒置证明的范围并不是全部侵权责任要件，而只是在过错证明上举证责任倒置。损害事实、因果关系的要件，仍应由赔偿权利人证明；在适用过错推定原则推定过错时，加害人予以否认的，应举证证明自己无过错；在适用无过错责任原则时，加害人主张损害是由受害人或第三人的过错所致时，应当负举证责任。加害人证明自己的主张成立的，才可以免责或者减轻责任。在这种情况下，免责是一般后果，减轻责任的后果须有法律的特别规定。

二、职务侵权行为与责任

（一）职务侵权行为的概念

职务侵权行为是指用人单位的工作人员，在执行工作任务的过程中，侵害公民、法人合法权益的行为。

《侵权责任法》第 34 条第 1 款规定："用人单位的工作人员因执行工作任务造成他人损害的，由用人单位承担侵权责任。"因此职务侵权责任是一种替代责任，由用人单位替代其工作人员承担侵权责任。

（二）职务侵权责任的构成要件

（1）行为主体须为用人单位的工作人员。既然此类侵权行为的发生以执行工作任务为前提，则其主体必须是用人单位的工作人员。《侵权责任法》第 34 条第 1 款规定的用人单位含义很广，它是指除个人之外的一切组织，该组织有无法人资格，在所不问。用人单位既包括国家机关、社会团体，也包括企业事业单位、民办非企业单位。工作人员是指被纳入了用人单位的组织之内、服从用人单位的指示并受其管理控制的自然人[①]。用人单位的工作人员包括两大类：一是与用人单位存在劳动关系的工作人员，二是公务员及参照《中华人民共和国公务员法》管理的工作人员。

（2）行为须是执行职务的行为。如果造成损害的行为虽发生在执行工作任务中，却与执行任务没有联系，不构成职务侵权。一般来说，下列行为属于执行职务的行为：①执行职务本身的行为；②与执行职务有关的而不可分的行为；③怠于行使职权的行为。

（3）执行职务的行为构成侵权行为。职务侵权责任属于替代责任，即用人单位为其工作人员的侵权行为承担责任。只有当工作人员的行为符合侵权行为的构成要件时，才会进一步产生用人单位的责任问题。在判断工作人员的行为是否构成侵权行为时，应以过错责任原则加以判断，除非法律另有特别规定，即工作人员的行为既可能因符合过错责任的构成要件成立侵权行为，也可能因符合无过错责任的构成要件成立侵权行为。

（4）须受害人所受损害与职务侵权行为有因果关系。职务侵权行为构成中的因果关系表现为：直接侵权行为人执行职务的加害行为与损害后果之间有因果关系，即损害事实必须是由直接侵权行为人的加害行为所造成。

三、产品责任

（一）产品缺陷致人损害侵权行为的概念

产品缺陷致人损害是指产品的生产者、销售者因生产、销售缺陷产品造成他人的人

① 程啸：《侵权责任法教程》，中国人民大学出版社 2011 年版，第 137 页。

身或者财产损害应承担民事责任的侵权行为。

《侵权责任法》第41条规定："因产品存在缺陷造成他人损害的，生产者应当承担侵权责任。"第42条规定："因销售者的过错使产品存在缺陷，造成他人损害的，销售者应当承担侵权责任。销售者不能指明缺陷产品的生产者也不能指明缺陷产品的供货者的，销售者应当承担侵权责任。"

（二）产品缺陷致人损害侵权责任的构成要件

（1）产品有缺陷。我国《产品质量法》第46条规定："本法所称缺陷，是指产品存在危及人身、他人财产安全的不合理的危险；产品有保障人体健康和人身、财产安全的国家标准、行业标准的，是指不符合该标准。"

缺陷分为三种：①设计缺陷。设计缺陷是指在产品结构、配方等方面存在不合理的危险。②制造缺陷。制造缺陷是指产品在制造的过程中，因原材料、配件、工艺、程序等方面存在错误，导致制作成最终产品上具有不合理的危险性。③经营缺陷。经营缺陷是指经营者没有提供警示与说明，或者没有提供适当的警示与说明，致使产品在使用、储运等情况下具有不合理的危险。

（2）有损害的事实。产品缺陷致人损害的事实包括人身伤害、财产损害和精神损害。人身伤害包括致人受伤、伤残及死亡。财产损害是指缺陷产品以外的其他财产损失，包括直接损失和间接损失。精神损害是指因产品缺陷致人损害造成受害人的精神痛苦和感情创伤。产品缺陷致人损害侵权行为与其他侵权行为相比，往往具有受害人多、损害严重、损害发生的时间有早有晚的特点。例如，有些损害后果在受害当时即可发现，有的则要在受害之后很长时间才能出现。在这种责任中，受害人既可以是购买使用产品的人，也可以是使用产品以外的人。

（3）损害与产品缺陷之间有因果关系。产品缺陷致人损害侵权责任的因果关系是指产品的缺陷与受害人的损害事实之间存在引起与被引起的关系，产品缺陷是原因，损害事实是结果。其与其他侵权责任中的因果关系存在共性，即时间上的顺序性；事实上的客观真实性；原因是结果的必要条件；可以用实质要素作为补充检验。但产品侵权责任中的因果关系同时有自己的特殊性，主要体现在：①证明主体与证明程度的特殊性；②证明对象的特殊性；③证明方法的特殊性[①]。产品责任的因果关系要由受害人承担举证责任。证明内容是受害人所受损害是由于使用或者消费有缺陷的产品所致。

四、高度危险作业责任

（一）高度危险作业致人损害的侵权行为的概念

高度危险作业致人损害的侵权行为，是指从事高空、高压、易燃、易爆、剧毒、放射性、高速运输工具等对周围环境有高度危险的作业致人损害，其所有人或者占有人应当承担赔偿责任的侵权行为。《侵权责任法》第69条规定："从事高度危险作业造成他人损害的，应当承担侵权责任。"

① 张新宝：《中国侵权行为法》，中国社会科学出版社1998年版，第499-501页。

（二）高度危险作业致人损害的侵权责任的构成要件

（1）作业人须从事高度危险作业。这种高度危险是指作业人的作业活动对周围人们造成了一种引起人身伤害或者财产损失的难以避免的可能性。在现有科学技术的条件下，即使作业人在操作、管理过程中采取极为谨慎的态度，仍难免发生危险事故。

（2）有损害后果的发生或者严重危险的存在。损害后果可以是财产损害，也可以是人身损害。就高度危险作业的损害而言，出现财产和人身的实际损害固然属于损害，但也不排除没有出现损害而构成对财产和人身的威胁危险时，受威胁危险的人要求危险作业行为人消除危险的权利。

（3）高度危险作业行为与损害后果之间存在因果关系。这种因果关系通常由受害人负责举证。但是，由于高度危险作业的特殊性，因果关系也有一定的特殊性。例如，在某些情况下，受害人往往只能证明高度危险作业与损害后果存在表面上的因果关系，甚至仅能证明高度危险作业是损害后果发生的可能原因，而无法确切证明两者之间的因果关系。如因放射性物质造成损害的，受害人基本上无法证明损害发生的具体原因。因此，为切实保护受害人的利益，对于因果关系可以采用推定的方法，即由高度危险作业人证明作业活动与损害后果没有因果关系①。如其不能证明，则推定有因果关系。

五、环境污染责任

（一）环境污染致人损害侵权行为的概念

环境污染致人损害的侵权行为，是指污染环境造成他人财产或者人身损害而应承担民事责任的行为。《侵权责任法》第 65 条规定：“因污染环境造成损害的，污染者应当承担侵权责任。”

（二）污染环境致人损害侵权责任的构成要件

（1）行为人有污染环境的行为。污染环境是指由于人为因素致使环境发生物理、化学、生物等特征上的不良变坏，从而影响生物生存和发展的情况。根据《环境保护法》第 42 条的规定，污染环境的行为是指工矿等企业、事业单位违反国家环境保护法律，将其所生产的废气、废水、废渣、粉尘、放射性物质和噪声、震动、恶臭气体、电磁波等辐射或者传播到大气、水、土地等环境之中，使人类生存环境受到一定危害的行为。

（2）有环境污染的损害事实。污染环境致人损害侵权行为造成的损害既包括人身权利的损害，也包括财产权利的损害。这是构成侵权行为的必要条件。与其他侵权行为所造成的后果相比，环境污染致害责任的损害具有潜伏性和广泛性的特定。所谓潜伏性，是指环境污染所造成的损害往往要经过很长时间才能发现，这是由环境的自净能力所决定的。当污染物质的数量超过环境的自净能力时，环境所不能消化的那部分污染物质就会慢慢累积起来，当数量达到一定程度就会显现出来。损害的广泛性包括三层含义：一是指损害范围比较大，由于以环境为中介，而环境不可能是封闭的，所以环境污染造成

① 房绍坤：《民商法问题研究与适用》，北京大学出版社 2002 年版，第 401 页。

的损害相当容易扩散；二是指受害对象的范围很广，由于扩散的范围很大，所以受害的对象往往不是一个人或者几个人，很容易形成群体性的诉讼；三是指受害利益的广泛，环境污染往往造成当事人多种合法权益的损害[①]。

(3) 环境污染行为与损害后果之间具有因果关系。由于环境污染属于科技发展所引起的社会问题，因而环境污染损害往往涉及高深的科技活动，为一般人所不能控制和掌握；加之污染损害又具有持续性、潜伏性、广泛性的特点，因此，在许多情况下，要查明损害的原因，确认损害与污染行为之间的因果关系，用一般的方法是相当困难的，因此，这种因果关系的确定应当采用推定因果关系的规则，由加害人负责证明其行为与损害后果之间不存在因果关系。加害人无法证明的，则推定因果关系存在。

六、地面施工致人损害责任

（一）地面施工致人损害侵权行为的概念

地面施工致人损害侵权行为，是指在公共场所、道旁或者通道上挖坑、修缮安装地下设施等，未设置明显标志和采取安全措施致人损害的行为。《侵权责任法》第 91 条第 1 款规定："在公共场所或者道路上挖坑、修缮安装地下设施等，没有设置明显标志和采取安全措施造成他人损害的，施工人应当承担侵权责任。"

（二）地面施工致人损害侵权责任的构成要件

(1) 须是在公共场所、道路上施工。这一要件包含了两个方面的要求：一是特定的地点，即限定在公共场所、道路。公共场所是公众聚集、活动的场所；道路是公众通行的地段。这些地方具有人员密度大、流动性强的特点，所以，在这些地方施工有致人损害的相当的危险性。因此，为维护社会公众的安全，使不特定的人不致因不了解这些地方的地形变化而受损害，法律设置了地面施工致害责任。二是特定的活动，即进行挖坑等地下施工。这里的地下施工，不是指在地表下面施工，而是指进行挖坑、掘进、开渠、埋设地下设施、开启下水道入口等由地面向下进行的，会破坏地面原来地形的施工。有人认为，在自己院内挖坑、在农田中掘井，若有人掉入坑内或井中受伤，不构成地面施工致害责任，是不正确的，因为一般侵权责任是为自己的行为负责，不包括对物件致害的赔偿责任[②]。

(2) 须未设置明显标志和采取安全措施。这是法律对地面施工所规定的特定的作为义务，凡是进行地面施工，就必须设置明显标志和采取安全措施。未按法律规定要求作为，即构成不作为的违法行为[③]。设置明显标志和采取安全措施这两种作为义务必须同时履行，并且这种注意义务，尽到善良管理人的注意，标志的明显性和措施的安全性均应作较高的要求。

(3) 有损害事实。这种损害事实中的受害人应当是地面施工人、工作物的所有人、

① 王利明：《民法·侵权行为法》，中国人民大学出版社 1993 年版，第 456-457 页。

② 王利明、杨立新：《中国侵权行为法》，法律出版社 1998 年版，第 159 页。

③ 张新宝：《中国侵权行为法》，中国社会科学出版社 1998 年版，第 360 页。

管理人或者使用人以外的其他人，损害结果同样体现为人身伤害或者财产损失，主要是人身伤害。

（4）须受害人的损害与施工现场安全措施的欠缺之间有因果关系。所谓施工安全措施的欠缺是指没有设置明显的标志和采取必要的安全措施。地面施工致害责任是施工人的违法的不作为的法律后果，受害人的损害并不是施工人的作为造成的，而是由于施工人未采取必要的安全措施造成的。施工人的施工活动是合法的，不具有违法性，只是在没有采取必要的安全措施上具有违法性。因此，这里的因果关系表现为因安全措施的欠缺，致使路人掉入开启的坑（井、渠等）内遭受损害。如果受害人的损害与安全措施的欠缺没有关系，则不产生这种责任。

七、物件损害责任

（一）物件致人损害的侵权行为的概念

狭义的物件致人损害的侵权行为，又称建筑物致人损害的侵权行为，是指建筑物及其他地上物因搁置或者保管不当而致人损害的特殊侵权行为。《侵权责任法》第 85 条规定："建筑物、构筑物或者其他设施及其搁置物、悬挂物发生脱落、坠落造成他人损害，所有人、管理人或者使用人不能证明自没有过错的，应当承担侵权责任。"

（二）物件致人损害的侵权责任的构成要件

（1）须有建筑物及地上物的致害行为。建筑物及其他地上物，在学理上统称为地上物。地上物是与土地相连的地面以上的物体及其附属物件。地上工作物包括三类：一是与土地相连的建筑物及其他设施，如房屋、桥梁、码头、堤坝、涵洞、隧道、纪念碑、路标、广告牌、缆车、护路树。其特点是均与土地相连，均暴露在地面或地面以上。此类物件包括其整体、全部。二是建筑物上的搁置物和悬挂物。这类物件不属于与土地直接相连的物件，但它们与建筑物相连接，且于空中，故认其为地上物的附属物。三是地上堆放物。《侵权责任法》第 88 条规定："堆放物倒塌造成他人损害，堆放人不能证明自己没有过错的，应当承担侵权责任。"因此，地上堆放物包括在"其他设施"之中，属于地上工作物。须有地上工作物致害行为，这种行为，法律规定有倒塌、脱落、坠落，这是主要方式，但并不是全部，如索道崩断、表面陷落等亦为致害方式。倒塌是指地上物全部或者部分倾倒、坍塌；脱落是指附着于地上物上的组成部分与物之主体相分离而下落；坠落则是指搁置于或悬挂于建筑物上的物件离开建筑物而掉落。建筑物或其他设施表面陷落，也是致害方式之一种。建筑物及其他地上物只要有以上致害危险行为之一的，即构成此要件。

（2）损害后果。损害后果包括：①致受害人产生人身的损害。如因致伤、致残而使受害人减低或丧失劳动能力。②致受害人死亡。③致受害人财产的直接损害。如砸死受害人的牲畜、砸毁受害人房屋或其他财产。④致受害人收入的减少或丧失。⑤致受害人为医疗等费用的开支。加害人应对受害人的一切人身和财产损失承担责任。

（3）损害事实与地上物致害行为之间有因果关系。损害事实与地上物致害行为之间的因果关系是指两者之间引起与被引起的关系。建筑物或其他设施，建筑物上的搁置物和悬挂物以及地上堆放物倒塌、脱落、坠落等，直接造成受害人的人身伤害或财产损害，为有因果关系；倒塌、脱落、坠落等的物理力并未直接作用于他人的人身、财产，而是引发其他现象，致使他人的人身、财产受损害，亦为有因果关系[①]。

（4）地上物所有人或者管理人的过错。过错推定责任仍然要以责任人的过错为追究责任的前提，只不过这种过错是以造成当事人损害的后果来推定，责任人可以依法举证证明自己已经尽到了善良管理人的注意，从而免责。这种对责任人过错举证责任的倒置大大有利于保护受害人的合法权益。

八、饲养动物损害责任

（一）饲养动物致人损害侵权行为的概念

动物致人损害的侵权行为，是指饲养的动物致人损害，该动物的所有人、管理人等应当承担赔偿受害人人身损害和财产损害责任的侵权行为。《侵权责任法》第 78 条规定："饲养的动物造成他人损害的，动物饲养人或者管理人应当承担侵权责任，但能够证明损害是因被侵权人故意或者重大过失造成的，可以不承担或者减轻责任。"因此动物致人损害，动物的饲养人或管理人承担无过错责任。《侵权责任法》第 81 条规定："动物园的动物造成他人损害的，动物园应当承担侵权责任，但能够证明尽到管理职责的，不承担责任。"因此，对动物园《侵权责任法》给予了特别的优待，不适用无过错责任，动物园承担的是过错推定责任，在动物园已经尽到管理职责的情况下，若损害完全是由于受害人自身原因所致，动物园不承担侵权责任。

（二）饲养动物致人损害侵权责任的构成要件

（1）饲养的动物致人损害。这里的动物不管是什么性质的动物，只要是人工饲养的动物，就适用本规则。例如，饲养的家禽家畜、饲养的野生动物等，公园里饲养的猴子、老虎、豹子等，都是这种范围内的动物。在一般侵权责任中，作为侵权责任构成要件的加害行为，通常是加害人的直接行为。但在饲养动物致人损害的侵权责任中，饲养动物是直接的行为者，即饲养动物的独立动作导致他人损害。所谓"饲养动物的独立动作"，是指饲养动物基于其本身具有的危险性，在不受外力强制或驱使下做出的自身动作。若饲养动物是在外力强制或驱使下做出的自身动作，则不属于"饲养动物的独立动作"，而是人的行为。在这种情况下，饲养动物充当的是致害工具，行为人应当承担一般侵权责任[②]。

（2）须有加害行为。一般侵权责任的加害行为，通常为行为人的作为或不作为。由于动物致害责任是一种转承责任，故这种加害行为不是责任人的作为或不作为而是其所有或者占有的动物基于其本能而加害他人，不论其是自主伤害还是在外界刺激下加害，亦不论其是积极状态加害还是消极状态加害。例如，为汽笛所惊，或被鞭挞而奔驰，仍

① 王利明，杨立新：《民法·侵权行为法》，中国人民大学出版社 1993 年版，第 468 页。

② 王利明：《中国民法案例与学理研究》（侵权行为篇、亲属继承篇），法律出版社 2003 年版，第 158 页。

不失为自身有意之动作[1]。

动物因带有传染病菌而致人损害，是否为动物加害，应区别不同情况认定。如果动物带有病菌加害他人造成传染后果的，如狂犬病毒携带的动物致害他人的，传播狂犬病，为动物加害。如果动物带有病菌，由于来自外界的力量造成病菌传染，如购回患有口蹄疫的家畜而致全村牲畜患病，则不为动物加害。区别的标准，就在于损害是否为动物自身的动作所致。

（3）须受害人有损害事实。损害是补偿的前提，动物致害也不例外。受害人的损害包括受害人的人身权损害，也包括侵害当事人的身体权、健康权和生命权的事实。如受害人被咬伤、踢伤、被惊吓致病，被传染狂犬病、猫抓热等。被猫、狗咬伤、抓伤，并未造成严重后果，但因预防狂犬病和猫抓热而注射疫苗，亦视为人身伤害的客观事实。

财产损害事实是动物所造成的财物损坏的客观后果。如鸡鸭损坏他人庄稼、蔬菜等。动物致害的客观事实除以上两种情况外，还包括某种动物造成的妨害状态。例如，学童因某家恶犬常立于其赴校必经之路而不敢上学，因犬之纠缠而致误车、误机[2]。

（4）须动物加害与损害事实之间具有事实上的因果关系。判断标准，应依相当因果关系为依据，有直接因果关系的，自无疑问；有间接因果关系，为适当条件者，仍构成侵权责任。例如，马受惊后撞翻路旁的车辆，因车辆倒翻而砸坏他人的货物，为有因果关系；动物咬伤他人，致感染而患败血症致死，亦为有因果关系[3]。

九、监护人责任

（一）被监护人致人损害的侵权行为的概念

被监护人致人损害的侵权行为，又称无民事行为能力人和限制民事行为能力人致人损害的侵权行为，是指由于被监护人实施加害行为致人损害，由监护人承担民事责任的侵权行为。《侵权责任法》第 32 条规定："无民事行为能力人、限制民事行为能力人造成他人损害的，由监护人承担侵权责任。监护人尽到监护责任的，可以减轻其侵权责任。"

（二）被监护人致人损害的侵权责任的构成要件

（1）致害主体须为被监护人。被监护人包括无民事行为能力人或限制民事行为能力人，必须是被监护人自己实施的行为，而不是他人利用无民事行为能力人或限制民事行为能力人实施侵权行为，如果是有民事行为能力人的人故意教唆、指使所为，则属于一般侵权行为。由教唆、指使人直接承担民事责任。

（2）有损害事实。第三人的损害既包括财产损害，也包括人身损害。有疑问的是，第三人的损害是否包括精神损害？对此，目前认识不一。例如，女工王某在公司大会上当众说某人民代表、单位先进工作者张某与单位领导有男女关系并辱骂张某，张某被气生病，误工 10 余日。张某为此提起诉讼，要求王某赔礼道歉、恢复名誉并赔偿财产损

① 史尚宽：《债法总论》，中国政法大学出版社 2000 年版，第 198 页。

② 史尚宽：《债法总论》，中国政法大学出版社 2000 年版，第 191 页。

③ 杨立新：《民法判解研究与适用（第二集）》，中国检察出版社 1996 年版，第 239 页。

失和精神损害。经法医鉴定，王某当时突发精神病，无民事责任能力。王某的丈夫赔偿张某的财产损失，应当是没有疑问的。但王某的丈夫应否赔偿张某的精神损害，则存在不同的看法，有人认为应当赔偿，而有人则认为不应当赔偿[①]。我们认为，被监护人有侵害第三人名誉权等造成精神损害的可能性，且《侵权责任法》没有将受害人的损害限于财产损害，所以第三人的损害应当包括精神损害在内，以更好地保护第三人的合法权益[②]。

(3)被监护人的致害行为须具有客观违法性。由于被监护人不具有完全的意思能力，因而就其主观态度而言，不一定认识到自己行为的法律后果，因而，一般也就不存在被监护人的主观过错问题。但是，就被监护人的致害行为而言，则必须在客观上为法律所不容，即具有客观违法性。否则，不产生被监护人致害责任。

(4) 被监护人独立实施的违法加害行为与损害后果之间具有因果关系。因果关系的存在是被监护人致害责任的必要条件。如果受害人的损害后果与被监护人的行为无关，则不发生被监护人致害责任的必要条件。被监护人致害的侵权责任适用无过错责任原则，即使监护人已经尽到了监护职责，也不能免除其赔偿责任，只能依法适当减轻责任。

十、医疗损害责任

（一）医疗损害责任的概念

医疗损害责任指医疗机构及其医务人员在诊疗活动中过失侵害患者生命权、身体权、健康权的侵权责任[③]。《侵权责任法》虽然有专章规定医疗损害责任，但适用的仍然是一般过错责任原则，原则上，受害人就医疗机构的过失、医疗行为与损害之间的因果关系负有举证责任。

（二）医疗损害责任的构成要件

（1）加害人为医疗机构及其医务人员。医疗损害责任的加害人必须是医疗机构及其医务人员，医疗活动是一种专业性、技术性、风险性都很强的活动，涉及人民群众的生命健康。如果法律不允许从事医疗活动的机构或个人，从事了医疗活动，就构成非法行医。而非法行医造成患者损害的侵权责任属于一般侵权责任，不属于医疗损害责任，因此，只有医疗机构和医务人员从事诊疗活动造成患者损害时，才属于医疗损害责任。

（2）在诊疗活动中受到损害。诊疗活动是医疗机构及其医务人员借助医学知识、专业技术、仪器设备及药物等手段，为患者提供的紧急治疗、检查、诊断、治疗、护理、保健、医疗美容，以及为此服务的后勤和管理等维护患者生命、健康所必需的活动。诊疗活动以维护患者的生命、身体和健康为目的。因此，在诊疗活动中，医疗机构及其医

① 刘克希：《民法通则原理与实务》，重庆出版社 1990 年版，第 367 页。

② 房绍坤、郭明瑞、唐广良：《民商法原理（三）》，中国人民大学出版社 1999 年版，第 368 页。

③ 程啸：《侵权责任法教程》，中国人民大学出版社 2011 年版，第 205 页。

务人员因过失而侵害的并非患者的任何民事权益，而仅限于生命权、身体权和健康权。如果医疗机构及其医务人员借诊疗活动之机侵害的是患者的财产权益和其他人身权益，则不属于医疗损害责任。

(3)诊疗活动与患者的损害之间存在因果关系。患者的损害必须是因诊疗活动所致。医疗机构及其医务人员存在过错的诊疗活动造成了患者的损害。如果患者的损害不是发生在诊疗活动中，或与诊疗活动不存在因果关系，医疗机构及其医务人员无须承担医疗损害责任。

(4) 医疗机构及其医务人员存在过错。医疗损害责任属于过错责任，受害人应当证明医疗机构及其医务人员存在医疗过失。由于诊疗活动本身是具有很强的专业性、结果不确定性的复杂活动，因此，既不能够完全由专业知识不足的患者来证明医疗机构及其医务人员的过错，也不能对医疗机构全部实行过错推定。《侵权责任法》规定了三种判断医疗过失的方法：①是否违反说明及取得同意之义务；②是否违反诊疗义务；③医疗过失的推定。

(5) 医疗损害责任的免责事由。《侵权责任法》规定了三种免责事由：①患者或者其近亲属不配合医疗机构进行符合诊疗规范的诊疗的；②抢救生命垂危的患者等紧急情况下已经尽到合理的诊疗义务的；③鉴于当时的医疗水平难以诊疗的。

十一、机动车交通事故责任

(一) 机动车交通事故责任的概念

机动车交通事故责任，是指机动车发生交通事故造成他人人身伤亡与财产损害，机动车的所有人、使用人等民事主体应当承担的侵权责任。

(二) 机动车交通事故责任的归责原则

(1) 保险优先赔付[①]。机动车发生交通事故，首先由机动车强制保险赔付。在强制保险范围内，不适用侵权法的规则，不问过错，只按照机动车强制保险的规则进行。机动车强制保险赔付不足部分，适用侵权责任法的规则处理。

(2) 机动车造成非机动车驾驶人或者行人人身伤害的，适用过错推定原则，实行过错推定。机动车相互之间造成损害，以及其他机动车交通事故责任，适用过错责任原则。

(三) 机动车交通事故责任的承担

根据《中华人民共和国道路交通安全法》第 76 条的规定，机动车发生交通事故造成人身伤亡、财产损失的，由保险公司在机动车第三者责任强制保险责任限额范围内予以赔偿；不足的部分，按照下列规定承担赔偿责任。

(1) 机动车之间发生交通事故的，由有过错的一方承担赔偿责任；双方都有过错的，按照各自过错的比例分担责任。

(2) 机动车与非机动车驾驶人、行人之间发生交通事故，非机动车驾驶人、行人没

① 王利明，杨立新，王轶等：《民法学》，法律出版社 2011 年版，第 802 页。

有过错的，由机动车一方承担赔偿责任；有证据证明非机动车驾驶人、行人有过错的，根据过错程度适当减轻机动车一方的赔偿责任；机动车一方没有过错的，承担不超过10%的赔偿责任。

（3）交通事故的损失是由非机动车驾驶人、行人故意碰撞机动车造成的，机动车一方不承担赔偿责任。

所谓“机动车一方”，就是指机动车的保有人，即对机动车的运行享有支配权，并享有机动车运行所产生的利益之人[①]。根据《侵权责任法》及司法实践，原则上，机动车的所有人就是机动车一方；转让机动车所有权而未办理所有权转移登记的，受让人为机动车一方；分期付款购买机动车的，买受人为机动车一方；租赁、借用等使得机动车所有权与使用权分离的，使用人是机动车一方；借用他人身份证购买机动车的，实际的所有人为机动车一方；机动车被盗时，盗窃者为机动车一方。

十二、违反安全保障义务的责任

（一）安全保障义务的概念

安全保障义务，是指宾馆、商场、银行、车站、娱乐场所等公共场所的管理人或者群众性活动的组织者负有的保障他人之人身安全、财产安全的注意义务。如果安全保障义务人未尽到该义务，应承担侵权责任或相应的补充责任。

（二）违反安全保障义务责任的构成要件

（1）安全保障义务人为特定的主体，即“宾馆、商场、银行、车站、娱乐场所等公共场所的管理人或者群众性活动的组织者”。公共场所的管理人是指对公共场所具有事实上的管理和控制力的自然人、法人或其他组织。管理人判断的标准并非单纯的所有权关系，而要着重看其是否对公共场所有实际管理和控制之力。群众性活动的组织者就是指负责具体组织实施群众性活动的单位或个人。

（2）未尽到安全保障义务。是否尽到安全保障义务可从以下几个方面判断：①法律法规的义务要求。在我国，许多法律法规和规章对公共场所的管理人、群众性活动的组织者有明确的保护他人人身、财产安全的要求。②危险程度。对于群众性活动的组织而言，自然是活动的危险性越大，负有的责任越重，安全保障义务的要求就越高；③预防与控制能力；④安全保障义务人是否获益。对于无偿从事社会活动的人，应尽量少认定其负有安全保障之义务。

（3）他人受到了损害。“他人”是指安全保障义务人及其工作人员之外的人。无论受害人是因安全保障义务人的行为直接遭受侵害，还是因第三人的侵权行为遭受损害，该损害都必须与安全保障义务人未尽安全保障义务的行为间存在因果关系。

① 程啸：《侵权责任法教程》，中国人民大学出版社2011年版，第195页。

十三、校园伤害事故责任

（一）校园伤害事故责任的概念

校园伤害事故责任是指无民事行为能力或者限制民事行为能力的学生在幼儿园、学校或者其他教育机构学习、生活期间，受到人身损害，应当由幼儿园、学校或其他教育机构承担赔偿责任的特殊侵权责任[①]。

（二）校园伤害事故的归责原则

对于无民事行为能力人在幼儿园、学校或者其他教育机构学习、生活期间受到人身损害的，适用过错推定原则；对于限制民事行为能力人在幼儿园、学校或者其他教育机构学习、生活期间受到人身损害的，适用过错责任原则。被侵权人主张学校承担侵权责任，应当证明违法行为、损害事实和因果关系要件。证明成立的，直接推定幼儿园、学校等教育机构有过失。幼儿园、学校等教育机构主张无过失的，应当实行举证责任倒置，由自己举证证明自己没有过错。幼儿园、学校或者其他教育机构不能证明自己没有过失的，应当承担侵权责任；能够证明尽到了教育、管理职责的，不承担侵权责任。

若侵权行为是第三人造成的，幼儿园、学校或者其他教育机构未能尽到管理职责的，承担相应的补充责任，幼儿园、学校或者其他教育机构需有过错，无过错则不产生补充赔偿责任，幼儿园、学校或者其他教育机构的过错与第三人的致害应当有间接的或者直接的因果关系。

十四、暂时丧失意识侵权责任

（一）暂时丧失意识侵权责任的概念

暂时丧失意识侵权责任，是指完全民事行为能力人对于因过错引起暂时意识丧失，或者因醉酒或者滥用麻醉、精神药品暂时丧失意识，造成他人损害，所应当承担的特殊侵权责任[②]。

（二）暂时丧失意识侵权责任的构成要件

（1）侵权人是完全民事行为能力人。这种特殊侵权责任的行为主体，即侵权人，必须是完全民事行为能力人，而不是限制民事行为能力或者无民事行为能力人。

（2）被侵权人须受到实际损害。在损害事实要件，被侵权人须造成实际损害，这种损害，既可以是人身损害，也可以是财产损害。对于造成人身损害的，对发生的精神损害，当然构成损害事实要件。

（3）侵权人造成他人损害时暂时丧失意识。在造成他人损害时，侵权人须暂时丧失意识，对自己的行为暂时没有意识，或者失去控制。如果行为人并非存在此种身体状态，则应当按照一般侵权行为的要求处理，承担并非暂时丧失意识的损害责任。

---

① 王利明，杨立新，王轶等：《民法学》，法律出版社 2011 年版，第 796 页。

② 王利明，杨立新，王轶等：《民法学》，法律出版社 2011 年版，第 790 页。

（4）侵权人暂时丧失意识是因自己的过错所致。构成这种特殊侵权责任，侵权人须具有过错，即侵权人自己的意识暂时丧失是基于自己的过失而发生。这种特殊侵权责任的过错认定，应当实行过错推定原则，即被侵权人已经证明其他责任构成要件后，法官可以推定侵权人对其意识丧失有过错，丧失意识的行为人如果主张自己没有过错，应当举证证明。

十五、网络侵权责任

《侵权责任法》第36条第1款规定了网络用户或者网络服务提供者利用网络实施侵权行为的责任，第2款、第3款规定的是网络用户利用网络实施侵权行为网站承担连带责任。

（一）网络用户或者网络服务提供者的侵权责任

《侵权责任法》第36条第1款规定："网络用户、网络服务提供者利用网络侵害他人民事权益的，应当承担侵权责任。"这是一般侵权责任，适用过错责任原则。

（二）网络服务提供者的连带责任

网络服务提供者的连带责任，是指网络用户利用网络实施侵权行为后，网络服务提供者在法定情况下与网络用户承担连带责任的网络侵权责任形式，《侵权责任法》第36条规定了两种规则。

（1）提示规则[①]。《侵权责任法》第36条第2款规定："网络用户利用网络服务实施侵权行为的，被侵权人有权通知网络服务提供者采取删除、屏蔽、断开链接等必要措施。网络服务提供者接到通知后未及时采取必要措施的，对损害的扩大部分与该网络用户承担连带责任。"因此，网络服务提供者不知道网络用户利用其网络实施侵权行为，被侵权人知道自己在该网站上被侵权，有权向网络服务提供者提示，通知其网站上的内容构成侵权，要求其采取删除、屏蔽、断开链接等必要措施。网络服务提供者在接到该提示之后，应当按照其提示，及时采取上述必要措施。如果网络服务提供者未及时采取必要措施，构成对网络用户实施的侵权行为的放任，具有间接故意，视为与侵权人构成共同侵权行为，因此，就损害的扩大部分，与侵权的网络用户承担连带责任。如果网络服务提供者未经提示或者经过提示之后即采取必要措施，网络服务提供者就不承担责任，此为"避风港"规则。

（2）明知规则。《侵权责任法》第36条第3款规定："网络服务提供者知道网络用户利用其网络服务侵害他人民事权益，未采取必要措施的，与该网络用户承担连带责任。"网络服务提供者的明知规则，就是网络服务提供者明知网络用户利用其网络实施侵权行为，而未采取删除、屏蔽或者断开链接等必要措施，任凭网络用户利用其提供的网络平台实施侵权行为，对被侵权人造成损害，对于该网络用户实施的侵权行为具有放任的间接故意，应当承担连带责任。

① 王利明，杨立新，王轶等：《民法学》，法律出版社2011年版，第795页。

第六节 侵权损害赔偿

民事责任可以分成违约责任和侵权责任，而侵权责任在民事责任中有着特殊重要的地位。承担侵权责任的主要方式是侵权损害赔偿。如何准确理解侵权损害赔偿，明确侵权损害赔偿基本原则、侵权损害赔偿的范围和标准，是完善侵权损害赔偿制度的重要内容。

一、侵权损害赔偿的概念与特征

“损害”一词在汉语中，“损”和“害”具有不同的含义，“害”，伤也，具有侵犯、杀害的含义。“损”，减也，指财产减损的行为和结果。所以，损害一词包含了人身伤害和财产损失的后果。损害赔偿是指当事人一方因侵权行为或者违约行为等对他方当事人造成损害时，在当事人之间产生请求赔偿权利和给付赔偿义务的债权债务关系，当债务人不自觉履行赔偿义务时，该种债务即转化为损害赔偿民事责任。侵权损害赔偿是指当事人侵犯了他人的人身权或财产权而依法应该承担的损害赔偿责任。侵权损害赔偿有如下三方面主要特征。

（一）侵权损害赔偿具有法定性特征

根据我国《合同法》的规定，当事人可以事先约定一方违约时向对方支付一定数额的违约金，也可以约定因违约产生的损失赔偿额的计算方法，体现了违约损害赔偿责任的可约定性，但是侵权损害赔偿责任则不具有这种属性，相反，有关法律还禁止当事人事先约定对侵权行为的免责行为。侵权损害赔偿的赔偿范围和标准通常由有关法律予以明确规定，具有鲜明的法定性。

（二）侵权损害赔偿是一种财产性的赔偿

侵权的民事责任包括财产责任和非财产责任，从《民法总则》规定的 11 种承担民事责任的方式中，消除影响、恢复名誉和赔礼道歉等属于非财产责任，其他多数为财产责任，而损害赔偿则确定为财产性质的责任。侵权损害赔偿是一种以金钱为主的财产责任，通过对侵权人课以支付受损害人一笔一定数量的金钱或一定的财产，借以实现对被侵害人的补偿，同时也体现了对侵权人的惩罚和对侵权不法行为的否定态度。

（三）侵权损害赔偿具有相对性和可转化性

侵权损害赔偿是一种债，具有债之相对性的特征。侵权损害赔偿的权利主体和义务主体都是特定的，赔偿权利人只能向特定的赔偿义务人请求赔偿，赔偿义务人也只需向特定的赔偿权利人履行赔偿义务。侵权损害赔偿还具有可转化性的特点。损害发生之后，赔偿义务人主动履行了赔偿义务，就不用再负损害赔偿之责，只有在损害发生以后，赔偿义务人拒绝履行赔偿义务，损害才转化为损害赔偿。

二、侵权损害赔偿的原则

侵权损害赔偿的原则是确定侵权损害赔偿的范围所应当遵循的基本规则。侵权损害赔偿应当坚持全部赔偿原则、过失相抵原则、损益相抵原则、权衡利益原则。

（一）全部赔偿原则

全部赔偿原则，是指侵害人对因其侵权行为所造成的受害人的全部损失都应予以赔偿。也就是说，侵害人的赔偿范围应当与受害人的损失范围相当，损失多少，赔偿多少。

侵权损害赔偿之所以坚持全部赔偿原则，是由赔偿责任的补偿性所决定的。既然赔偿损失是对受害人的损害的补偿，那么，只有全部赔偿才能补偿受害人的全部损失。因此，在侵权责任赔偿中，坚持全部赔偿原则是十分必要的，也是合理的。

适用全部赔偿原则确定侵权责任赔偿的范围，应当注意以下问题。

（1）侵权损害赔偿范围的确定，一般应以受害人所受到的损失大小为标准。

（2）侵权损害赔偿的范围包括受害人所遭受的全部损失。就财产损害而言，包括实际损失和可得利益损失；就人身损害而言，包括因人身损害而支出的全部费用以及因受害而失去的利益。对于精神损害而言，包括因精神损害而受到的损失以及其他的合理费用的损失。

（3）法律对侵权赔偿的数额有所限制的，全部赔偿原则应在法律限制的数额内适用。

（二）过失相抵原则

过失相抵原则，是指侵权行为的受害人对于损害的发生或扩大也有过失的，减轻侵害人赔偿责任的原则。所以，过失相抵又可称为“与有过失”。过失相抵原则的适用前提是侵害人和受害人构成混合过错，就是说，侵害人和受害人对于损害的发生或扩大都有过错。《侵权责任法》第26条规定：“被侵权人对损害的发生也有过错的，可以减轻侵权人的责任。”这里所规定的就是过失相抵原则，该原则是基于公平原则和诚实信用原则而确立起来的，是受害人对自己的过失负责。既然受害人对损害的发生或扩大有过失，自不应使侵害人负全部赔偿责任，否则就等于将基于自己的过失所引起的损害转嫁于侵害人负担。

过失相抵原则的适用须符合以下条件。

（1）受害人的行为与侵害人的行为系损害的发生或扩大的共同原因。就是说，损害的发生或扩大是由受害人和侵害人双方的行为所共同造成的，或者受害人的行为导致了已经发生的损害的扩大。

（2）受害人的行为须有不当。受害人的行为是否不当，应依社会一般观念确定，例如，受害人被侵害致伤，但受害人拒绝医院的治疗，导致伤势恶化，受害人的行为就为不当。

（3）受害人须有过错。这里的过错，仅指过失，而不包括故意，因为受害人故意造成损害的，侵害人不承担责任，也就没有过失相抵的适用。

（4）须依侵害人和受害人的过失程度以及各方行为对损害发生的作用，确定各方应承担责任的比例，并据此确定减轻侵害人赔偿责任的数额。

需要特别指出的是，根据我国法律的规定，侵权人因故意或者重大过失致人损害，受害人只有一般过失的，不减轻赔偿义务人的赔偿责任。

（三）损益相抵原则

损益相抵原则，是指受害人基于受损害的同一原因而受有利益时，应将所受利益从损害额中扣除，以确定侵害人的赔偿额的原则。损益相抵原则是将侵害人所造成的损害，与受害人所受的利益，相互抵销，故又称为损益同销原则，其实质仍为侵害人只对受害人的损失负赔偿责任，以免受害人得到不当的利益。

损益相抵原则的适用，应符合下列条件。

（1）须侵害人造成受害人损害。这是损益相抵适用的前提条件。因为没有损害的发生，就没有侵权赔偿责任，当然，也就不会有损益相抵的适用。

（2）须受害人受有利益。受害人受有利益，是损益相抵的必要条件。受害人受到损害，如果没有因此而受有利益，则没有损益相抵的适用余地。受害人所受利益既包括积极利益，也包括消极利益。

（3）受害人的损害与受有利益之间须有因果关系，即损害与利益须基于同一原因事实而发生。例如，损坏他人用于营运的汽车，汽车的损坏及营运收入损失属于损害，而因汽车停运没有支出汽油费则属于受有利益。这里的损害与利益均系基于侵害人损坏汽车这一原因事实而造成的，二者间有因果关系。但若受害人因受害而获得其他人的救济，则损害与利益间不存在因果关系。

（四）权衡利益原则

权衡利益原则，是指应当考虑当事人的经济状况，从而确定侵权损害赔偿范围的原则。按照权衡利益原则，在确定侵权损害赔偿范围时，应当从当事人的经济状况等因素出发，权衡当事人双方的利益关系。例如，在侵害人的经济状况不好，如果全部赔偿，就会使其本人及其家庭的生活陷于极度困难时，就可以根据实际情况，适当减少侵害人的赔偿数额。权衡利益原则的目的在于维护公平正义，维护社会的安定。

适用权衡利益原则，应当注意以下问题。

（1）须分清当事人的责任。如果不分清当事人的责任，径行考虑侵害人的经济状况而减少赔偿数额，不仅达不到教育当事人的目的，而且会导致当事人长期缠讼，影响社会的安定。

（2）须综合考虑各种因素，以达到既切实保护受害人的利益，又不至于使侵害人处于重大不利境地的目的。权衡利益原则所考虑的情况，主要是当事人的经济状况。此外，当地的社会风俗习惯、社会舆论等也是考虑的因素。

（3）须以全部赔偿原则为前提。全部赔偿原则是确定侵权损害赔偿范围的首要原则，权衡利益原则应当以该原则为前提。就是说，应当首先明确侵害人应当全部赔偿，然后，根据侵害人的经济状况，决定是否减少侵害人的赔偿数额。

三、侵权损害赔偿的范围与标准

侵权损害赔偿分为侵犯财产权的损害赔偿和侵害人身权的损害赔偿，兹分述如下。

（一）财产损害赔偿

财产损害赔偿有广义与狭义之分。广义的财产损害赔偿是指侵害财产权的侵权责任，其方法包括返还财产、恢复原状、赔偿损失等；狭义的财产损害赔偿仅指侵害财产权所产生的赔偿责任，其方法为赔偿损失。这里所指的财产损害赔偿仅指狭义的财产损害赔偿。因此，其赔偿方法就是赔偿损失。赔偿损失可以采取两种方式：一是金钱赔偿；二是实物赔偿。金钱赔偿就是将受害人所遭受的财产损失折算成现金，通过支付金钱的方式予以赔偿。在适用金钱赔偿时，应当考虑被侵犯财产的残存价值，因此，金钱赔偿的关键是对财产损失的计算。实物赔偿就是通过用同种类、同等质量的实物赔偿受害人的损害。例如，毁损他人手表的，侵权人可以通过购置同种类的手表予以赔偿，当然，如果被毁损的财产为已经使用过的财产，则侵权人在用实物赔偿时，应当考虑被毁损财产的实际折旧情况。

财产损害赔偿的范围，主要包括实际损失和可得利益损失。因此，财产损害赔偿的范围，就是计算出实际损失和可得利益损失的具体数额，然后按照全部赔偿原则予以赔偿。

实际损失就是现有财产的减少。对于实际损失的赔偿，无论是采取金钱赔偿的方法，还是采取实物赔偿的方法，都需要确定实际损失的具体数额。而财产实际损失数额的确定，需要考虑被损财产的原有价值、残存价值、财产折旧、现有价值等各种因素。简单地说，实际损失的赔偿范围就是被损财产的现有价值减去残存价值的差额。被损财产的现有价值应当是财产被侵害时的时价，而不是被损财产的原购置价格，就是说，无论被损财产的价格如何变化，均以财产被损时的价值确定现有价值，如果财产已经使用的，可以按照一定的折旧率予以折旧。至于残存价值，可以根据残存财产的实有价值进行估算。

可得利益损失是受害人应得而未得利益的损失。可得利益损失与实际损失不同，它并不是现有财产的减少，而是应当增加的财产没有增加。因此，对于可得利益损失的赔偿范围，不能按实际损失的赔偿范围的计算方法加以确定。一般地说，对于可得利益损失的赔偿范围，可以采取收益平均法加以确定，即根据损害发生前的一段时间内的受害人的平均收益确定可得利益损失。例如，侵害他人营运中的汽车，经营者因汽车被损坏而停运一个月，那么，就可以根据损害发生前的月平均收益作为确定可得利益损失的数额。如果采用平均收益法无法确定可得利益损失的，也可以采取同类比照法加以确定，即以同行业、同时期、同地区、同等条件的同类经营者的平均收益确定可得利益损失。

（二）人身损害赔偿

人身损害是指侵害他人的身体所造成的损害，包括一般伤害、残疾和死亡。根据《侵权责任法》第 16 条的规定，人身损害赔偿的范围因人身损害的程度而有所不同，兹分述如下。

1. 一般伤害的赔偿范围

一般伤害是人身损害程度较轻，受害人可以通过一定的措施恢复人身物质机体功能的一种人身损害。根据法律的规定，侵害他人身体造成一般伤害的，其赔偿范围主要包括以下几个方面。

（1）医疗费。医疗费是为使受损害的人身物质机体得以复原，或为维持物质机体的正常功能与活动所需的全部费用，包括诊断费、治疗费、化验费、手术费、检查费、医药费、住院费等。对于医疗费的赔偿，应当坚持公平合理的原则，以合理的、必要的开支为限度。医疗费的赔偿，一般应以所在地治疗医院的诊断证明和医药费、住院费的单据为凭。对于应经医务部门批准而未获批准擅自另找医院治疗的费用，一般不予赔偿；受害人擅自购买与损害无关的药品或者治疗其他疾病的，其费用不予赔偿。

（2）误工减少的收入。误工减少的收入是一种可得利益的损失。赔偿误工减少的收入，应当首先确定误工日期。受害人的误工日期，应当按其实际损害程度、恢复状况并参照治疗医院出具的证明或者法医鉴定等认定。赔偿费用的标准，可以按照受害人的工资标准或者实际收入的数额计算。如果受害人是承包经营户或个体工商户，其误工费的计算标准，可以参照受害人一定期限内的平均收入酌定。

（3）护理费。护理费是为使受害人恢复健康或者维持生命与生活而支出的“护理”费用。这里所说的“护理费”，不包括受害人在住院治疗期间向医院支付的有关护理的费用（这种护理费属于医疗费的范围），而是指除医护人员外，为使受害人的生活得到正常的保障，由受害人之亲属或其他人对其进行非医务护理所应支出的费用。对受害人进行专人护理的，应经医院批准，对于经医院批准专事护理的人，其误工补助费可以按收入的实际损失计算，应得奖金一般可以计算在赔偿的数额内。本人没有工资收入的，其补偿标准应以当地的一般临时工的工资标准为限。

（4）其他必要费用。除上述费用外，受害人因受损害而支出的其他必要费用，也属于赔偿的范围。例如，受害人送医院治疗、抢救的必要交通费、住宿费；受害人所需要的必要的营养补助费、生活补助费等。

2. 致人残疾的赔偿范围

残疾是指人身损害程度较重，受害人虽可通过一定的措施弥补损害，但并不能完全恢复人身物质机体的全部功能的一种人身损害。致人残疾的，其赔偿范围除包括一般伤害所应赔偿的费用外，还应就残疾者因丧失劳动能力所受到的损害给予赔偿。根据我国相关法律的规定，这种赔偿包括以下三项。

（1）残疾赔偿金。残疾赔偿金包含多种损害的赔偿，如某种功能的丧失、影响美观、造成精神痛苦等。根据 2003 年颁布的《最高人民法院关于审理人身损害赔偿案件适用法律若干问题的解释》，残疾赔偿金根据受害人丧失劳动能力程度或者伤残等级，按照受诉法院所在地上一年度城镇居民人均可支配收入或者农村居民人均纯收入标准，自定残之日起按 20 年计算。但 60 周岁以上的，年龄每增加一岁减少一年；75 周岁以上的，按 5 年计算。我国《国家赔偿法》第 34 条第（二）项中规定，残疾赔偿金根据丧失劳动能力的程度，按照国家规定的伤残等级确定，最高不超过国家上年度职工年平均工资的 20 倍。造成全部丧失劳动能力的，对其抚养的无劳动能力的人，还应当支付生活费。

（2）残疾生活辅助器具费。为保证残疾者的正常生活，对残疾者的生活自助具费，也应当属于赔偿范围。例如，安装假肢的费用、购买轮椅车的费用等，都属于残疾者的生活自助具费用。按照《医疗事故处理条例》的规定，因残疾需要配置补偿功能器具的，凭医疗机构证明，按照普及型器具的费用计算。

（3）残疾者扶养的人的必要生活费。由于受害人残疾而丧失全部或部分劳动能力，必然会严重影响其获得劳动收入，从而影响依靠残疾者扶养的人的生活来源。因此，对于依靠残疾者扶养的人，也有必要给予一定的赔偿，其赔偿数额应根据实际情况确定。

根据《最高人民法院关于审理人身损害赔偿案件适用法律若干问题的解释》，被扶养人生活费根据扶养人丧失劳动能力程度，按照受诉法院所在地上一年度城镇居民人均消费性支出和农村居民人均年生活消费支出标准计算。被扶养人为未成年人的，计算至 18 周岁；被扶养人无劳动能力又无其他生活来源的，计算 20 年。但 60 周岁以上的，年龄每增加一岁减少一年；75 周岁以上的，按 5 年计算。

被扶养人是指受害人依法应当承担扶养义务的未成年人或者丧失劳动能力又无其他生活来源的成年近亲属。被扶养人还有其他扶养人的，赔偿义务人只赔偿受害人依法应当负担的部分。被扶养人有数人的，年赔偿总额累计不超过上一年度城镇居民人均消费性支出额或者农村居民人均年生活消费支出额。

根据《医疗事故处理条例》的规定，被扶养人生活费以残疾者丧失劳动能力前实际扶养且没有劳动能力的人为限，按照其户籍所在地或者居所地居民最低生活保障标准计算。对不满 16 周岁的，扶养到 16 周岁。对年满 16 周岁但无劳动能力的，扶养 20 年；但是，60 周岁以上的，不超过 15 年；70 周岁以上的，不超过 5 年。

3. 致人死亡的赔偿范围

死亡是侵害他人身体所造成的最为严重的损害后果，使人身物质机体不再具有生命的意义。致人死亡从根本上剥夺了受害人的生命，是最为严重的侵害人身权的行为。致人死亡的赔偿范围除包括一般伤害所应赔偿的费用、死者生前扶养的人的必要生活费外，还包括以下两项。

（1）丧葬费。丧葬费是指自然人死亡后，依一般惯例安葬尸体所需支出的全部费用。由于不同民族、不同地域、不同文化背景下的安葬习俗有所不同，加之法律对不同层次社会公众的死亡安葬亦有不同的规定，从而使这部分费用的确定必须与个案的具体情况相结合。但从总体上说，丧葬费的支出主要包括：尸体保管与运送费，火化费，骨灰安置费，还包括骨灰盒购置费与存放费，死者寿衣费，土葬时的墓碑费与人工费等。

（2）死亡赔偿金。关于死亡赔偿金，《民法总则》没有规定，但《国家赔偿法》《消费者权益保护法》等法律中有明确的规定。《最高人民法院关于审理人身损害赔偿案件适用法律若干问题的解释》规定，死亡赔偿金按照受诉法院所在地上一年度城镇居民人均可支配收入或者农村居民人均纯收入标准，按 20 年计算。但 60 周岁以上的，年龄每增加一岁减少一年；75 周岁以上的，按 5 年计算。

《国家赔偿法》第34条第3项规定，造成死亡的，应当支付死亡赔偿金、丧葬费，总额为国家上年度职工年平均工资的20倍。依《最高人民法院审理人身损害赔偿案件适用法律若干问题的解释》第30条第1款规定，赔偿权利人举证证明其住所地或者经常居住地城镇居民人均可支配收入或者农村居民人均纯收入高于受诉法院所在地标准的，残疾赔偿金或者死亡赔偿金可以按照其住所地或者经常居住地的相关标准计算。

（三）精神损害赔偿

精神损害赔偿是指侵害他人人身权造成精神损害所应给予的财产赔偿。精神损害是一种无形的损害，它不是表现为受害人的财产利益的损失，而是表现为受害人的精神痛苦或精神利益的丧失或减损。对精神损害给予财产赔偿，是现代法律进步的表现，也是人的自身价值得以体现的一种方式。

1. 精神损害赔偿的意义

（1）精神损害赔偿是对受害人心理需求的满足。由于精神损害表现为精神痛苦或精神利益的丧失，因此，精神损害是不可能通过财产赔偿的方式得到补足或者使受损的精神得以复原。但是，通过对精神损害给予一定的财产赔偿，可以使受害人在心理上获得一定程度的满足，使其精神痛苦得到一定程度缓解甚至消除，精神利益也可以得到一定程度的恢复，也就是说，受害人通过精神损害赔偿，其精神损害会得到一定的慰抚。因此，精神损害赔偿具有一定的慰抚功能。

（2）精神损害赔偿是对法律主体社会性的认可。财产损害赔偿实际上是对因侵权行为而受到损害的法律主体的“个体”性所给予的保护，是以“私有”观念为基础而确立的法律制度；而精神损害赔偿则是对受到侵害的法律主体在社会中的相对位置所给予的认可。当法律主体的人身权所体现的精神利益受到侵害时，其原已在社会上获得的地位必然会受到不同程度的影响，而这种影响本身并不是直接以财产损失的形式表现出来，或者只能表现为一种获得财产可能性的损失。在这种情况下，通过侵害人向受害人作出财产形式的赔偿，实际上是对受害人现有社会地位损失的补偿，或者是对其未来社会地位损失的预先补偿，体现了法律对受到侵害的法律主体社会性的认可与保护。

（3）精神损害赔偿是对侵害人的一种惩罚。财产损害赔偿是以补偿损失为原则的，但精神损害赔偿则不完全具备这种补偿功能。至少从一定程度上说，精神损害赔偿是法律在受害人所受实际损失之外要求侵权人“额外”负担的赔偿，具有一定的惩罚性。

2. 精神损害赔偿的适用范围

从各国法律规定来看，关于精神损害赔偿的适用范围，基本上有两种类型：一是限定主义，即仅在法律有明文规定的情况下，才能允许请求精神损害赔偿；二是非限定主义，即法律对精神损害赔偿的范围不作限制性规定，所有精神损害都可以请求赔偿。

最高人民法院在2001年2月26日通过的《最高人民法院关于确定民事侵权精神损害赔偿责任若干问题的解释》中对精神损害赔偿的范围作了明确界定，具体包括如下方面。

（1）自然人因下列人格权利遭受非法侵害，有权要求精神损害赔偿：生命权、健康权、身体权；姓名权、肖像权、名誉权、荣誉权；人格尊严权、人身自由权；违反社会公共利益、社会公德，侵害他人隐私或者其他人格利益。

（2）非法使被监护人脱离监护，导致亲子关系或者近亲属间的亲属关系遭受严重损害的，监护人有权要求精神损害赔偿。

（3）自然人死亡后，其近亲属因下列侵权行为遭受精神痛苦，有权要求精神损害赔偿：以侮辱、诽谤、贬损、丑化或者违反社会公共利益、社会公德的其他方式，侵害死者姓名、肖像、名誉、荣誉；非法披露、利用死者隐私，或者以违反社会公共利益、社会公德的其他方式侵害死者隐私；非法利用、损害遗体、遗骨，或者以违反社会公共利益、社会公德的其他方式侵害遗体、遗骨。

（4）具有人格象征意义的特定纪念物品，因侵权行为而永久性灭失或者毁损，物品所有人有权以侵权为由，要求精神损害赔偿。

《侵权责任法》第 22 条规定，“侵害他人人身权益，造成他人严重精神损害的，被侵权人可以请求精神损害赔偿”。从基本法律层面支持和肯定了精神损害赔偿制度。根据现行法律规定，只有自然人的人身权益受损害可以请求精神损害赔偿，而法人或者其他组织的人格权利遭受侵害的，不得请求精神损害赔偿。

3. 精神损害赔偿额的确定

精神损害是一种无形损害，它不能像财产损害那样可以通过一定的标准加以确定，无法使之标准化。但是，如果不对精神损害赔偿额确定一定的标准，完全凭法官自由裁量，随意性又过大，不利于执法的统一。因此，如何确定精神损害赔偿额，便成为一个十分重要而又棘手的问题。

关于精神损害赔偿额的确定，各国所采取的原则不尽相同。例如，英美法系国家采取酌定原则，德国奉行比例赔偿原则，丹麦坚持标准赔偿原则，而日本则实行固定赔偿原则。在我国司法实践中，学者们也提出了许多确定精神损害赔偿额的原则。根据《最高人民法院关于确定民事侵权精神损害赔偿责任若干问题的解释》，确定精神损害赔偿额应当注意以下问题。

（1）因侵权致人精神损害的，只有造成严重后果的，受害人才有权请求精神损害赔偿抚慰金。如未造成严重后果，受害人请求赔偿精神损害的，一般不予支持。

（2）精神损害抚慰金包括以下方式：致人残疾的，为残疾赔偿金；致人死亡的，为死亡赔偿金；其他损害情形的精神抚慰金。

（3）精神损害的赔偿数额根据以下因素确定：侵权人的过错程度，法律另有规定的除外；侵害的手段、场合、行为方式等具体情节；侵权行为所造成的后果；侵权人的获利情况；侵权人承担责任的经济能力；受诉法院所在地平均生活水平。法律、行政法规对残疾赔偿金、死亡赔偿金等有明确规定的，适用法律、行政法规的规定。

（4）受害人对损害事实和损害后果的发生有过错的，可以根据其过错程度减轻或者免除侵权人的精神损害赔偿责任[①]。

① 郭明瑞：《民法学》，高等教育出版社 2003 年版，第 695-703 页。

四、侵权责任的抗辩事由

侵权责任的抗辩事由，是指免除或减轻侵权责任的条件，又称免责条件或免责事由。侵权责任的抗辩事由与侵权责任的构成要件，都是对行为人承担侵权责任的限制，是一个问题的两个方面。侵权责任的构成要件是规定行为人在什么情况下应当对造成的损害承担责任；而侵权责任的抗辩事由则是规定行为人在什么情况下对所发生的损害不应承担责任或减轻责任，目的在于划定行为人承担责任的界限。

侵权责任的抗辩事由可以分为正当理由和外来原因两大类。正当理由是从行为的根据上所进行的抗辩，是指行为人实施了损害他人的行为，但该行为是合法的、正当的，因而行为人可以免除侵权责任。就是说，行为人虽承认其行为是造成损害的原因，但主张实施该行为时具有合法的根据。正当理由包括依法执行职务、正当防卫、紧急避险、见义勇为、紧急救助、自助行为、受害人同意。外来原因是从因果关系上进行的抗辩，是指因行为人之外的原因造成损害，行为人据此可以免除或减轻侵权责任，即行为人否认损害是其行为造成的。外来原因包括不可抗力、意外事故、受害人的过错、第三人的过错。

（一）正当理由

1. 依法执行职务

依法执行职务是指依据法律的授权及有关规定，行使职权或履行职责而损害他人的人身或财产的行为。依法执行职务是维护社会公共秩序和公共利益所必需的，因而尽管造成了他人的人身或财产损害，也可以免除行为人的侵权责任。依法执行职务应当具备以下条件。

（1）执行职务的行为须是依法律的规定或合法的授权而实施的，即行为人实施行为时有法律的依据。

（2）执行职务的行为须合法，即行为人实施的行为不违反法律的规定，符合法律的要求。

（3）执行职务的行为应当是必要的。所谓必要，是指不采取损害他人的人身和财产的行为，就不足以保证执行职务，也就是说，只有在不造成损害就不能执行职务的情况下，执行职务的行为才是必要的。

2. 正当防卫

正当防卫是指在公共利益、本人或他人的人身或其他合法权益受到现时的不法侵害时，为制止损害的发生或防止损害的扩大而对不法侵害人所采取的防卫措施。正当防卫是法律赋予公民的自卫权利，目的在于保护公共利益和其他合法权益，所以，因正当防卫造成损害的，行为人不承担责任。正当防卫的成立须具备以下要件。

（1）须针对正在进行的不法侵害行为实施。对于尚未发生的或已经结束的侵害行为，不能进行正当防卫。

（2）须针对不法侵害人本人实施。正当防卫行为的目的在于排除和制止不法侵害，因此，只能对不法侵害人本人实施，而不能对其他第三人实施。

(3) 须为保护合法权益而实施。也就是说，正当防卫的目的必须是为避免公共利益、本人和他人的人身或其他合法权益受到损害。基于报复等目的而实施的行为，不能构成正当防卫。

(4) 须在必要的限度内，即不能超过必要限度。认定正当防卫是否在必要限度以内，不能以防卫的手段、强度与不法侵害的手段、强度是否相当为标准，而只能以能否足以制止不法侵害，从而使受到侵害的合法权益避免遭受损害或减少损害为标准。

行为人实施正当防卫行为造成损害的，依法不承担责任。但是，正当防卫超过必要的限度，造成不应有的损害的，属于防卫过当，防卫人应当承担适当的侵权责任。《民法总则》第 181 条规定："因正当防卫造成损害的，不承担民事责任。正当防卫超过必要的限度，造成不应有的损害的，正当防卫人应当承担适当的民事责任。"这里所说的"适当的民事责任"，是指正当防卫人仅对超过必要限度而造成的不应有的损害部分承担责任，而不是对防卫行为所造成的全部损害后果承担责任。《侵权责任法》对此问题也作了相同的规定。

3. 紧急避险

紧急避险是指为了使公共利益、本人或他人的人身和其他合法权益免受正在发生的危险，不得已而采取的损害他人一定利益的救险行为。紧急避险是为保全较大的利益而损害较小利益的一种救助措施，从整体上说是有益的。因此，只要紧急避险的行为符合法律的规定，避险人就不承担责任。紧急避险的成立须具备以下条件。

(1) 须合法权益遭受紧急危险。也就是说，必须存在危及公共利益、本人或他人的人身或财产的合法权益的危险，而且该危险必须是正在发生的、现实的，如不采取措施就会造成更大的损害。因此，对于已经消除或尚未发生的危险，或者虽有危险的存在但不具有紧急性的，都不能进行紧急避险。

(2) 须是在不得已的情况下所采取的避险措施。所谓"不得已"，是指除采取该损害某种利益的行为外，无其他方式可以避免危险，即采取的避险措施应为适当。

(3) 须不超过必要的限度。紧急避险所造成的损害必须少于危险会造成的损害，也就是说，保全的利益必须大于损害的利益。如果避险行为所造成的损害大于危险可能造成的损害，则为超过必要的限度。一般地说，人身价值大于财产价值，因此，为保全财产而损害人身的，为超过必要的限度；财产之间应视其价值大小而定是否超过必要限度，即为保全价值较低的财产而损害价值较大财产的，则为超过必要的限度。《民法总则》第 182 条规定：" 因紧急避险造成损害的，由引起险情发生的人承担民事责任。危险由自然原因引起的，紧急避险人不承担民事责任，可以给予适当补偿。紧急避险采取措施不当或者超过必要的限度，造成不应有的损害的，紧急避险人应当承担适当的民事责任。"对此规定，应注意以下三点。

(1) 如果险情是由人为的原因引起的，则应当由引起险情发生的人承担赔偿责任。引起险情发生的人可以是避险人，也可以是受害人，还可以是其他人。

(2) 如果险情是由自然原因引起的，行为人采取的措施又无不当，则避险人不承担赔偿责任。受害人要求补偿的，可以责令受益人（受益人可以是避险人，也可以是其他人）给予适当补偿。

（3）如果避险人采取的措施不当或超过必要的限度，造成不应有的损害的，避险人应当承担适当的民事责任。避险人承担“适当的民事责任”，是指避险人仅就采取措施不当而扩大的损害部分或者超过必要限度的损害部分承担赔偿责任，而不是就避险行为所造成的全部损害承担责任。

《侵权责任法》对紧急避险引起的相关损失的赔偿问题和《民法总则》的规定相类似。

4. 受害人同意

受害人的同意是指受害人在损害发生前表示自愿承担某种损害后果。受害人的同意之所以成为侵权责任的抗辩事由，是受害人主动放弃权利的结果。受害人同意的成立，须具备下列条件。

（1）受害人自愿承受某种损害后果。受害人同意是针对损害后果而言的，因此，如果受害人只是意识到危险的存在，但不希望自己蒙受损害的，则不能视为受害人的同意。

（2）受害人的同意应当是其真实的意思表示。受害人的同意是行为人自愿作出的，是其真实意思的表现。在胁迫、欺诈等情况下受害人所作出的同意，不发生免责效力。受害人同意的意思表示一般应当通过明示的方式作出，但在符合法律的要求或行业惯例的情况下，受害人默示同意的意思表示也可以发生效力，例如，参加拳击比赛就是默示同意接受损害的后果。

（3）受害人的同意不得违背法律和社会公德。虽然受害人同意是其放弃自己的权利，但这种放弃权利亦必须符合法律和社会公德的要求，不能有违公序良俗。

（4）受害人同意是在损害发生前作出的。受害人的同意只能在损害发生前作出，受害人在损害发生后表示承担某种损害后果的，属于受害人对侵害人的责任的事后免除，而不属于受害人的同意。

5. 自助行为

自助行为是指行为人为了保护自己的权利，在情势紧迫而又不能及时请求国家机关予以保护的情况下，对他人的人身自由加以拘束或对他人的财产加以扣留、毁损的行为。例如，旅客在饭店吃饭后不付饭费，饭店就有权扣留客人所携带的财物。自助行为应当具备下列条件，才能成立。

（1）须为保护自己的合法权利。自助行为是为弥补公力救济的不足而设立的制度，只能为保护行为人自己的合法权利而实施。

（2）须情势紧迫来不及请求公力救济。情势紧迫是指如不采取自助措施，则行为人的权利就难以实现。如果情势并不十分紧迫，权利人来得及请求公力救济，则不能实施自助行为。

（3）须为法律和社会公德所许可。行为人所采取的方式应为适当，不能超过必要的限度。例如，扣押财产可实现自助目的的，毁损财产则为不当。

（4）须于事后及时请求公力救济。自助行为是在情势紧迫的情况下采取的临时保护措施，这种行为虽可防止权利免遭损害，但毕竟不能最终解决问题。因此，行为人实施自助行为后，应当及时请求公力救济。当然，如果相对人在自助行为实施后，主动履行了义务，则无须请求公力救济。

（二）外来原因

1. 不可抗力

《民法总则》第180条第2款规定："不可抗力是指不能预见、不能避免且不能克服的客观情况。"不可抗力既可以是因自然原因引起的，如地震、台风、洪水、泥石流、海啸等；也可以是因社会原因引起的，如战争、武装冲突等。不可抗力是侵权责任的一般抗辩事由，适用于法律没有另外规定的侵权责任。《民法总则》第180条第1款规定："因不可抗力不能履行民事义务的，不承担民事责任。法律另有规定的，依照其规定。"《侵权责任法》也作了相同的规定。

从法理上讲，无论是过错责任还是无过错责任，只要法律没有规定不可抗力造成损害也要承担责任的，不可抗力都为抗辩事由。但是，不可抗力作为抗辩事由，只有在不可抗力是造成损害的唯一原因时，才能免除当事人的责任。也就是说，在发生不可抗力的情况下，如果当事人对造成损害也有过错的，则不能完全免责，当事人应当按照其过错程度承担相应的责任。

2. 意外事故

意外事故是指行为人意料之外的事故，又称为意外事件。因意外事故而造成损害，损害结果是行为人所意料不到的，这说明行为人对损害结果是不应预见和难以避免的，行为人在主观上并没有过错。既然行为人主观上没有过错，那么其对于过错责任侵权案件就不应承担责任。当然，对于无过错责任侵权案件来说，因其不以行为人的过错为构成要件，所以意外事故就不能成为无过错责任侵权行为的抗辩事由。可见，意外事故是对实行过错责任原则侵权行为中侵权人责任的限制。

虽然意外事故与不可抗力都具有不可预见性，但二者是不同的，其根本的区别在于：意外事故并非人力所不可抗拒，只要行为人预见到了，是可以避免和克服的；而不可抗力为人力所不可抗拒，即使行为人预见到了，在当时条件下也是无法避免和克服的。

因此，意外事故和不可抗力的作用不同：意外事故只是过错责任的抗辩事由，不能成为无过错责任的抗辩事由；而不可抗力既是过错责任的抗辩事由，也是无过错责任的抗辩事由，除非法律另有规定。

3. 受害人的过错

受害人的过错是指受害人对于损害的发生或扩大具有过错。根据行为人对自己的过错行为负责的原则，因受害人的过错而造成的损害，应当由受害人自己承担责任。

受害人的过错作为抗辩事由，包括两种情况。

一是受害人的过错是造成损害的唯一原因，应由受害人自己承担责任，因受害人的过错而免除侵害人责任的，主要是受害人的故意。就是说，如果损害是由受害人的故意造成的，则应由受害人自己承担损害后果，但因受害人的过失而造成的损害，只有在法律有规定的情况下，才能免除侵害人责任。例如，在动物致害责任中，损害完全是由受害人的过错（包括故意和过失）造成的，则动物的饲养人或管理人不承担责任。

二是受害人的过失与侵害人的过错共同造成损害的，可以减轻侵害人的责任。《侵权责任法》第 26 条规定:“被侵权人对损害的发生也有过错的,可以减轻侵权人的责任。”

4. 第三人的过错

第三人的过错是指第三人对损害的发生或扩大具有故意或过失。《侵权责任法》第 28 条规定：“损害是因第三人造成的，第三人应当承担侵权责任。”当损害的发生完全是因第三人的过错造成时，就应当由该第三人承担责任，而免除其他人的责任。例如，在动物致害责任中，如果损害完全是由第三人的过错造成的，则应由该第三人承担责任，动物的饲养人或管理人不承担责任。再如，《中华人民共和国海洋环境保护法》第 89 条规定：“完全由于第三者的故意或者过失，造成海洋环境污染损害的，由第三者排除危害，并承担赔偿责任。”如果损害的发生是因第三人和他人的过错共同造成的，则构成共同侵权，应由当事人承担连带责任①。

① 郭明瑞：《民法学》，高等教育出版社 2003 年版，第 658-663 页。

后　记

本书共十二章，基本涵盖了民法学的基本理论。各章撰稿人及分工如下（以撰写章节先后为序）：

李海峰：第一章，民法概述

韩克玉：第二章，民法的基本原则

苑　敏：第三章，民事法律关系；第六章，代理

杨　烁：第四章，民事主体

杨垠红：第五章，法律行为

房　坤：第七章，民事责任；第十二章，侵权责任

牛立夫：第八章，诉讼时效和期限

吉树荣：第九章，人身权

胡家强：第十章，债权总论；第十一章，物权通论

本书由胡家强设计撰写大纲并组织撰写，并与苑敏共同统稿、定稿。本书撰稿人写作时参考了一些著作和书刊，在此一并表示感谢。

对于本书的撰写，全体撰稿人付出了极大的努力，但由于能力和篇幅所限，疏漏之处在所难免，祈请读者批评指正。

编　者

2019年1月8日

后　记

本书[illegible]

[illegible]

绪论、第一章：[illegible]

[illegible]

[illegible]

[illegible]

[illegible]：黄有毅、陈和乃[illegible]

[illegible]

[illegible]

[illegible]

[illegible]

[illegible]同时参考了一些[illegible]，在此一并表示感谢。

对于本书的编写，全体编写人员付出了很大的努力，但由于[illegible]之处在所难免，恳请读者批评指正。

编　者

201[illegible]年[illegible]月8日